故宫博物院 编

故宫博物院藏殷墟甲骨文

馬衡卷〔壹〕

中華書局

圖書在版編目（CIP）數據

故宫博物院藏殷墟甲骨文. 馬衡卷 / 故宫博物院編. —北京：中華書局，2022.12
ISBN 978-7-101-14769-8

Ⅰ.故… Ⅱ.故… Ⅲ.甲骨文－研究 Ⅳ.①K877.14

中國版本圖書館CIP數據核字（2020）第175599號

責任編輯：聶麗娟
封面題簽：劉 濤
責任印製：管 斌

故宫博物院藏殷墟甲骨文・馬衡卷
（全三册）
故宫博物院 編
*
中 華 書 局 出 版 發 行
（北京市豐臺區太平橋西里38號 100073）
http://www.zhbc.com.cn
E-mail: zhbc@zhbc.com.cn
北京雅昌藝術印刷有限公司印刷
*
787×1092毫米 1/8・156印張・1000千字
2022年12月第1版 2022年12月第1次印刷
印數：1 - 600册 定價：1600.00元

ISBN 978-7-101-14769-8

謹以此書紀念紫禁城建成六百年
暨故宫博物院成立九十五周年

本書爲國家古籍規劃項目

本書爲國家社會科學基金重大項目「故宫博物院藏殷墟甲骨文整理與研究」（批准號：一四ZDB〇五九）階段性成果

本書出版得到北京故宫文物保護基金會資助

本書編著得到「古文字與中華文明傳承發展工程」經費支持

本書爲二〇一九年度國家古籍整理出版專項經費資助項目

「故宮博物院藏殷墟甲骨文整理與研究」項目馬衡卷整理組

管理組

領導小組

顧　問　鄭欣淼　單霽翔
組　長　王旭東
成　員　都海江　李小城
婁　瑋　任萬平
朱鴻文　閆宏斌
趙國英　王躍工

協調小組

組　長　婁　瑋（兼）
成　員　王兆仁　王晶晶
陳俊旗　李　濱
田　新　李永興

規劃小組

組　長　趙國英（兼）
成　員　高　潔　王燕晉
佟建明　宋玲平
曾　君　呂成龍
蘇　怡　王子林

辦公室

主　任　王　素
副主任　任　昉
成　員　楊　楊　韓宇嬌
李延彥　楊　安

工作組

編目組

組　長　方　斌
副組長　盧　巖
成　員　晁　驊

攝影組

組　長　李　凡
副組長　余寧川
成　員　張雲天

拓片組

組　長　郭玉海
副組長　何巧娟（外聘）
成　員　焦東華　陳鵬宇

摹文組

組　長　焦東華
成　員　李延彥　晁　驊

釋文組

組　長　韋心瀅
副組長　盧　巖
成　員　楊　楊　韓宇嬌

編輯組

編委會

顧　問　劉一曼　朱鳳瀚
宋鎮豪　黄天樹
主　編　單霽翔
執行主編　王　素
副主編（按姓氏筆畫順序）
方　斌　李　凡
韋心瀅　郭玉海
焦東華　盧　巖
總審校　沈建華　孫亞冰

本卷編著　韋心瀅　楊　楊
韓宇嬌　李延彥

助　編　晁　驊　楊　安
焦東華　陳鵬宇

總叙

《故宮博物院藏殷墟甲骨文》整理組

故宮和故宮博物院與殷墟甲骨結緣，有著十分悠久的歷史。

故宮在清遜帝愛新覺羅・溥儀「小朝廷」時期，已知有殷墟與甲骨文。一九二三年鈔本《清宮陳設檔》養性殿東暖閣條記：「紫檀盒一件，內盛漢玉環一件、册頁一册，有刻銘，如殷墟龜板。」（甲字第五八六號）民國十八年（一九二九）六月一日再版之《故宮物品點查報告》第三編第四册卷三體順堂及各廂房等處附補號條記「羅振玉進呈本」甚多，中有《殷虛書契》一函（二〇九七號）、《殷虛書契考釋》二函（二〇一一、二五四〇號）等[一]。

故宮博物院成立後，最早見到甲骨實物，係保管美籍加拿大人約翰・福開森（John Calvin Ferguson）捐贈給金陵大學的甲骨。金大前身係福開森於一八八八年創辦的匯文書院。福氏移居北平後，受聘爲北平古物陳列所文物鑒定委員會委員，仍與金大保持密切聯繫並擔任校董。一九三四年，福氏將近千件個人藏品捐贈給金大，由於金大不具保管條件，福氏與古物陳列所協商，由古物陳列所代爲保管。這批藏品中即有福氏收購的劉鶚（鐵雲）、徐枋（梧生）舊藏甲骨。一九四八年，古物陳列所併入北平故宮博物院。一九四九年，這批藏品從故宮博物院運回金大，現歸南京大學考古與藝術博物館收藏。這批藏品在由北平古物陳列所代爲保管期間，曾在文華殿展出。

故宮博物院真正擁有甲骨實物，是在一九四九年後。來源細分有四：一是公家調撥，二是私人捐贈，三是「運動」没收，四是院方收購。但除院方收購外，前三者實際難以截然劃分。譬如故宮博物院最早擁有甲骨實物，是在「三反五反」運動如火如荼的一九五二年。是年，馬衡由故宮博物院院長調任北京文物整理委員會主任委員，將自己收藏的甲骨等文物，捐贈給了文化部，文化部隨即轉交國家文物局。同年，有關部門没收古玩商倪玉書、陳鑒塘等舊藏甲骨，分别轉交國家文物局與北京市文物局。而國家文物局與北京市文物局則旋將這批甲骨調撥故宮博物院收藏。公家調撥含有私人捐贈和「運動」没收，説明三者存在密切關係。故在故宮博物院藏甲骨中，公家調撥最爲大宗。

公家調撥的最大一宗，即加拿大傳教士、著名漢學家明義士（James Mellon Menzies）原存北平東四頭條華語學校的甲骨，總數有兩萬片左右。一九四九年新政府成立後，文化部暫駐華語學校辦公，發現這批甲骨，轉交國家文物局。一九五二年，國家文物局將其中三匣八七〇片調撥故宮博物院收藏，另十箱一八九九四片寄存故宮博物院庫房（國家文物局没有文物庫房，曾長期借用故宮博物院庫房）。這八七〇片甲骨調撥故宮博物院後，經過初步整理，被冠以「新」字號收藏（一九四九年前的文物冠「故」字號），屬於在賬文物。另一八九九四片甲骨，到一九七四年十二月一日，才調撥故宮

[一] 清室善後委員會《故宮物品點查報告》第七輯，北京：綫裝書局，二〇〇四年十月，第二三二、二三三頁。

博物院，但一直未經整理，被冠以「資」字號保管，屬於不在賬文物。

院方收購始於一九五五年。一九五七年至一九六三年收購批次最多，但除謝伯殳舊藏外，多爲不明藏家。直到一九七五年五月，仍收購了沈德建舊藏二片甲骨。院方收購批次雖然不少，但數量不多，僅一五三一片，在故宮博物院藏甲骨中所占比例約爲十四分之一。

故宮博物院究竟藏有多少片甲骨？因統計對象不同，數字存在差異。以明義士舊藏爲例。過去最權威的統計，來自著名甲骨學家胡厚宣。他爲編《甲骨文合集》，於一九六五年和一九七四年兩次到故宮博物院選拓甲骨，統計故宮博物院明義士先後兩批舊藏，爲八七〇片加一九四九四片，共二〇三六四片〔一〕。而根據故宮博物院明義士舊藏甲骨清理入庫單統計，明義士先後兩批舊藏，爲八七〇片加一八九九四片，共一九八六四片。數字不同，是因爲前者包括五百片碎片，後者不包括五百片碎片。此外，胡厚宣統計故宮博物院藏甲骨，包括五百片碎片，總數爲二二四六三片〔二〕。而近年根據第一次全國可移動文物普查（二〇一四年至二〇一六年）實物統計，故宮博物院藏甲骨，不包括五百片碎片，總數爲二一三九五片。二者實際相差五六八片。這裏需要强調的是，故宮博物院藏甲骨，不管怎樣統計，總數僅次於國家圖書館、臺北中研院，位居世界第三，是没有疑問的。

故宮博物院藏甲骨，絕大部分没有整理公佈，屬於甲骨文獻最後的寶藏，一直深受學界尤其是甲骨學界和古文字學界的關注。二〇一三年十月二十三日，故宮博物院成立故宮研究院，故宮研究院成立古文獻研究所，這批甲骨的整理出版，正式提上工作日程。二〇一四年十一月五日，故宮博物院以單霽翔院長爲首席專家投標的國家社科基金重大招標項目「故宮博物院藏殷墟甲骨文整理與研究」成功立項，爲這批甲骨的整理出版，提供了新的平臺和動力。而在此前後，二〇一四年二月二十日和二〇一五年四月一日，由古文獻研究所牽頭，故宮博物院爲本項目召開了兩次會議：一次爲投標前的論證會，一次爲立項後的開題會。在故宮博物院院長單霽翔、故宮研究院院長鄭欣淼的主持下，李學勤、劉一曼、許進雄、朱鳳瀚、宋鎮豪、黃天樹、劉釗、沈建華、沈培、唐際根等甲骨、考古、古文字名家應邀參會，爲這批甲骨的整理出版，提供了很多富有建設性的建議和意見。

但故宮博物院作爲中國第一大博物館，又是第一次整理出版如此大批甲骨，仍感責任重大，不敢掉以輕心。由於工作涉及院内多個部門，故宮博物院成立了管理組和工作組：管理組下設領導、協調、規劃三個小組和一個辦公室；工作組下設編目、攝影、拓片、摹文、釋文五個子課題組。管理組負責工作的統籌推進，辦公室承擔具體統籌推進事務。工作組分工主持各子課題業務，釋文組總其成，負責圖書的編著。爲了能够保證整理出版質量，還特别制訂了一項「三符合」原則，即：（一）符合文物保管特色；（二）符合文獻整理規範；（三）符合學術發展潮流。在此基礎上，先繼承，後創新，産生一些設想。這些設想主要落實到四點：

（一）尊重藏家原狀

故宮博物院展覽最重原狀。出土文獻整理也要求尊重原狀。故宮博物院的甲骨，按藏家整理，考慮的就是尊重原狀。其中，明義士的第二批舊藏，

〔一〕胡厚宣《關於劉體智、羅振玉、明義士三家舊藏甲骨現狀的説明》，《殷都學刊》一九八五年第一期，第五頁。
〔二〕胡厚宣《八十五年來甲骨文材料之再統計》，《史學月刊》一九八四年第五期，第一七頁。

原經本人分類或分期整理，按十天干，分爲甲、乙、丙、丁、戊、己、庚、辛、壬、癸十箱[一]，箱下按數字分屜分包，體現了明義士本人的研究思想，更應得到尊重。故本書按藏家整理：小藏家或一人單爲一卷若干册，或幾人合爲一卷若干册；大藏家如明義士者，則按箱分卷，一卷一册或若干册。各卷之内，再按組類（字體）與事類排序。既體現博物館特色，又符合甲骨學規範。

（二）方便讀者使用

此前的甲骨著録書，爲降低成本，方便編排，大多都將原圖、拓本、摹本、釋文、注釋及相關信息和對照檢索表等分開編印。如果分爲三册，通常將原圖作一册，全彩印製；拓本、摹本作一册，釋文、注釋及相關信息、各類索引作一册，黑白印製。讀者閲覽一片甲骨，需要將三册大八開精裝圖書同時攤開，既厚重，又佔面積，十分不便。本書則將原圖、拓本、摹本、釋文、簡釋及相關信息合置於同一頁，全彩印製。讀者閲覽一片甲骨，只需攤開一册圖書。這對於讀者閲覽，無疑提供了極大的方便，相信一定會受到讀者歡迎。

（三）適應學術潮流

博物館的任何藏品原本都要求定名。我國政府爲了保護珍貴古籍，從二〇〇七年開始，到二〇二〇年爲止，通過評審，公佈了六批《國家珍貴古籍名録》，出土文獻五大門類，金文、簡牘、文書、石刻碑帖第一批就進入了名録，甲骨文第四批也進入了名録，悉皆成爲了古籍，而古籍也是要求定名的。我國申報的甲骨文通過聯合國教科文組織評審，二〇一七年入選《世界記憶名録》，名録也是要求定名的。在此背景下，本書適應潮流，根據甲骨文内容給所有甲骨都進行了定名。甲骨著録書有了目録，也會受到讀者歡迎。

（四）借鑑成功經驗

出土文獻整理要求釋文能够反映原狀。故吐魯番文書釋文按行迻録並標明殘缺位置，墓誌釋文要加「平闕」和轉行號。甲骨文釋文也應如此。雖然現在通行的甲骨文釋文是按條迻録，且行用已久，難以遽爾改變；但以前的甲骨文釋文卻並非完全如此，明義士、董作賓都做過能够反映原狀的釋文[二]。此類釋文符合出土文獻整理原則，當時使用也很習慣，應屬成功經驗。本書在現在通行的按條迻録的釋文外，借鑑明義士、董作賓的成功經驗，另附能够反映原狀的釋文。既照顧了甲骨研究者閲讀習慣，又維護了出土文獻整理原則。

還有一些設想，因種種原因，未能落實。譬如附録導讀文字。因爲甲骨文寫刻缺乏規範，存在多種讀法。這對專業甲骨研究者閲讀固然没有問題，但對於非專業甲骨研究者閲讀恐怕會存在困難。屈萬里認爲做釋文應使「不專習甲骨文者，可藉釋文得利用其材料」[三]。饒宗頤做甲骨釋文曾附録「兩

〔一〕胡厚宣後來回憶一九七四年到故宫博物院選拓甲骨云：「在北京故宫，承院方美意，曾破例允許我在倉庫的辦公房裏，挑選最後在庫房找出原存華語學校的明義士舊藏的十箱甲骨，以供拓印，這種熱情，實在令人感激！」見《大陸現藏之甲骨文字》，原載《「中央研究院」歷史語言研究所集刊》第六七本第四分，一九九六年十二月，收入《中國古文字大系·甲骨文獻集成》第三四册，成都：四川大學出版社，二〇〇一年六月，第二三一頁。其中提到的「十箱甲骨」，即指此按十天干分裝的十箱甲骨。

〔二〕明義士《柏根氏舊藏甲骨文字》，濟南：齊魯大學國學研究所，一九三五年；董作賓《殷虚文字外編》，臺北：藝文印書館，一九五六年六月。

〔三〕屈萬里《殷虚文字甲編考釋》，原爲中國考古報告集之二，臺北：「中央研究院」歷史語言研究所影印本，一九六一年六月，收入《屈萬里先生全集》第二集第六册，臺北：聯經出版事業公司，一九八四年，第一五頁（凡例第二條）。

版辭皆自下向上讀」等導讀文字[一]。前輩學人體恤非專業甲骨研究者，可謂煞費苦心。但因本書既有按條迻録的釋文，又附反映原狀的釋文，兩相對照，即能推出甲骨文的具體走向，便將早期撰寫的導讀文字，悉皆删除了。

本書是一個巨大的系統整理出版工程，由於工作是從零起步，篳路藍縷，創業維艱，預計會進行若干年。在此期間，隨著整理出版工作的深入，本書或許會根據不同情況，對一些設想進行更新。需要强調的是，這種更新，只會更加面向大衆，更加方便讀者使用。

本書在整理過程中，得到故宫博物院各級領導、各部門同事的大力支持，得到國内外甲骨、考古、古文字學界專家、學者的大力幫助。本書的出版，得到北京故宫文物保護基金會慷慨資助。在此，謹向所有支持、幫助本書工作的領導、同事、專家、學者，資助本書出版的北京故宫文物保護基金會，表示衷心的感謝！

本書的疏漏和錯誤在所難免，希望得到大家的批評、指正。

二〇一八年十月十日初稿
二〇二〇年十二月三十一日定稿

[一] 饒宗頤《殷代貞卜人物通考》，香港大學出版社初版，一九五九年十一月，收入《饒宗頤二十世紀學術文集》，北京：中國人民大學出版社，二〇〇九年九月，第五二頁。

凡例

一　本書著録故宫博物院藏殷墟甲骨文及相關同源甲骨文。

二　院藏有字甲骨均有原圖、拓本、摹本、釋文；相關同源甲骨文根據不同情况，或僅有拓本、釋文，或兼有原圖、摹本。

三　原圖、拓本、摹本按實物原大刊出，間附放大圖版。

四　甲骨文序列，按現在甲骨學界通行規範，先王卜辭，後非王卜辭，再按組類（字體）與事類編排。

五　釋文文本分爲兩部分：「簡釋」前爲一部分，係釋文實體，包括定名、題解、釋文、簡釋；「備注」後爲一部分，係相關信息，包括組類、材質、尺寸、著録、來源、收藏號。

六　定名分二類：卜辭按歷史形成四要素之時間、人物、地點、事件定名；多條卜辭，取重要者定名，下加「等」字。其他祀譜、干支表、龜甲入貢整治等非卜辭，按通例定名。

七　定名儘量使用釋文原字、原詞，不用缺字（□）、補字（［］）、殘斷號（〼）及「合文」字。釋文中的本字和其後括注表示實際意義的字，定名不用本字，而用括注字。

八　題解參考「備注」材質，以「本甲」或「本骨」開頭，介紹該甲骨正反存辭情况與數量及有無界劃綫。

九　釋文一律用寬式。採用甲骨學界公認字形。非公認字形，酌情在「簡釋」中舉例説明，稱「比定」爲某字。

一〇　釋文同一甲骨有多條卜辭，以數字爲序。缺一字用□表示，補字外加方括號（［］），缺文字數不詳和殘斷用〼表示，疑字下用問號（？），異體、通假、多義字下括正字或表示實際意義的字。

一一　簡釋主要介紹甲骨塗朱、填墨、改刻、習刻、倒刻、省筆、缺筆、删改、截鋸、黏連、綴合以及合文和首次出現的新字、新字形等信息，兼附相關研究信息（參前第九條）。

一二　本書每卷最後附録該卷各類信息對照檢索表及參考文獻目録。

馬衡（一八八一至一九五五）

「凡將齋藏甲骨文字」朱文印

「凡將齋藏甲骨文字」壽山石印

「凡將齋藏甲骨文字」壽山石印

吴昌碩篆書「凡將齋」横披

吴昌碩題「凡將齋」楠木匾

馬衡卷總目録

〔叁〕附編 國學門甲骨刻辭拓本（下）

前言

《故宫博物院藏殷墟甲骨文》整理組

馬衡（一八八一至一九五五年）字叔平，别署无咎〔一〕，室名凡將齋〔二〕。浙江鄞縣（今寧波鄞州區）人。父馬海曙，清光緒中歷任江蘇吴縣等地縣令，以知府用，家道殷實，聘請曾在日本學習師範教育的維新派名人葉瀚爲家教，舊學爲體，新學爲用，給五子——馬裕藻、馬衡、馬鑒、馬準、馬廉著名「一門五馬」，打下良好的治學基礎。

馬衡南洋公學（上海交通大學前身）肄業。一九一七年因兄馬裕藻推薦，初任北京大學附設國史編纂處徵集員。此後，歷任北京大學文學院國文系講師、史學系教授、研究所國學門導師、考古學研究室主任，北京大學圖書館古物美術部主任。一九二四年受聘「清室善後委員會」，參加點查清宫物品工作。一九二五年故宫博物院成立，兼任臨時理事會理事、古物館副館長。一九二六年任故宫博物院維持會常務委員。一九二九年後，任北京大學圖書館館長，兼任故宫博物院理事會理事、古物館副館長。一九三三年任故宫博物院代理院長，主持文物南遷。一九三四年任故宫博物院院長。一九五二年「三反五反」運動受到「莫須有」審查，被迫辭去故宫博物院院長之職，專任北京文物整理委員會主任委員。一九五五年三月病逝，享年七十四歲。

馬衡是著名金石學家、考古學家、書法篆刻家和文物收藏家。然在故宫博物院工作三十年間，勤勉王事，夙夜匪躬，自己的論著整理出版不多。關於金石學，馬衡是近代中國金石學的拓荒者，早年即在北大開設「中國金石學」專題課，並有《中國金石學》講義，但從未正式出版。一九五二年後賦閑家居，欲先系統整理漢魏石經，但僅完成《漢石經集存》初稿，便遽歸道山。此書是後請陳夢家整理才得以出版的〔三〕。馬衡的名著《凡將齋金石叢稿》也是後請傅振倫整理才得以出版的〔四〕。但《叢稿》中之《中國金石學概要》，即原北大《中國金石學》講義，仍缺四章〔五〕，十分可惜。關於考古學，如郭沫若

〔一〕古人以字釋名。馬衡字叔平，「叔」爲排行，可置不論。《禮記·曲禮下》：「大夫衡視。」鄭玄注：「衡，平也。平視，謂視面也。」知「平」正好釋「衡」。而「平」又作平安、平復解。别署「无咎」，語出《易》，如《乾》：「君子終日乾乾，夕惕若厲，无咎。」孔穎達疏：「謂既能如此戒慎，則無罪咎。」馬衡嘗刻「无咎无恙」自用印。知别署「无咎」，意同「无恙」，則又爲釋「平」者。

〔二〕室名「凡將」，原出司馬相如所作小學書。《漢書·藝文志》小學類：「《凡將》一篇，司馬相如作。」又云：「武帝時司馬相如作《凡將篇》，無復字。」馬衡以「凡將」爲室名，係以從事古文字研究自許，固無疑問。然則秦漢小學書甚多，如《史籀》《蒼頡》《爰歷》《博學》《急就》等，皆甚有名，馬衡爲何獨取《凡將》？必另有原因。按《漢書·司馬相如傳》稱相如「常有消渴病」「常稱疾閒居」。《凡將》僅存三十八字，唐陸羽《茶經》卷下「七茶之事」條引録，爲：「烏喙、桔梗、芫華、款冬、貝母、木蘗、蔞、芩草、芍藥、桂、漏蘆、蜚廉、雚菌、荈詫、白斂、白芷、菖蒲、芒消、莞椒、茱萸。」皆爲藥名。馬衡自幼體弱多病，以「凡將」爲室名，參前以「无咎」爲别署，刻「无咎无恙」自用印，知亦含祛疾養生之意也。

〔三〕馬衡《漢石經集存》，北京：科學出版社，一九五七年十二月。另參馬思猛《馬衡先生對漢、魏石經的研究和〈漢石經集存〉成書始末》，《故宫治學之道》，北京：紫禁城出版社，二〇一〇年十月，第九至二三頁。

〔四〕馬衡《凡將齋金石叢稿》，北京：中華書局，一九七七年十月。按：此書前有郭沫若一九六三年八月廿五日《序》，後有中華書局編輯部《編輯後記》，知一九六五年已經成書，但因種種原因，未能如期出版。另參劉春亭《清露無聲萬木中——贊馬衡〈凡將齋金石叢稿〉出版》，《出版工作》一九七八年第十期，第六至九、一二頁。

〔五〕此四章爲：第一章「金石學與史學之關係」、第六章「前人著録金石之書籍及其考證之得失」、第七章「今後研究之方法」、第八章「材料處置之方法」。另參施安昌《追思凡將齋》，《故宫博物院院刊》二〇〇五年第二期，第二四至二九頁。後來出版之馬衡《中國金石學概論》（北京：時代文藝出版社，二〇〇九年十月）、《馬衡講金石學》（南京：鳳凰出版社，二〇一〇年一月），均爲從《凡將齋金石叢稿》中抽出的《中國金石學概要》單行本，仍缺前揭第一、六、七、八章，並非新著。

《凡將齋金石叢稿・序》所説：「馬衡先生是中國近代考古學的前驅。」馬衡一九二三年即赴新鄭對新出土東周銅器進行調查，一九二四年赴洛陽對漢太學遺址進行調查，一九二九年主持北平西城大木倉胡同唐仵欽墓發掘，一九三〇年主持河北易縣老姆臺燕下都遺址發掘，時間均甚早，稱爲前驅，固無疑問。關於書法篆刻，馬衡一九四七年繼吴昌碩之後任西泠印社第二任社長，並有《鐫廬印稿》《凡將齋印譜》《凡將齋印存》三部印譜傳世〔一〕，足見在該領域造詣之深。關於文物收藏，馬衡更是大家，生前的一九五二年和去世後的一九五五年，本人及家屬分兩次將他多年收藏的全部文物，包括甲骨、青銅器、金石拓本以及玉器、陶瓷、磚瓦、漆器、印章、法書、繪畫、圖書、牙骨器、竹木器等，總數兩萬件左右，捐獻給了文化部、國家文物局和故宮博物院，種類之多，數量之夥，在私人文物收藏家中，皆十分罕見〔二〕。

需要指出的是，馬衡的文物收藏，與他的學術研究極相契合。故宮博物院收藏的馬衡遺稿，除了過去整理出版的《漢石經集存》《凡將齋金石叢稿》，近年整理出版的多種《馬衡日記》及《凡將齋金石題跋録》《王國維與馬衡往來書信》〔三〕，還有甲骨學筆記、青銅器筆記、石鼓文筆記、魏石經筆記、碑文石刻雜考、考古發掘報告、石窟造像考證以及居延漢簡釋文、北朝隋唐墓誌釋文等衆多未刊手稿〔四〕。這些未刊手稿所涉學術領域，大致都有相應的文物收藏。特别是馬衡亦精通甲骨學，早年曾在北京大學史學系講授甲骨學專題課，過去整理出版的是一九二四年初本甲骨學講義和一九三一年修訂本甲骨學講義〔五〕，馬衡的未刊手稿中，還有爲撰寫甲骨學講義而做的甲骨學筆記等材料。與此配套，馬衡也收藏了不少甲骨，此外，還有根據這些甲骨製作的「凡將齋藏甲骨文字」拓本集。只是時間過去百年之遥，馬衡收藏甲骨和製作「凡將齋藏甲骨文字」拓本集等情況，已經無人能够解説清楚。這裏先以新發現的曾毅公《〈凡將齋甲骨文字摹本〉記》爲切入點，對該問題稍作探討，也算是對學界作一交待。

〔一〕馬衡《凡將齋印存》，北京：紫禁城出版社，一九九〇年一月。按：《鐫廬印稿》《凡將齋印譜》等爲早年自印本，流傳不廣，新編《凡將齋印存》多從該二自印本中選材。

〔二〕參閱鄭欣淼《厥功甚偉 其德永馨——紀念馬衡先生逝世五十周年》，原載《故宮博物院院刊》二〇〇五年第二期，收入《故宮與故宮學》，北京：紫禁城出版社，二〇〇九年二月，第三四八至三七四頁。另參中國文物學會《新中國捐獻文物精品全集之馬衡卷》（上下册），北京：文津出版社，二〇一五年十二月。

〔三〕故宮博物院編《馬衡日記手稿》（上下册），北京：紫禁城出版社，二〇〇五年十月。施安昌、華寧釋注《馬衡日記（附詩鈔）：一九四九年前後的故宮》，故宮文叢之一種，北京：紫禁城出版社，二〇〇六年三月。馬思猛整理《馬衡日記：一九四八至一九五五》，北京：生活・讀書・新知三聯書店，二〇一八年八月。馬衡（遺稿）《凡將齋金石題跋録》，《故宮博物院院刊》二〇〇一年第三期，第一至三頁。馬思猛輯注《王國維與馬衡往來書信》，北京：生活・讀書・新知三聯書店，二〇一七年九月。

〔四〕馬衡的這些未刊手稿，均含重要學術價值。以居延漢簡釋文爲例，其價值已受到學術界的關注。過去，傅振倫在多篇回憶文章中都談到：一九三一年七月，西北科學考查團將在額濟納河畔發現的居延漢簡運到北平，他曾協助馬衡、劉復對居延漢簡進行整理登記。見傅氏《馬衡先生在學術上的主要貢獻》，《故宮博物院院刊》一九八五年第三期，第一二〇頁；《學習的回憶》，《當代中國社會科學名家》，北京：社會科學文獻出版社，一九八九年六月，第三四七頁；《馬衡先生傳》，《浙江學刊》一九九三年第三期，第一二三頁。另參臺灣史語所簡牘整理小組編《居延漢簡》（肆），中研院史語所專刊之一〇九，二〇一七年十一月，第二頁。均未言及馬衡是否做過居延漢簡釋文。學界亦無人知曉馬衡是否做過居延漢簡釋文。近年，臺灣著名學者邢義田在香港馮平山圖書館發現馬衡所做居延漢簡釋文簽三千二百多件，質量優於早年勞榦所做居延漢簡釋文。而故宮博物院收藏的馬衡遺稿中，亦有兩册居延漢簡釋文，工筆書寫。馬衡實係最早爲居延漢簡做釋文者。如果能將故宮博物院藏品與香港馮平山圖書館藏品合璧整理，對於促進居延漢簡研究當大有裨助。

〔五〕馬衡《三千年前的龜甲和獸骨》，《京報副刊》第二〇號，一九二四年十二月二十五日。此爲一九二四年初本甲骨學講義。馬衡《中國金石學概要》第五章「金石以外諸品」第一節「甲骨」，收入《凡將齋金石叢稿》，北京：中華書局，一九七七年十月，第一〇二至一〇六頁。此爲一九三一年修訂本甲骨學講義。

二〇〇八年，中國嘉德國際拍賣有限公司同批拍賣曾毅公編校《凡將齋甲骨文字摹本》一册與羅振玉《殷墟書契續編》一册[一]，並附有曾毅公手書《〈凡將齋甲骨文字摹本〉記》截圖一幅，全文爲：

> 《凡將齋甲骨文字》乃馬叔平（衡）先生弆藏。民國十七年前曾傳拓數份，余於明義士及容希白處數見之。郭沫若先生《卜辭通纂》著録一部分，上虞羅氏《殷虚書契續編》亦選録若干。余《續編校記》曾校出一部分。一九四八年，晤馬先生於藴真簃馮氏，曾以此批甲骨詢之先生，先生云：「此批甲骨乃民國初年陸續收於滬上市場，確屬鐵雲舊藏。來北大後，曾拓數份，分贈友好。今骨若甲久已失散，即拓本手邊亦無矣。」五五年初，馬氏謝世，越年借北大藏本橅摹一遍，再以《續編》重校一遍。
>
> 五六年元月八日曾毅公記

這篇《記》雖然透露不少馬衡收藏甲骨和製作「凡將齋藏甲骨文字」拓本集的信息，但畢竟是曾毅公七、八年後單憑記憶寫出，是否完全屬實，還須予以論證。試列三條如下：

（一）馬衡自云：「此批甲骨乃民國初年陸續收於滬上市場，確屬鐵雲舊藏。」按：民國初年，馬衡確在上海居住。其時馬衡已與上海大富商葉澄衷之女葉薇卿結婚，生活極爲優裕，購藏甲骨自無問題。劉鶚舊藏甲骨六千餘片[二]，一九〇三年出版《鐵雲藏龜》僅收一千五十八片，除去僞刻和重複，亦有一千五十一片。劉鶚一九〇八年坐事流放新疆，一九〇九年中風死於迪化（今烏魯木齊）。此後二、三年即至民國初年，劉鶚舊藏甲骨流出，馬衡得以購藏，時間亦甚吻合。但也不是没有值得奇怪之處。

據號稱「西方研究甲骨第一人」的加拿大著名學者明義士記載：

> （劉鶚卒後）其所藏甲骨未出版者：一部分歸上海英籍猶太人哈同夫人羅氏（原籍中國），印行《戩壽堂所藏殷虚文字》。一部分歸羅振玉氏，拓印爲《鐵雲藏龜之餘》。一部分歸葉玉森，入《鐵雲藏龜拾遺》。又一部分分三支：一歸番禺商承祚，一歸東莞容庚，一歸燕京洪維良[三]。

〔一〕曾毅公編校的《凡將齋甲骨文字摹本》，與羅振玉的《殷墟書契續編》同批拍賣，推測是因爲曾氏常以《摹本》與《續編》互校，二書原置一處，曾氏殁後，二書同時從曾家流出之故。可惜《摹本》與《續編》經拍賣，被神秘藏家買走，無從瞭解其他詳情。

〔二〕劉鶚《鐵雲藏龜・自序》云：「總計予之所藏，約過五千片。」《鐵雲藏龜》係一九〇三年十月上海抱殘守缺齋石印出版，此爲當時收藏數，但後來又續有購藏，數目當不止此。據其後裔反覆統計，劉鶚舊藏甲骨至少應有六四九〇片。見劉德隆《試論劉鶚對甲骨學的貢獻》，《天津師大學報》一九八九年第三期，第五一頁。

〔三〕明義士《甲骨研究》，濟南：齊魯大學石印本，一九三三年四月。此據齊魯書社影印本，一九九六年二月，第一五至一六頁。

明義士記劉鶚舊藏甲骨流出後，購藏諸家，甚爲詳贍，其中卻没有馬衡〔一〕。或以爲明義士説的僅是劉鶚「所藏甲骨未出版者」，並不包括已出版的《鐵雲藏龜》所收甲骨。但無論是馬衡後來捐獻的甲骨，還是「凡將齋藏甲骨文字」拓本集收録的甲骨，實際都不限于《鐵雲藏龜》所收甲骨。曾毅公係明義士助手，既云曾在明義士處數次見過《凡將齋甲骨文字》，如果該拓本集收録的甲骨「確屬鐵雲舊藏」，明義士不可能不清楚。因此，明義士不清楚，似乎説明，其中另有隱情。

（二）馬衡自云：「來北大後，曾拓數份，分贈友好。今骨若甲久已失散，即拓本手邊亦無矣。」按：「來北大後」指一九一七年後。其時馬衡因兄馬裕藻推薦，初任北京大學附設國史編纂處徵集員，將自己收藏的甲骨「曾拓數份，分贈友好」，自應可信。而曾毅公説馬衡是「民國十七年前曾傳拓數份」。民國十七年係公元一九二八年。一九一七年後與一九二八年前，其間懸隔十年，很難相信説的是同一個本子。「今骨若甲久已失散」應爲不實之詞，馬衡後來捐獻不少甲骨，足證這批甲骨從未失散。「即拓本手邊亦無矣」則應屬事實，因爲故宫博物院收藏的馬衡及家屬捐獻物品中都没有該拓本集。

（三）曾毅公云：「一九四八年，晤馬先生於藴真簃馮氏，曾以此批甲骨詢之先生。」按：「藴真簃馮氏」指馮恕。恕字公度，號華農，齋號自得園，室名藴真堂。祖籍浙江慈溪，出生河北大興。工書及詩詞，喜文物收藏，所藏金石文物尤其著名，與馬衡爲忘年交。恕卒後，子女遵其遺囑，將其收藏的文物，特别是重要的金石文物，全部捐獻給了故宫博物院。值得注意的是，恕之卒，正在一九四八年。其時馬衡在馮家，恐怕一是吊唁，二是商談捐獻，既無閒暇也無心情答曾毅公之問。因此，曾毅公所記馬衡云云，存在少許問題，有可能是馬衡心不在焉，也有可能是曾毅公記憶失真，倒不必太過在意。

現在可以肯定的有兩點：第一點，馬衡的馬家與劉鶚的劉家，關係應該非同一般。第二點，馬衡的「凡將齋藏甲骨文字」拓本集，製作於一九一七年後，只有一册，一個本子。

關於第一點，馬家與劉家的關係，至少有三條綫索可供發掘：

（一）劉鶚酷愛金石，與馬衡亦屬同道。劉鶚《抱殘守缺齋日記》雖然僅存辛丑（一九〇一）、壬寅（一九〇二）、乙巳（一九〇五）、戊申（一九〇八）四年日記，且多有殘缺，但稍加翻閲即可發現，他幾乎無日不讀金石書籍，無日不購借金石原物或拓本賞玩臨摹。其壬寅七月二十日日記云：「今年金石碑版所耗近萬金，若不深探力取，冀有所得，何以對吾錢乎？」〔二〕可見癡迷程度之深。

（二）劉鶚與前揭馬衡忘年交馮恕（公度）亦有往來。劉鶚在上海，乙巳三月廿七日日記云：「午後馮公度自北京來。」四月初二日日記云：「拜

〔一〕胡厚宣、陳夢家後來統計劉鶚舊藏甲骨購藏諸家，亦甚爲詳贍，其中也没有馬衡。見胡氏《甲骨文發現之歷史及其材料之統計》，《甲骨學商史論叢初集》下册，成都：齊魯大學國學研究所專刊之一，一九四四年三月。此據臺灣大通書局有限公司影印本，一九七二年十月，第七三五至七三六頁。陳氏《殷虛卜辭綜述》第二十章附録一《有關甲骨材料的記載》之（三）「劉鶚收藏甲骨始末」，考古學專刊甲種第二號，北京：科學出版社，一九五六年七月，第六四八至六四九頁。

〔二〕劉鶚著、劉德隆編《抱殘守缺齋日記》，上海：中西書局，二〇一八年六月，第一一七頁。

馮公度，見之。」〔一〕劉鶚一八五七年出生，馮恕一八六七年出生，馬衡一八八一年出生，馮恕年齡在劉鶚與馬衡之間，三人均雅好金石，同聲相應，同氣相求，並無障礙。

（三）馬家與劉家關係非同一般，過去没有材料可以證明，現在卻有材料可以探究。劉鶚在上海，乙巳正月十五日日記云：晚九鐘後「又赴馬氏昆仲之約」〔二〕。馬裕藻一九〇一年已在上海嶄露頭角，一九〇二年即介紹其弟馬衡、馬鑒等到上海南洋公學讀書，自己是一九〇五年（乙巳）九月才赴日本留學的。從時間上看，日記中之「馬氏昆仲」，應指馬裕藻、馬衡、馬鑒等兄弟。此外，劉鶚有《老殘游記外編》手稿，一九〇五年完成，當時無人知曉，直到一九二七年才被其孫劉蕙孫發現〔三〕。今手稿封面有馬衡題簽，文爲「劉鐵雲先生老殘游記外編殘稾」〔四〕。顯見兩家一直保持聯繫。

根據這三條綫索，可以推測，劉鶚卒後，由於兩家有舊，馬衡從劉家購藏甲骨，應與一般公開售買不同，屬於私下交易，或涉某種機密，不足爲外人道，故其詳情一直不爲業内所知。

關於第二點，馬衡的「凡將齋藏甲骨文字」拓本集，各家著録，名稱不盡相同。曾毅公《記》稱《凡將齋甲骨文字》已見前述，《記》提到的《續編校記》又稱《凡將齋殷虚文字》〔五〕。而更早的魯迅，己未（一九一九）五月二十三日日記則云：「下午往大學，得《馬叔平所臧甲骨文拓本》一册，工值券四元。」〔六〕類似例證還有不少，無須贅舉。而檢北京大學圖書館收藏的該拓本集，封面原無名稱，僅内鈐「凡將齋藏甲骨文字」朱印（此印現藏北京故宫博物院）。據此推測，該拓本集或許原本就無名稱，各家著録，都是根據内鈐朱印或自己理解，另擬的名稱。需要指出的是，無論有多少個名稱，「凡將齋藏甲骨文字」拓本集都只有一册，一個本子。但由於稍後又有「北京大學國學門藏甲骨文字」拓本集，四册，與「凡將齋藏甲骨文字」拓本集合爲一函五册，關係自然極爲密切，因而「凡將齋藏甲骨文字」拓本集有時會被誤認爲有兩個本子。但其實不難分辨。譬如北京大學圖書館有《甲骨刻辭拓本》一函五册，僅一册内鈐「凡將齋藏甲骨文字」朱印，屬於馬衡的甲骨拓本，另四册均内鈐「國」字朱印，顯示爲北大國學門的甲骨拓本。又譬如南京圖書館（前身爲國立中央圖書館和國學圖書館）有《凡將齋藏甲骨文字》一套，檔案顯示：「此書爲拓本集，馬衡遺物，共有五册。」但據同館所藏未刊本王國維《積餘甲骨拓片跋》推測：「此書原骨的一部分有可能是原京師大學（即北大前身）的。」〔七〕現將相關情況介紹如下。

〔一〕劉鶚著、劉德隆編《抱殘守缺齋日記》，上海：中西書局，二〇一八年六月，第二二九、二三三頁。

〔二〕劉鶚著、劉德隆編《抱殘守缺齋日記》，上海：中西書局，二〇一八年六月，第一八五頁。

〔三〕劉德隆《試論劉鶚對甲骨學的貢獻》，《天津師大學報》一九八九年第三期，第五三頁。

〔四〕劉鶚著、劉德隆編《抱殘守缺齋日記》，上海：中西書局，二〇一八年六月，開篇附圖。

〔五〕曾毅公《〈殷虚書契續編〉校記》，濟南：齊魯大學國學研究所國學彙刊之一，一九三九年。按：胡厚宣指出應作《凡將齋藏甲骨文字》。見胡氏《讀曾毅公君〈殷虚書契續編校記〉》，《甲骨學商史論叢初集》下册，成都：齊魯大學國學研究所專刊之一，一九四四年三月。此據臺灣大通書局有限公司影印本，一九七二年十月，第七一九頁。

〔六〕魯迅《魯迅全集》第一五卷《日記》，北京：人民文學出版社，二〇〇五年十一月，第三六九頁。

〔七〕李培文《甲骨學的百年歷程——記南圖收藏的甲骨學文獻及相關資料》，《檔案與建設》二〇〇一年第一期，第五二頁。按：文中提到的館藏《積餘甲骨拓片》，係徐乃昌（一八六九至一九四三年）舊藏，從未正式出版，彌足珍貴。

如所周知，民國時期的金石學家和金石收藏家，多兼工傳拓，馬衡也不例外。馬衡致王國維函常見「拓」字，如一九二三年七月十四日函云：「新得漢魏石經殘石，各拓一紙奉呈審定。」[一]皆指自拓。馬衡一九一七年初到北京大學，見北大尚無甲骨收藏，便從自己收藏的甲骨中，精選百餘片[二]，自拓裝册，内鈐「凡將齋臧甲骨文字」朱印，分贈友好。時間應在一九一八年末至一九一九年初。與馬衡自云「來北大後，曾拓數份」，前揭魯迅一九一九年五月二十三日獲得一册，時間均可吻合。一九二一年十一月，北京大學成立研究所國學門，馬衡任導師。一九二二年，國學門設考古學研究室，馬衡任主任。是年，達古齋主人霍保禄字明志者，給國學門捐贈了四五百片甲骨[三]。馬衡接收後，隨即親自將這批甲骨製作拓本，裝爲四册，内鈐「國」字朱印，並於十二月十八日，與「凡將齋臧甲骨文字」合爲五册，稱《甲骨刻辭拓本》，在考古學研究室展出。大約不久之後即開始贈送有關單位和個人[四]。此應即前揭曾毅公所説「民國十七年前曾傳拓數份」。這兩批甲骨，雖然前爲私藏，後爲公物，但由於都是馬衡親自傳拓，輯爲拓本集後，又都由他親自贈送有關單位和個人，二者關係密切和不可分割可想而知。

故宫博物院是一九五二年從國家文物局接收馬衡舊藏甲骨的。馬衡舊藏甲骨分二類：一類是有字甲骨，共三六四片，編爲新一六〇五三九至新一六〇九〇二號收藏；一類是無字甲骨（僅個别帶字），共七七片，統屬資料一二八號保管。由於有字甲骨包括凡將齋甲骨拓本集原物，而凡將齋及國學門甲骨拓本集又從未出版，故宫甲骨整理組便有意將該二拓本集編入本叢書《馬衡卷》。二〇一五年十二月九日，經項目組任昉協調，故宫博物院與馬衡嫡孫馬思猛正式簽署《關於「凡將齋藏甲骨刻辭拓本」電子文本版權使用與出版協定》。二〇一六年一月十九日，任昉率項目組韋心瀅、李延彦赴北京大學圖書館，對所藏馬衡《甲骨刻辭拓本》一函五册進行調研，並與該館接洽，完成了該二拓本集電子文本採集工作[五]。

本卷共分三册：第一册是本院馬衡舊藏甲骨，第二册是「附編　凡將齋甲骨刻辭拓本」及「附編　國學門甲骨刻辭拓本（上）」，第三册是「附編　國學門甲骨刻辭拓本（下）」。現將本卷文本整理工作大致情況分述如下：

本院馬衡舊藏新字甲骨三六四片，資料甲骨七七片，除去復原及綴合，新編爲三七〇號。其中僞刻、習刻、無字等四〇片，另有骨鏃一個。釋文組組長韋心瀅，釋文初稿亦由韋心瀅完成。文物信息由編目組提供。書稿由釋文組整理編撰，盧巖初審，沈建華終審，孫亞冰終校。

[一] 馬思猛輯注《王國維與馬衡往來書信》，北京：生活·讀書·新知三聯書店，二〇一七年九月，第一〇六至一〇八頁。

[二] 這批甲骨的數量主要存在一一八片、一一五片二説。一一八片説首見陳夢家《殷虚卜辭綜述》第二十章附録三《甲骨著録簡表》第五類「未發表完全之拓本」，考古學專刊甲種第二號，北京：科學出版社，一九五六年七月，第六七三頁。嚴一萍、胡厚宣同。見嚴氏《凡將齋所藏殷虚文字考釋》，臺北：藝文印書館，一九七九年四月，第七一頁；胡氏《大陸現藏之甲骨文字》，《「中央研究院」歷史語言研究所集刊》第六七本第四分，一九九六年十二月，第八六二頁。一一五片説見前揭曾毅公《凡將齋甲骨文字摹本》，拍賣公司網站附有多頁截圖，其最後一頁的最後一幅摹本編號爲一一五。據馬衡嫡孫馬思猛見告，還有不足百片一説，因未見，此處不録。

[三] 這批甲骨的數量存在四六三片、四九五片、五〇九片、五一二片、六五五片五説。前四説爲陳玨秀統計，見陳氏《北京大學國學門藏甲骨的流傳問題》，第十五屆中區文字學學術研討會論文，臺北：中國文化大學，二〇一三年五月三十一日，第四頁。後一説見傅振倫《馬衡先生傳》，《浙江學刊》一九九三年第三期，第一二二頁。

[四] 傅振倫先後撰寫兩篇回憶馬衡文章，都在一九二七年三月馬衡赴日本東京帝國大學講演《中國之銅器時代》後，接記馬衡將北大甲骨傳拓裝册事，前一篇作：「又把北大所藏這類資料編成《甲骨刻辭》數册。」後一篇作：「又把北大所藏這類資料摹拓《甲骨刻辭》六册。」分見傅氏《馬衡先生在學術上的主要貢獻》，《故宫博物院院刊》一九八五年第三期，第一一九頁；《馬衡先生傳》，《浙江學刊》一九九三年第三期，第一二四頁。傅氏認爲時間在一九二八年前，固無疑問。至於後一篇所説「六册」，恐屬誤記。

[五] 關於馬衡藏凡將齋及國學門甲骨拓本集情況，另參本卷〔貳〕《附編　凡將齋甲骨刻辭拓本》馬思猛撰《馬衡輯〈甲骨刻辭拓本〉的前世今生》一文。

凡將齋甲骨拓本一一八張，整理爲一一二號。釋文組組長盧巖。書稿由釋文組整理編撰，盧巖初審，沈建華終審，孫亞冰終校。

國學門甲骨拓本五一二張，整理爲四七一號。釋文組組長盧巖。書稿由釋文組整理編撰，盧巖初審，沈建華終審，孫亞冰終校。

本卷在整理過程中，得到國内外甲骨、考古、古文字學界專家、學者的大力支持和幫助。在出版過程中，中華書局各級領導給予了種種關照，責編朱兆虎、聶麗娟更爲本卷的出版竭盡心力。在此，謹向所有關心、支持本卷整理出版工作的同行、朋友，表示衷心的感謝！

二〇一八年十二月二十五日

目録

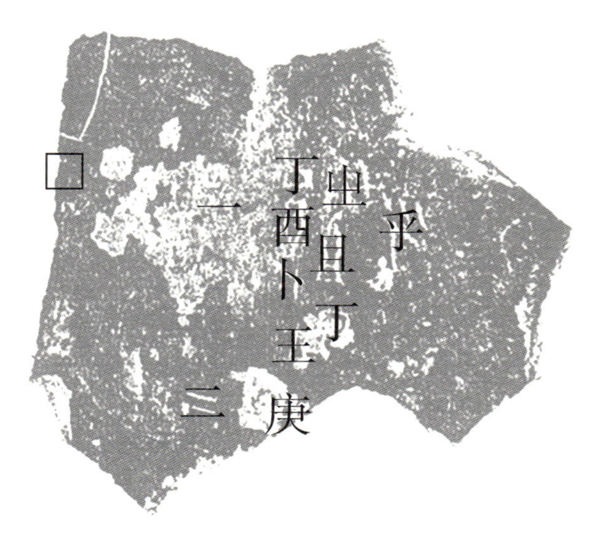

一

丁酉卜王問侑祖丁等事

本甲正面存辭三條，有界劃綫。反面無字。

（一）丁酉卜，王：㞢（侑）且（祖）丁乎（呼）。　一

（二）［庚］□　二

（三）□□□

【備注】

組類：𠂤組

材質：龜腹甲

尺寸：長四・五、寬四・二厘米

著録：《合》一八四三

來源：一九五二年馬衡捐贈，國家文物局調撥

院藏號：新一六〇六〇一

二　丙申卜王問侑祖丁宰等事

本甲正面存辭三條，有界劃綫。反面無字。

（一）［癸］☐［王］☐☐　一

（二）丙申卜，王：㞢（侑）且（祖）丁宰。

一

（三）☐［子］卜☐貞：弜（勿）☐用☐匕（妣）辛[一]☐用☐

【簡釋】

［一］「匕辛」爲合文。

【備注】

組類：𠂤組

材質：龜腹甲

尺寸：長二·六、寬一·八厘米

著録：《合》一九八六七

來源：一九五二年馬衡捐贈，國家文物局調撥

院藏號：新一六〇七五五

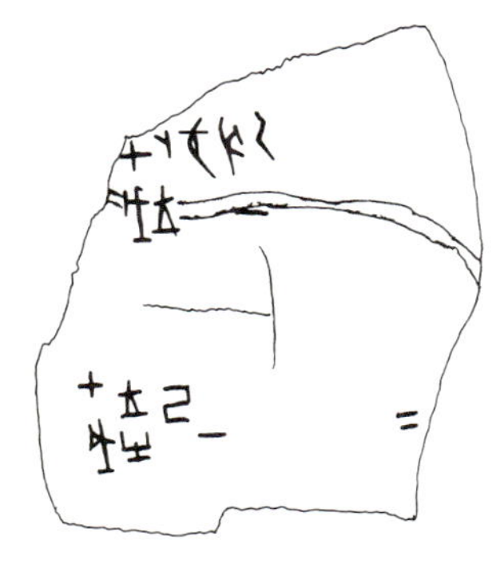

三　甲戌卜王問侑某己與[illegible]父乙等事

本甲正面存辭二條。反面無字。

（一）甲戌▨王：ㄓ(侑)▨己。　一　二

（二）甲戌卜，王：[illegible]父乙。　一

【備注】

組類：𠂤組

材質：龜腹甲

尺寸：長四・四、寬四・三厘米

著録：《凡》一・八・四、《續》一・二九・六、《皤蕫》八・五、《合》二二九〇、《宮凡將》二八

來源：一九五二年馬衡捐贈，國家文物局調撥

院藏號：新一六〇六二八

四　某日卜𠂤問兄甲事

本甲正面存辭一條。反面無字。

（一）☐卜，𠂤：于☐兄甲。　一

【備注】

組類：𠂤組

材質：龜腹甲

尺寸：長一·六、寬一·六厘米

著録：未見

來源：一九五二年馬衡捐贈，國家文物局調撥

院藏號：新一六〇八八七

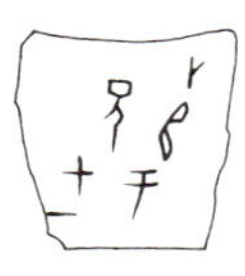

五　乙卯卜王祀母庚畀御子辟目與癸亥問侑兄某等事

本甲正面存辭五條。反面無字。

（一）乙卯卜☐祀畀衛子辟目。　一

（二）癸亥☐㞢（侑）兄☐　一

（三）戊午[一]。　一

（四）甲子☐王：㞢☐

（五）乙卯卜，王：祀母庚[二]畀衛子辟目。

【簡釋】

〔一〕本甲甲面表層剥落，從拓本殘字來看，可能爲「戊寅」或「戊午」。據《合》一九九六四、《合》二〇〇二四、《合》二一〇三六等相關卜辭及殘字，似釋爲「戊午」更佳。

〔二〕據拓本及注〔一〕所論，「母」字下爲「庚」字。

【備注】

組類：𠂤組

材質：龜腹甲

尺寸：長八・〇、寬一〇・七厘米

著録：《合》二〇〇二〇

來源：一九五二年馬衡捐贈，國家文物局調撥

院藏號：新一六〇六〇〇+新一六〇六一四

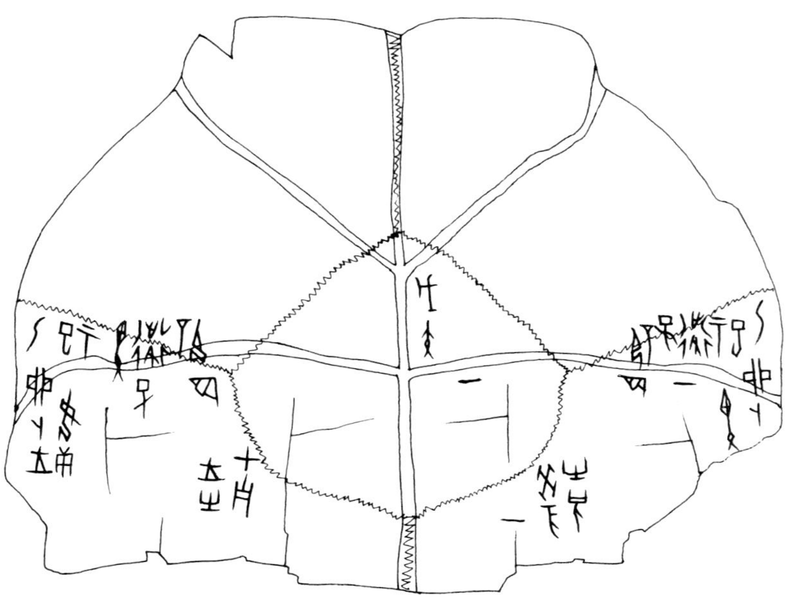

乙卯卜
祀畀
衛一
子
辟目
戊午
一
㞢兄
癸亥
一
乙卯卜王
祀母庚
畀
衛子
辟目
甲子
王㞢

六　己未問用五十牡等事

本甲正面存辭二條。反面無字。

（一）己未☐五十〔一〕牡。　二

（二）甲戌☐

【簡釋】

〔一〕「五十」爲合文。

【備注】

組類：𠂤組

材質：龜腹甲

尺寸：長五・〇、寬二・六厘米

著録：《凡》一・一一・二、《續》二・二六・二、《磻蚩》一一・二、《南師》二・五九、《合》二〇六七四、《宮凡將》三八

來源：一九五二年馬衡捐贈，國家文物局調撥

院藏號：新一六〇六八二+新一六〇八八〇

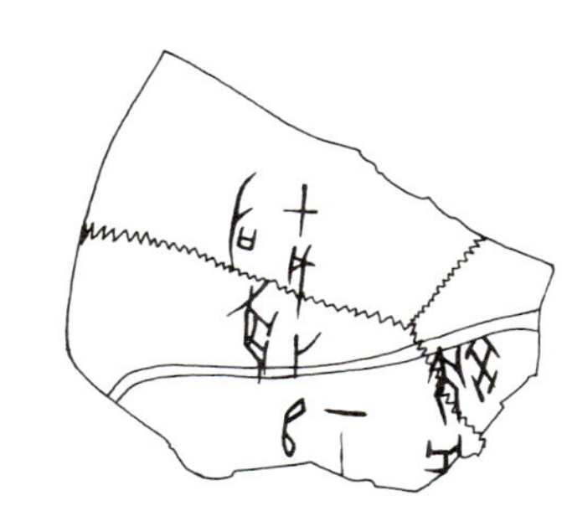

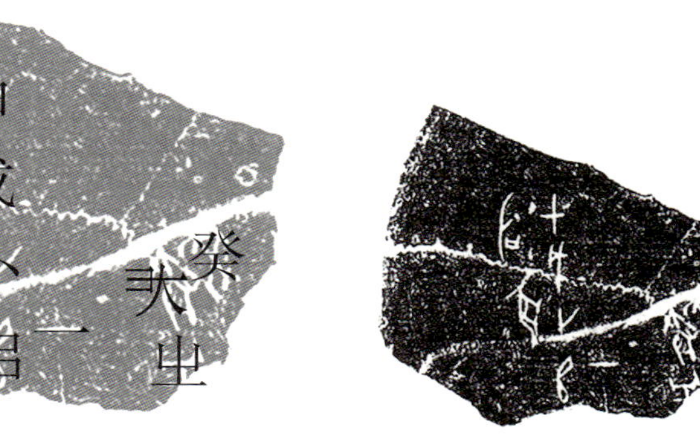

七　癸日扶問㞢與甲戌卜𠂤問司犬等事

本甲正面存辭二條。反面無字。

（一）癸☐扶：［㞢］☐

（二）甲戌卜，𠂤☐司犬。　一

【備注】

組類：𠂤組

材質：龜腹甲

尺寸：長三・六、寬二・七厘米

著録：《合》二〇三六七

來源：一九五二年馬衡捐贈，國家文物局調撥

院藏號：新一六〇六七八

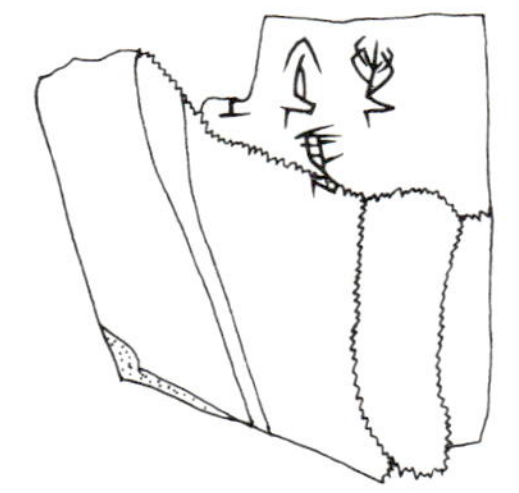

八　某日問令犬事

本甲正面存辭一條。反面無字。

（一）☐□☐令犬☐若。

【備注】

組類：𠂤組

材質：龜背甲

尺寸：長三·一、寬三·二厘米

著録：未見

來源：一九五二年馬衡捐贈，國家文物局調撥

院藏號：新一六〇七三一

九　壬戌卜王貞𡿧亡其刹等事

本甲正面存辭二條。反面無字。

（一）壬戌卜，王貞：𡿧［亡］其［刹］。

（二）丁卯☐〔一〕

【簡釋】

〔一〕本版可遥綴《合》二〇一八一，綴後即《合補》六八〇三、《合補》六八二一。詳見嚴一萍綴、《綴新》第二八九則及《綴彙》第五五〇組。

【備注】

組類：𠂤組

材質：龜腹甲

尺寸：長五·六、寬三·五厘米

著録：《鐵》一二五·一、《凡》一·二一·一、《續》六·一一·八（不全）、《磻蚩》二一·一、《鐵新》一一〇六、《合》二〇一八〇、《合補》六八〇三甲、《合補》六八二一左半、《宮凡將》七四

來源：一九五二年馬衡捐贈，國家文物局調撥

院藏號：新一六〇八五七

一〇 庚子問呼朿人比𠂤與甲辰問[?]來等事

本骨正面存辭四條。反面無字。

（一）庚子：乎（呼）朿人比𠂤。　三

（二）弜（勿）比。　三

（三）甲［辰］☐[?]［來］☐　三

（四）☐□☐□☐　［三］

【備注】

組類：𠂤類

材質：牛肩胛骨

尺寸：長一〇・五、寬六・二厘米

著録：［右下］《合》二二四五〇；［全］《凡》一・五・一、《續》六・九・七（不全）、《殦蜚》五・一、《宫凡將》一四

來源：一九五二年馬衡捐贈，國家文物局調撥

院藏號：新一六〇五六三+新一六〇六二五+資一二八－一三+資一二八－一八

比
庚子乎束人
來
三甲辰
三
比
弜
三
□□三

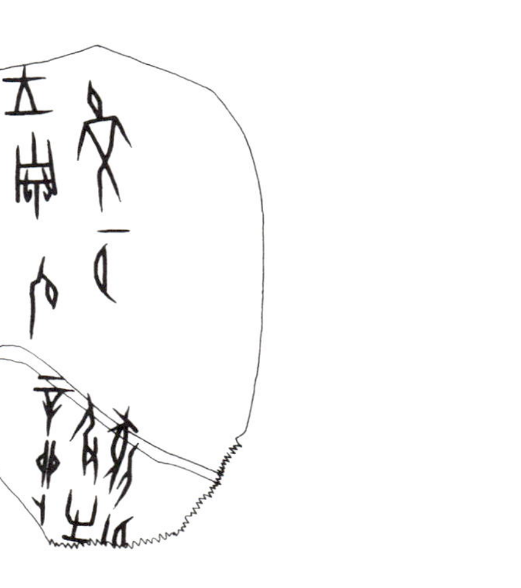
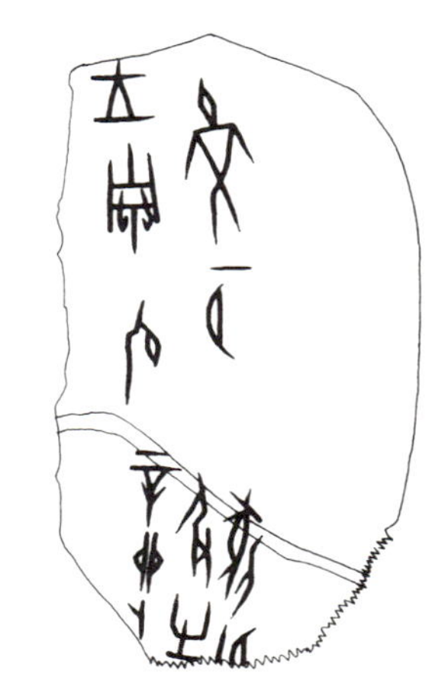
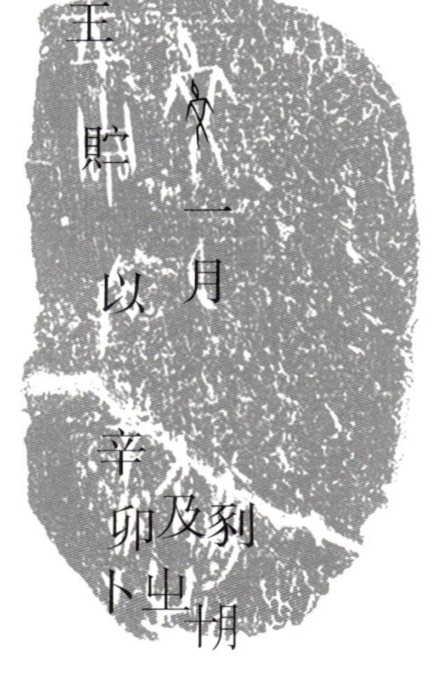

一一　十月辛卯卜及有剢與一月某日王問貯以[?]等事

本甲正面存辭二條。反面無字。

（一）辛卯卜☐及㞢（有）剢。［十月］〔一〕。

（二）☐王：貯〔二〕以☐[?]。一月。〔三〕

【簡釋】

〔一〕「十月」爲合文。

〔二〕「貯」或比定作「賈」字。

〔三〕本甲可遥綴《合》一〇九一，綴後即《合補》二四一三。

【備注】

組類：𠂤賓

材質：龜腹甲

尺寸：長五・七、寬三・一厘米

著録：《鐵》二七二・一、《前》六・二一・四（不全）、《凡》一・二九・四、《續》六・一一・二、《鐵新》四七〇、《合》一〇九〇、《合補》二四一三乙、《文拓》八〇、《宮凡將》一〇八

來源：一九五二年馬衡捐贈，國家文物局調撥

院藏號：新一六〇七九八

一二 庚寅問王祀唐延等事

本甲正面存辭二條。反面無字。

（一）庚［寅］☐［王］☐唐☐祉（延）☐

一

（二）☐［寅］☐

【備注】

組類：自賓

材質：龜腹甲

尺寸：長二・一、寬一・三厘米

著録：未見

來源：一九五二年馬衡捐贈，國家文物局調撥

院藏號：新一六〇七二七

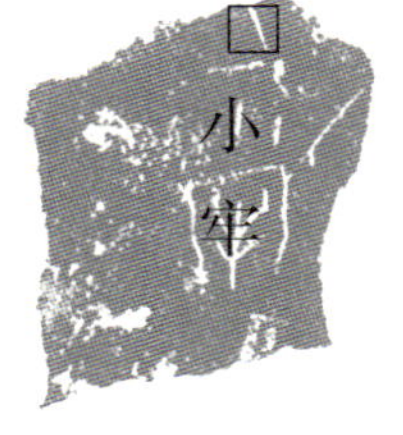

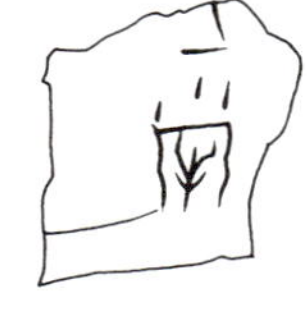

一三　某日問小牢事

本甲正面存辭一條。反面無字。

（一）☐☐小牢。

【備注】

組類：自賓

材質：龜腹甲

尺寸：長一・九、寬一・七厘米

著録：未見

來源：一九五二年馬衡捐贈，國家文物局調撥

院藏號：新一六〇八七一

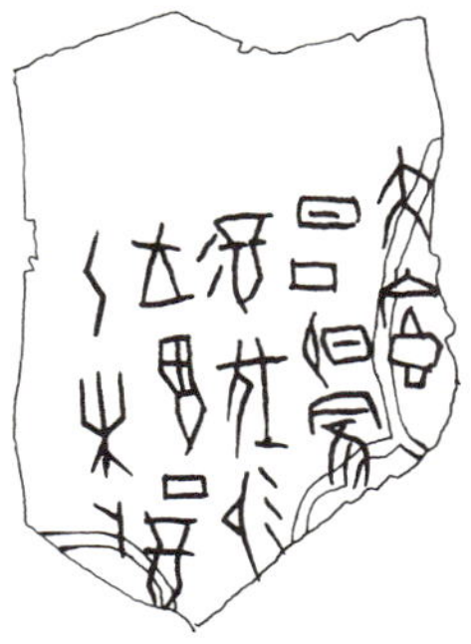

一四　乙未卜王問翌丁酉酌伐易日丁明陰大食某事

本甲正面存辭一條。反面無字。

（一）乙未卜，王：翌丁酉酌伐，易日。丁明侌(陰)，大食☐

【備注】

組類：自賓

材質：龜腹甲

尺寸：長四・三、寬三・四厘米

著録：《凡》一・二二・二、《續》六・一一・三、《磻蚩》二二・二、《合》一三四五〇、《宮凡將》七九

來源：一九五二年馬衡捐贈，國家文物局調撥

院藏號：新一六〇六二七

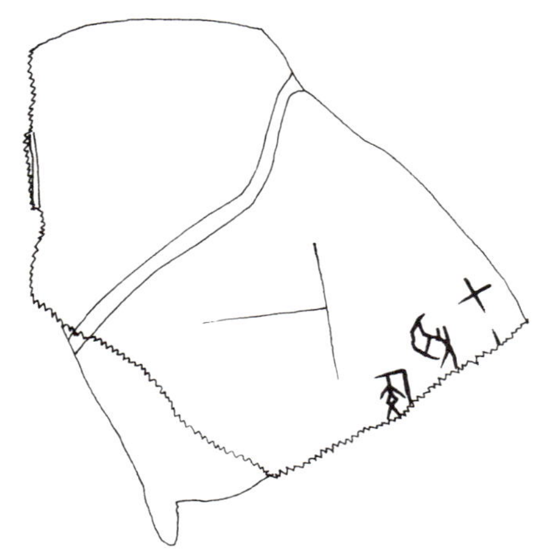

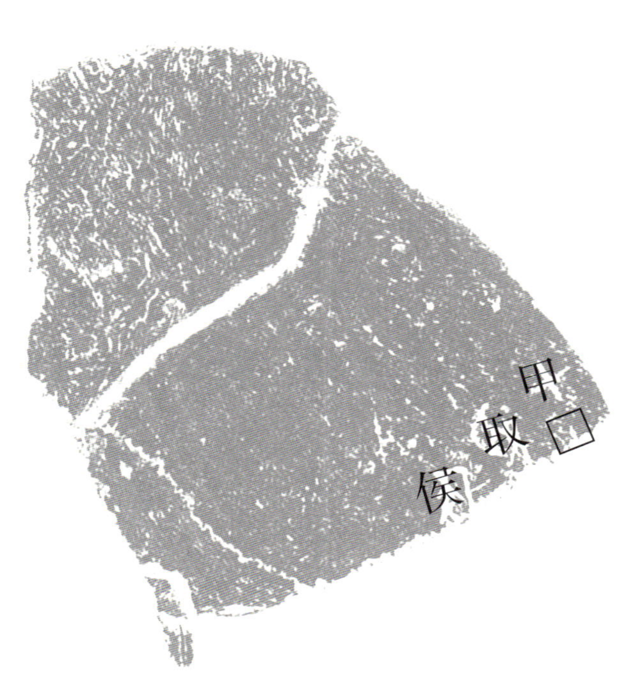

一五　甲日問取侯事

本甲正面存辭一條。反面無字。

（一）　
甲☐〼取〼侯〼

【備注】

組類：𠂤賓

材質：龜腹甲

尺寸：長五・七、寬四・二厘米

著録：未見

來源：一九五二年馬衡捐贈，國家文物局調撥

院藏號：新一六〇八〇〇

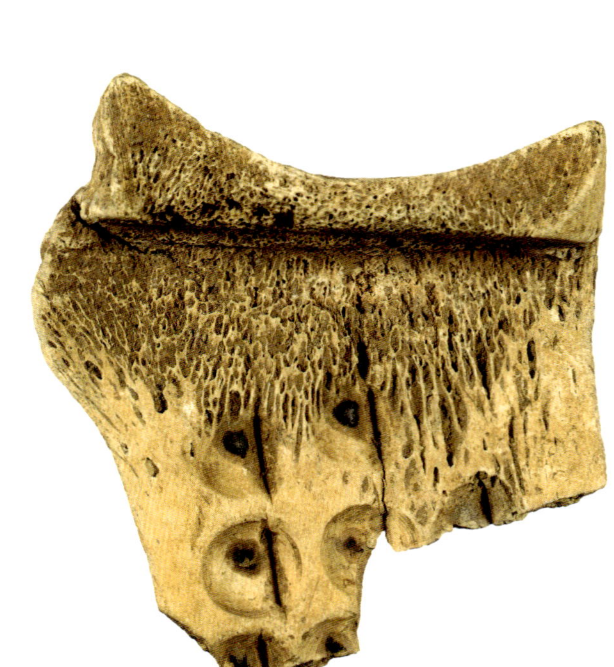

一六　乙卯壬辰等日卜貞今夕其亡𡆥事

本骨正面存辭五條。反面無字。

（一）乙卯卜，貞：今夕亡𡆥〔一〕。　一　二

　　告

（二）乙卯卜，貞：今夕其㞢(有)𡆥。　一

　　二

（三）壬〼貞：今〼亡〼　一

（四）壬［辰］〼夕［其］〼　二

（五）癸〼　二〔二〕

【簡釋】

〔一〕「𡆥」或比定作「禍」「咎」「憂」等字。

〔二〕本骨可綴《合》一三〇四八，綴合後釋文可補爲「壬辰卜，貞：今夕其㞢(有)𡆥」。詳見李愛輝綴，《甲骨拼合第四八一至四九〇則》第四八四則。

【備注】

組類：㠯賓

材質：牛肩胛骨

尺寸：長八・四、寬七・九厘米

著録：《鐵》一三一・二、《凡》一・三〇・一、《南師》二・一二七、《鐵新》八三五、《合》一六五二一、《合》四〇五七六、《宮凡將》一〇九

來源：一九五二年馬衡捐贈，國家文物局調撥

院藏號：新一六〇五四四

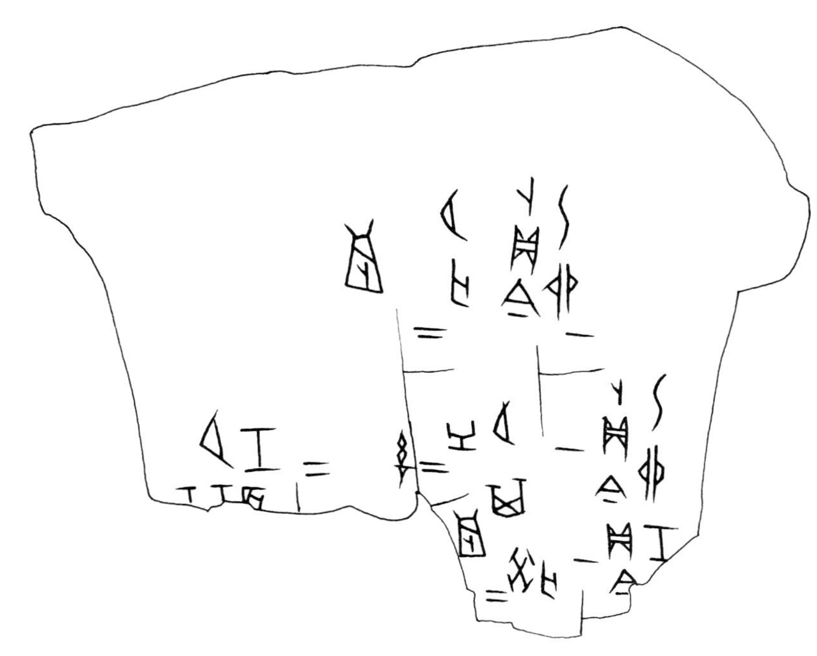

乙卯
一
卜貞今
夕亡
三
囚
乙卯
卜貞今
壬
貞今
一
夕其
囚
癸亡
三
出
告三
二
壬辰
夕其

一七　壬寅卜其雨等事

本骨正面存辭三條。反面無字。

（一）一　二

（二）壬寅卜：其雨。癸允☐　一　二

（三）二

【備注】

組類：自賓

材質：牛肩胛骨

尺寸：長五・二、寬二・九厘米

著録：《凡》一・二五・三、《續》四・二四・一（不全）、《合》一一八九四（不全）、《宮凡將》九二

來源：一九五二年馬衡捐贈，國家文物局調撥

院藏號：新一六〇七七四+資一二一八-五七+資一二一八-六〇

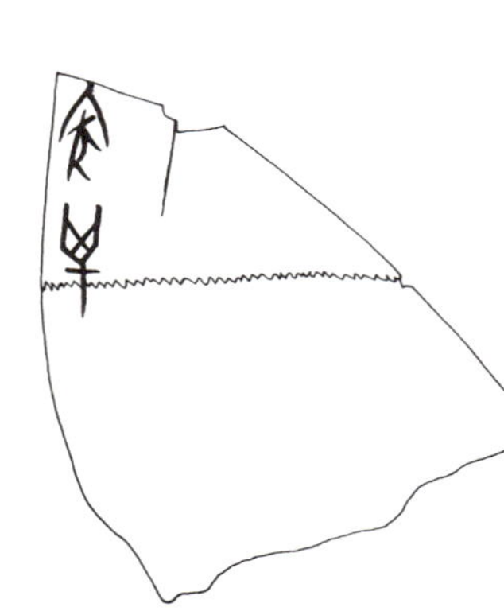

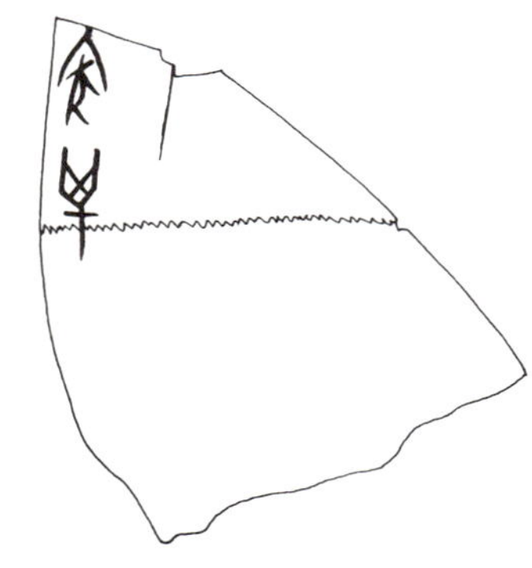

一八　某日問㒸擒事

本甲正面存辭一條。反面無字。

（一）☐㒸𠬪（擒）。

【備注】

組類：自賓

材質：龜腹甲

尺寸：長四·七、寬三·七厘米

著録：《合》一〇七六五

來源：一九五二年馬衡捐贈，國家文物局調撥

院藏號：新一六〇六三三

一九　壬辰卜方其摹視何事

本骨正面存辭一條。反面無字。

（一）壬辰卜：方其摹，視何。　一（一）

【簡釋】

（一）本骨可綴《上博》一七六四七・一九四，綴後即《合》六七八九。詳見曾毅公綴，《綴編》第一五〇則及《綴新》第四六一則。

【備注】

組類：自賓

材質：牛肩胛骨

尺寸：長六・七、寬四・五厘米

著録：《凡》一・九・二（不全）、《續》六・九・六（不全）、《合》六七八九上半、《宮凡將》三〇

來源：一九五二年馬衡捐贈，國家文物局調撥

院藏號：新一六〇五五四

二〇 五月丙戌問今[glyph]方其大出等事

本骨正面存辭二條。反面無字。

（一）丙［戌］☐今[glyph]〔一〕方其大出。五月。一 二 三

（二）一 二 三〔二〕

【簡釋】

〔一〕「[glyph]」爲「[glyph]」字省形，或比定作「早」「春」等字。

〔二〕本骨可綴《京人》七三四，綴後即《合》六六九二。詳見嚴一萍復原，《綴新》第二八〇則。綴合後釋文可補爲「丙戌卜：今[glyph]方其大出。五月。一 二 三／戊子卜：于多父乇。一 二 三」。另，本骨右下「五」字爲僞刻，不録。又，《鐵》《前》所録較爲完整，至馬衡先生購藏此骨右上半時，已殘骨首右下端「叀乇」部分。

【備注】

組類：自賓

材質：牛肩胛骨

尺寸：長七・八、寬四・八厘米

著録：《鐵》一五一・二上部、《前》一・四六・四上部（不全）、《凡》一・一七・一（不全）、《續》三・三六・一

二八

（不全）、《磻葊》一七・一、《鐵新》五三一上部、《合》六六九二上部、《存補》三・二七九・一、《宮凡將》五八（不全）

來源：一九五二年馬衡捐贈，國家文物局調撥

院藏號：新一六〇五六八

二一　七月己丑卜今出羌有獲圍等事

本骨正面存辭二條。反面無字。

（一）己丑卜：今出，羌㞢（有）隻（獲），𡆥（圍）。七月。　二　二告

（二）［甲］☒今☒㞢☒　二〔一〕

【簡釋】

〔一〕本版與《合》六六〇六爲成套卜辭之二卜、三卜。

【備注】

組類：𠂤賓

材質：牛肩胛骨

尺寸：長六・五、寬七・八厘米

著録：《凡》一・一七・二、《續》六・一二・二（不全）、《磻蜚》一七・二、《合》六六〇五、《宮凡將》五九

來源：一九五二年馬衡捐贈，國家文物局調撥

院藏號：新一六〇五七〇

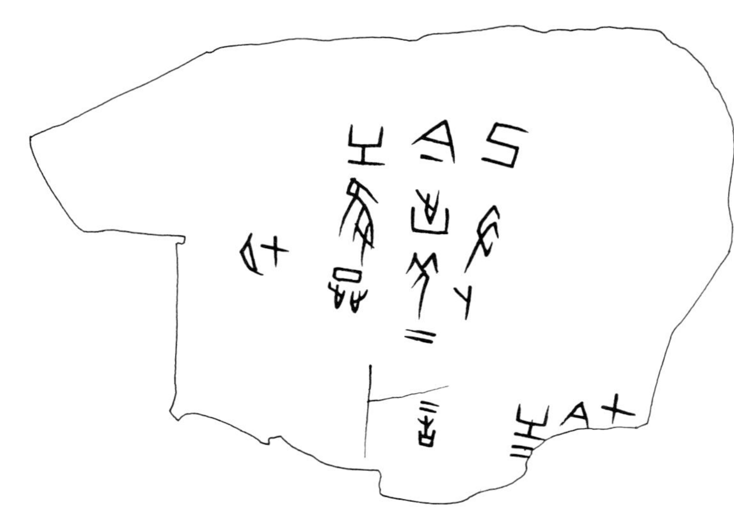

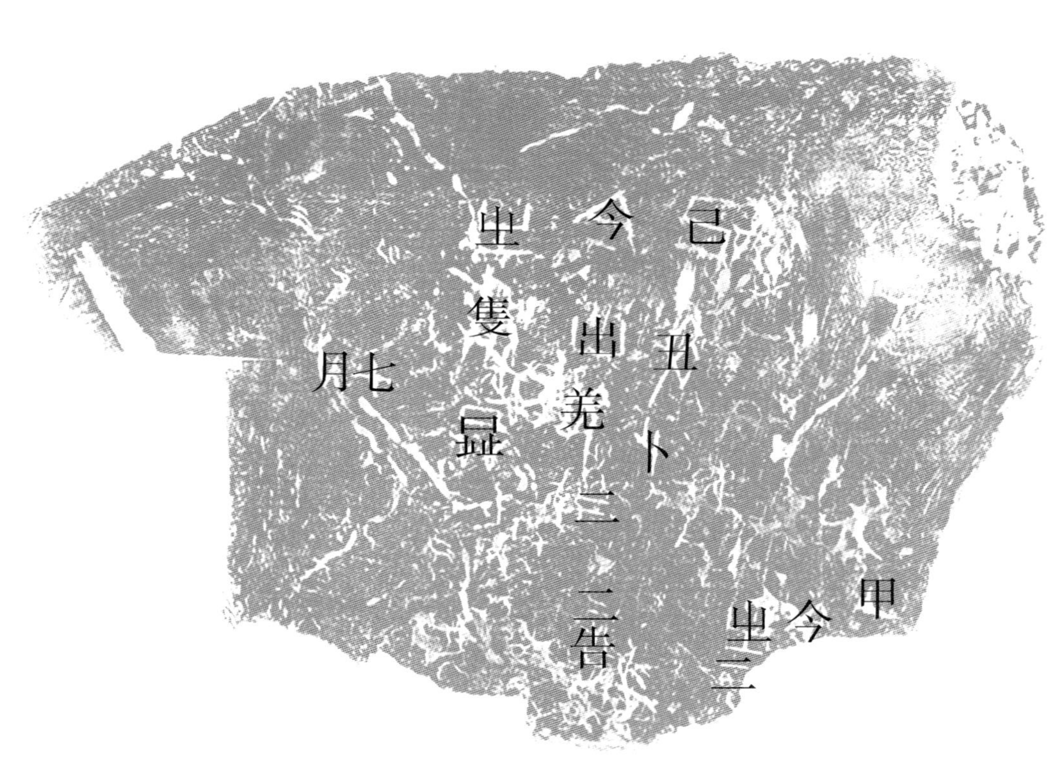
甲
今
㞢三
己
丑
卜
今
出
羌
三
二告
㞢
隻
显
七月

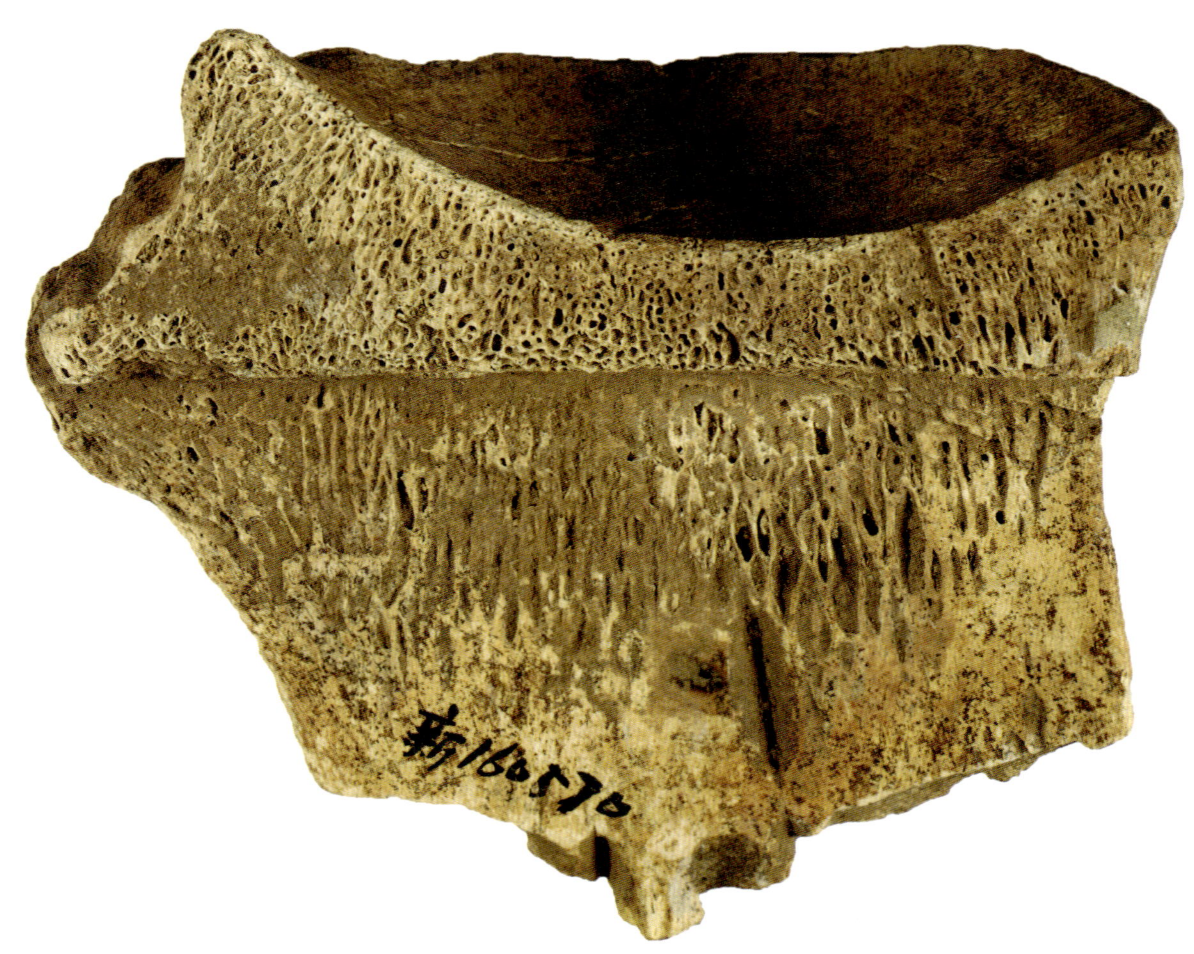
新160570

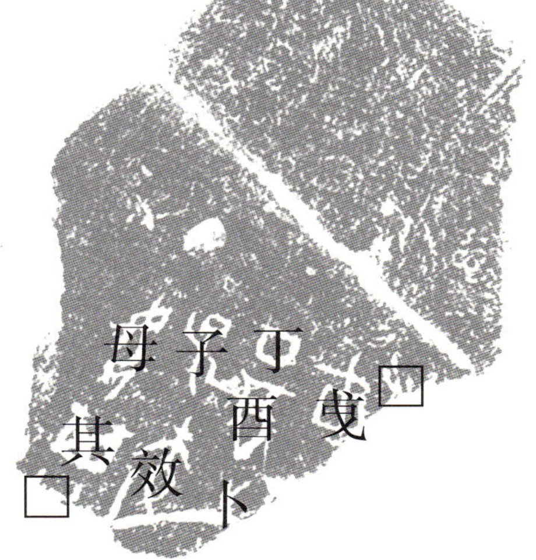

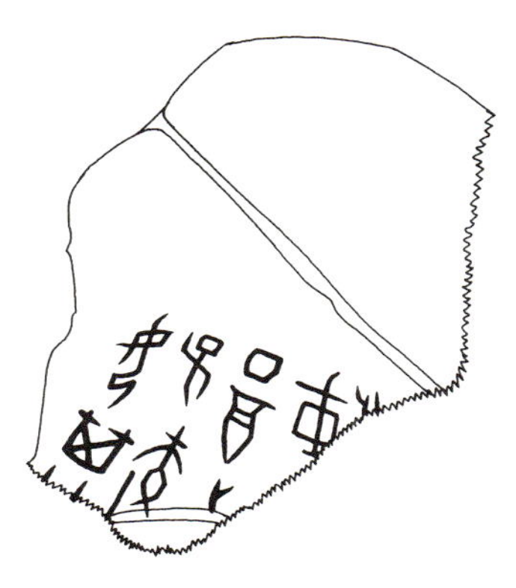

一三一　丁酉卜子效與某日問戎等事

本甲正面存辭二條。反面無字。

（一）丁酉卜〼子［效］〼母其□〼

（二）〼□戈（戎）〼

【備注】

組類：自賓

材質：龜腹甲

尺寸：長五・三、寬三・五厘米

著録：《鐵》一六四・一、《鐵新》八一三、《合》三〇九一

來源：一九五二年馬衡捐贈，國家文物局調撥

院藏號：新一六〇五九〇

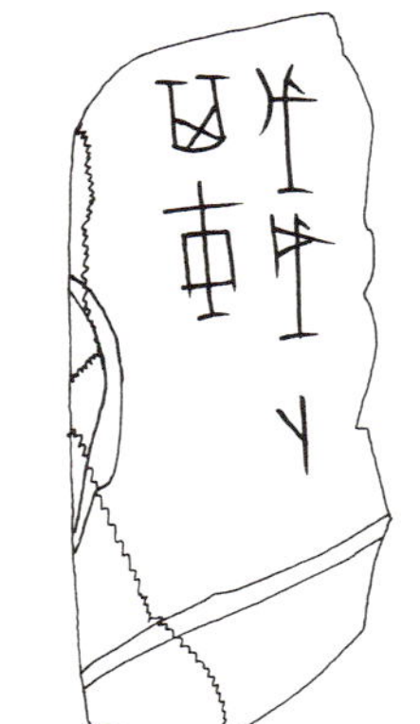

二三　戊戌卜其戎事

本甲正面存辭一條。反面無字。

（一）戊戌卜：其戋(戎)。

【備注】

組類：自賓

材質：龜腹甲

尺寸：長五·三、寬二·二厘米

著録：《鐵》九一·一、《凡》一·二七·三、《續》六·一二·三、《鐵新》八八九、《合》七七五二、《宮凡將》一〇〇

來源：一九五二年馬衡捐贈，國家文物局調撥

院藏號：新一六〇八六四

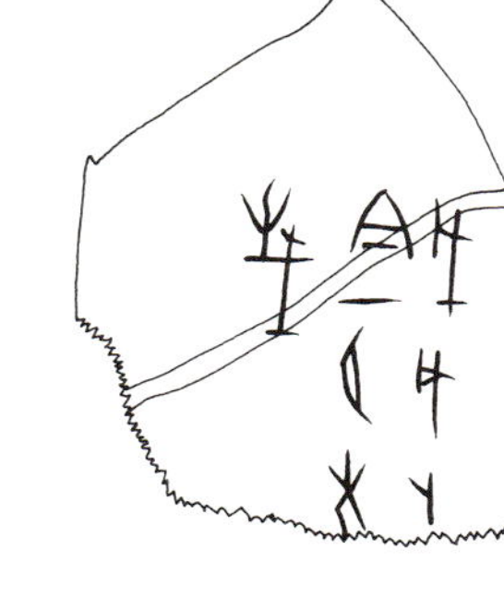
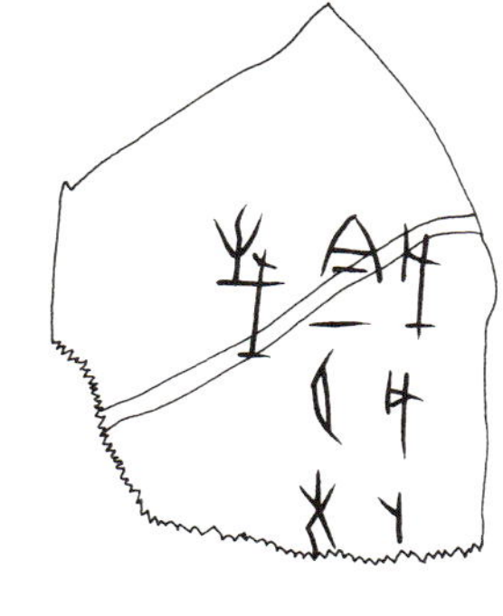
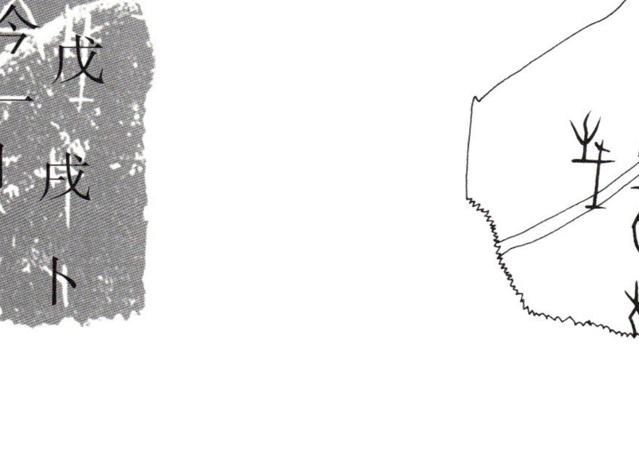

二四　戊戌卜今一月□𢦏事

本甲正面存辭一條。反面無字。

（一）戊戌卜：今一月[□]〔一〕𢦏〔二〕。

【簡釋】

〔一〕「□」或比定作「失」「考」等字。

〔二〕「𢦏」或比定作「捷」「翦」等字。

【備注】

組類：自賓

材質：龜腹甲

尺寸：長四・三、寬三・一厘米

著録：《凡》一・二七・二、《續》五・三〇・五、《續》六・一一・五、《合》七六八一、《宮凡將》九九

來源：一九五二年馬衡捐贈，國家文物局調撥

院藏號：新一六〇六九二

二五　某日卜王問取雀𦎫等事

本甲正面存辭二條。反面無字。

（一）　☐卜，王☐取雀☐𦎫☐□☐

（二）　☐丑卜☐雀☐𡆥〔一〕。

【簡釋】

〔一〕「𡆥」或比定作「禍」「咎」「憂」等字。

【備注】

組類：𠂤賓

材質：龜腹甲

尺寸：長七・五、寬四・四厘米

著録：《凡》一・九・四（不全）、《續》六・九・八（不全）、《合》六九六八、《宮凡將》三二

來源：一九五二年馬衡捐贈，國家文物局調撥

院藏號：新一六〇八〇五

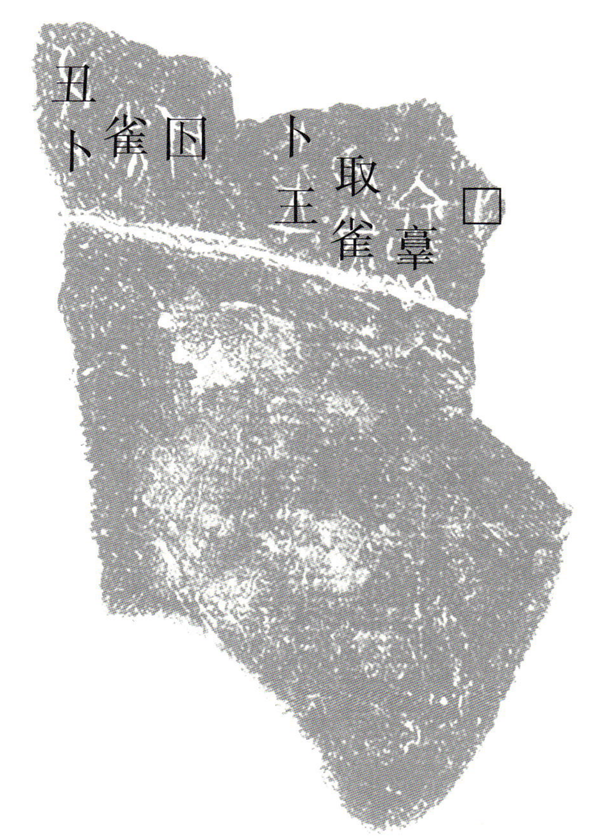
□
𦎫
取雀
卜王
[囗卜]
雀
丑卜

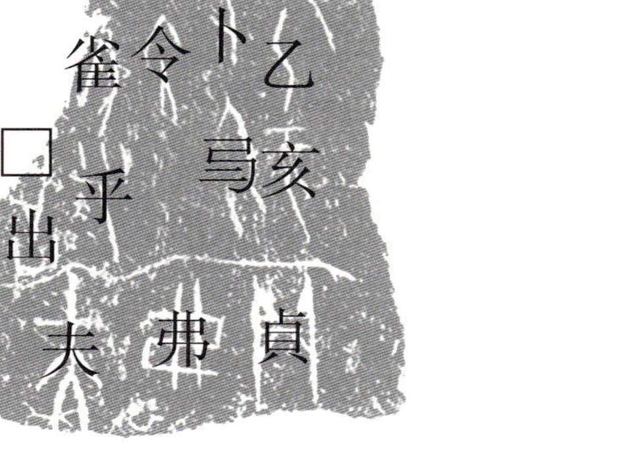

二六　乙亥卜勿令雀呼某出等事

本甲正面存辭二條，有界劃綫。反面無字。

（一）貞☐弗☐夫☐

（二）乙亥卜：弓（勿）令［雀］乎（呼）☐出。

【備注】

組類：自賓

材質：龜腹甲

尺寸：長三・七、寬二・八厘米

著録：《續》五・三〇・一四（不全）、《合》四一三八

來源：一九五二年馬衡捐贈，國家文物局調撥

院藏號：新一六〇七五二

二七　某日王問干事

本甲正面存辭一條。反面無字。

（一）〼王：𤰔（干）〼虫〼　三（四）

【備注】

組類：自賓

材質：龜腹甲

尺寸：長三・〇、寬二・九厘米

著録：《凡》一・二九・三、《合》四九四七、《宫凡將》一〇七

來源：一九五二年馬衡捐贈，國家文物局調撥

院藏號：新一六〇七〇六

二八　辛巳卜王問𦬸弗受朕史祐等事

本甲正面存辭二條。反面無字。

（一）辛巳卜，王：𦬸弗受朕史又（祐）。

（二）⧄□⧄□⧄

【備注】

組類：自賓

材質：龜腹甲

尺寸：長五·四、寬三·〇厘米

著録：《合》八四二六

來源：一九五二年馬衡捐贈，國家文物局調撥

院藏號：新一六〇六〇五

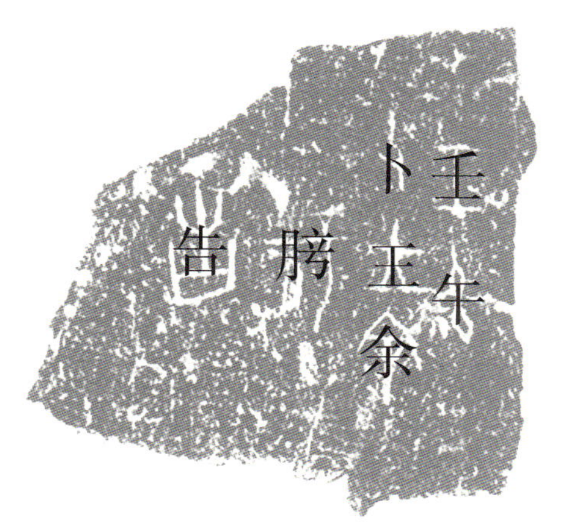

二九　壬午卜王問余孽告事

本甲正面存辭一條。反面無字。

（一）壬午卜，王：余膀（孽）告。

【備注】

組類：𠂤賓

材質：龜腹甲

尺寸：長三・八、寬三・八厘米

著録：《鐵》一一・三、《鐵新》一一二、《合》四九八六

來源：一九五二年馬衡捐贈，國家文物局調撥

院藏號：新一六〇七二四

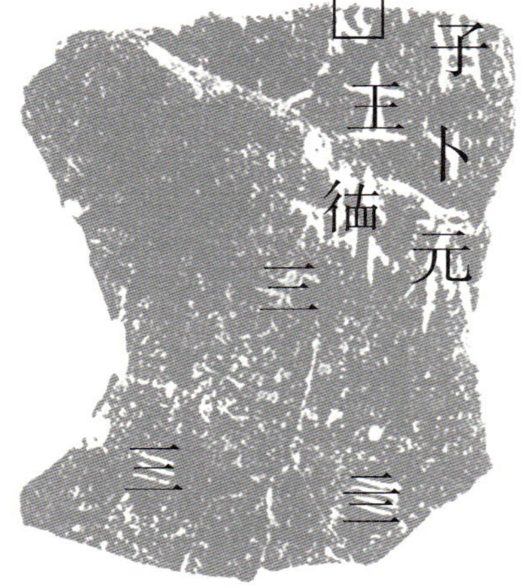

三〇　子日卜王徝等事

本甲正面存辭二條。反面無字。

（一）　三　三（四）

（二）　〼子卜：元〼□王徝〔一〕〼　三

【簡釋】

〔一〕「徝」或比定作「循」「值」等字。

【備注】

組類：𠂤賓

材質：龜腹甲

尺寸：長四・一・〇、寬三・四厘米

著録：《鐵》一八〇・一、《凡》一・二三・三、《磻蜚》二二・三、《鐵新》九八一、《合》七二四三、《宮凡將》八〇

來源：一九五二年馬衡捐贈，國家文物局調撥

院藏號：新一六〇七七五

三一 癸酉卜王問呼彡収牛事

本甲正面存辭一條。反面無字。

（一） 癸酉卜，王：乎（呼）彡［収］牛。

【備注】

組類：自賓

材質：龜腹甲

尺寸：長二・七、寬二・〇厘米

著録：《合》八九三九

來源：一九五二年馬衡捐贈，國家文物局調撥

院藏號：新一六〇八一四

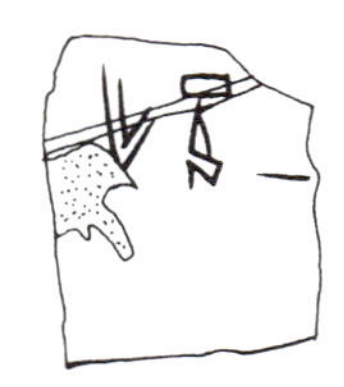
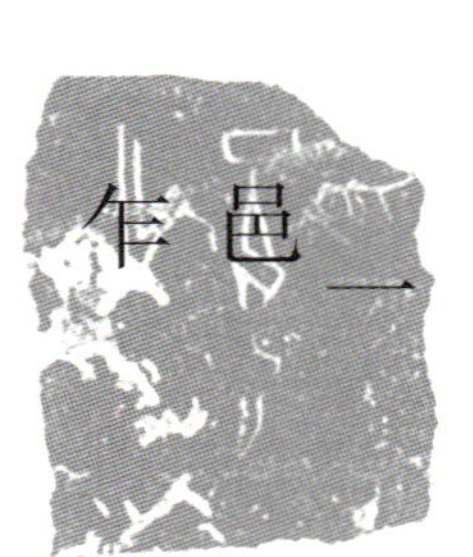

三二　某日問作邑事

本甲正面存辭一條。反面無字。

（一）☐乍（作）邑。　一

【備注】

組類：𠂤賓

材質：龜腹甲

尺寸：長二・三、寬一・四厘米

著録：《合》一三五一〇

來源：一九五二年馬衡捐贈，國家文物局調撥

院藏號：新一六〇八六九

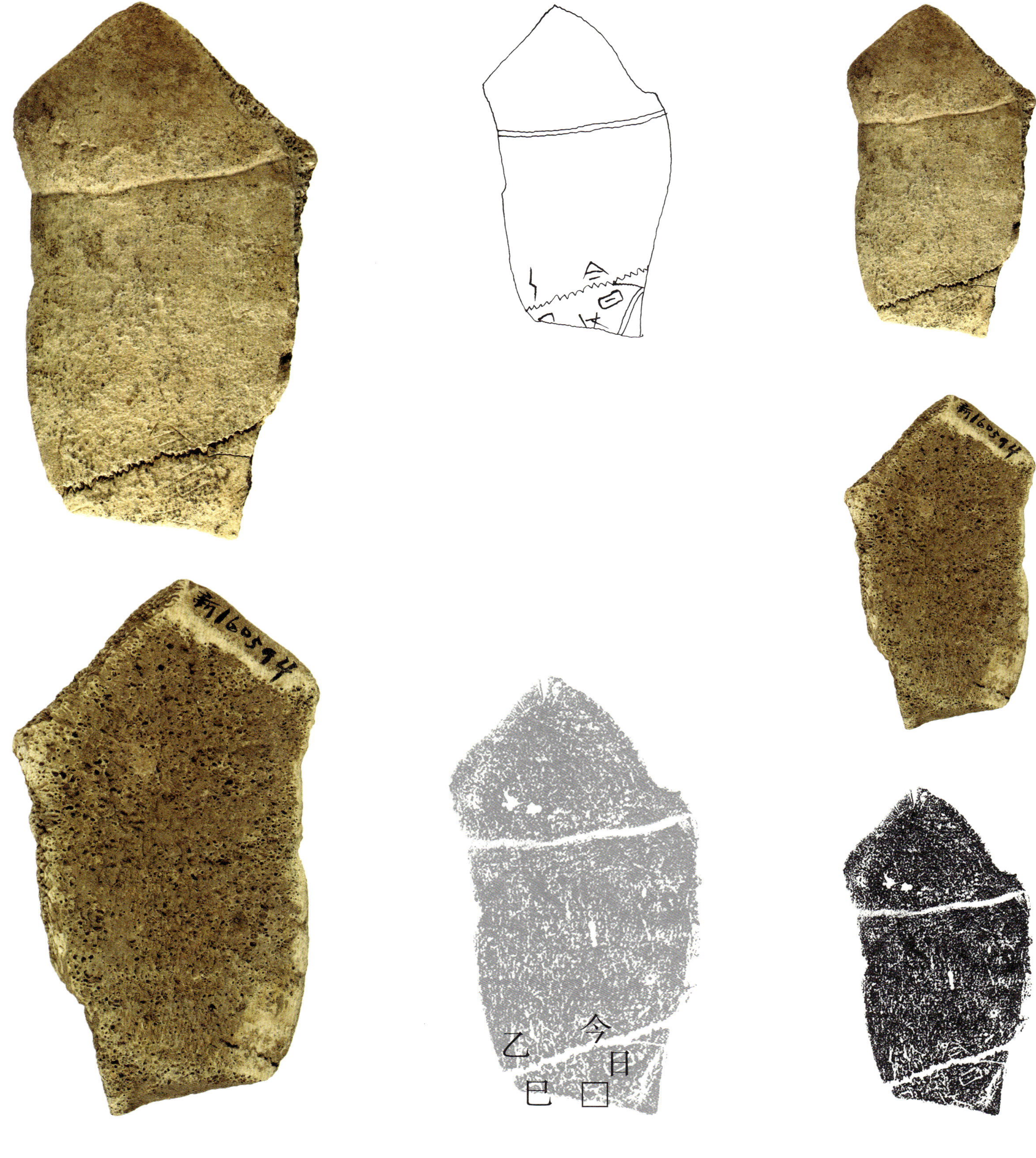

三三　乙巳問今日事

本甲正面存辭一條。反面無字。

（一）乙［巳］☐☐☐今日☐

【備注】

組類：自賓

材質：龜腹甲

尺寸：長六・六、寬三・六厘米

著録：《合補》三〇三五

來源：一九五二年馬衡捐贈，國家文物局調撥

院藏號：新一六〇五九四

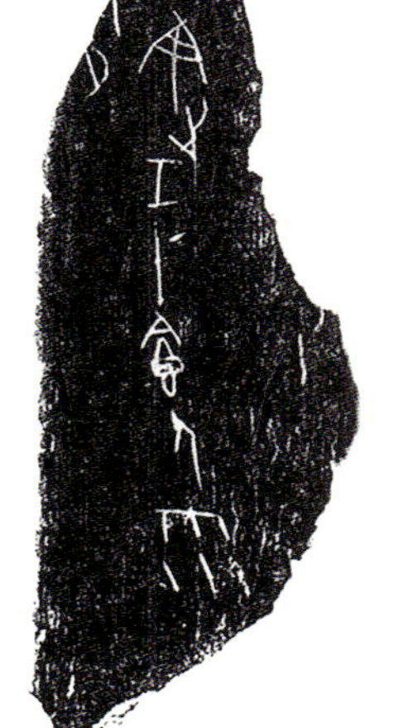

三四　十月某日問𡊄與壬午問食人雨等事

本骨正面存辭二條。反面無字。

（一）☐𡊄［一］☐［十］月。

（二）壬午：食人雨。

【簡釋】

［一］「𡊄」或比定作「途」「宔（逵）」「達」等字。

【備注】

組類：𠂤歷

材質：牛肩胛骨

尺寸：長六・九、寬二・三厘米

著録：《合》二〇九五六

來源：一九五二年馬衡捐贈，國家文物局調撥

院藏號：新一六〇六五五

三五　某日問祖乙卒亡某等事

本骨正面存辭二條。反面無字。

（一）☐☐且（祖）乙〔一〕☐卒亡☐　二

（二）☐［不］☐　二

【簡釋】

〔一〕「且乙」爲合文。

【備注】

組類：𠂤歷

材質：牛肩胛骨

尺寸：長三・九、寬五・五厘米

著録：《凡》一・二・一（不全）、《續》一・一七・二（不全）、《磻蚩》二・一、《合》一九八四一、《宮凡將》五

來源：一九五二年馬衡捐贈，國家文物局調撥

院藏號：新一六〇五六二

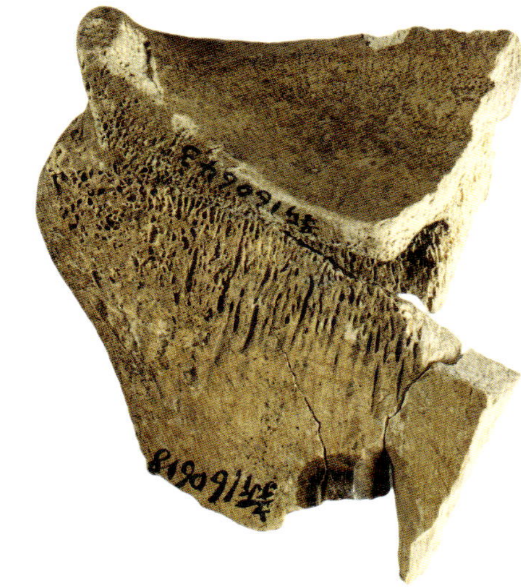

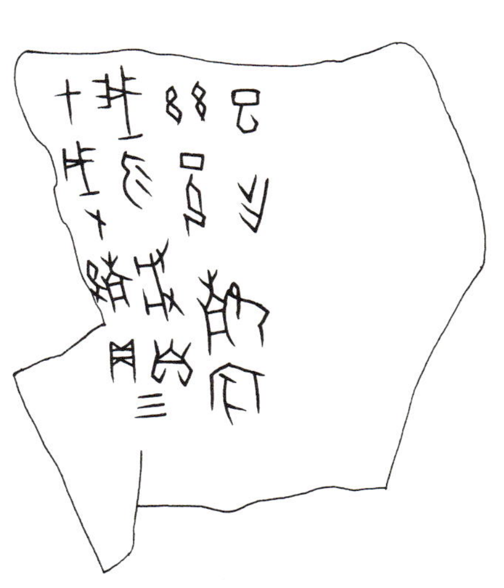

三六　甲戌卜㱿貞我勿㞢自茲邑訊賓祀作事

本骨正面存辭一條。反面無字。

（一）甲戌卜，㱿貞：我弜（勿）㞢自茲邑訊宾（賓）巳（祀）乍（作）。　三

【備注】

組類：賓組

材質：牛肩胛骨

尺寸：長六・四、寬五・五厘米

著録：《凡》一・二一・一（不全）、《續》六・九・五（不全）、《皤耑》二二・一、《合》一三五二六、《宮凡將》四〇

來源：一九五二年馬衡捐贈，國家文物局調撥

院藏號：新一六〇六四三＋新一六〇六一八＋資一二一八－六三

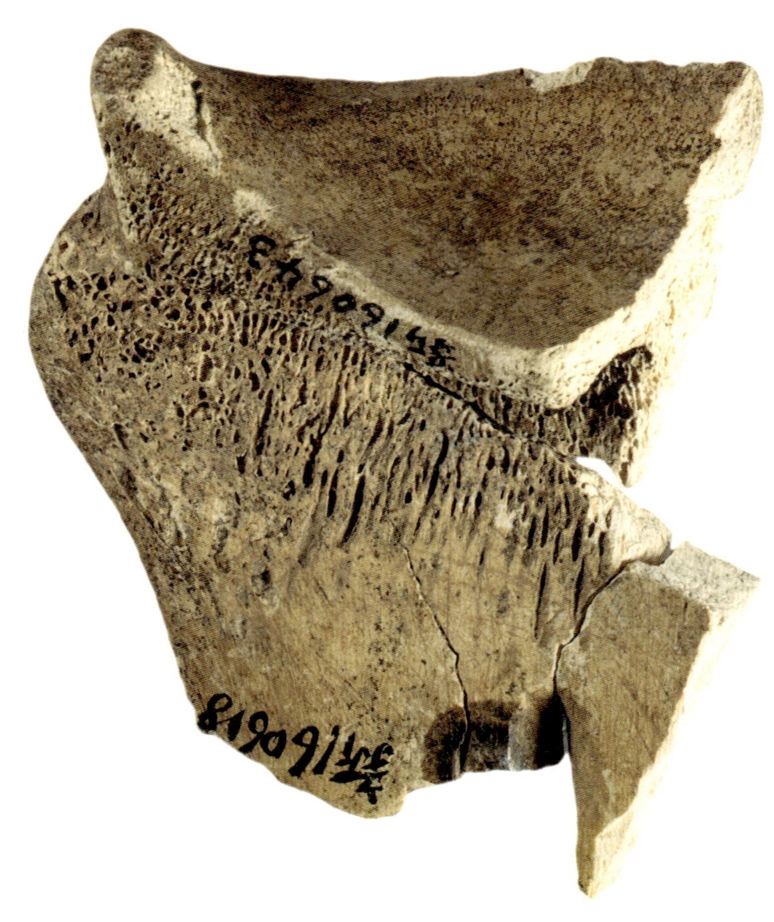
新160618

三七　丁丑㝉問與勿卒侑于祖某等事

本甲正面存辭二條。反面無字。

（一）［丁］丑□〼㝉〼于〼　二

（二）弜（勿）卒，㞢（侑）于且（祖）〼　一

二告　二

【備注】

組類：賓組

材質：龜腹甲

尺寸：長三・四、寬三・一厘米

著録：《合》二〇六三

來源：一九五二年馬衡捐贈，國家文物局調撥

院藏號：新一六〇七八七

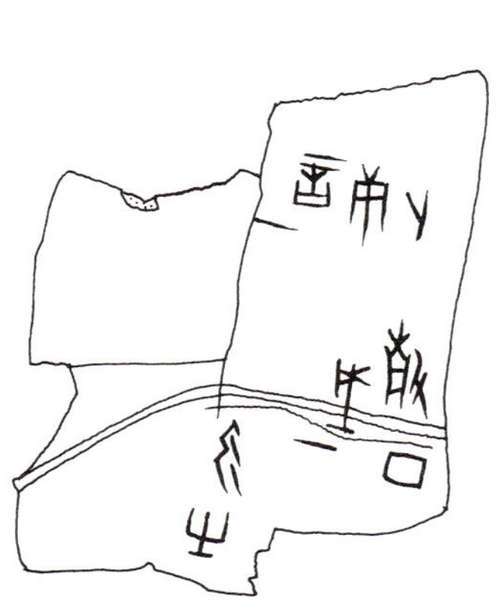

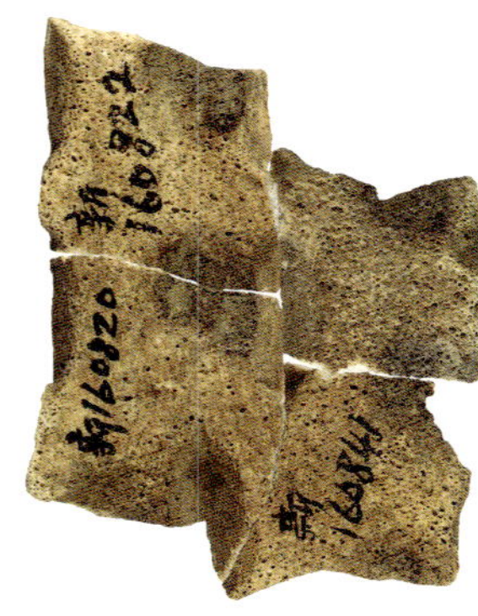

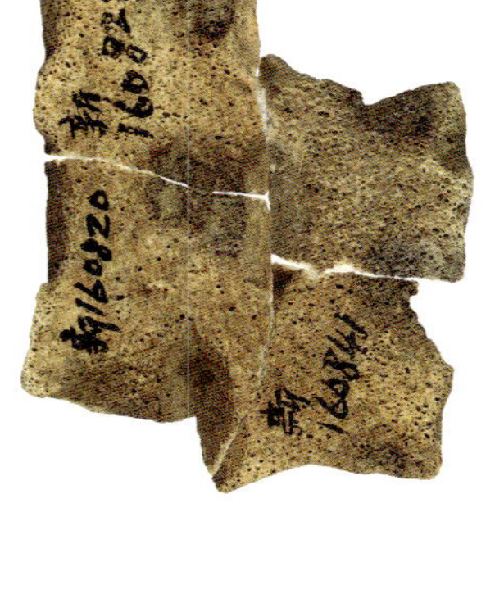

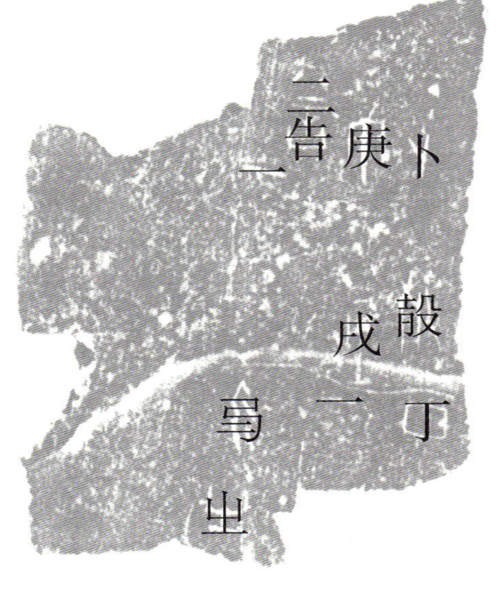

三八　某日問勿侑丁與庚戌卜㱿問等事

本甲正面存辭三條，有界劃綫。反面無字。

（一）𢎪（勿）㞢（侑）□丁□　一

（二）庚戌卜，㱿□　一

（三）二告

【備注】

組類：賓組

材質：龜腹甲

尺寸：長四・六、寬三・八厘米

著録：《鐵》一一八・三、《凡》一・一二・四、《磻薑》一二・四、《南師》二・六二、《鐵新》二一、《合》一九四三、《合》四〇四六四、《宮凡將》四三

來源：一九五二年馬衡捐贈，國家文物局調撥

院藏號：新一六〇八二〇+新一六〇八二二+新一六〇八四一+資一二八-六一

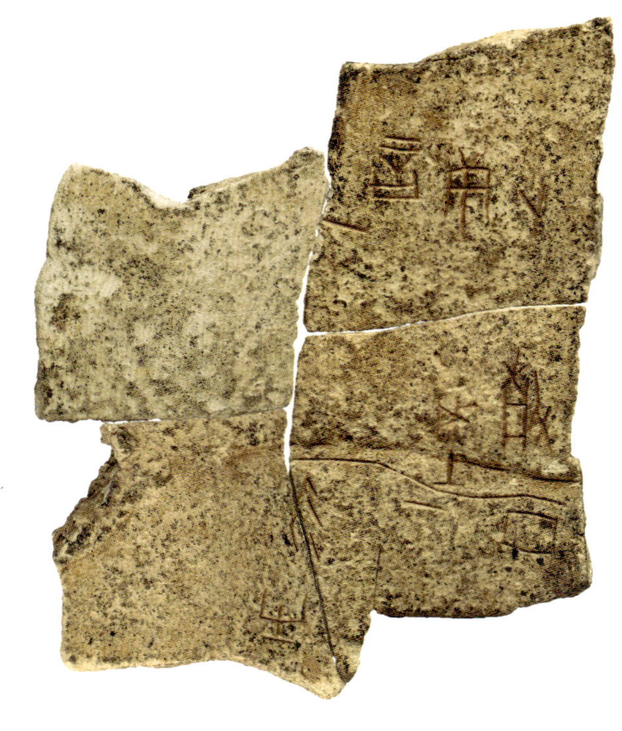

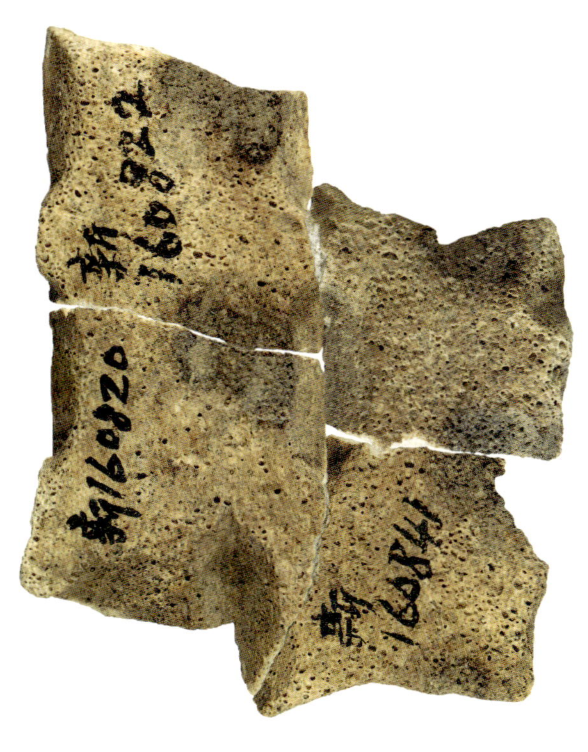

三九　癸未卜内貞旬亡囚事

本骨正面存辭一條。反面無字。

（一）癸未卜，内貞：旬亡囚〔一〕。　一〔二〕

【簡釋】

〔一〕「囚」或比定作「禍」「咎」「憂」等字。

〔二〕骨面左側有刮削痕迹。

【備注】

組類：賓組

材質：牛肩胛骨

尺寸：長七・六、寬六・六厘米

著録：《凡》一・一六・四（不全）、《續》四・四九・一（不全）、《磻葦》一六・四（不全）、《合》一六八一三、《宮凡將》五七（不全）

來源：一九五二年馬衡捐贈，國家文物局調撥

院藏號：新一六〇六四一

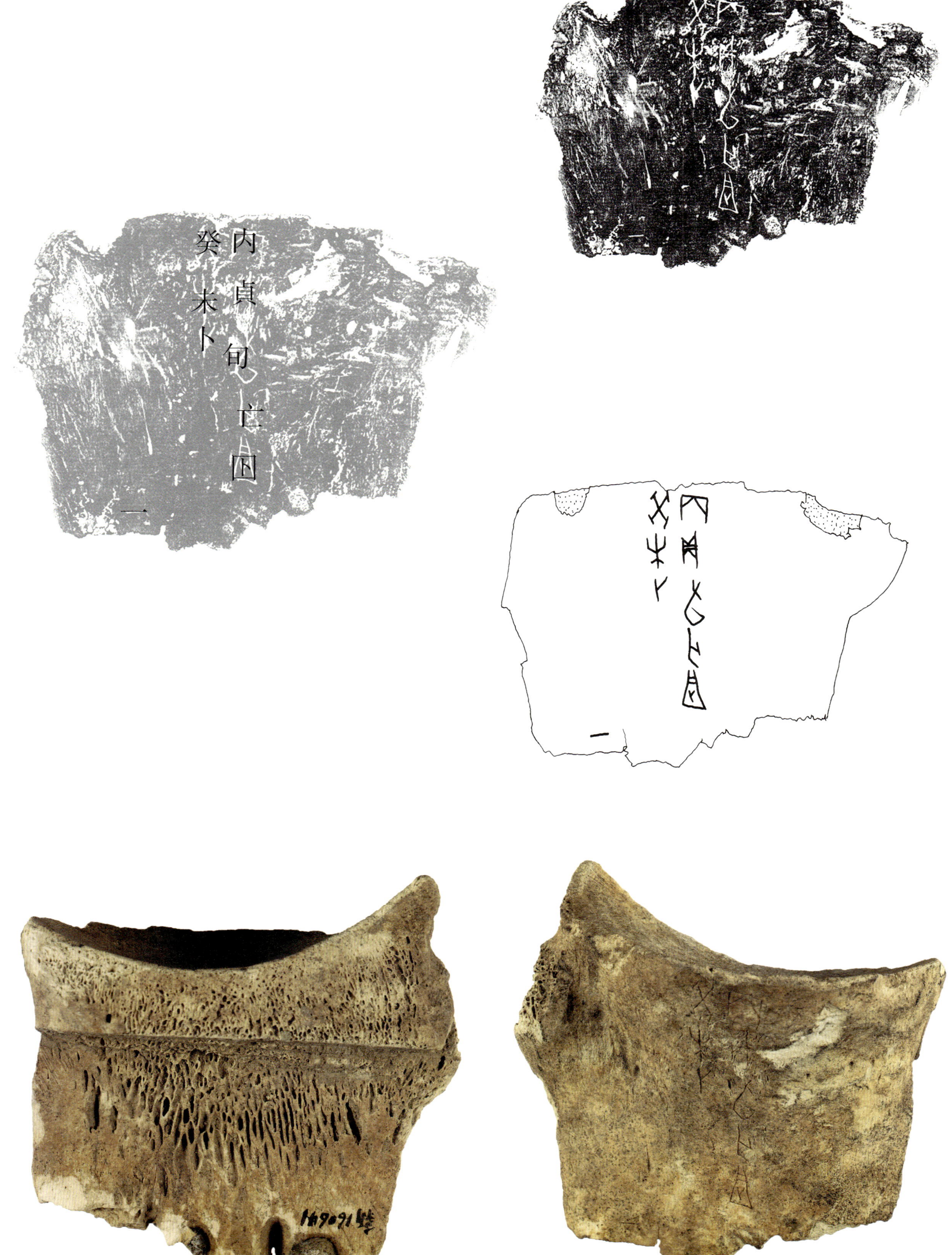
內貞旬亡囚
癸未卜
一

四〇　丁酉卜殻貞來乙巳王入于娩事

本骨正面存辭一條。反面無字。

（一）　丁酉卜，［殻］貞：來乙巳王入于□（娩）。　三（四）［一］

【簡釋】

［一］本骨與《上博》一七六四七・六六八、《合》七八四四爲同文卜辭。

【備注】

組類：賓組

材質：牛肩胛骨

尺寸：長五・五、寬六・五厘米

著録：《凡》一・一三・一（不全）、《續》三・一四・七（不全）、《合》七八四三、《宮凡將》四四（不全）

來源：一九五二年馬衡捐贈，國家文物局調撥

院藏號：新一六〇五七三

丁酉卜㱿
貞來乙亖
巳王入
于囗

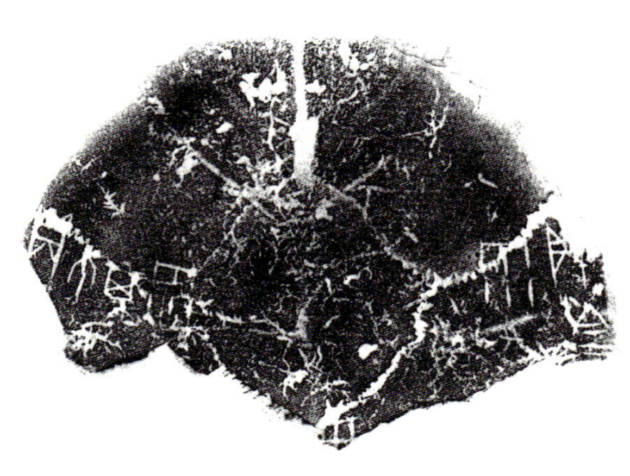

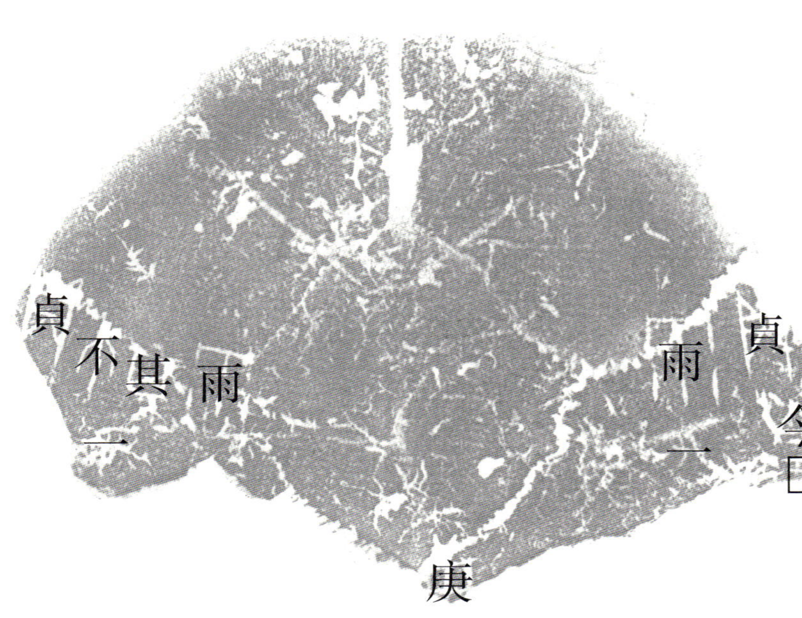

四一　某日貞今雨等事

本甲正面存辭三條。反面無字。

（一）［貞］：今□雨。　一

（二）貞☐不其雨。　一

（三）［庚］☐

【備注】

組類：賓組

材質：龜腹甲

尺寸：長五・一、寬七・五厘米

著録：《凡》一・二三・四、《續》四・一三・四（不全）、《磻蜚》一三・四、《合》一一九四六（不全）、《宮凡將》八五

來源：一九五二年馬衡捐贈，國家文物局調撥

院藏號：新一六〇六五七+新一六〇八二八+資一二八-三〇+資一二八-三二

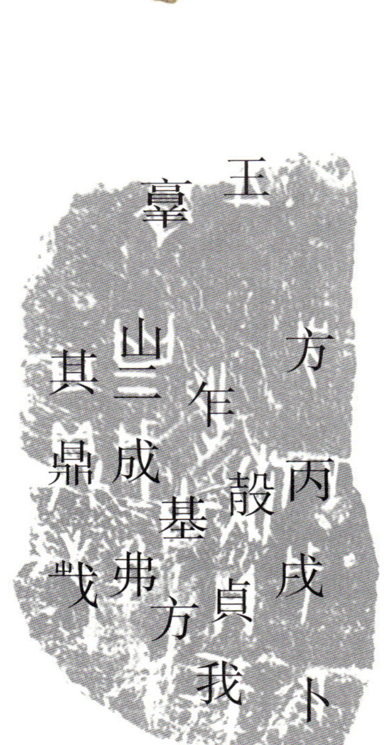

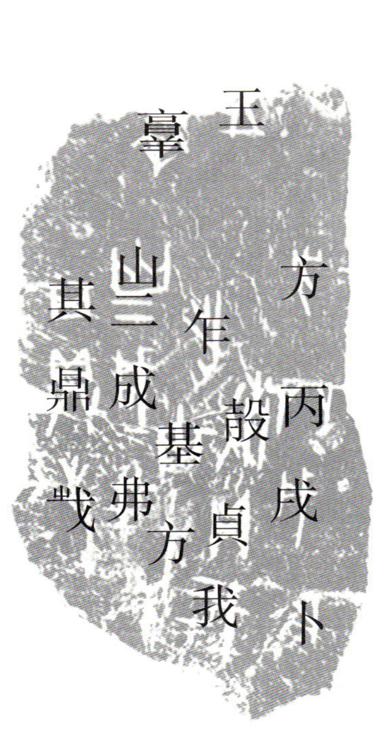

四二　丙戌卜㱿貞我作基方山二城弗其鼎𢦏等事

本甲正面存辭二條。反面無字。

（一）丙戌卜，㱿貞：我乍（作）基方山二成（城），弗其鼎𢦏[一]。

（二）〼方〼［王］〼［𩫏］〼[二]

【簡釋】

［一］「𢦏」或比定作「捷」「翦」等字。

［二］詳見何會綴，《拼四》第九〇八則。

【備注】

組類：賓組

材質：龜腹甲

尺寸：長五·六、寬二·九厘米

著録：〔上半〕《合》一三六三；〔下半〕《合》六五七六

來源：一九五二年馬衡捐贈，國家文物局調撥

院藏號：新一六〇六八四+新一六〇六九四

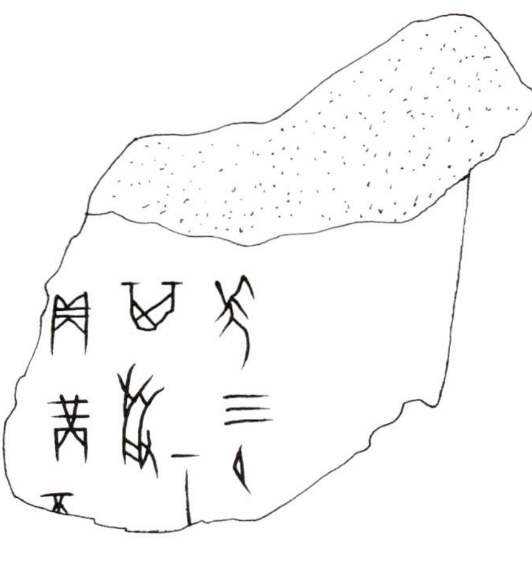

四三　三月貞商不其受年事

本骨正面存辭一條。反面無字。

（一）貞：商[不]其受年。三月。一

【備注】

組類：賓組

材質：牛肩胛骨

尺寸：長五・八、寬四・三厘米

著録：《合》九六六六

來源：一九五二年馬衡捐贈，國家文物局調撥

院藏號：新一六〇五四一

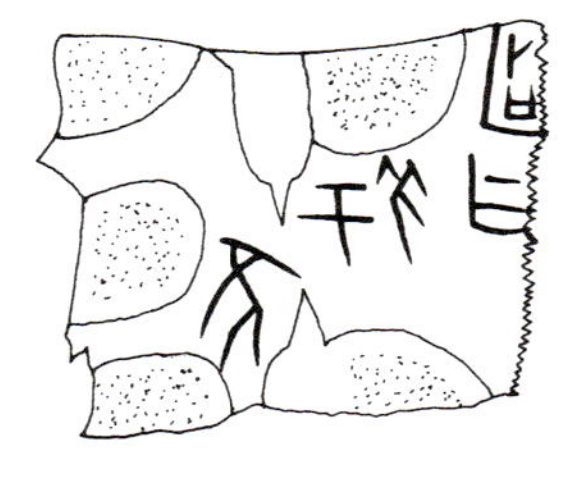

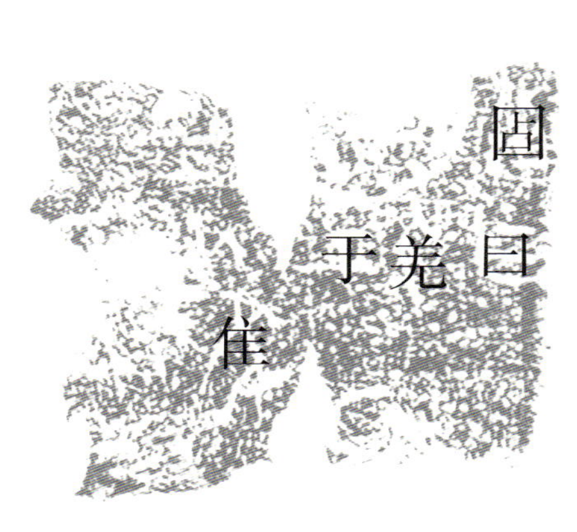

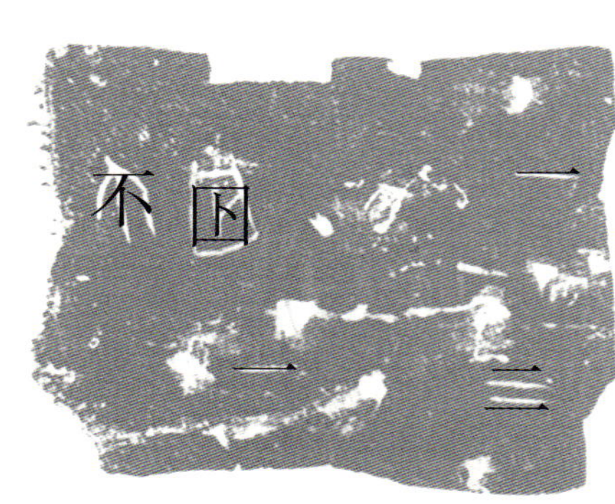

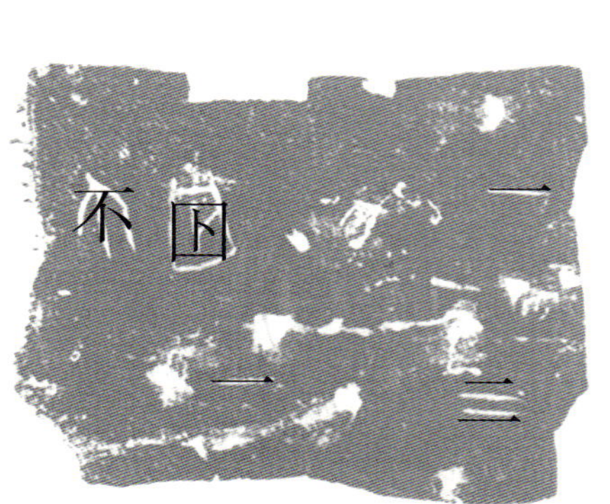

四四　某日問不囚等事

本甲正面存辭二條。反面存辭一條。

〔正面〕

（一）一　二

（二）□不□囚〔一〕。　一

〔反面〕

（一）□［𡆥曰］□羌□于□隹□

【簡釋】

〔一〕「囚」或比定作「禍」「咎」「憂」等字。

【備注】

組類：賓組

材質：龜腹甲

尺寸：長三・七、寬二・九厘米

著録：未見

來源：一九五二年馬衡捐贈，國家文物局調撥

院藏號：新一六〇八四九

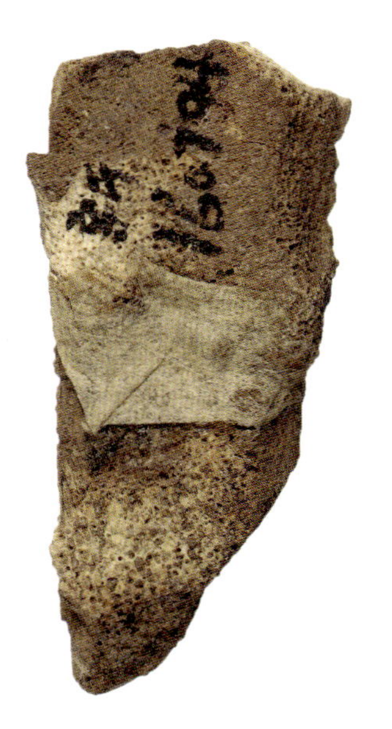

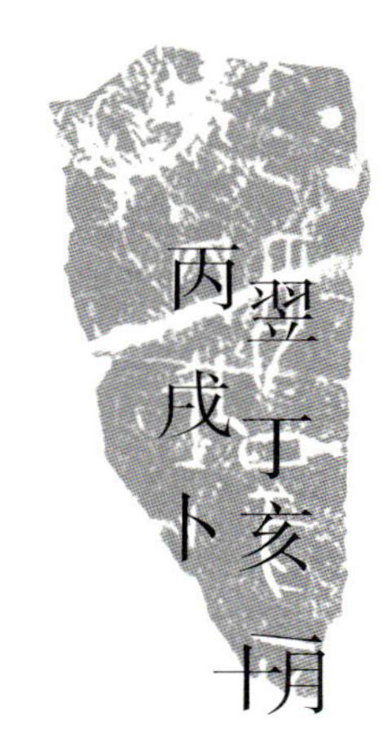

四五　十一月丙戌卜翌丁亥事

本甲正面存辭一條。反面無字。

（一）丙戌卜☐翌丁亥☐［十一月］〔一〕。

【簡釋】

〔一〕「十一月」爲合文。

【備注】

組類：賓組

材質：龜腹甲

尺寸：長三・七、寬一・〇厘米

著録：《合補》三一八四

來源：一九五二年馬衡捐贈，國家文物局調撥

院藏號：新一六〇七〇四

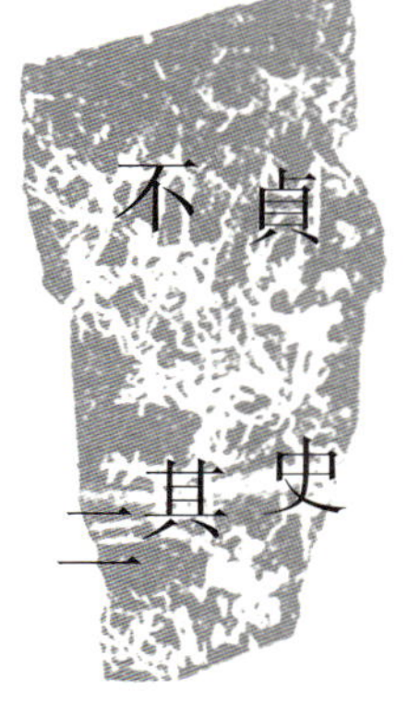

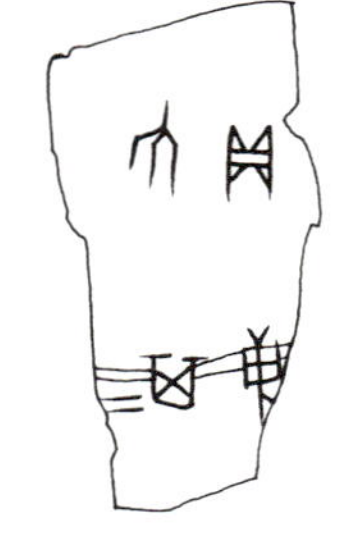

四六　某日貞史事

本甲正面存辭一條。反面無字。

（一）貞：［史］☐不其☐　二

【備注】

組類：賓組

材質：龜腹甲

尺寸：長三・五、寬一・八厘米

著録：未見

來源：一九五二年馬衡捐贈，國家文物局調撥

院藏號：新一六〇七〇九

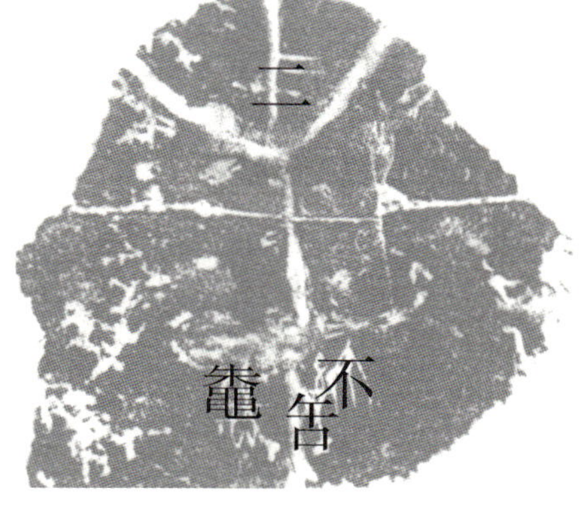

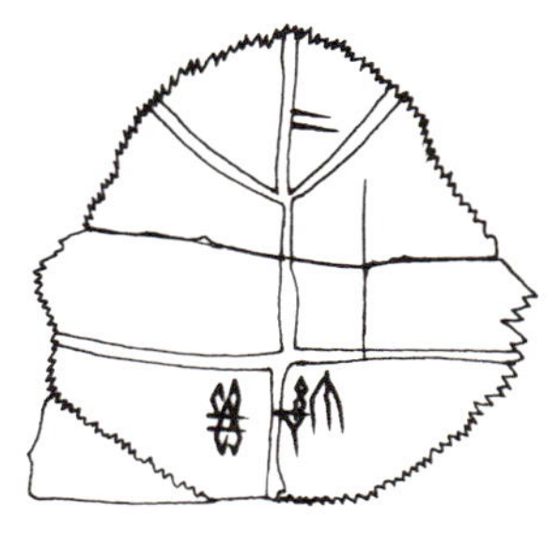

四七　二不告黿殘辭

本甲正面存辭一條。反面無字。

（一）　二　不告黿

【備注】

組類：賓組

材質：龜腹甲

尺寸：長三・五、寬四・〇厘米

著録：未見

來源：一九五二年馬衡捐贈，國家文物局調撥

院藏號：新一六〇七二二+資一二八－五二

四八　壬寅卜古貞禦于高妣與勿盖于示禦等事

本骨正面存辭二條，有界劃綫。反面無字。

（一）壬寅卜，甶(古)貞：钔(禦)［于］高［匕(妣)］☐

（二）壬寅卜，甶(古)貞：弜(勿)盖[一]于示［钔(禦)］☐　一

【簡釋】

［一］「盖」或比定作「莧」，讀爲「緩」。

【備注】

組類：賓組

材質：牛肩胛骨

尺寸：長四・九、寬六・七厘米

著録：《凡》一・九・一(不全)、《續》六・九・一(不全)、《合》二三八四、《宫凡將》二九(不全)

來源：一九五二年馬衡捐贈，國家文物局調撥

院藏號：新一六〇五三九

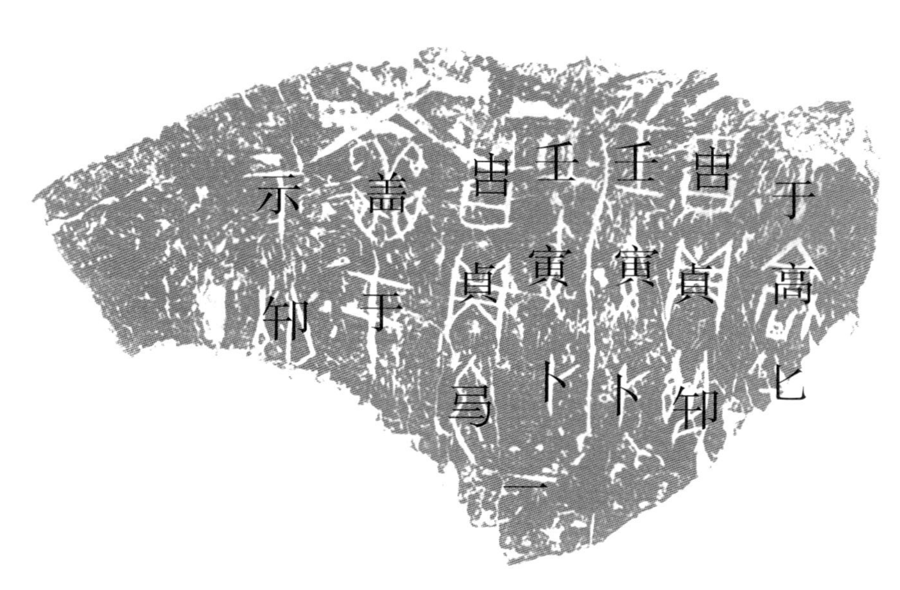
于高匕
叀貞御
壬寅卜
壬寅卜一
叀貞另
奏于
示御

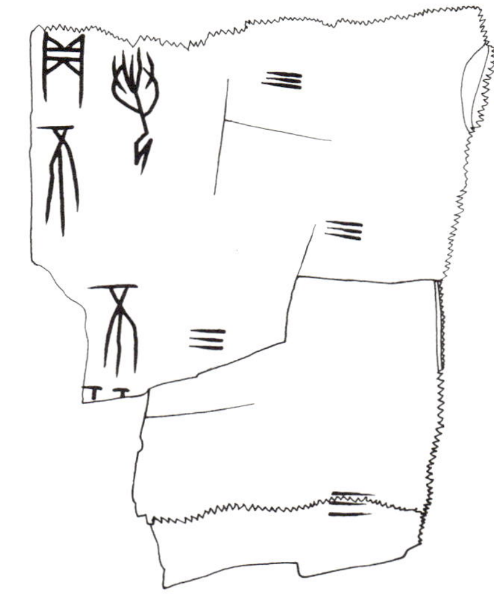
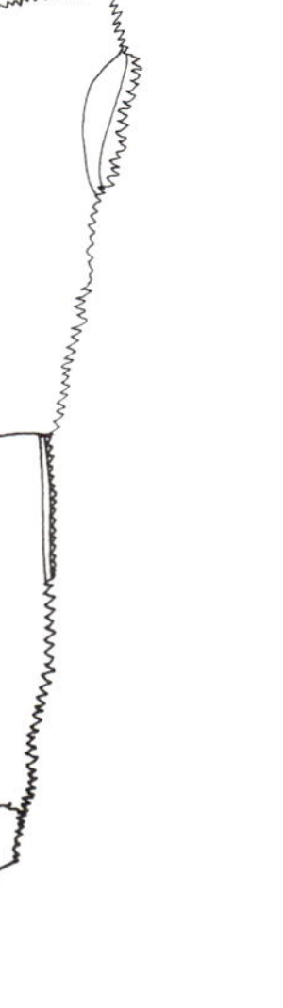
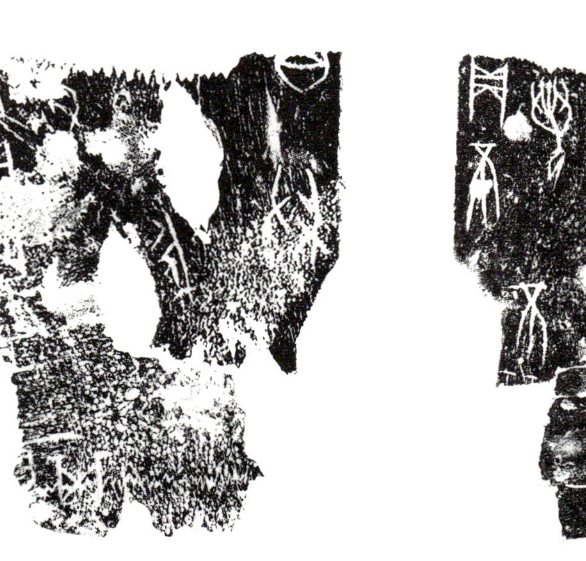

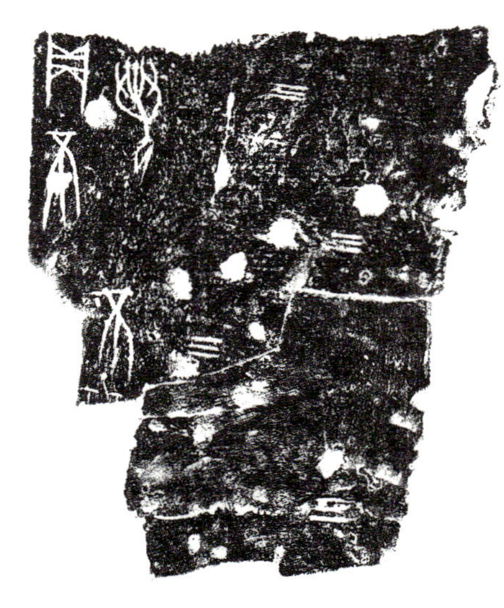

四九　丑日卜永貞不若等事與百㱿甲橋刻辭

本甲正面存辭四條。反面存辭三條。

〔正面〕

（一）三

（二）三

（三）不［其］☐　三

（四）貞：不若。　三

〔反面〕

（一）☐丑卜，永。

（二）☐［固曰：其］虫（有）［𡆥］〔一〕☐其☐

（三）☐［百］。㱿。

【簡釋】

〔一〕「𡆥」或比定爲「禍」「咎」「憂」等字。

【備注】

組類：賓組

材質：龜腹甲

尺寸：長六・九、寬五・二厘米

著録：〔上半〕《合》一六三六〇

來源：一九五二年馬衡捐贈，國家文物局調撥

院藏號：新一六〇五八七+新一六〇七九九

貞
不
若
三
三
三
不
其
三

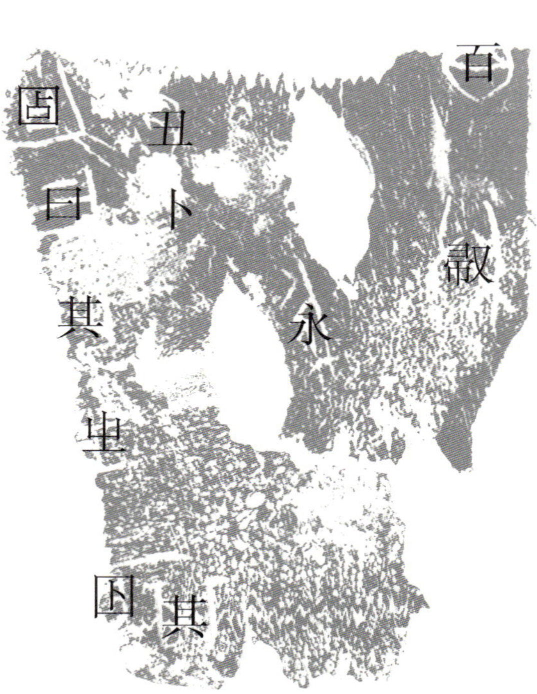
百
㪔
永
丑
卜
其
固
曰
其
㞢
囚

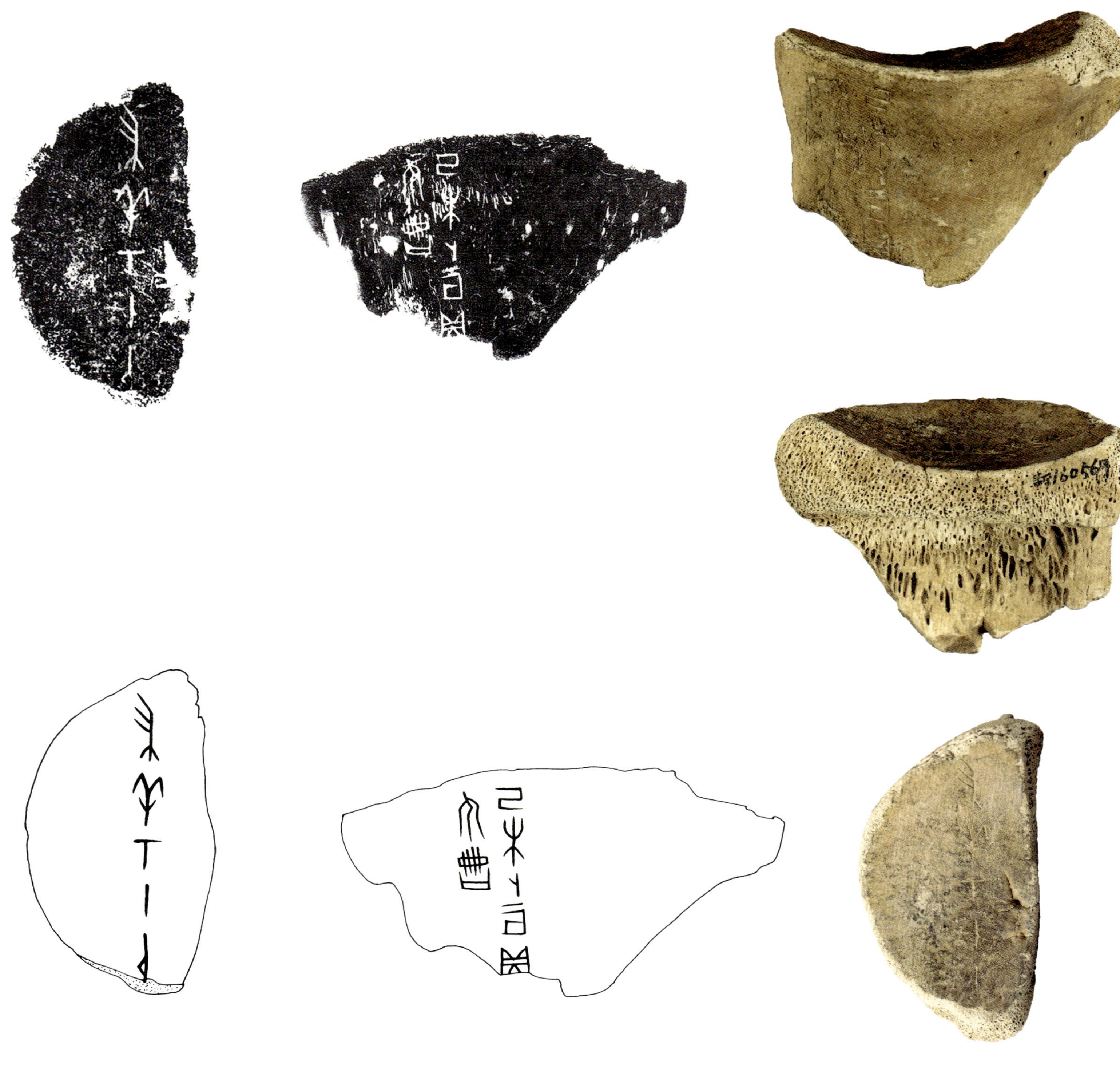

五〇 己未卜亘貞不嘂事與婦羊示十屯骨臼刻辭

本骨正臼面各存辭一條。反面無字。

〔正面〕

（一） 己未卜，亘［貞］：不嘂。〔一〕

〔臼面〕

（一） 帚（婦）羊示十［屯］。〔二〕

【簡釋】

〔一〕本骨可綴《合補》一〇〇二，綴合後釋文可補爲「己未卜，亘貞：不嘂。」詳見林宏明綴，《契合集》第七一例。

〔二〕林宏明引嚴一萍説，在本條下補充「岳」字（參《契合集》第七一例「釋文及考釋」）。從實物看，無「岳」字。

【備注】

組類：賓組

材質：牛肩胛骨

尺寸：長六・五、寬四・四厘米

著録：〔正〕《鐵》二四八・三、《凡》一・一四・二（不全）、《續》六・一一・四（不全）、《磻蜚》一四・二、《鐵新》二二九；〔臼〕《凡》一・一四・一、《續》六・二四・九（不全）、《磻蜚》一四・一；〔正臼〕《合》一五三一四、《宮凡將》四八

來源：一九五二年馬衡捐贈，國家文物局調撥

院藏號：新一六〇五六九

帚羊示十屯

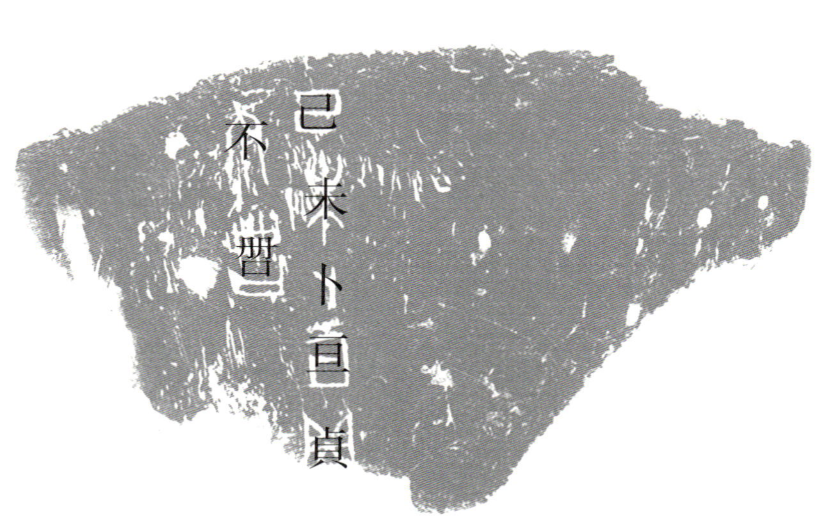
己未卜亘貞
不晉

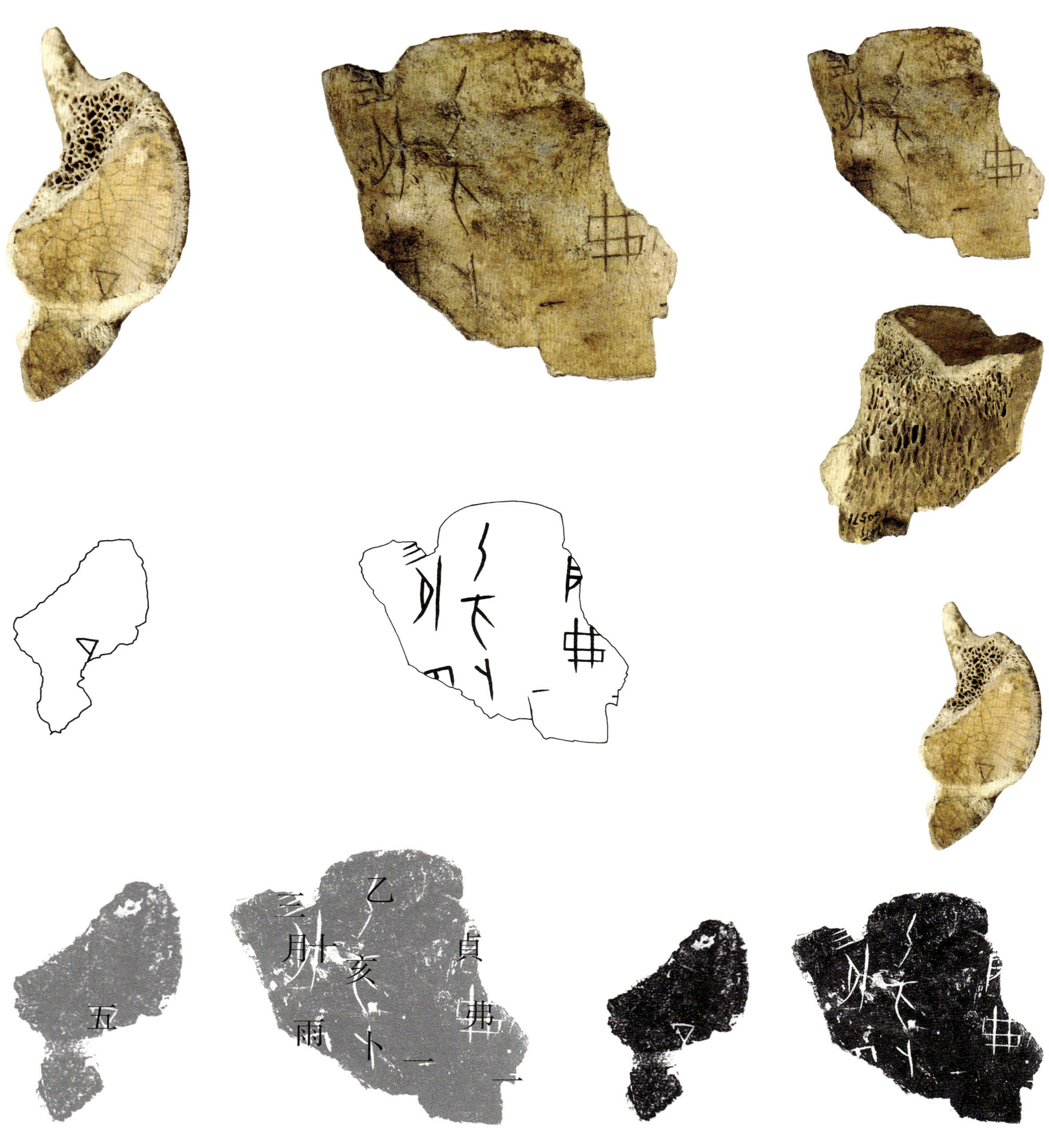

五一　十三月乙亥卜雨等事與五骨臼刻辭

本骨正面存辭二條。反面無字。臼面存辭一條。

〔正面〕

（一）［貞］：弗☐　［一］

（二）乙亥卜☐十三月〔一〕［雨］☐　一

〔臼面〕

（一）☐［五］☐

【簡釋】

〔一〕「十三月」爲合文。

【備注】

組類：賓組

材質：牛肩胛骨

尺寸：長四・九、寬四・四厘米

著録：〔正〕《凡》一・三〇・二、《續》六・九・二、《宮凡將》一一〇；〔正臼〕《合》一二六四四

來源：一九五二年馬衡捐贈，國家文物局調撥

院藏號：新一六〇五七一

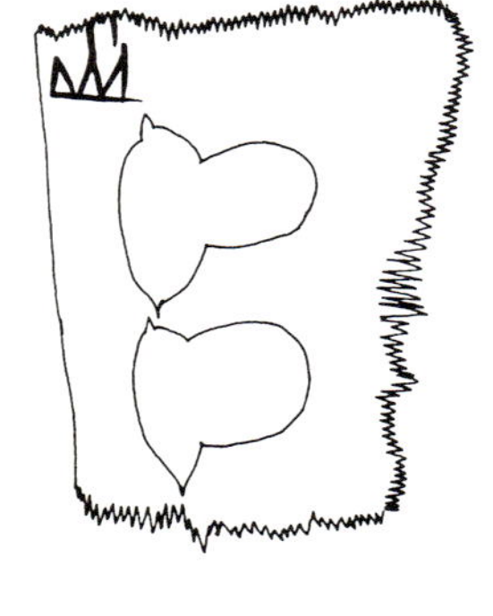
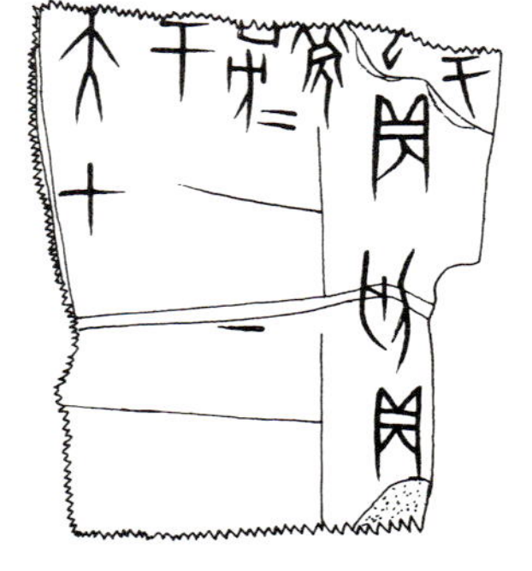
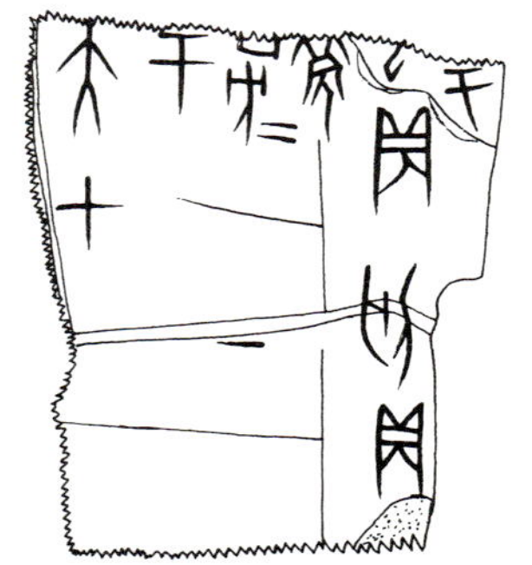
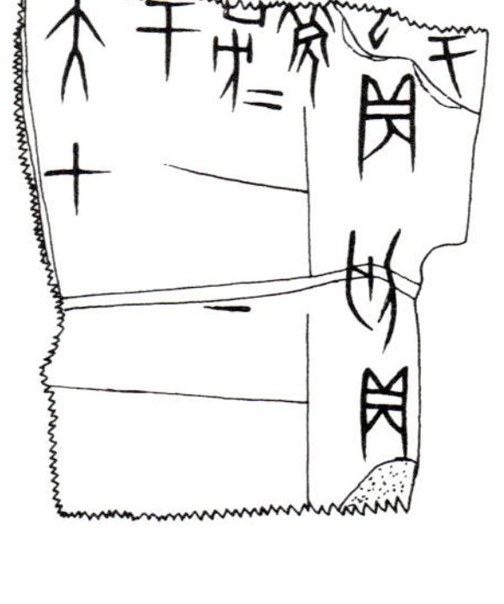

五二　某日貞匃芫方于大甲等事與岳甲橋刻辭

本甲正面存辭三條，有界劃綫。反面存辭一條。

〔正面〕

（一）貞☒　一

（二）貞：匃芫☐方于大甲。　二

（三）☒［于］☒☐☒

〔反面〕

（一）☒［岳］☒

【備注】

組類：賓組

材質：龜腹甲

尺寸：長四・三、寬三・七厘米

著録：〔正反〕《合》八四一七

來源：一九五二年馬衡捐贈，國家文物局調撥

院藏號：新一六〇六〇六

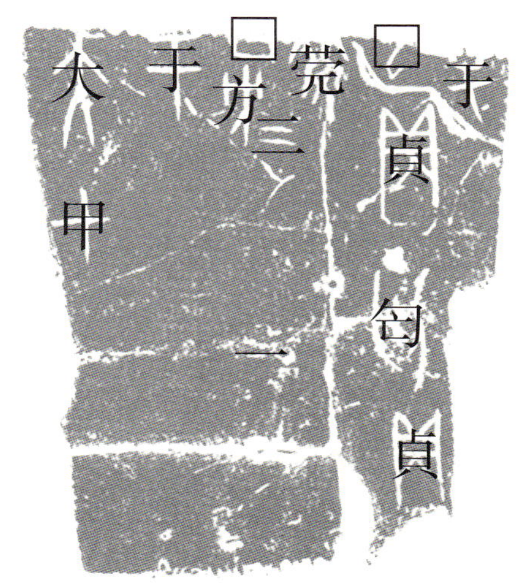
于
□貞旬貞
芫
□方三一
于
大甲

岳

五三　某日貞儐等事

本甲正面存辭二條，有界劃綫。反面無字。

（一）☐貞☐㝑（儐）☐亡☐　一

（二）☐［貞］☐［卯］☐日☐允☐☐☐

一［一］

【簡釋】

［一］本甲反面黏有硃砂。

【備注】

組類：賓組

材質：龜腹甲

尺寸：長四・七、寬四・三厘米

著録：未見

來源：一九五二年馬衡捐贈，國家文物局調撥

院藏號：新一六〇七八二

五四　某日卜㝉貞禦于南庚事

本甲正面存辭一條。反面無字。

（一）☐卜，㝉貞：𢀛（禦）[于]南庚[一]。

【簡釋】

[一]「南」字下似有刮削改刻痕迹。

【備注】

組類：賓組

材質：龜腹甲

尺寸：長三・三、寬二・一厘米

著録：《合》二〇一五

來源：一九五二年馬衡捐贈，國家文物局調撥

院藏號：新一六〇七一〇

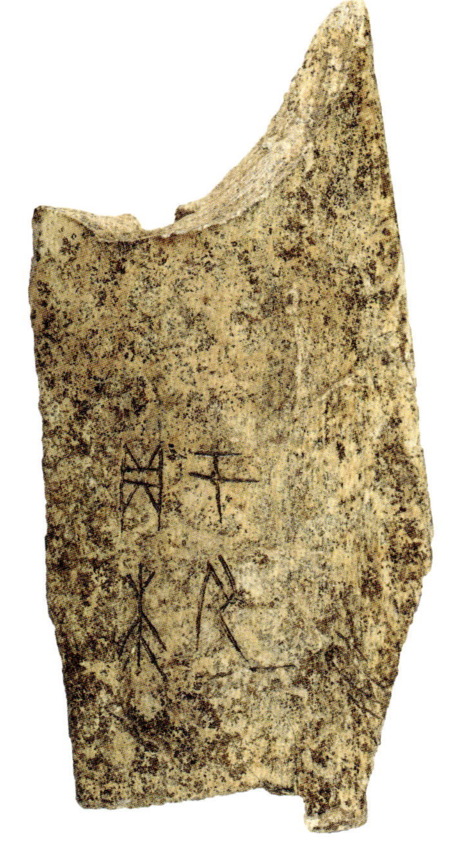

五五　某日貞禱于河事

本骨正面存辭一條。反面無字。

（一）貞：𠦪（禱）□于河，受□　一

【備注】

組類：賓組

材質：牛肩胛骨

尺寸：長六・四、寬二・八厘米

著録：《凡》一・七・四、《續》一・三五・四、《璠蓍》七・四、《合》一四五三八、《宮凡將》二五

來源：一九五二年馬衡捐贈，國家文物局調撥

院藏號：新一六〇八〇四

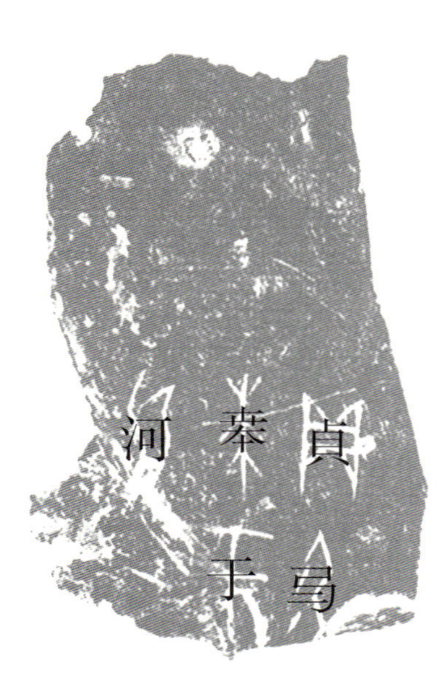

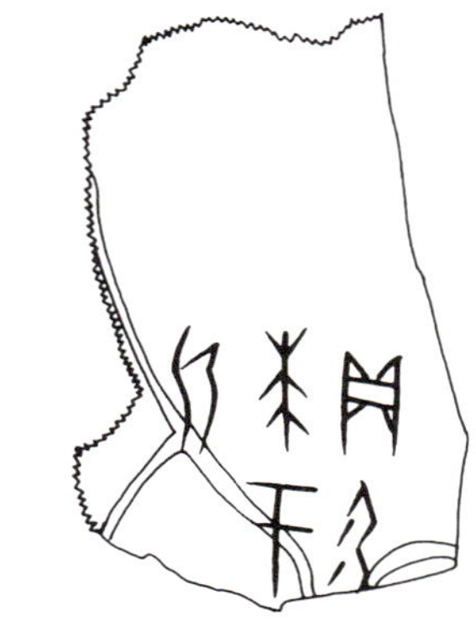

五六　某日貞勿禱于河事

本甲正面存辭一條。反面無字。

（一）貞：[弓(勿)]桒(禱)于河。

【備注】

組類：賓組

材質：龜腹甲

尺寸：長五・〇、寬三・〇厘米

著録：未見

來源：一九五二年馬衡捐贈，國家文物局調撥

院藏號：新一六〇六〇八

五七　某日問燎帝史風一牛等事

本骨正面存辭二條。反面無字。

（一）尞（燎）帝史鳳（風）一牛。

（二）☐乎（呼）☐　［二］告〔一〕

【簡釋】

〔一〕本骨字口填墨。

【備注】

組類：賓組

材質：牛肩胛骨

尺寸：長七・八、寬二・〇厘米

著録：《合》一四二二六

來源：一九五二年馬衡捐贈，國家文物局調撥

院藏號：新一六〇八六〇

新160860

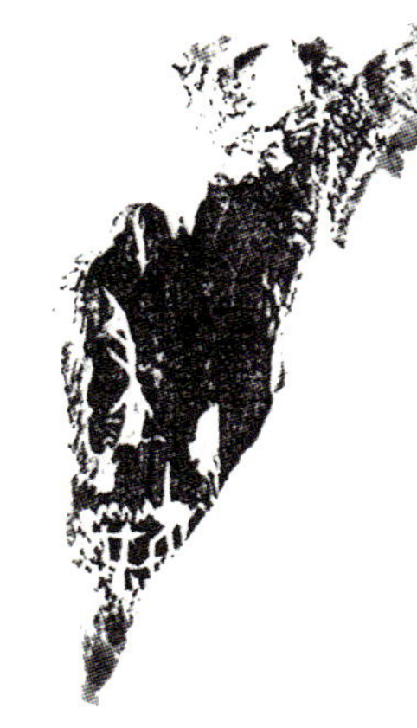

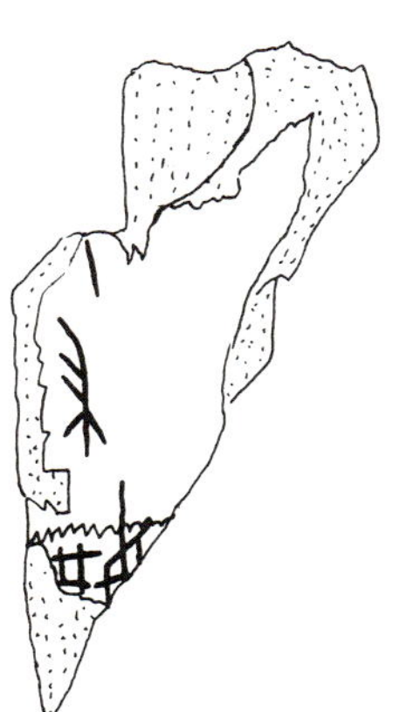

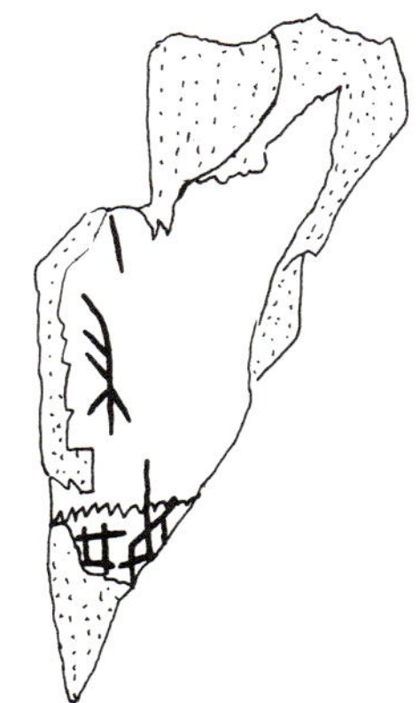

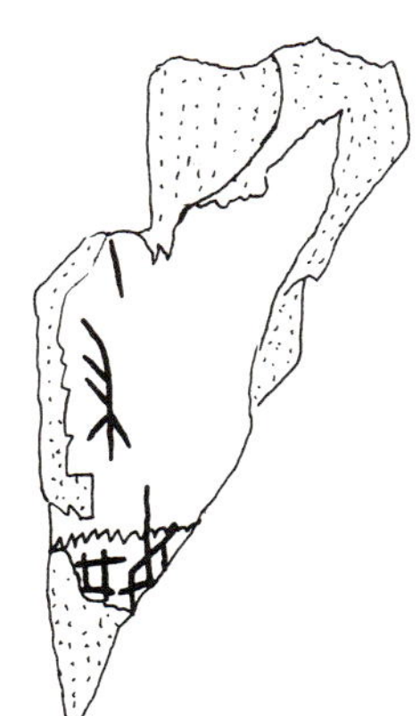

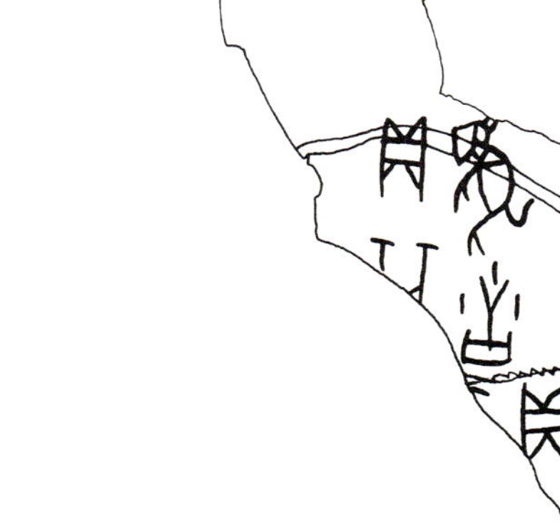

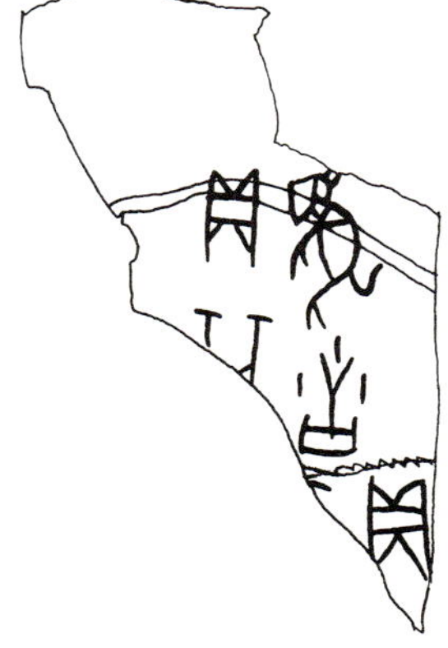

五八　某日貞夒舌等事與婦姘甲橋刻辭

本甲正面存辭二條，有界劃綫。反面存辭一條。

〔正面〕

（一）☐☐☐貞☐

（二）貞：［其］☐夒舌☐

〔反面〕

（一）☐☐帚（婦）［姘］☐

【備注】

組類：賓組

材質：龜腹甲

尺寸：長五・五、寬二・一厘米

著録：〔正〕《凡》一・二〇・三、《續》六・一〇・六、《磻蜚》二〇・三；〔正反〕《合》一五一五四、《宮凡將》七二

來源：一九五二年馬衡捐贈，國家文物局調撥

院藏號：新一六〇七四五

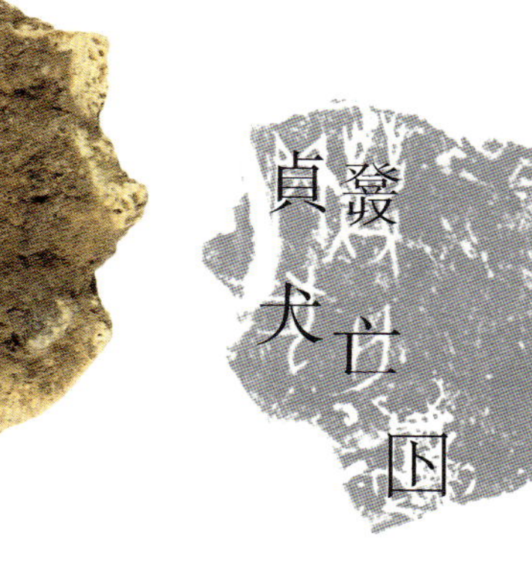

五九　某日貞犬發亡𡆥事

本甲正面存辭一條，有界劃綫。反面無字。

（一）貞：犬發，亡𡆥〔一〕。　一

【簡釋】

〔一〕「𡆥」或比定作「禍」「咎」「憂」等字。

【備注】

組類：賓組

材質：龜腹甲

尺寸：長四・四、寬二・七厘米

著録：《合》四六四二

來源：一九五二年馬衡捐贈，國家文物局調撥

院藏號：新一六〇六三二

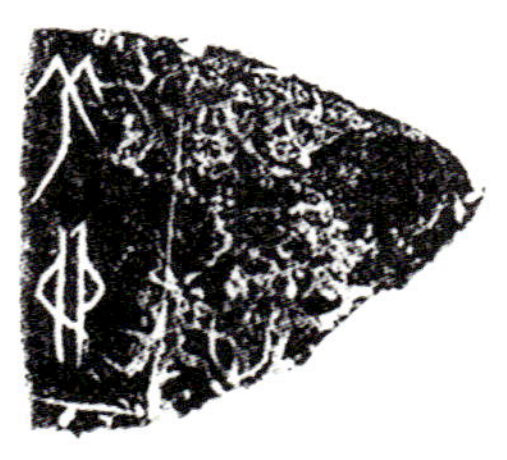
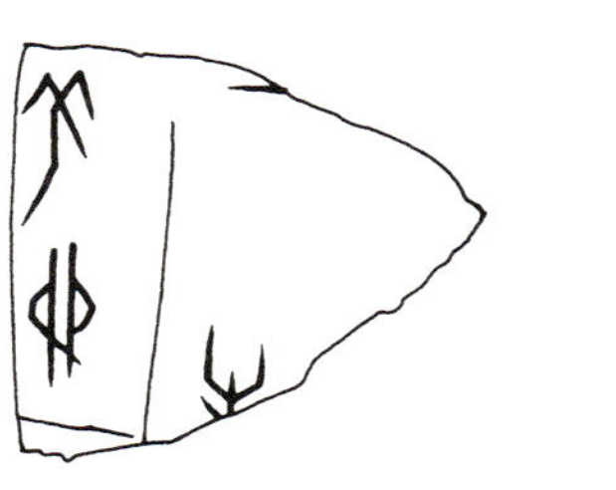
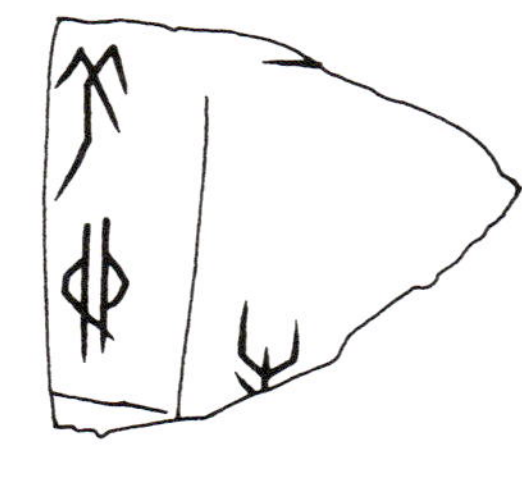

六〇 某日問用羌事

本甲正面存辭一條，有界劃綫。反面無字。

（一）☐羌，卯☐二[牛]☐

【備注】

組類：賓組

材質：龜腹甲

尺寸：長二·九、寬一·九厘米

著録：未見

來源：一九五二年馬衡捐贈，國家文物局調撥

院藏號：新一六〇八三四

羌于且丁一月

六一　一月某日問用羌于祖丁事

本甲正面存辭一條。反面無字。

（一）□羌于且(祖)丁。一月。

【備注】

組類：賓組

材質：龜腹甲

尺寸：長二・〇、寬二・〇厘米

著録：《合》四二一七

來源：一九五二年馬衡捐贈，國家文物局調撥

院藏號：新一六〇八九四

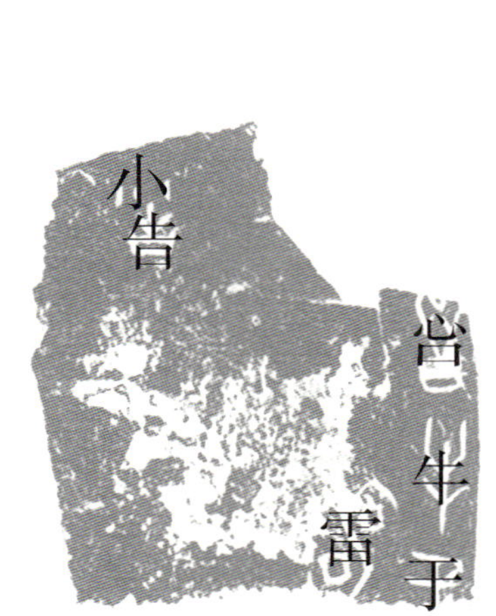

六二　某日問卣牛于某事

本甲正面存辭一條。反面無字。

（一）☐［卣］牛［于］☐［雷］☐　小告

【備注】

組類：賓組

材質：龜腹甲

尺寸：長三・四、寬三・二厘米

著録：《合》一九三六〇

來源：一九五二年馬衡捐贈，國家文物局調撥

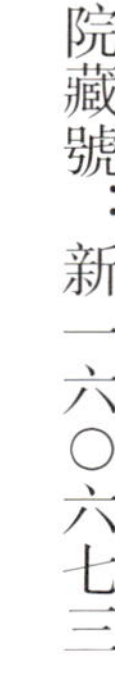

院藏號：新一六〇六七三

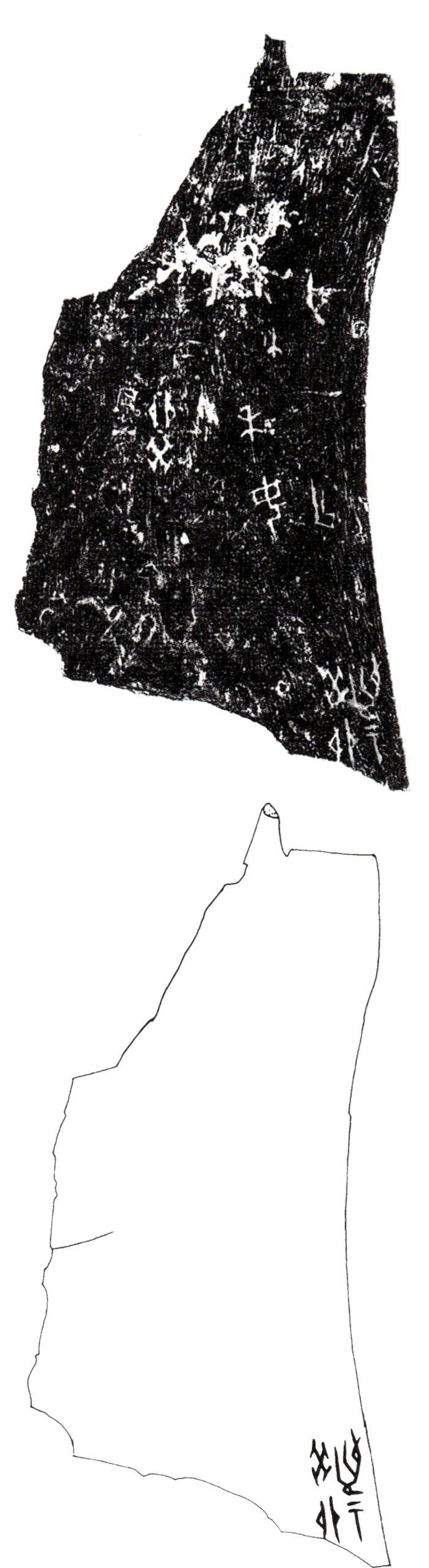

六三　癸卯問集事

本骨正面存辭一條。反面無字。

（一）　癸卯集☒〔一〕

【簡釋】

〔一〕本骨餘字爲僞刻，不録。

【備注】

組類：賓組

材質：牛肩胛骨

尺寸：長一一·〇、寬四·九厘米〇

著録：未見

來源：一九五二年馬衡捐贈，國家文物局調撥

院藏號：新一六〇八一〇

集
癸卯

六四　庚午卜韋貞呼𠂤般侑五干某事

本骨正面存辭一條。反面無字。

（一）庚午卜，韋貞：［乎（呼）］𠂤般□㞢（侑）五干〼　一

【備注】

組類：賓組

材質：牛肩胛骨

尺寸：長六・五、寬七・二厘米

著録：《凡》一・八・三（不全）、《續》六・一〇・三（不全）、《合》四二二三、《𤓰蕫》八・三（不全）、《宫凡將》二七

來源：一九五二年馬衡捐贈，國家文物局調撥

院藏號：新一六〇五五七＋資一二八－四六

庚午卜
韋貞乎
𠂤般□
㞢五于

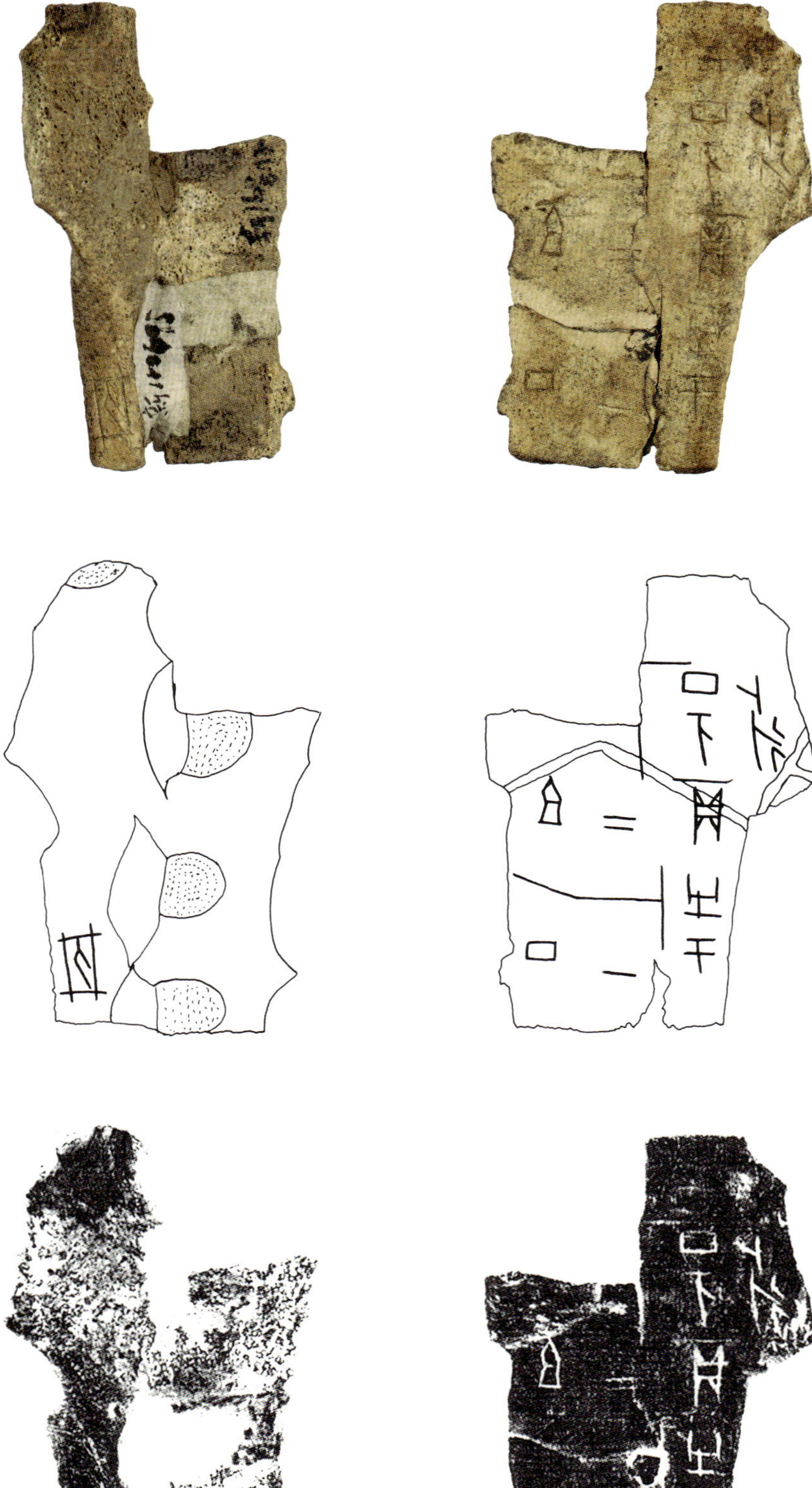

六五　某日貞侑于祖丁與丁亥卜永問等事

本甲正面存辭二條，有界劃綫。反面存辭一條。

〔正面〕

（一）貞：㞢（侑）于且（祖）丁。一

二

（二）丁亥〔一〕卜，永☐

〔反面〕

（一）☐𡆥〔二〕☐

【簡釋】

〔一〕「丁亥」上方及字下有改刻痕迹。

〔二〕「𡆥」或比定作「殟」「葬」「殞」等字。

【備注】

組類：賓組

材質：龜腹甲

尺寸：長六·五、寬三·七厘米

著録：〔正〕《凡》一·三·三、《續》一·二二·三、《皤萧》三·三、《合》一八三六、《宫凡將》一一

來源：一九五二年馬衡捐贈，國家文物局調撥

院藏號：新一六〇六九五

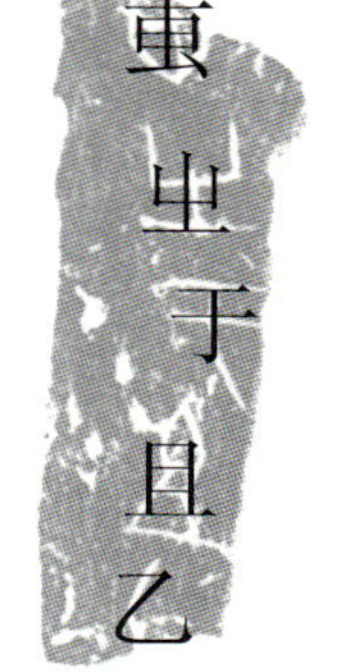

六六　某日問侑于祖乙事

本甲正面存辭一條。反面無字。

（一）☐［叀］㞢（侑）于且（祖）［乙］☐

【備注】

組類：賓組

材質：龜腹甲

尺寸：長三・一、寬一・三厘米

著録：《合》一五六〇

來源：一九五二年馬衡捐贈，國家文物局調撥

院藏號：新一六〇八一七

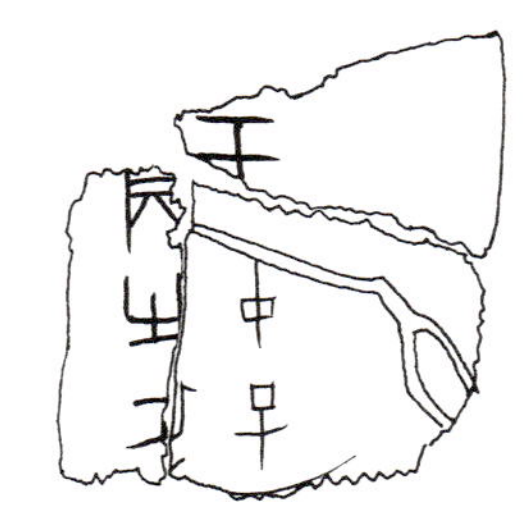
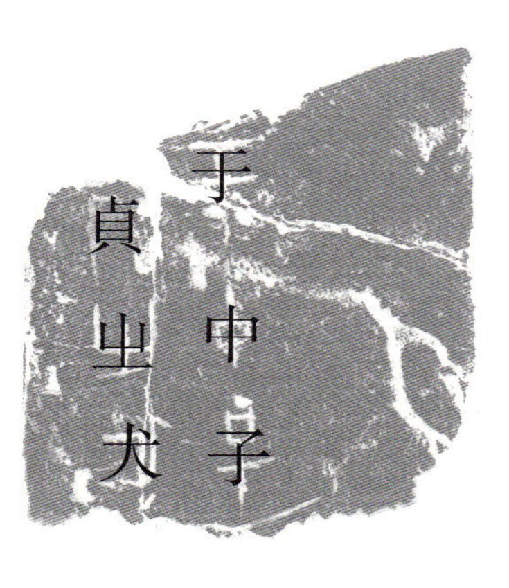

六七　某日貞侑犬于中子事

本甲正面存辭一條，有界劃綫。反面無字。

（一）［貞］：㞢（侑）犬于中子。

【備注】

組類：賓組

材質：龜腹甲

尺寸：長三・一、寬三・〇厘米

著録：未見

來源：一九五二年馬衡捐贈，國家文物局調撥

院藏號：資一二八-四七+資一二八-五〇+資一二八-六八

六八　某日問祀祖乙大牛事

本甲正面存辭一條。反面無字。

（一）□且（祖）乙□大［牛］□

【備注】

組類：賓組

材質：龜腹甲

尺寸：長二・二、寬一・五厘米

著録：《凡》一・二・四、《續》一・一七・五、《磻蜚》二・四、《宮凡將》八

來源：一九五二年馬衡捐贈，國家文物局調撥

院藏號：新一六〇八八六

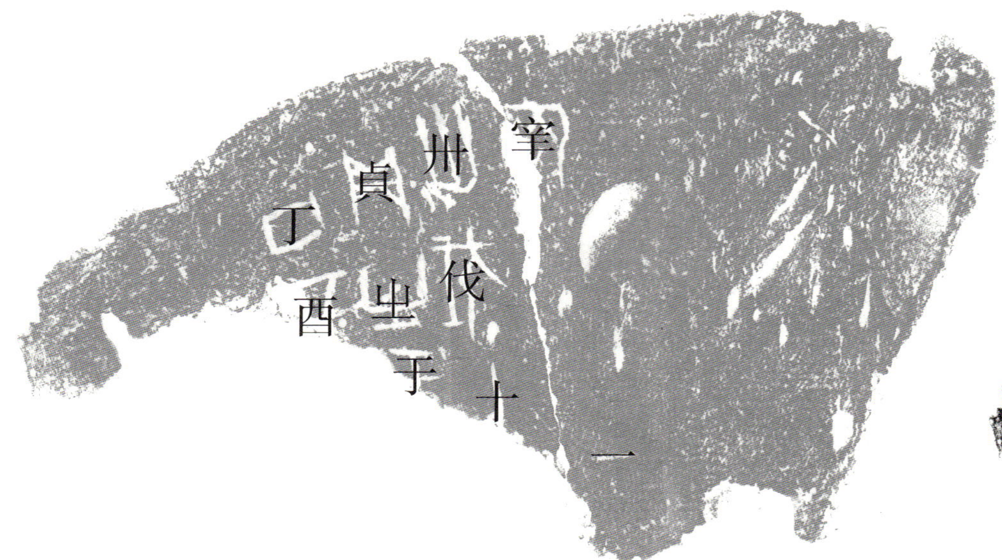

六九　丁酉某貞侑于某卌伐十宰事

本骨正面存辭一條。反面無字。

（一）丁［酉］☑貞：㞢（侑）［于］☑卌伐、十宰。　一［一］

【簡釋】

［一］本骨可綴《合》一四五九，綴合後釋文可補爲「丁酉卜，㱿貞：㞢（侑）于大甲卌伐、十宰。　一」。詳見林宏明綴，《甲骨新綴第五六五例》。

【備注】

組類：賓組

材質：牛肩胛骨

尺寸：長四・九、寬六・五厘米

著録：《凡》一・一一・一（不全）、《續》二・一七・一（不全）、《播葉》一一・一（不全）、《合》八八八（不全）、《宮凡將》三七

來源：一九五二年馬衡捐贈，國家文物局調撥

院藏號：新一六〇五五二+資一二八-一〇

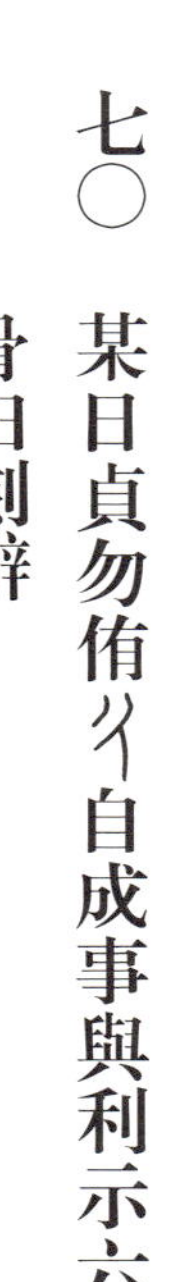

七〇 某日貞勿侑彳自成事與利示六屯骨臼刻辭

本骨正、臼面各存辭一條。反面無字。

〔正面〕

（一） 貞：弓（勿）虫（侑）彳〔二〕自〔成〕

☐ 一

〔臼面〕

（一） 利示六屯。亘。

【簡釋】

〔一〕「彳」或比定作「升」字。

【備注】

組類：賓組

材質：牛肩胛骨

尺寸：長四・五、寬六・七厘米

著録：〔正〕《凡》一・一四・四（不全）、《磻蚩》一四・四（不全）；〔臼〕《凡》一・一四・三、《南師》二・二五、《磻蚩》一四・三、《合》四〇六八五；〔正臼〕《合》一三四四（不全）、《宮凡將》四九

來源：一九五二年馬衡捐贈，國家文物局調撥

院藏號：新一六〇五五三+新一六〇六四〇

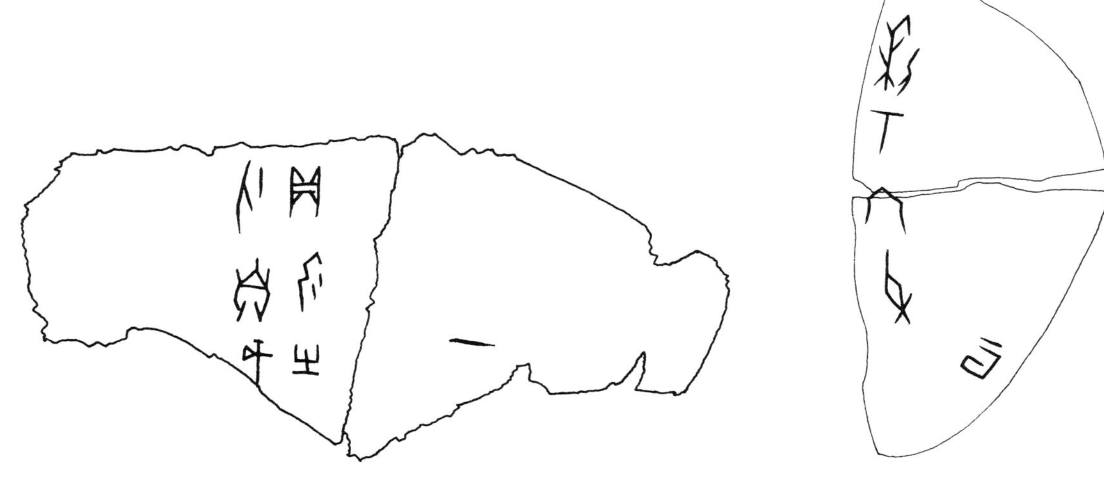

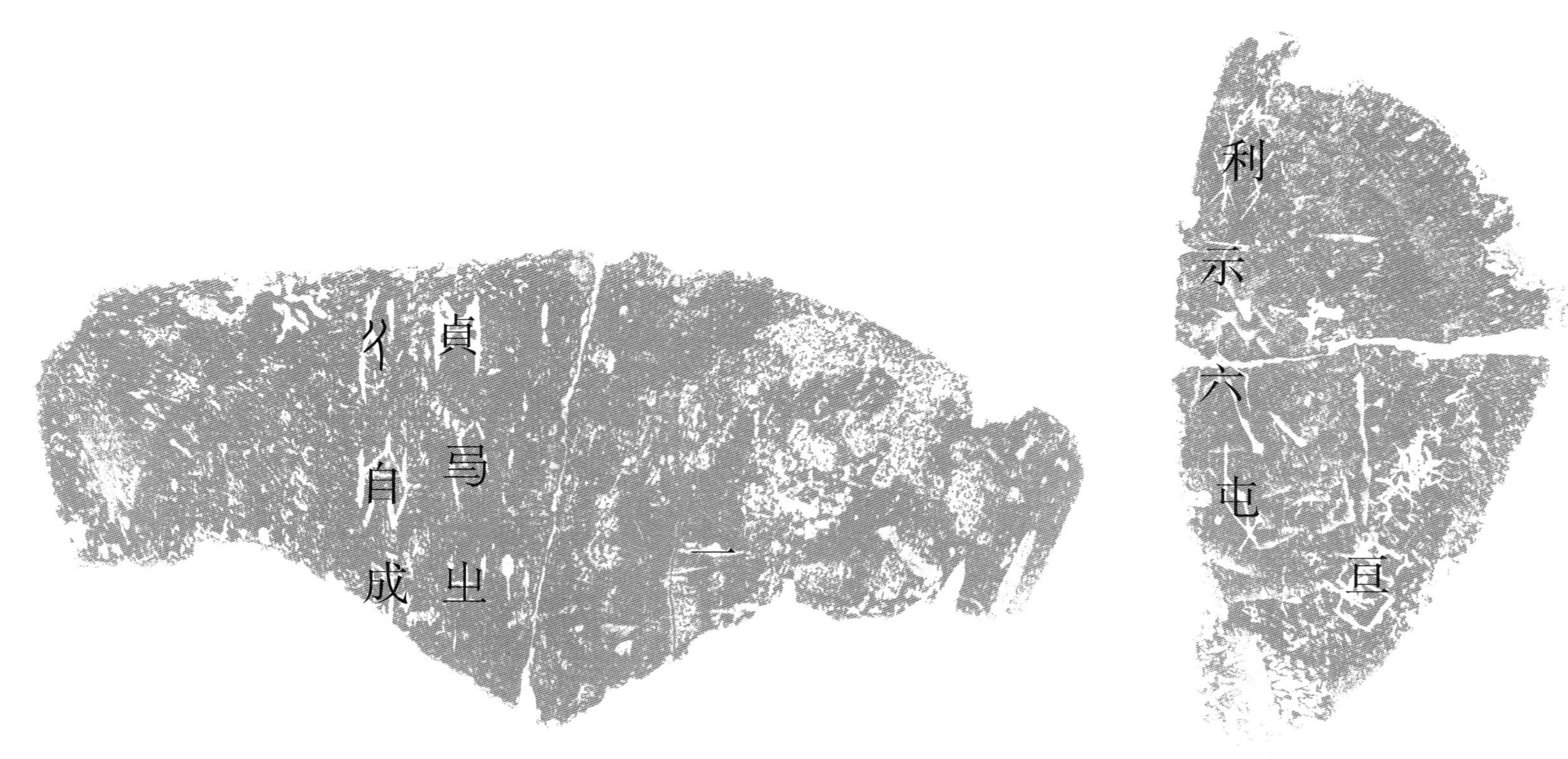
貞
弓
出
亻
自
成
一
利
示
六
屯
亘

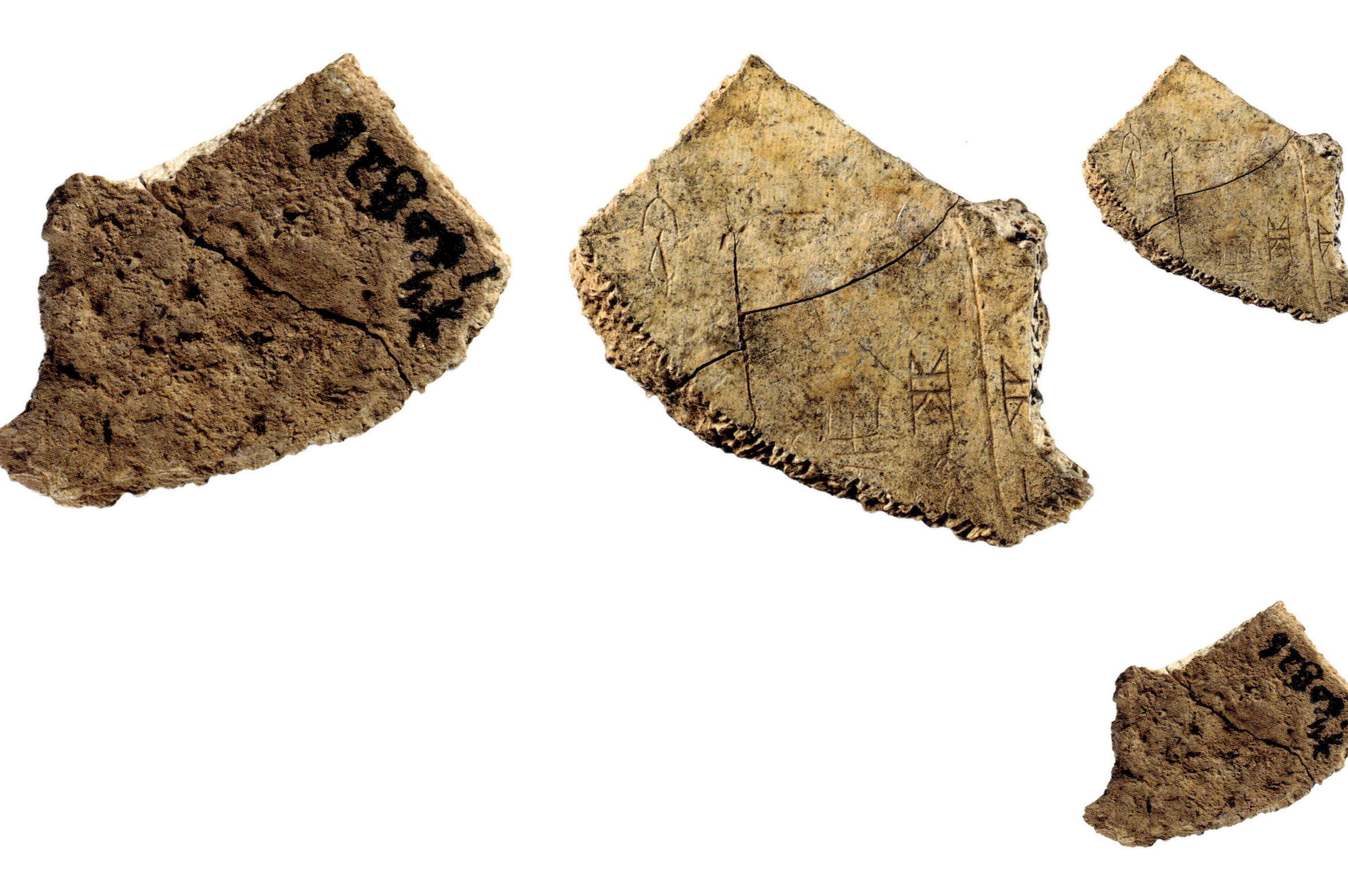

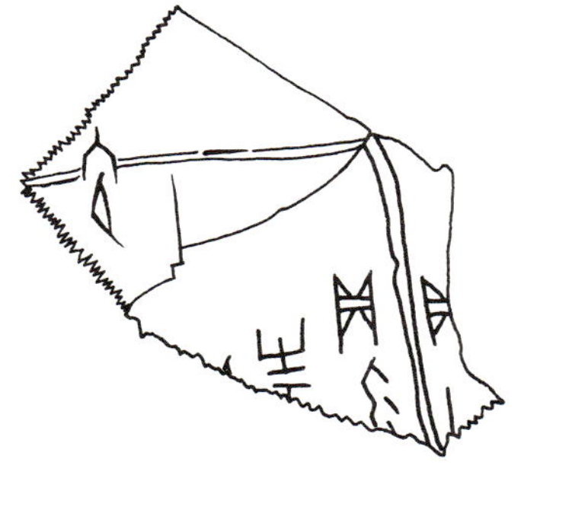

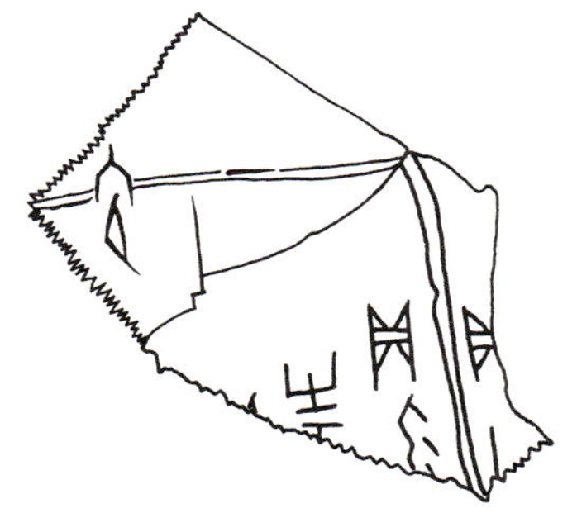

七一　某日貞勿侑某等事

本甲正面存辭三條。反面無字。

（一）［貞］：□〼

（二）貞：［𢎘（勿）］㞢（侑）□〼□〼　一

（三）〼六月。　一

【備注】

組類：賓組

材質：龜腹甲

尺寸：長四・二、寬三・二厘米

著録：未見

來源：一九五二年馬衡捐贈，國家文物局調撥

院藏號：新一六〇八二六+新一六〇八三〇

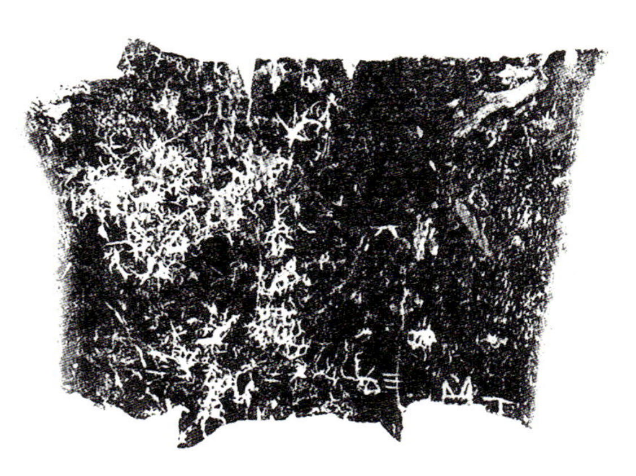

七二　壬日貞某等事

本骨正面存辭三條。反面無字。

（一）［壬］〼［貞］〼　一　二　三

（二）一

（三）〼□卜〼㞢〼　一　小告

【備注】

組類：賓組

材質：牛肩胛骨

尺寸：長七・〇、寬四・八厘米

著録：未見

來源：一九五二年馬衡捐贈，國家文物局調撥

院藏號：新一六〇五六五

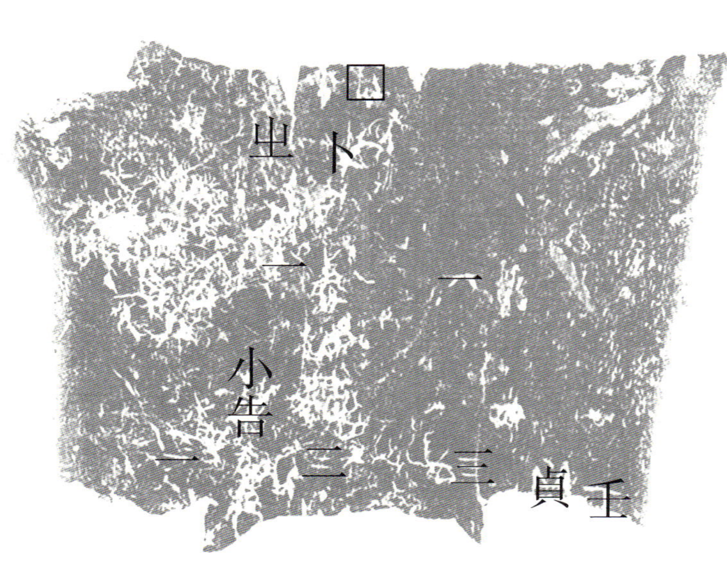

七三　某日貞勿令[illegible][illegible]㞢事

本骨正面存辭一條。反面無字。

（一）貞：弓（勿）令[illegible][illegible]㞢☐　二

【備注】

組類：賓組

材質：牛肩胛骨

尺寸：長六・五、寬六・四厘米

著録：《合》一四九九〇

來源：一九五二年馬衡捐贈，國家文物局調撥

院藏號：新一六〇五七二

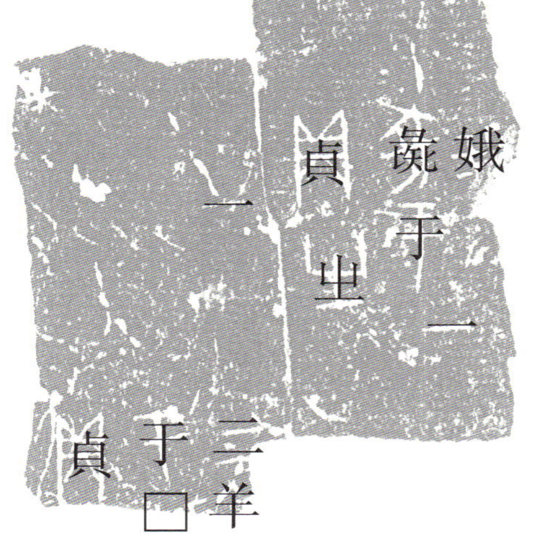

七四　某日貞侑堯于娥等事

本甲正面存辭三條。反面無字。

（一）貞：㞢（侑）堯于［娥］。　一

（二）　一

（三）貞：〼于□〼［三羊］〼

【備注】

組類：賓組

材質：龜腹甲

尺寸：長四·四、寬三·三厘米

著録：［右半］《凡》一·二一·二、《續》六·一〇·八（不全）、《通纂》三五六、《磻蜚》二一·二、《宮凡將》七五；［全］《續》五·二六·七（不全）、《合》一四七八四（不全）

來源：一九五二年馬衡捐贈，國家文物局調撥

院藏號：新一六〇五九二+新一六〇七四六

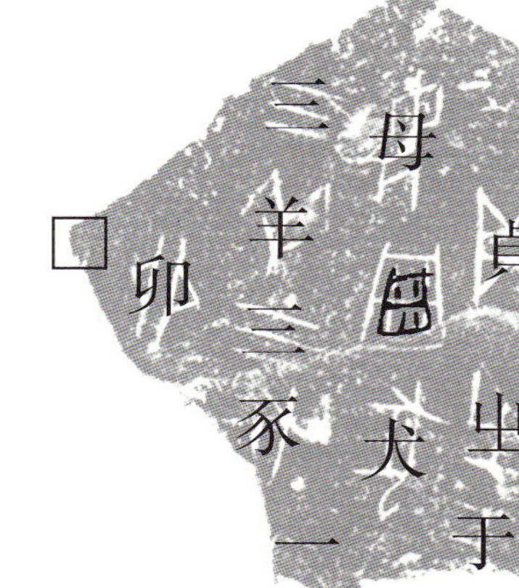

七五　己丑貞侑于母𡆥犬三羊三豕一事

本甲正反面各存辭一條。

〔正面〕

（一）貞：㞢（侑）〔于〕母𡆥犬三、羊三、〔豕一〕☐卯☐☐☐

〔反面〕

（一）己丑

【備注】

組類：賓組

材質：龜腹甲

尺寸：長四・〇、寬三・二厘米

著録：〔正〕《鐵》一五〇・一、《凡》一・一〇・三、《續》二・一六・七、《磻蜚》一〇・三、《鐵新》四一、《合》二二八五、《宮凡將》三五

來源：一九五二年馬衡捐贈，國家文物局調撥

院藏號：新一六〇五九三

七六　丁未卜宊貞婦姘侑儐事

本甲正面存辭一條。反面無字。

（一）［丁］未卜，［宊］☐帚（婦）姘［㞢（侑）］☐窒（儐）。　一［一］

【簡釋】

［一］本甲似可遥綴《宫藏馬》七七號（新一六〇六一九）。

【備注】

組類：賓組

材質：龜腹甲

尺寸：長三・一、寬二・三厘米

著録：《合》二七二二

來源：一九五二年馬衡捐贈，國家文物局調撥

院藏號：新一六〇六八五

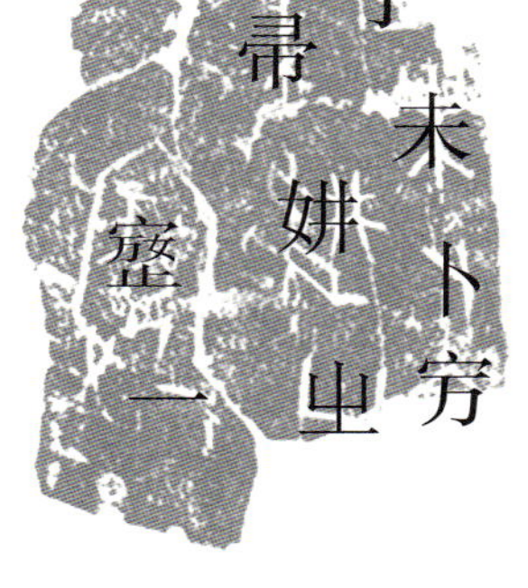

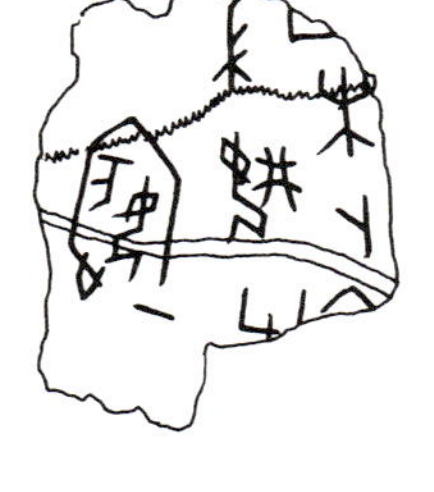

七七　某日問婦某亡其儐事

本甲正面存辭一條。反面無字。

（一）貞：［帚（婦）］☐亡其☐窆（儐）☐一[一]

【簡釋】

〔一〕本甲似可遥綴《宫藏馬》七六號（新一六〇六八五）。

【備注】

組類：賓組

材質：龜腹甲

尺寸：長四・五、寬二・七厘米

著録：未見

來源：一九五二年馬衡捐贈，國家文物局調撥

院藏號：新一六〇六一九

七八　丑日卜貞父某等事

本骨正面存辭二條。反面無字。

（一）☐丑卜☐貞：父☐□☐

（二）☐下☐

【備注】

組類：賓組

材質：牛肩胛骨

尺寸：長二・一、寬一・七厘米

著録：未見

來源：一九五二年馬衡捐贈，國家文物局調撥

院藏號：新一六〇八九三

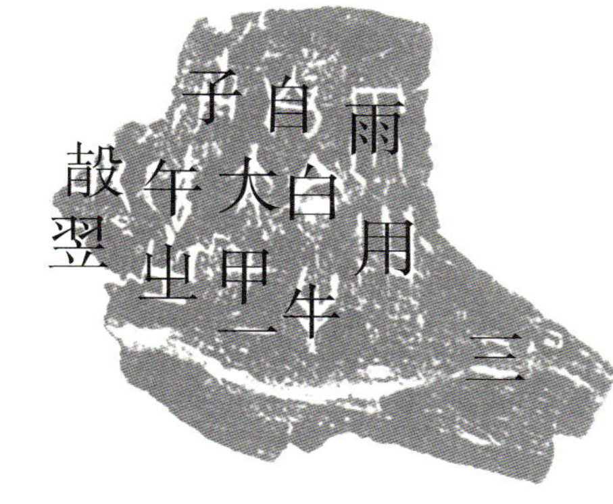

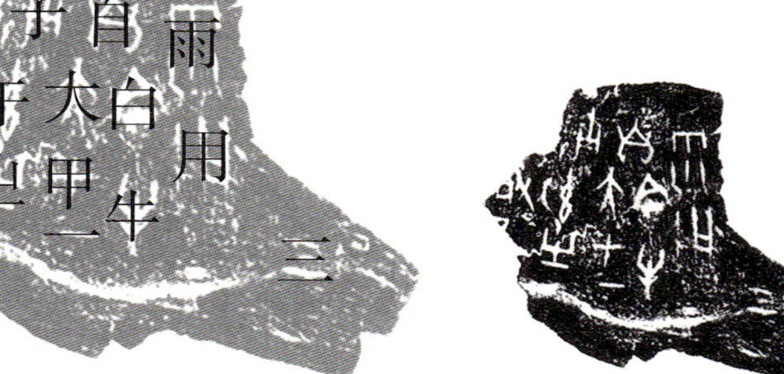

七九　某日㱿問翌午日侑大甲白牛等事

本甲正面存辭二條。反面無字。

（一）□［㱿］：［翌］□午㞢（侑）□大甲□白牛。用。　一　三

（二）□子□自□雨□

【備注】

組類：賓組

材質：龜腹甲

尺寸：長四・〇、寬三・〇厘米

著録：《凡》一・一・二、《續》一・一〇・一、《磻蜚》一・二、《合》一四二三、《宮凡將》二

來源：一九五二年馬衡捐贈，國家文物局調撥

院藏號：新一六〇七五六

八〇　癸日問某等事

本甲正面存辭二條，有界劃綫。反面無字。

（一）［癸］☐□☐

（二）☐［帝］☐

【備注】

組類：賓組

材質：龜腹甲

尺寸：長一・三、寬一・三厘米

著録：未見

來源：一九五二年馬衡捐贈，國家文物局調撥

院藏號：新一六〇八九〇

八一　庚戌争貞不其雨禘異等事

本甲正反面各存辭一條。

〔正面〕

（一）庚［戌］⍁争［貞］：不其雨，［帝（禘）］異。

〔反面〕

（一）⍁□□⍁

【備注】

組類：賓組

材質：龜腹甲

尺寸：長四・四、寬三・一厘米

著録：〔正〕《凡》一・二四・二、《續》四・二一・七、《宮凡將》八七；〔正反〕《合》一一九二一

來源：一九五二年馬衡捐贈，國家文物局調撥

院藏號：新一六〇六五一

帝異
不其雨
争貞
庚戌

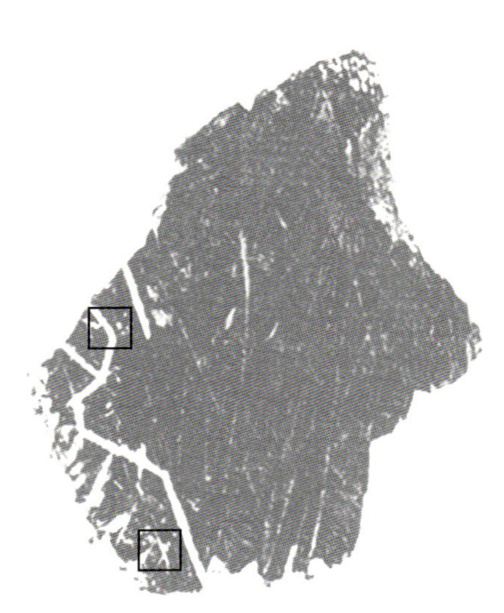

八二　某日問祖丁事

本甲正面存辭一條。反面無字。

（一）　□且（祖）丁[一]□雨[二]□

【簡釋】

〔一〕「且丁」爲合文。

〔二〕「雨」字缺刻横劃。另，本甲有刮削改刻痕迹。

【備注】

組類：賓組

材質：龜腹甲

尺寸：長一・三、寬一・一厘米

著録：未見

來源：一九五二年馬衡捐贈，國家文物局調撥

院藏號：新一六〇八八九

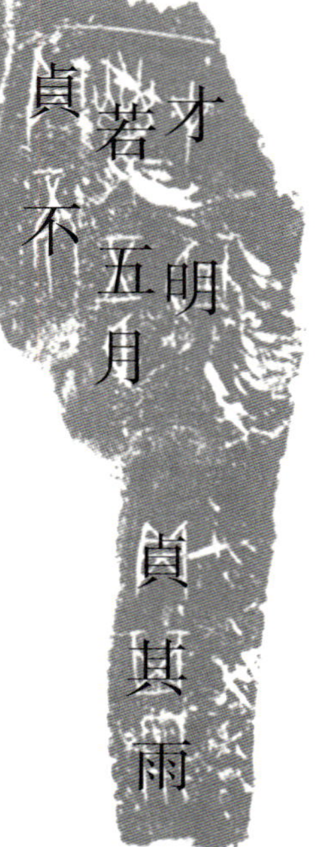

八三　某日貞其雨與五月某日貞不若在明等事

本甲正面存辭二條，有界劃綫。反面無字。

（一）貞：其雨。

（二）貞：不若。五月。才(在)明。

【備注】

組類：賓組

材質：龜腹甲

尺寸：長六·一、寬一·九厘米

著録：《合》八一〇四

來源：一九五二年馬衡捐贈，國家文物局調撥

院藏號：新一六〇六五八

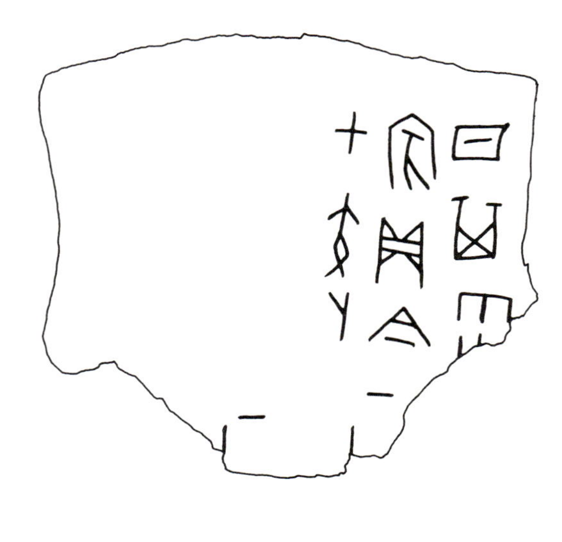

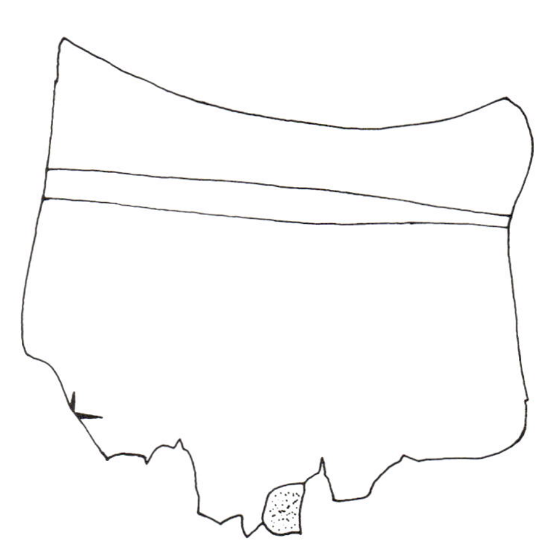
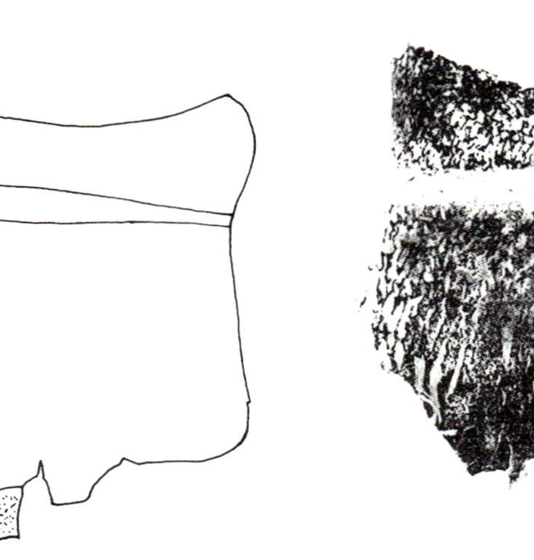

八四 甲寅卜㝐貞今日其雨等事

本骨正面存辭二條。反面存辭一條。

〔正面〕

（一）甲寅卜，㝐貞：今日其［雨］。 一

（二）一

〔反面〕

（一）☐☐☐

【備注】

組類：賓組

材質：牛肩胛骨

尺寸：長六・〇、寬六・〇厘米

著録：〔正〕《凡》一・二四・一（不全）、《續》四・一三・二（不全）、《合》一二〇五五、《宮凡將》八六（不全）

來源：一九五二年馬衡捐贈，國家文物局調撥

院藏號：新一六〇五四〇

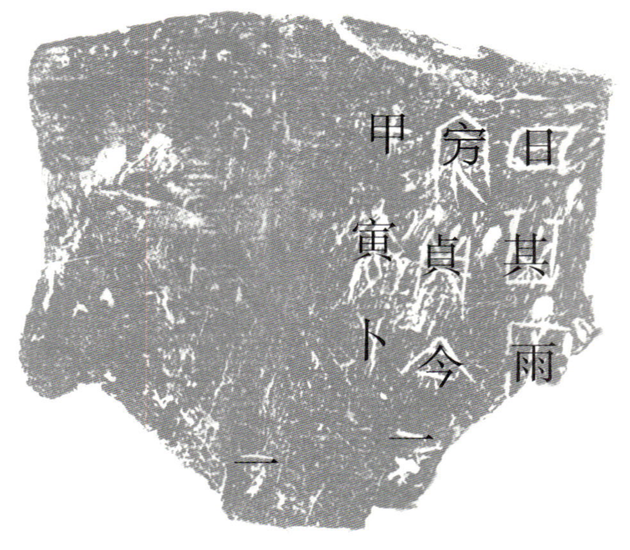
日其雨
宊貞今
一
甲寅卜
一

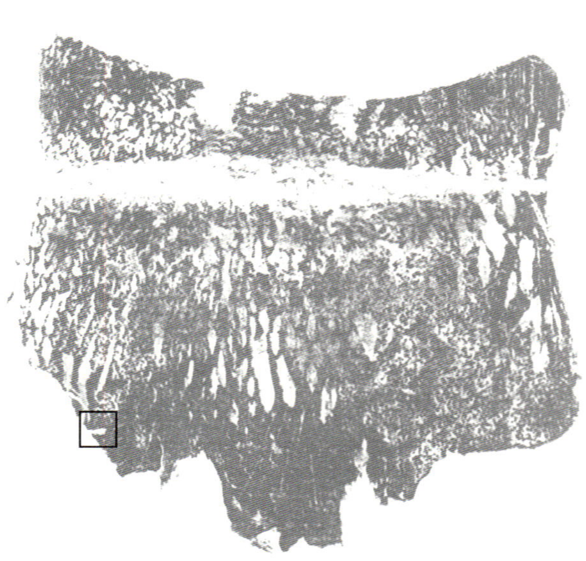
□

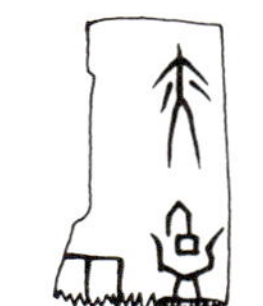

八五　某日問亦𠷎雨事

本甲正面存辭一條。反面無字。

（一）〼亦𠷎［雨］。

【備注】

組類：賓組

材質：龜腹甲

尺寸：長二・一、寬一・二厘米

著録：《合》一二六五五

來源：一九五二年馬衡捐贈，國家文物局調撥

院藏號：新一六〇八四三

八六　某日卜其亦雨等事

本甲正反面各存辭一條。

〔正面〕

（一）〼［其］亦［雨］。

〔反面〕

（一）〼□卜〼

【備注】

組類：賓組

材質：龜腹甲

尺寸：長三・七、寬二・二厘米

著録：〔正〕《合》一二七一八

來源：一九五二年馬衡捐贈，國家文物局調撥

院藏號：新一六〇七二三

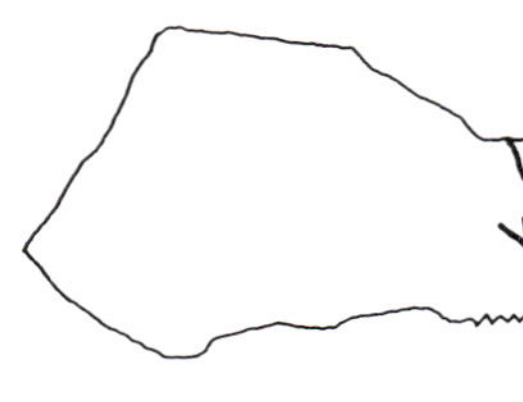

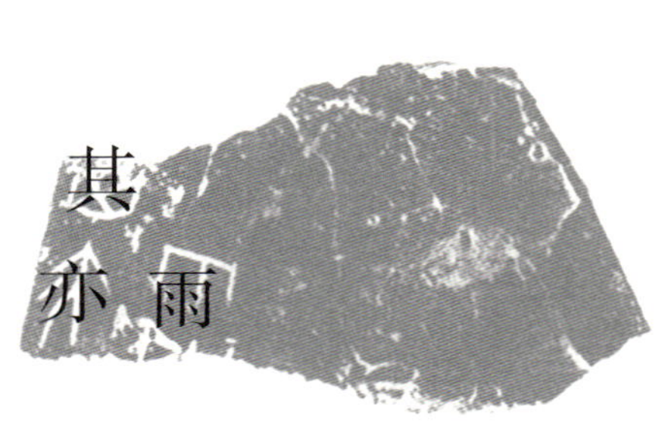

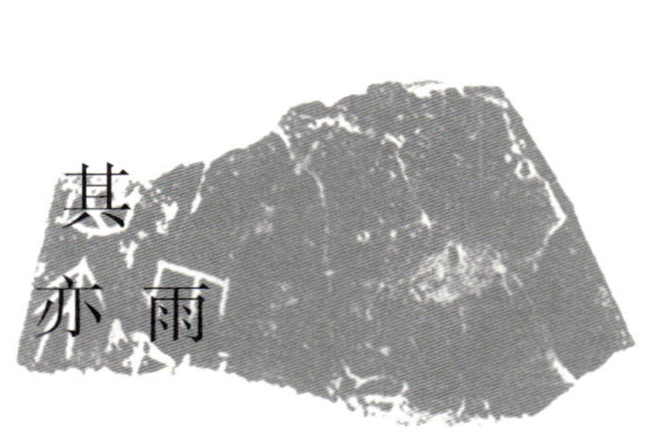

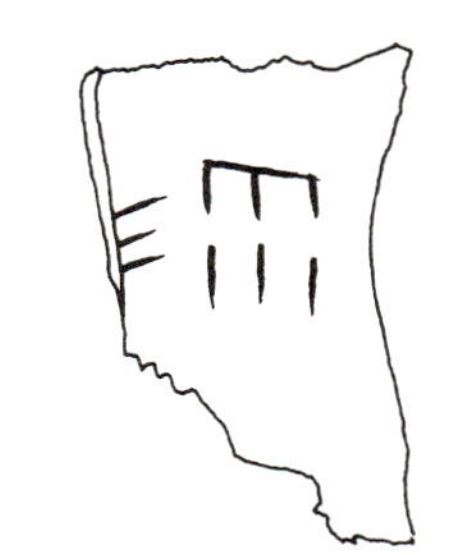

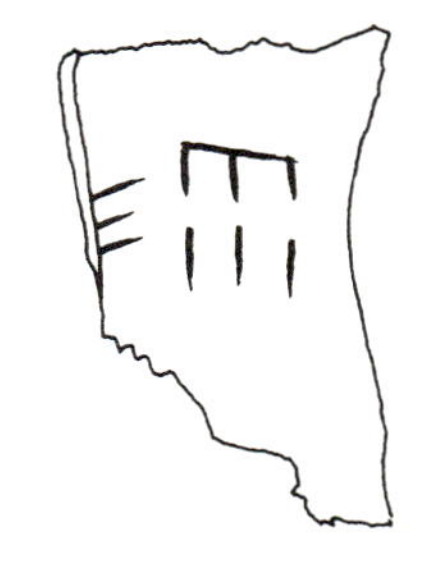

八七　某日問雨事

本甲正面存辭一條。反面無字。

（一）⊠□⊠雨。

【備注】

組類：賓組

材質：龜腹甲

尺寸：長三・一、寬一・七厘米

著録：未見

來源：一九五二年馬衡捐贈，國家文物局調撥

院藏號：新一六〇八九二

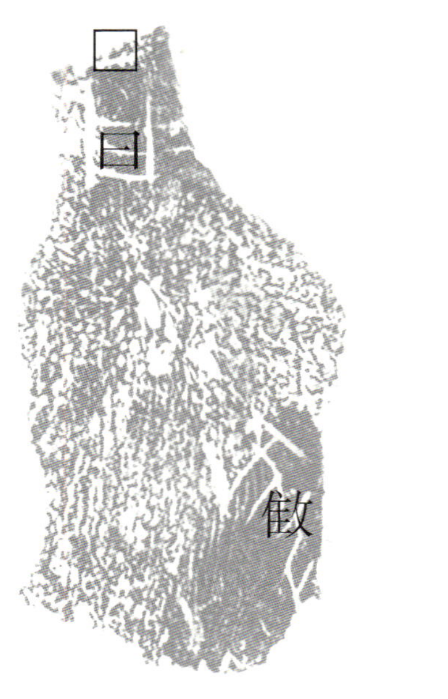

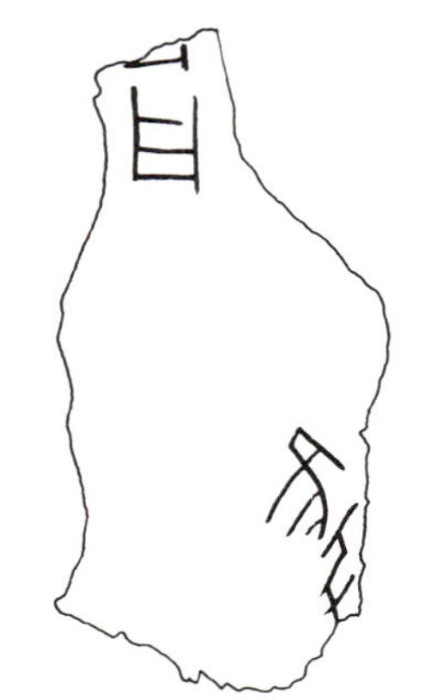
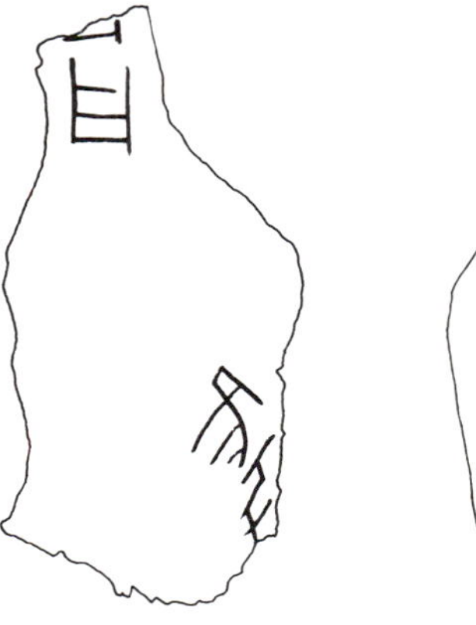

八八　某日貞今夕不延雨與婦好等事

本甲正反面各存辭二條。

〔正面〕

（一）貞：今夕不祉（延）雨。

（二）☐好☐

〔反面〕

（一）☐□曰☐

（二）☐畝☐

【備注】

組類：賓組

材質：龜腹甲

尺寸：長五・二、寬二・五厘米

著録：〔正〕《鐵》三一・一、《凡》一・二五・四、《續》四・二一・三、《鐵新》五九九、《宫凡將》九三；〔正反〕《合》一二七八八

來源：一九五二年馬衡捐贈，國家文物局調撥

院藏號：新一六〇七七六

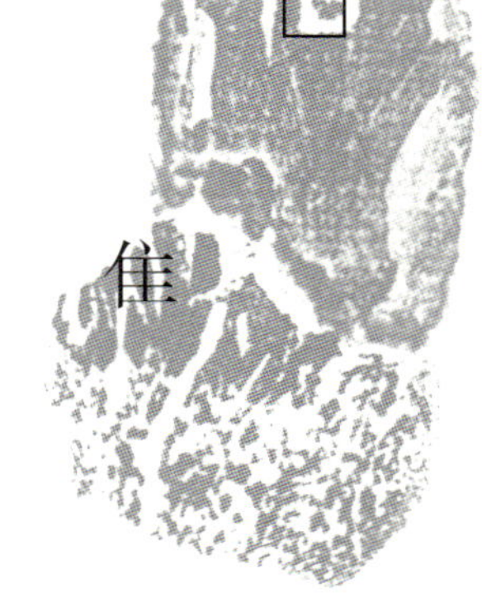

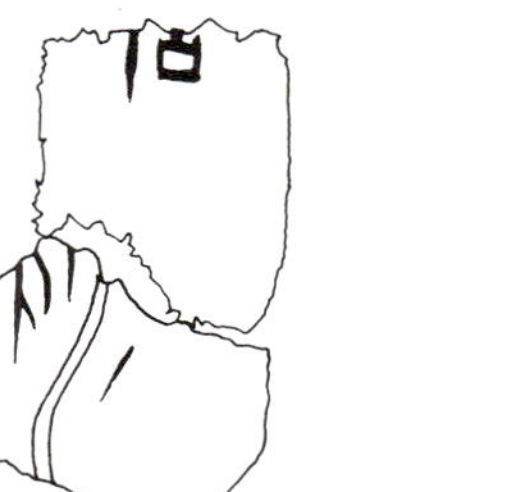

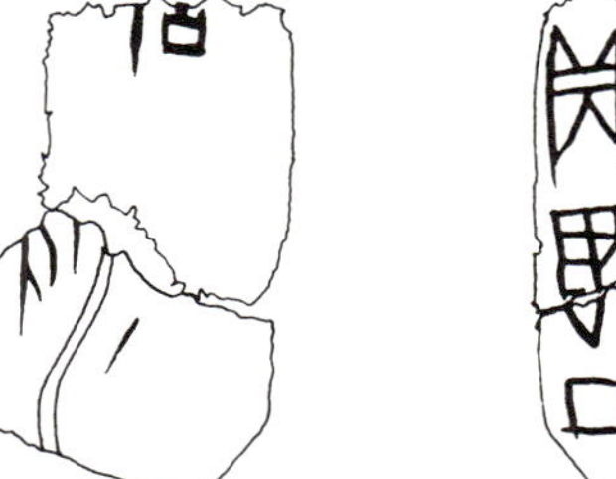

八九　某日貞翌丁酉不其易日等事

本甲正反面各存辭一條。

〔正面〕

（一）貞：翌丁酉不其易日。

〔反面〕

（一）☐□☐〔隹〕☐

【備注】

組類：賓組

材質：龜腹甲

尺寸：長三・六、寬二・七厘米

著録：〔正〕《續》五・一九・九、《合》一三二六八

來源：一九五二年馬衡捐贈，國家文物局調撥

院藏號：新一六〇七三九+新一六〇七四一

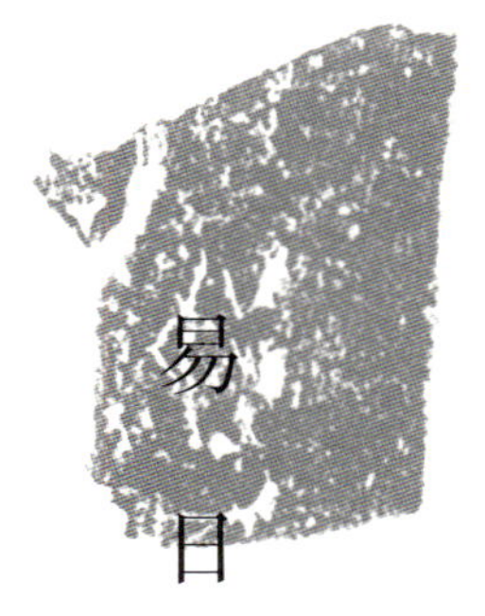

九〇　某日問易日事

本甲正面存辭一條。反面無字。

（一）〼易［日］〼

【備注】

組類：賓組

材質：龜腹甲

尺寸：長二・六、寬二・三厘米

著録：未見

來源：一九五二年馬衡捐贈，國家文物局調撥

院藏號：新一六〇七四八

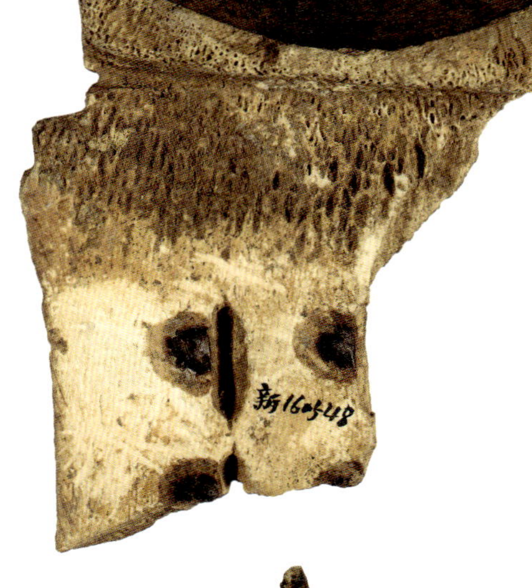

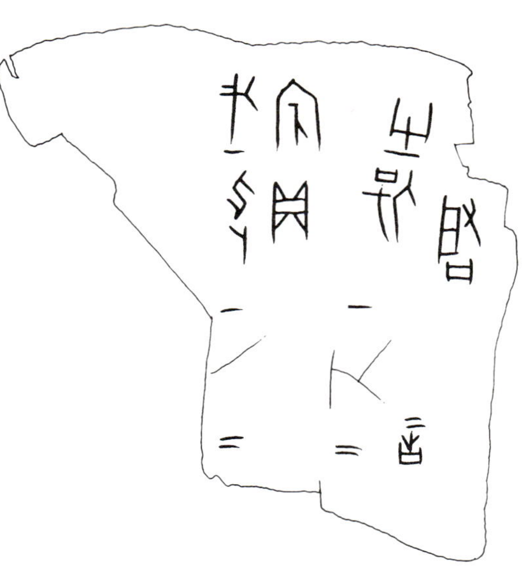

九一　戊申卜旁貞有保啓等事與戊申□示骨臼刻辭

本骨正面存辭二條。反面無字。臼面存辭一條。

〔正面〕

（一）戊申卜，旁貞：㞢（有）保，啓。

一　二

（二）一　二告　二

〔臼面〕

（一）戊申□示。旁。

【備注】

組類：賓組

材質：牛肩胛骨

尺寸：長八・〇、寬七・三厘米

著録：〔正〕《鐵》二四五・一（不全）、《凡》一・四・二（不全）、《磻蚩》四・二（不全）、《南師》二・三二（不全）、《鐵新》六三二（不全）、《合》一六四二五（不全）；〔臼〕《凡》一・四・一、《續》六・二七・一、《磻蚩》四・一；〔正臼〕《合》一七六三三、《宫凡將》一二（不全）

來源：一九五二年馬衡捐贈，國家文物局調撥

院藏號：新一六〇五四八

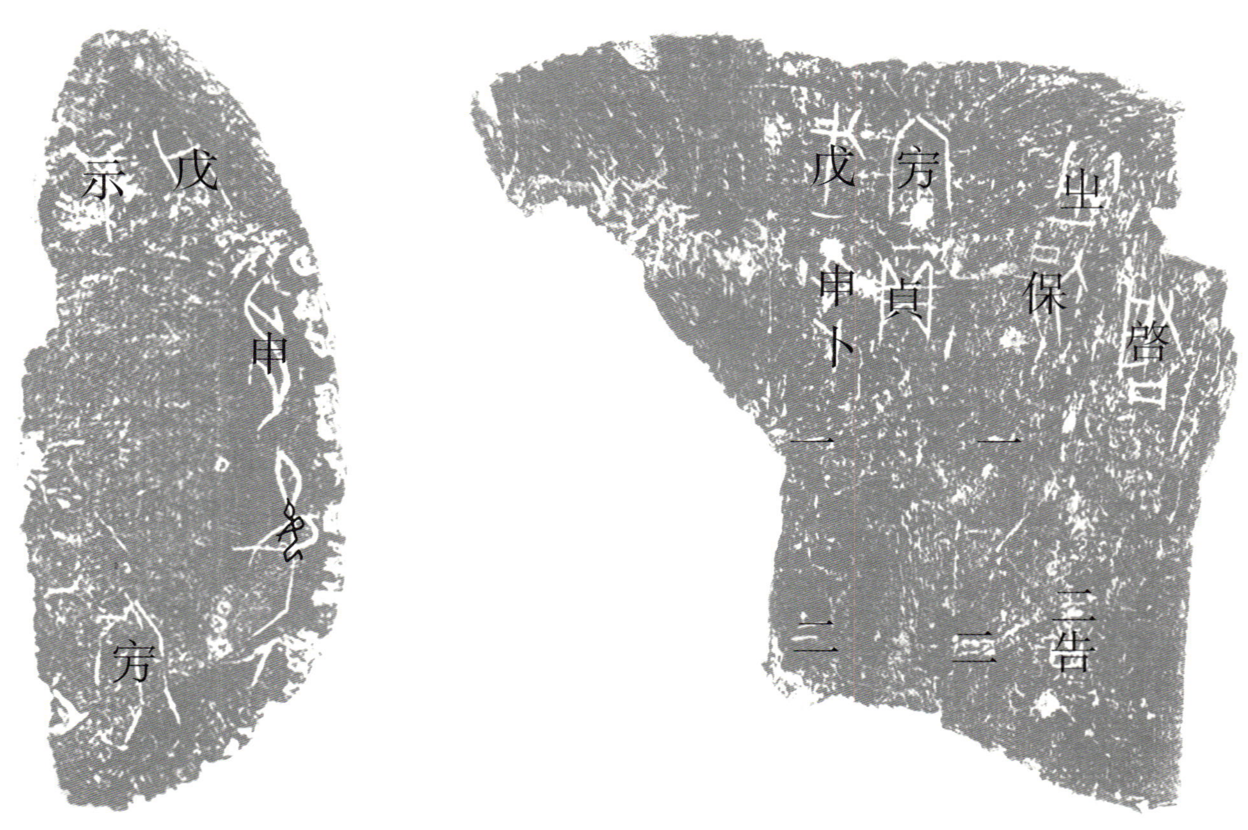

启
㞢保一二告
宊貞一二
戊申卜一二
申
戊示
宊

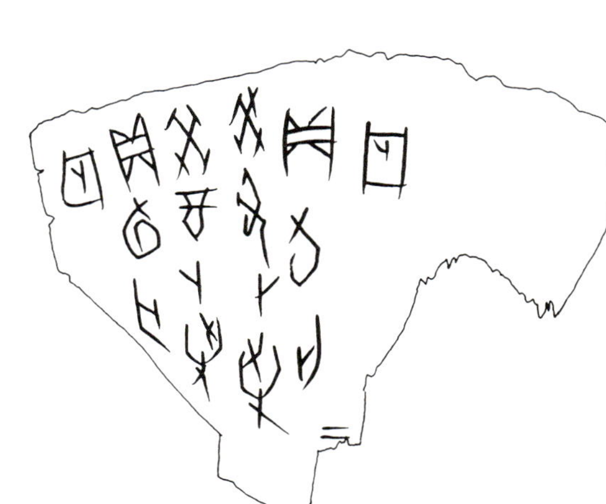

九二　癸丑癸酉等日卜争貞旬亡𡆥事

本骨正面存辭二條。反面無字。

（一）癸丑卜，争貞：旬亡𡆥〔一〕。　二

（二）癸酉卜，争貞：旬亡𡆥。

【簡釋】

〔一〕「𡆥」或比定作「禍」「咎」「憂」等字。下同。

【備注】

組類：賓組

材質：牛肩胛骨

尺寸：長六・八、寬五・七厘米

著録：《凡》一・一六・一（不全）、《續》四・四七・二（不全）、《佚》二九（不全）、《磻蚩》一六・一（不全）、《合》一六七九〇、《宫凡將》五四（不全）

來源：一九五二年馬衡捐贈，國家文物局調撥

院藏號：新一六〇五六四

九三　七月癸未癸丑等日卜貞旬亡囚事

本甲正面存辭五條，有界劃綫。反面無字。

（一）［癸］□　三

（二）□未卜□貞：旬□囚〔一〕。

（三）癸未□旬□七月。　三

（四）癸［丑］□貞□囚。

（五）□□卜□［貞］：旬□囚□月。

【簡釋】

〔一〕「囚」或比定作「禍」「咎」「憂」等字。下同。

【備注】

組類：賓組

材質：龜腹甲

尺寸：長二・二、寬五・七厘米

著録：〔左部〕《合補》四九六八；〔全〕《凡》一・一六・二、《磻甍》一六・二、《宮凡將》五五

來源：一九五二年馬衡捐贈，國家文物局調撥

院藏號：新一六〇八三一＋新一六〇六六二

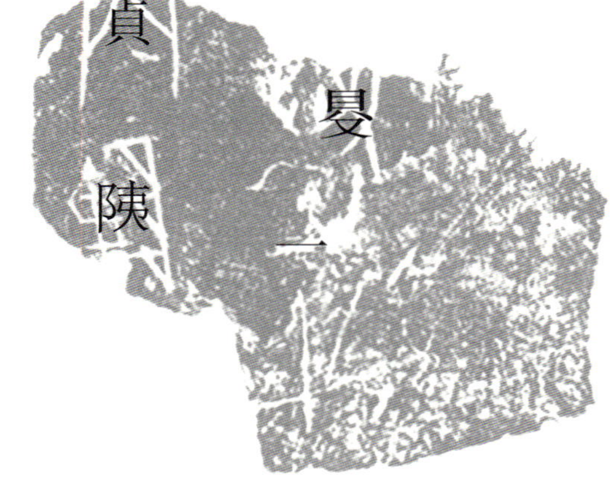

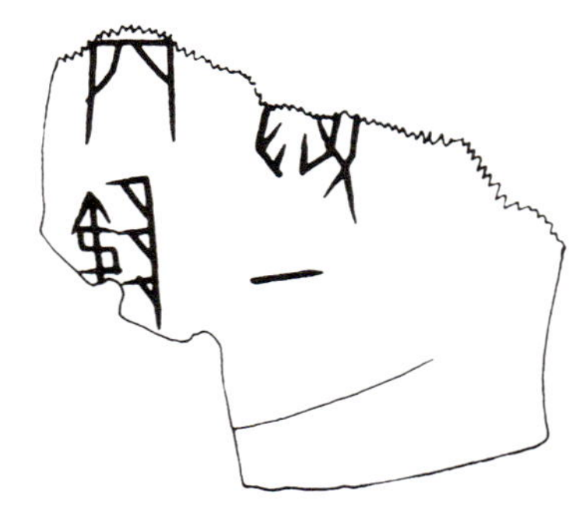

九四　某日貞陕得事

本甲正面存辭一條。反面無字。

（一）［貞］：［陕］☐［旻（得）］☐　一

【備注】

組類：賓組

材質：龜腹甲

尺寸：長四・〇、寬二・五厘米

著録：《合》八八九一

來源：一九五二年馬衡捐贈，國家文物局調撥

院藏號：新一六〇六八七

九五　己酉卜㱿貞牧亡其夲事

本甲正面存辭一條。反面無字。

（一）己酉卜，㱿貞：牧亡其夲〔一〕。

【簡釋】

〔一〕詳見林宏明綴，《契合集》第七八例。

【備注】

組類：賓組

材質：龜腹甲

尺寸：長五・四、寬三・五厘米

著録：〔上半〕《合》三五八八；〔下半〕《合》六九一二

來源：一九五二年馬衡捐贈，國家文物局調撥

院藏號：新一六〇六九〇+新一六〇七一三

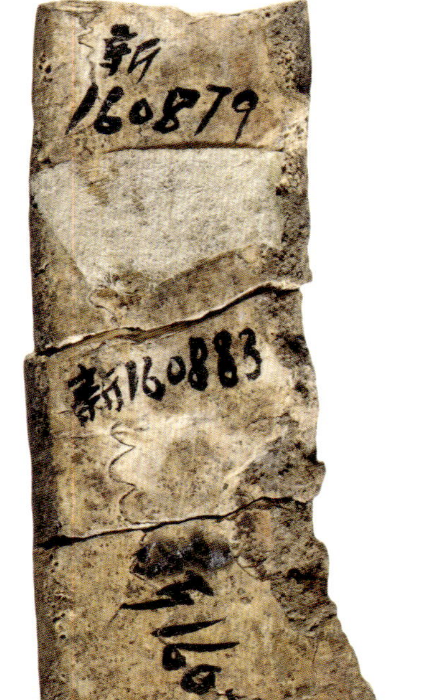

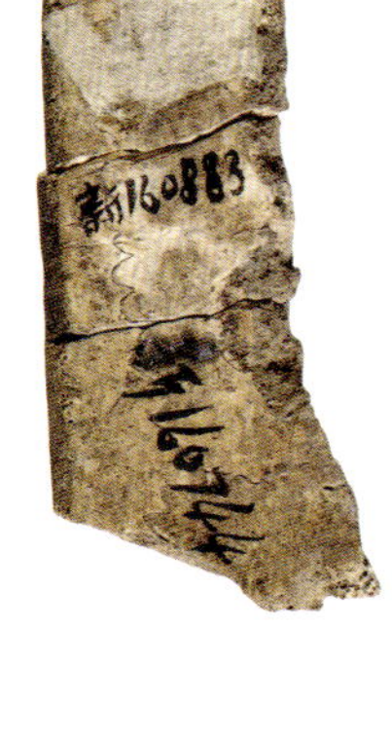

九六　辛酉問婦好亡來某事

本甲正面存辭一條。反面無字。

（一）　辛酉［貞］☐好亡［來］☐

【備注】

組類：賓組

材質：龜腹甲

尺寸：長五・三、寬二・二厘米

著録：未見

來源：一九五二年馬衡捐贈，國家文物局調撥

院藏號：新一六〇八七九＋新一六〇八八三＋新一六〇七四四

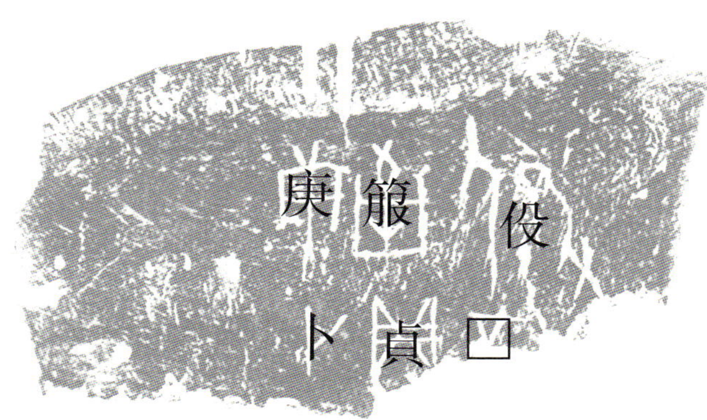

九七　庚日卜簸貞役事

本骨正面存辭一條。反面無字。

（一）　庚卜，簸貞：役□〼

【備注】

組類：賓組

材質：牛肩胛骨

尺寸：長五・七、寬三・五厘米

著録：《合》三九〇九

來源：一九五二年馬衡捐贈，國家文物局調撥

院藏號：新一六〇六四二

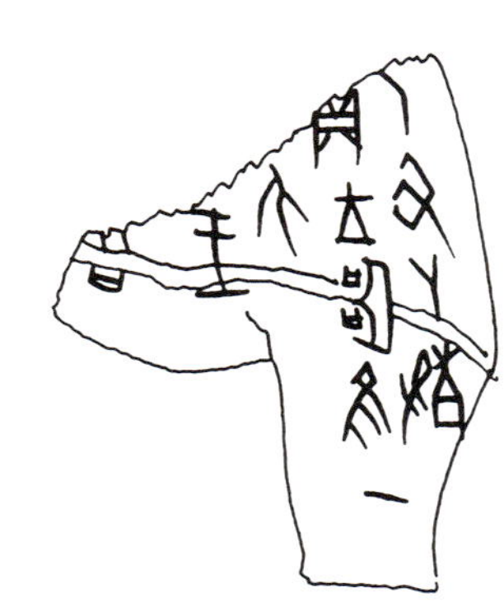
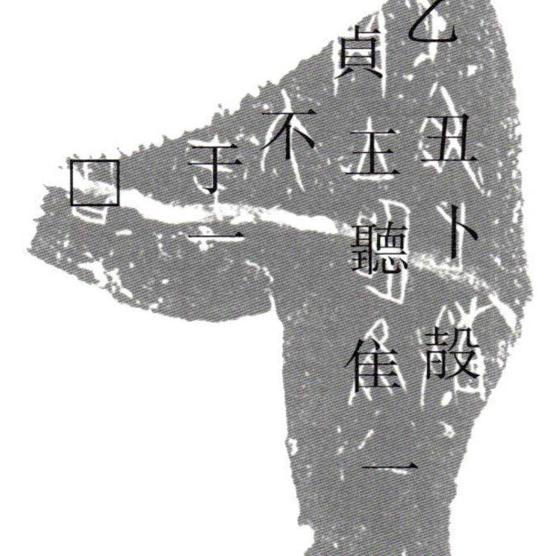

九八　乙丑卜㱿貞王聽等事

本甲正面存辭二條。反面無字。

（一）［乙］丑卜，㱿［貞］：王聽隹（唯）☐不☐于☐☐☐　一

（二）　一

【備注】

組類：賓組

材質：龜腹甲

尺寸：長四・四、寬三・六厘米

著録：《鐵》一七七・四、《凡》一・一三・四、《續》六・一一・一（不全）、《佚》八二、《鐵新》七四九、《合》五三〇九、《宮凡將》四七

來源：一九五二年馬衡捐贈，國家文物局調撥

院藏號：新一六〇六六五

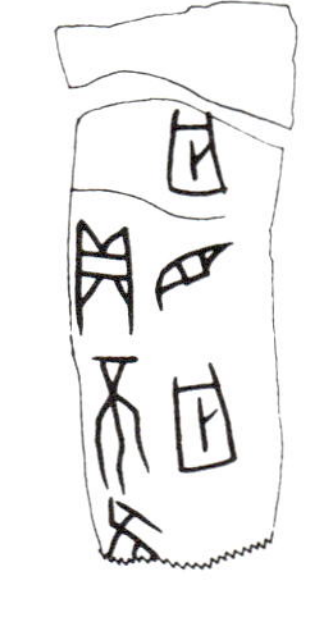

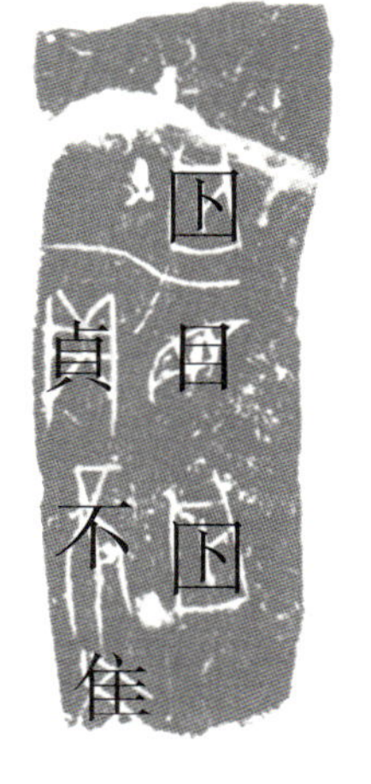

九九　某日貞不唯目囚等事

本甲正面存辭二條，有界劃綫。反面無字。

（一）貞：不［隹（唯）］目囚[一]。

（二）☑囚。

【簡釋】

［一］「囚」或比定作「禍」「咎」「憂」等字。

【備注】

組類：賓組

材質：龜腹甲

尺寸：長四・〇、寬一・六厘米

著録：《合》一三六二二

來源：一九五二年馬衡捐贈，國家文物局調撥

院藏號：新一六〇八五〇

一〇〇　某日問子央疾事

本甲正面存辭一條。反面無字。

（一）〼［子］央疾。

【備注】

組類：賓組

材質：龜腹甲

尺寸：長三・七、寬二・〇厘米

著録：《合》一三七二九

來源：一九五二年馬衡捐贈，國家文物局調撥

院藏號：新一六〇六九七

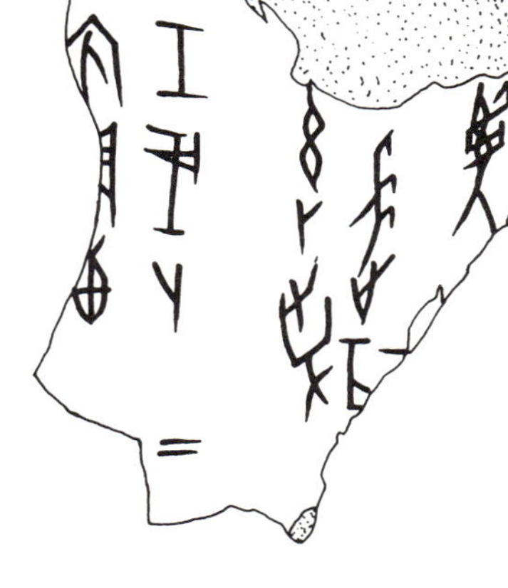

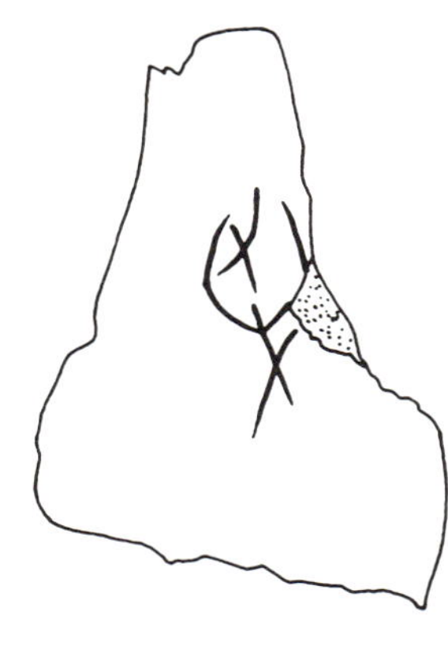

一〇一　午日卜争問徵其係等事與争骨臼刻辭

本骨正面存辭二條。反面無字。臼面存辭一條。

〔正面〕

（一）☐午卜，争☐㞷（徵）［其］係☐

（二）壬戌卜，［宂貞：叀］☐　二〔二〕

〔臼面〕

（一）争。

【簡釋】

〔一〕本骨可綴《合》一九二四六，綴合後釋文可補爲「壬戌卜，宂貞：叀甲子步」。詳見李愛輝綴，《拼集》第二六五則。又，本版與《合》四九五爲同文卜辭。

【備注】

組類：賓組

材質：牛肩胛骨

尺寸：長六・〇、寬五・〇厘米

著録：〔正〕《合》三六九七

來源：一九五二年馬衡捐贈，國家文物局調撥

院藏號：新一六〇五四三

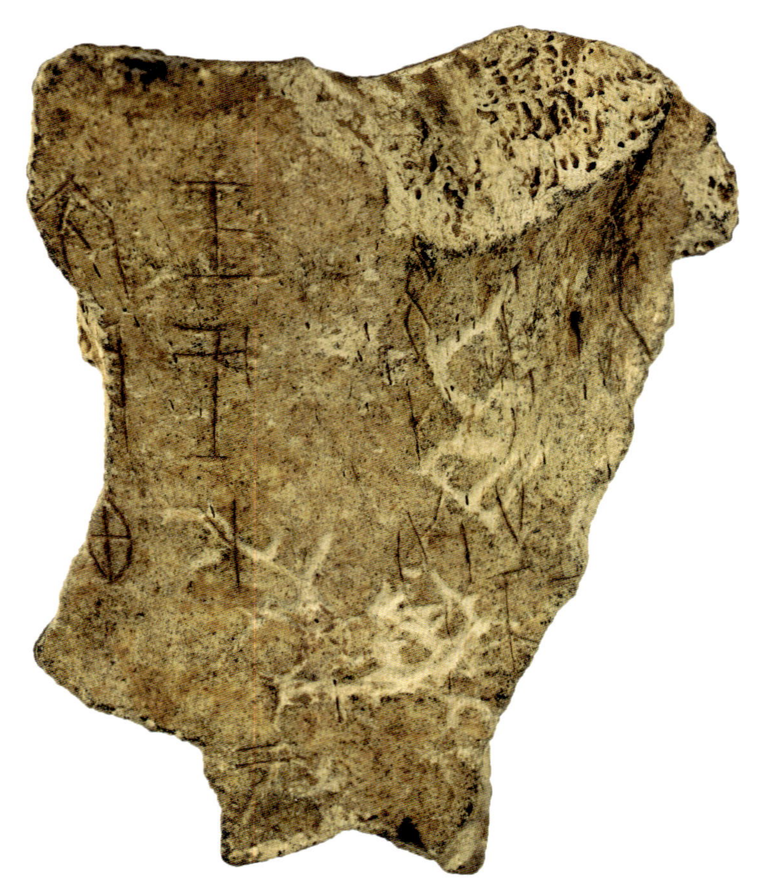

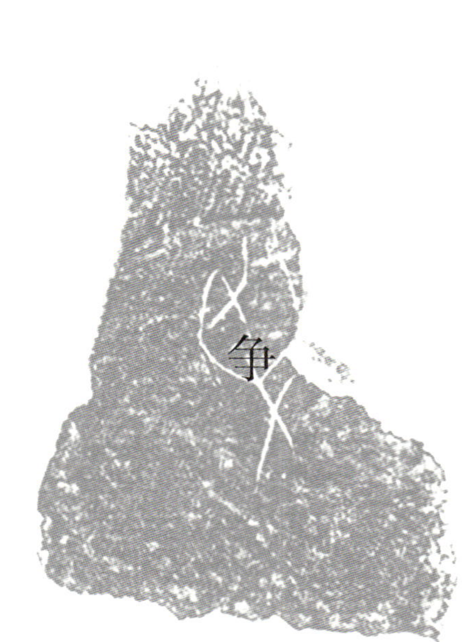
争

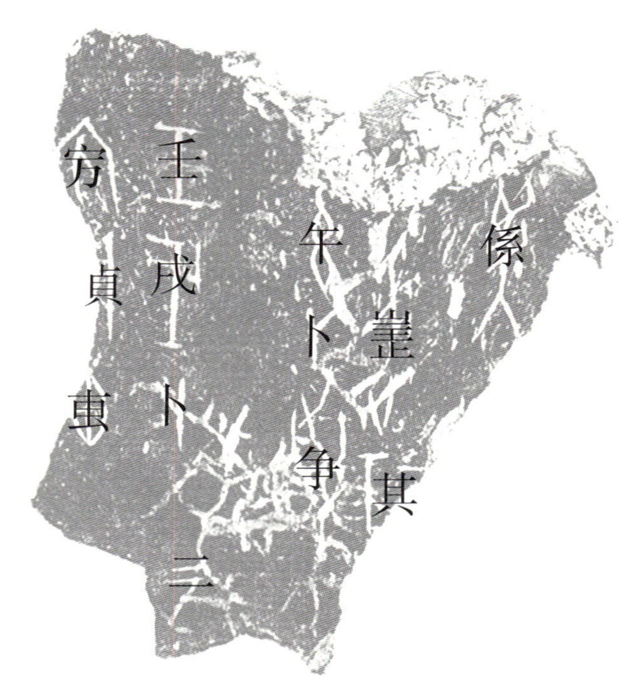
係
豈其
午卜争
壬戌卜
三
𡧊貞叀

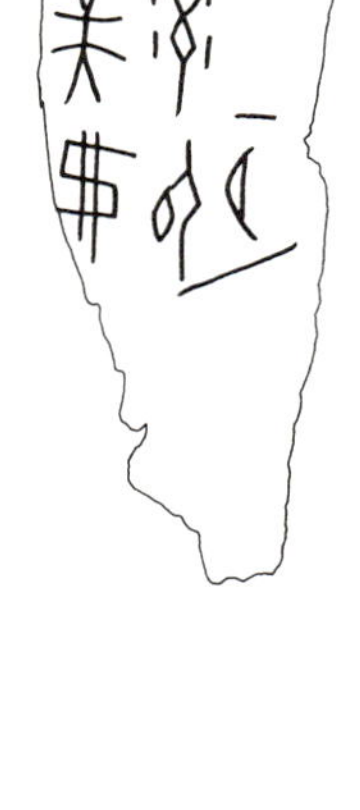

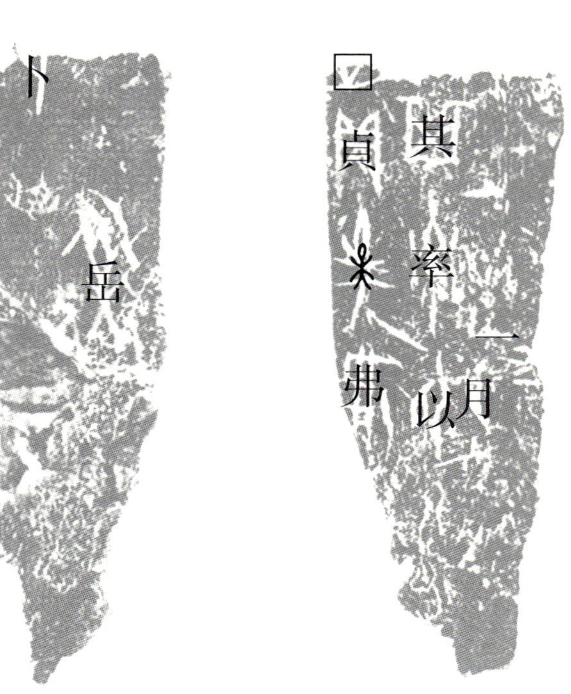

一〇一二 一月某日貞[?]弗其率以等事與岳甲橋刻辭

本甲正面存辭二條，有界劃綫。反面存辭二條。

〔正面〕

（一）貞：[?]弗其率以。一月。

（二）☐☐☐

〔反面〕

（一）☐［卜］☐

（二）☐岳☐

【備注】

組類：賓組

材質：龜腹甲

尺寸：長五・七、寬二・〇厘米

著録：〔正〕《合》四〇一二

來源：一九五二年馬衡捐贈，國家文物局調撥

院藏號：新一六〇八〇八

一〇三　十月庚午卜貞舌亦出事

本骨正面存辭一條。反面無字。

（一）庚午[卜]☐貞：舌☐亦出。十月[一]。

二

【簡釋】

[一]「十月」爲合文。

【備注】

組類：賓組

材質：牛肩胛骨

尺寸：長四・九、寬六・二厘米

著録：《凡》一・一八・二(不全)、《續》三・六・五(不全)、《磻葍》一八・二(不全)、《合》六一一七、《宮凡將》六三(不全)

來源：一九五二年馬衡捐贈，國家文物局調撥

院藏號：新一六〇五四六

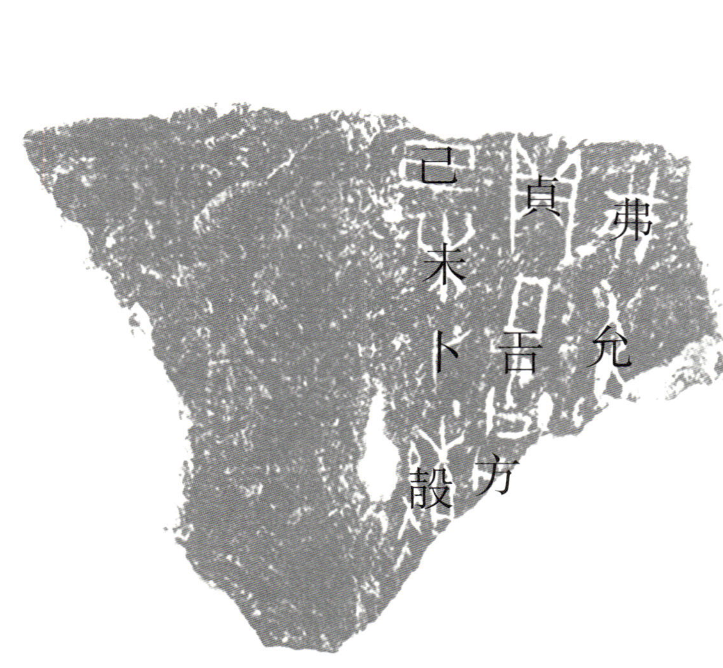

一〇四　己未卜㱿貞舌方弗允事

本骨正面存辭一條。反面無字。

（一）己未卜，㱿貞：舌[方]弗允☐

【備注】

組類：賓組

材質：牛肩胛骨

尺寸：長五・一、寬三・九厘米

著録：《凡》一・一八・一（不全）、《續》三・六・八（不全）、《磻蜚》一八・一（不全）、《合》八五一七、《宮凡將》六二（不全）

來源：一九五二年馬衡捐贈，國家文物局調撥

院藏號：新一六〇五六七

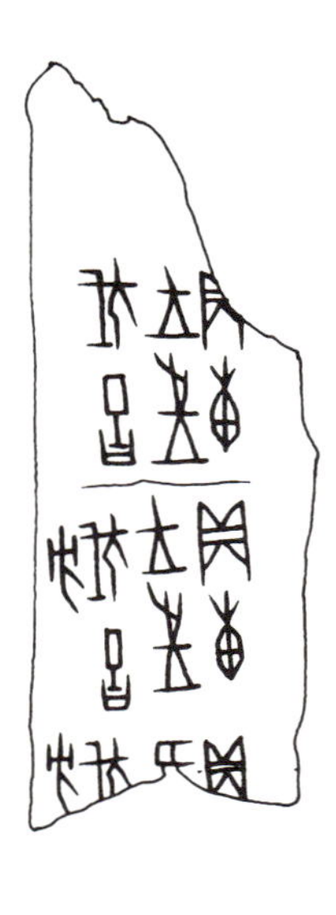

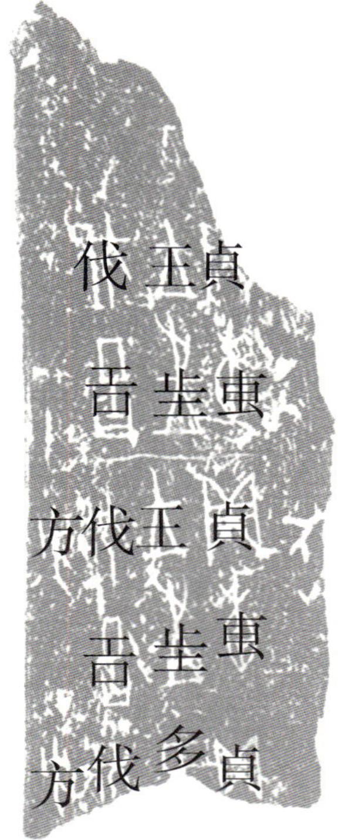

一〇五　某日貞叀王往伐𢀛方等事

本骨正面存辭三條，有界劃綫。反面無字。

（一）貞☐［多］☐［伐］☐方。

（二）貞：叀王㞢（往）伐𢀛方。

（三）［貞］：叀王㞢（往）伐𢀛。〔一〕

【簡釋】

〔一〕本骨可綴《上博》一七六四七·九八，綴後即《合》六一一五。綴合後釋文可補爲「貞：乎（呼）多臣伐𢀛方」。詳見董作賓綴，《綴新》第三三七則。又，《合集來源表》以《合》六一一五藏于上海博物館（上册，第一八頁），非是。僅《上博》一七六四七·九八來源武進文獻徵集社，一九五二年十二月三十一日入藏。另，《合》六一一五與《合》六一一四、《合》六一一六綴《旅藏》五四〇、《合》六一一七、《綴集》四同文（孫亞冰綴，《旅藏》中册第二五頁，下册第三五頁）。

【備注】

組類：賓組

材質：牛肩胛骨

尺寸：長六·六、寬一·八厘米

著録：《凡》一·一八·四、《續》三·六·三（不全）、《簠雜》一八·四、《合》六一五上半、《宮凡將》六五

來源：一九五二年馬衡捐贈，國家文物局調撥

院藏號：新一六〇八六三

一〇六　某日貞叀王征𠯑方與某日卜争貞以多冒等事

本甲正面存辭二條，有界劃綫。反面無字。

（一）貞：［叀］王［正（征）］𠯑［方］☐

一

（二）☐☐卜，争貞☐☐以多冒☐

【備注】

組類：賓組

材質：龜腹甲

尺寸：長五・八、寬三・四厘米

著録：［上部］《合》九〇〇七；［下部］《凡》一・一八・三、《南師》二・八六、《磻萓》一八・三、《合》三九八六六、《宫凡將》六四；［全］《鐵》一一八・二、《鐵新》三四九、《合》六三一三

來源：一九五二年馬衡捐贈，國家文物局調撥

院藏號：新一六〇七四〇＋新一六〇七八八

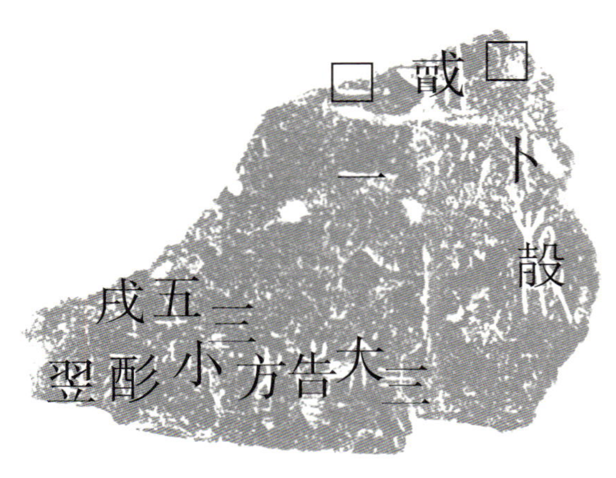

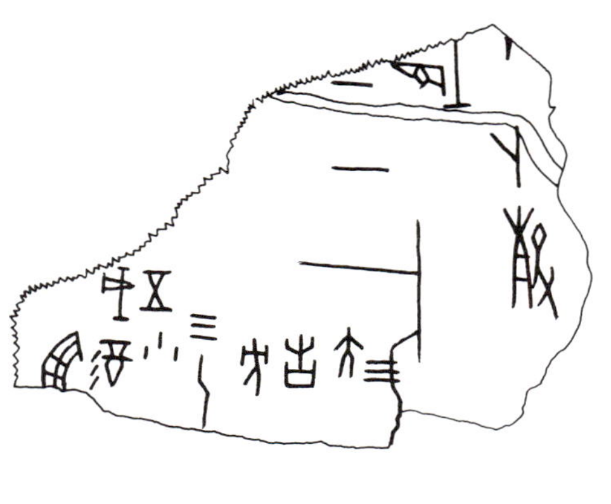

一〇七　某日卜㱿問戠等事

本甲正面存辭三條。反面無字。

（一）☐☐卜，㱿☐戠☐☐☐　一

（二）方☐告☐大☐　三

（三）☐［翌］☐戌酌☐五小☐　三〔一〕

【簡釋】

〔一〕本甲反面右下黏連甲骨。

【備注】

組類：賓組

材質：龜腹甲

尺寸：長五・九、寬三・八厘米

著録：《凡》一・一三・三、《續》二・七・六、《南師》二・九四、《合》八六八三、《宮凡將》四六

來源：一九五二年馬衡捐贈，國家文物局調撥

院藏號：新一六〇七九六

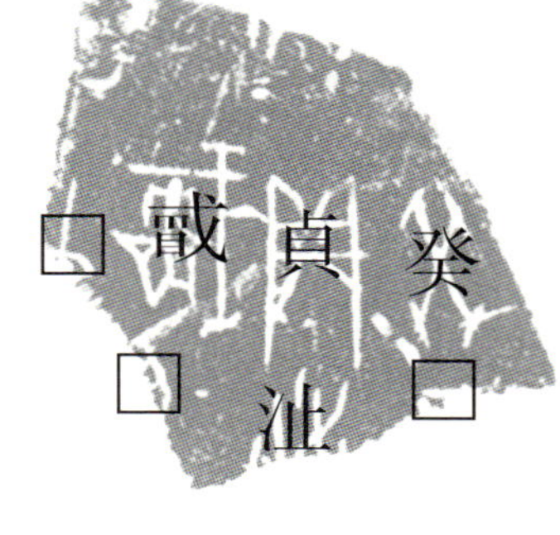

一〇八　癸日貞沚戠事

本甲正面存辭一條。反面無字。

（一）　癸□〼貞：［沚］戠□〼□〼

【備注】

組類：賓組

材質：龜腹甲

尺寸：長二·九、寬一·九厘米

著録：未見

來源：一九五二年馬衡捐贈，國家文物局調撥

院藏號：新一六〇八三七

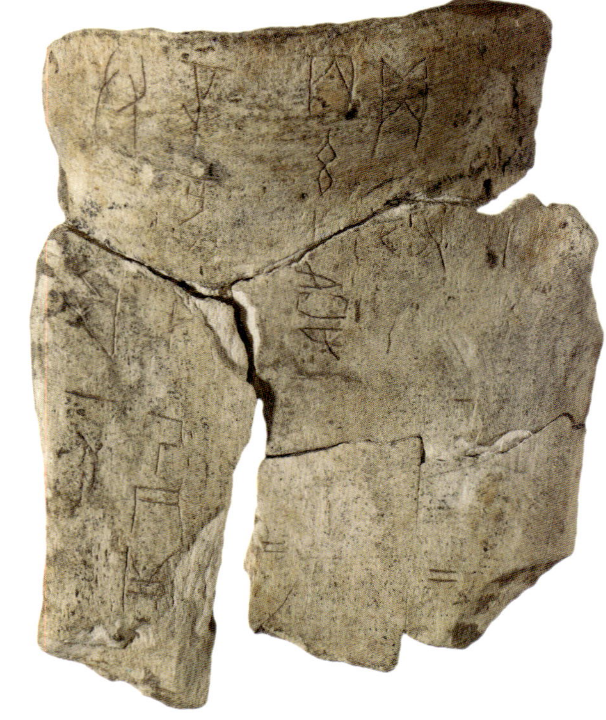
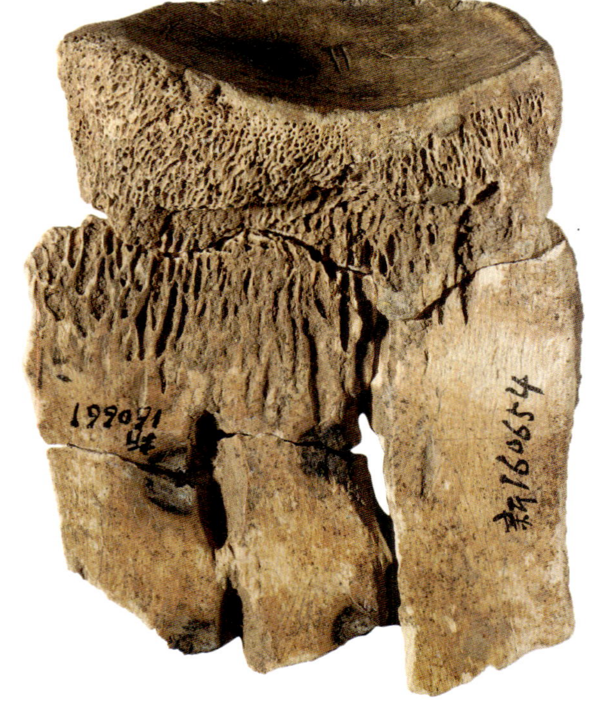

一〇九　丙午卜韋貞得與一月辛亥卜古貞登射等事與乙巳阫示屯二骨臼刻辭

本骨正面存辭二條。反面無字。臼面存辭一條。

〔正面〕

（一）丙午卜，韋貞：㝵（得）。　一　二

（二）辛亥卜，𡆥（古）［貞］：収（登）射。一月。　一　二

〔臼面〕

（一）乙巳［一］阫示屯二。岳。

【簡釋】

［一］「巳」字缺刻橫劃。

【備注】

組類：賓組

材質：牛肩胛骨

尺寸：長八・四、寬六・八厘米

著録：〔正〕《凡》一・八・二（不全）、《續》六・一二・六（不全）、《磻耑》八・二（不全）、《合補》一一一一（不全）；〔臼〕《凡》一・八・一、《續》六・一〇・一〇（不全）、《磻耑》八・一；〔正臼〕《合》一七五八六（不全）、《宮凡將》二六（不全）

來源：一九五二年馬衡捐贈，國家文物局調撥

院藏號：新一六〇五五八+新一六〇六五四+新一六〇六六一+資一二八-四五

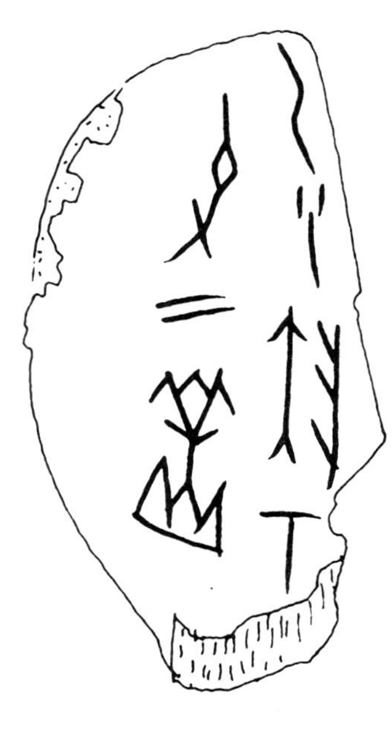

貞㝵一三
丙午韋一二
辛亥卜𡆥貞
収射一月

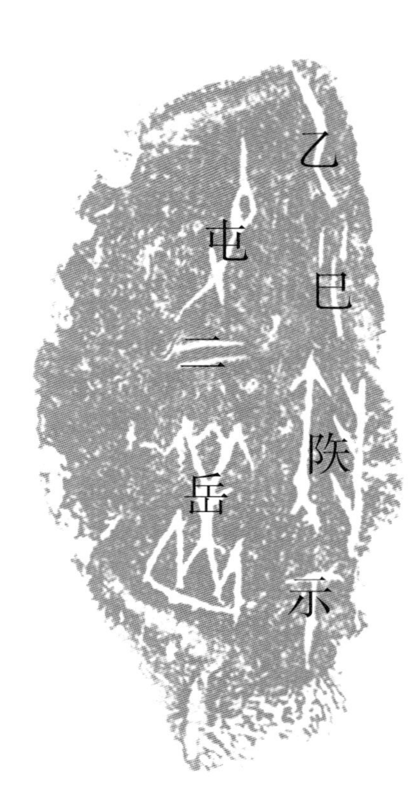
乙巳阦示
屯二岳

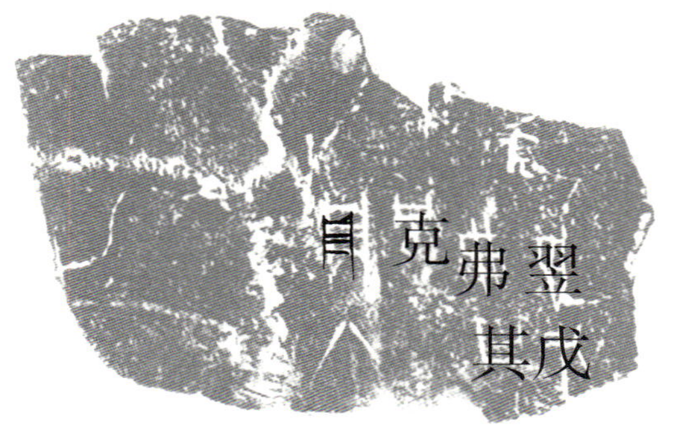

二一〇　某日問翌戊弗其克冃事

本甲正面存辭一條。反面無字。

（一）翌戊☐弗其☐克冃[一]。

【簡釋】

[一]「冃」字下似有文字，「漢達文庫」釋「入」。依實物來看，該形與同版文字刻寫不類，應非甲橋刻辭。

【備注】

組類：賓組

材質：龜腹甲

尺寸：長四·五、寬三·五厘米

著録：《合》一九一九〇

來源：一九五二年馬衡捐贈，國家文物局調撥

院藏號：新一六〇六二四

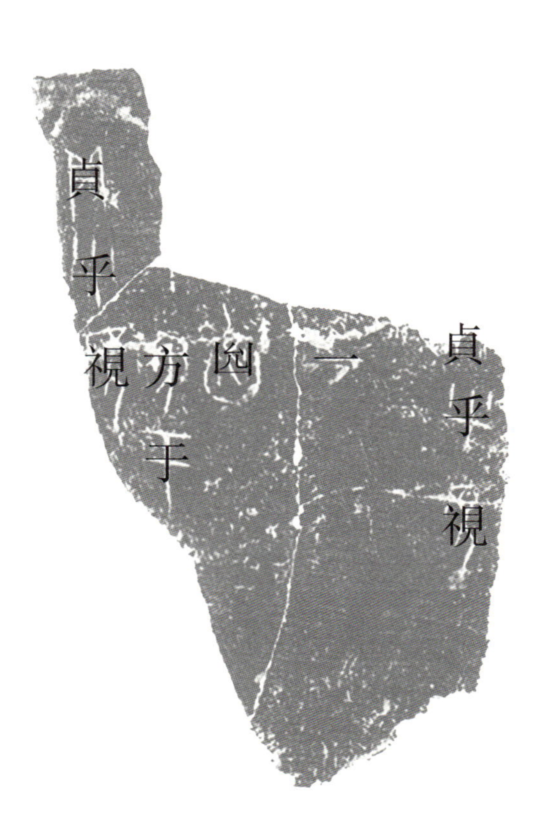

一一一　某日貞呼視方于囟等事

本甲正面存辭二條。反面無字。

（一）［貞］：乎（呼）視☐　一

（二）貞：乎（呼）視方于囟。

【備注】

組類：賓組

材質：龜腹甲

尺寸：長六・六、寬三・九厘米

著録：〔左下〕《合》六七四三

來源：一九五二年馬衡捐贈，國家文物局調撥

院藏號：新一六〇六六〇+新一六〇八七四+新一六〇八八八

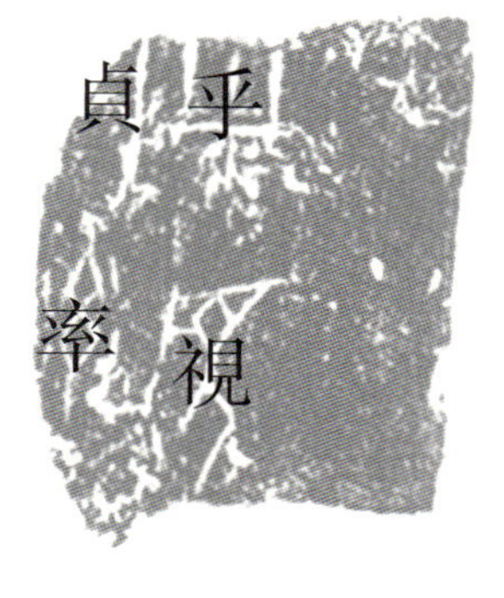

一一二　某日貞率呼視事

本甲正面存辭一條。反面無字。

（一）［貞］：率☐乎（呼）視☐

【備注】

組類：賓組

材質：龜腹甲

尺寸：長二・〇、寬一・七厘米

著録：未見

來源：一九五二年馬衡捐贈，國家文物局調撥

院藏號：新一六〇八二一

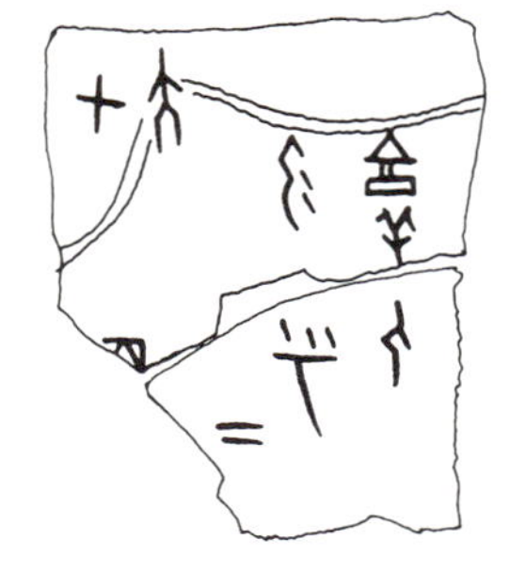

一一三　某日問勿呼𦎫人等事

本甲正面存辭三條。反面無字。

（一）弓（勿）乎（呼）𦎫人。

（二）［丙］☐　二

（三）☐大甲☐［一］

【簡釋】

［一］本甲上緣截鋸。

【備注】

組類：賓組

材質：龜腹甲

尺寸：長三・九、寬三・二厘米

著録：［上部］《合補》九四；［全］《鐵》一七五・二、《凡》一・一・一、《續》一・一〇・六、《磻萓》一・一、《鐵新》四四一、《合》六四六三、《宮凡將》一

來源：一九五二年馬衡捐贈，國家文物局調撥

院藏號：新一六〇六六四+新一六〇八一三

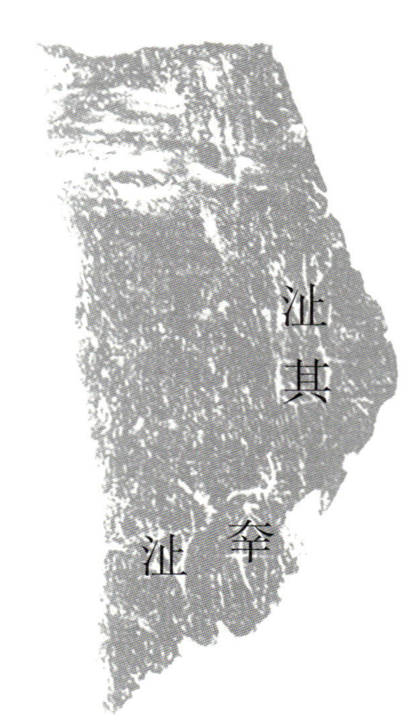

一一四 某日問祉卒等事

本骨正面存辭二條。反面無字。

（一）祉☐［卒］☐

（二）祉其☐

【備注】

組類：賓組

材質：牛肩胛骨

尺寸：長六・〇、寬二・六厘米

著録：《凡》一・二二・四、《南師》二・一〇七、《磻董》二一・四、《合》三九八三九、《宮凡將》七七

來源：一九五二年馬衡捐贈，國家文物局調撥

院藏號：新一六〇八〇六

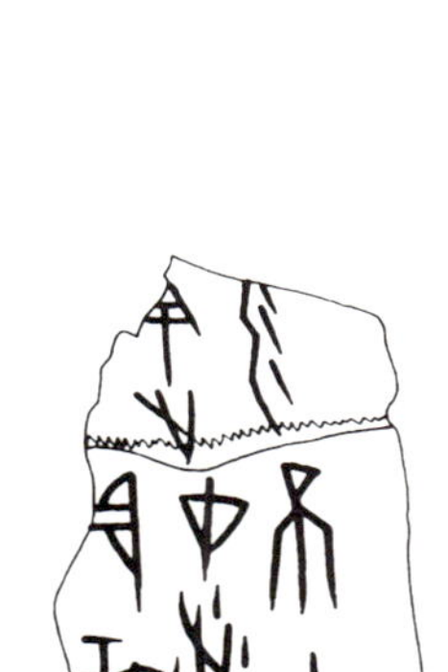

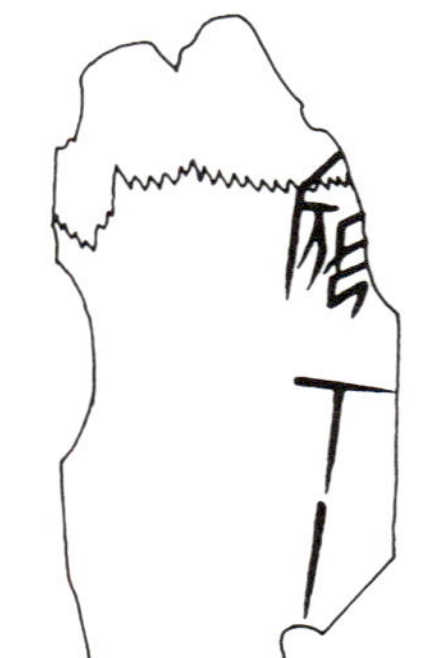

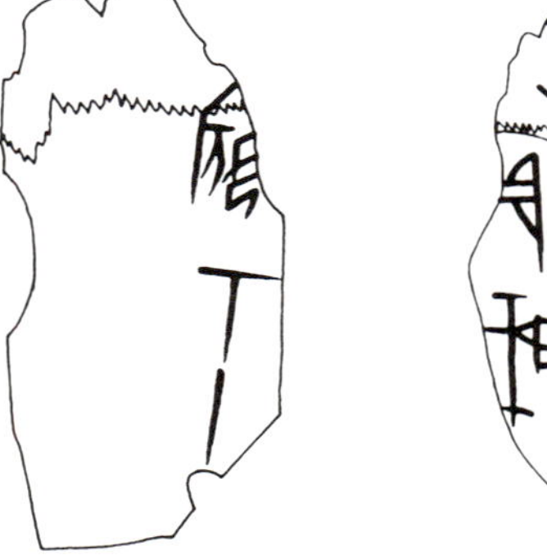

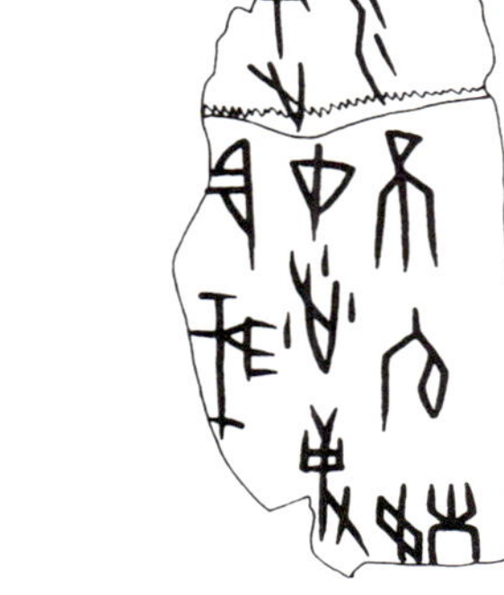

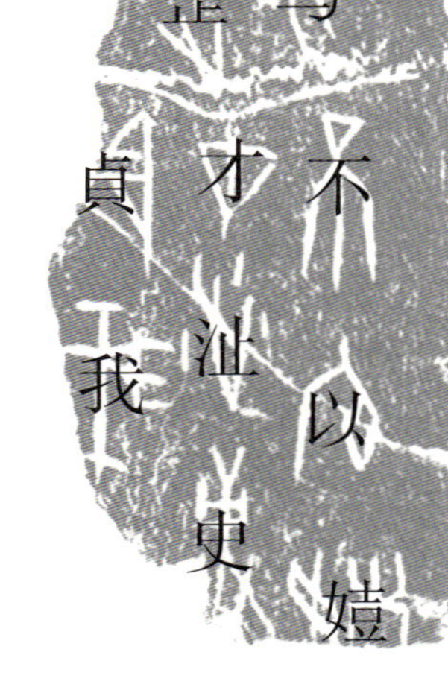

一一五　某日貞我在沚史不以艱等事與宨示十甲橋刻辭

本甲正面存辭二條，有界劃綫。反面存辭一條。

〔正面〕

（一）［貞］：我才（在）沚史不以［嬉（艱）］。

（二）☐㢡（勿）☐叏〔一〕☐

〔反面〕

（一）☐［宨］示十☐

【簡釋】

〔一〕「叏」或比定作「𡧊（遣）」「達」等字。

【備注】

組類：賓組

材質：龜腹甲

尺寸：長四・九、寬二・三厘米

著録：《合》六〇四二

來源：一九五二年馬衡捐贈，國家文物局調撥

院藏號：新一六〇六七五

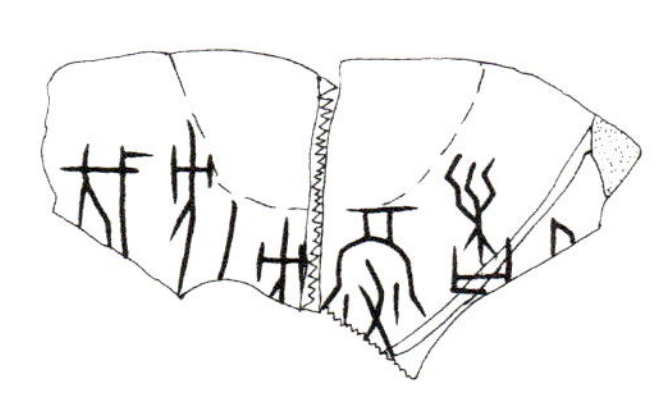

二一六　某日貞⿱屮甾探某方等事

本甲正面存辭二條，有界劃綫。反面無字。

（一）［貞］☐⿱屮甾〔一〕☐［㓝（探）］☐［方］。

（二）☐伐☐方☐〔二〕

【簡釋】

〔一〕「⿱屮甾」或比定作「早」「春」等字。

〔二〕本甲反面黏連甲骨。

【備注】

組類：賓組

材質：龜腹甲

尺寸：長三·七、寬二·三厘米

著録：《合》六八〇七

來源：一九五二年馬衡捐贈，國家文物局調撥

院藏號：新一六〇六九九

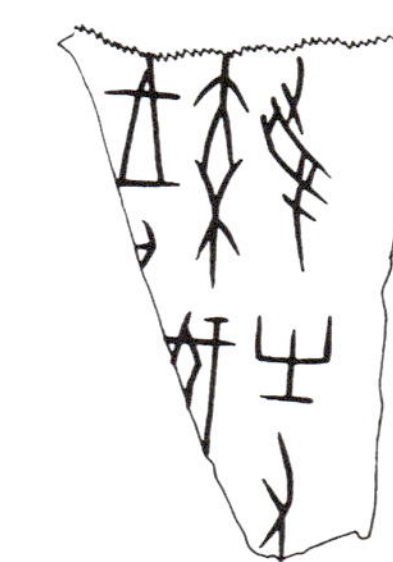
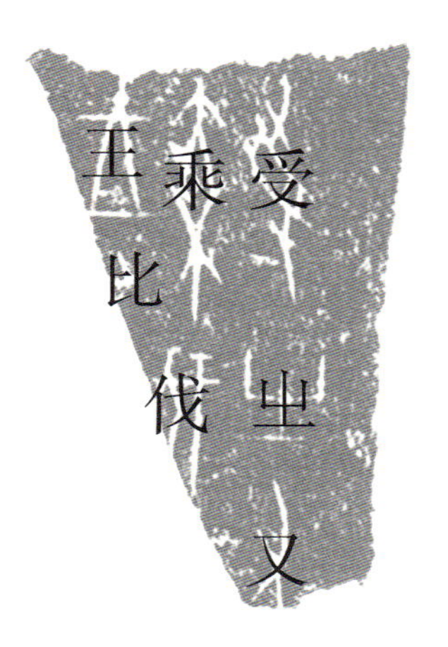

二一七　某日問王比乘伐受有祐事

本甲正面存辭一條。反面無字。

（一）☐王［比］☐乘［伐］☐受㞢（有）［又（祐）］。

【備注】

組類：賓組

材質：龜腹甲

尺寸：長三·七、寬二·二厘米

著録：《凡》一·二六·二（不全）、《續》六·二六·一一（不全）、《合補》二〇二八（不全）、《宮凡將》九五（不全）

來源：一九五二年馬衡捐贈，國家文物局調撥

院藏號：新一六〇七〇七

一一八　某日貞呼某與伐𢦏等事

本甲正面存辭二條。反面無字。

（一）貞：乎（呼）☐

（二）☐伐☐𢦏[一]☐

【簡釋】

[一]「𢦏」或比定作「捷」「翦」等字。

【備注】

組類：賓組

材質：龜腹甲

尺寸：長二・八、寬一・四厘米

著録：未見

來源：一九五二年馬衡捐贈，國家文物局調撥

院藏號：新一六〇八一六

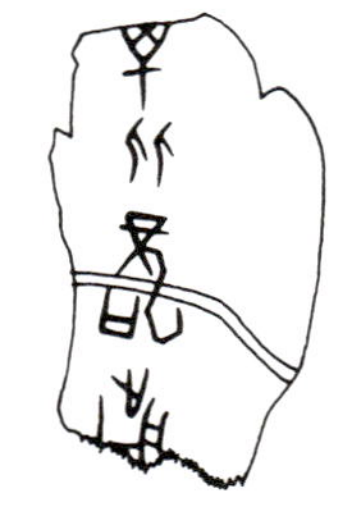

一一九　某日問皁比嚨𦘔事

本甲正面存辭一條。反面無字。

（一）　☐［皁］比嚨［𦘔］〔一〕☐

【簡釋】

〔一〕「𦘔」或比定作「前」「洗」等。

【備注】

組類：賓組

材質：龜腹甲

尺寸：長三・三、寬一・七厘米

著録：《合》四六五九

來源：一九五二年馬衡捐贈，國家文物局調撥

院藏號：新一六〇八一八

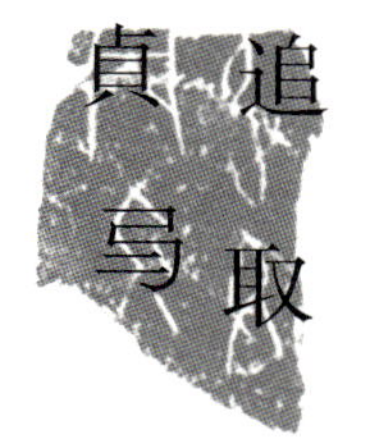

一二〇　某日貞追取某事

本甲正面存辭一條。反面無字。

（一）［貞］：弜（勿）〼［追］取〼

【備注】

組類：賓組

材質：龜腹甲

尺寸：長一・九、寬一・二厘米

著録：《合》八七二

來源：一九五二年馬衡捐贈，國家文物局調撥

院藏號：新一六〇七三〇

一二一　某日貞翌庚寅王步等事

本甲正面存辭二條，有界劃綫。反面無字。

（一）貞：翌庚寅王步。　二

（二）☐[亡]壱[一]。

【簡釋】

[一]「壱」或比定作「蚩」，讀作「害」。

【備注】

組類：賓組

材質：龜腹甲

尺寸：長五・七、寬三・〇厘米

著録：《凡》一・一九・二、《南師》二・一一四、《磻葢》一九・二、《合》三九八一九、《合補》五〇〇二、《宮凡將》六七

來源：一九五二年馬衡捐贈，國家文物局調撥

院藏號：新一六〇七八〇

一二三 某日貞翌辛巳王勿步等事

本甲正面存辭二條，有界劃綫。反面無字。

（一）貞：翌辛巳王𢎗（勿）步。　二

（二）☐□☐［步］☐

【備注】

組類：賓組

材質：龜腹甲

尺寸：長三・九、寬三・三厘米

著録：《凡》一・一九・一、《南師》二・一一三、《旛蚩》一九・一、《合》五三三一、《宮凡將》六六

來源：一九五二年馬衡捐贈，國家文物局調撥

院藏號：新一六〇七九一

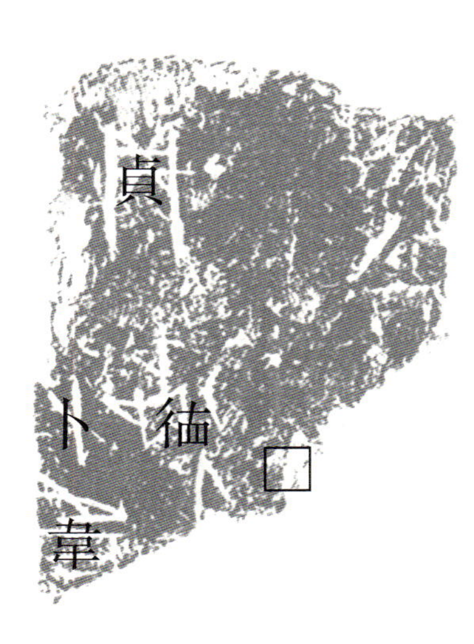

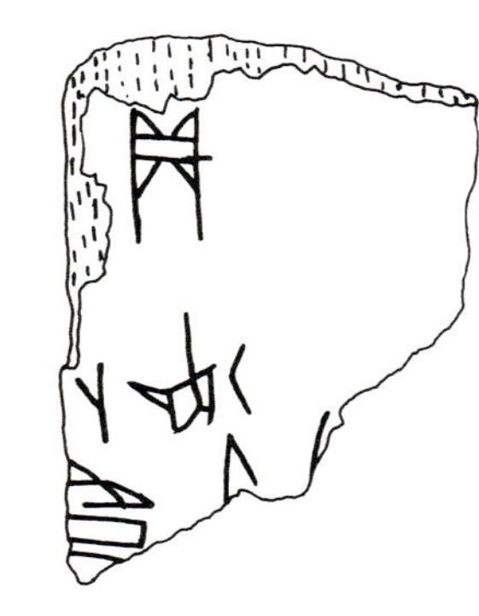

一二三 某日卜韋貞徃某事

本骨正面存辭一條。反面無字。

（一）☐卜，[韋]貞：徃[一]☐□☐

【簡釋】

[一]「徃」或比定作「循」「值」等字。

【備注】

組類：賓組

材質：牛肩胛骨

尺寸：長四・三、寬二・九厘米

著録：《合》七二六二

來源：一九五二年馬衡捐贈，國家文物局調撥

院藏號：新一六〇五五一

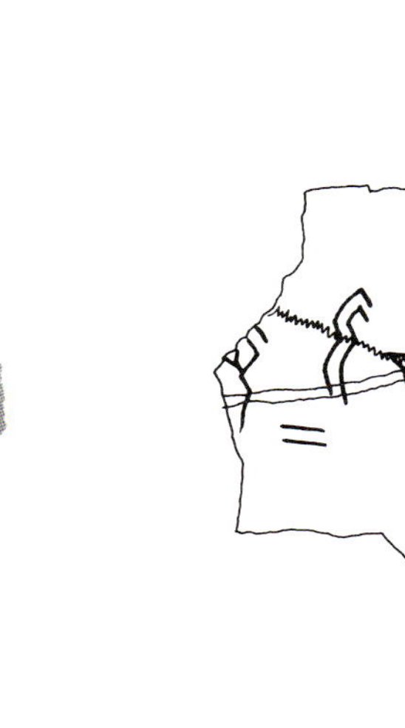

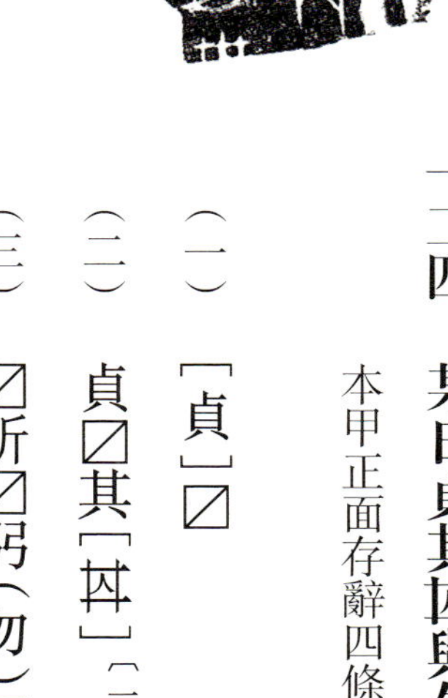

二二四　某日貞其𡆥與勿衜等事

本甲正面存辭四條。反面無字。

（一）［貞］☐

（二）貞☐其［𡆥］〔一〕☐

（三）☐斫☐弜(勿)☐衜〔二〕☐　二

（四）☐告

【簡釋】

〔一〕「𡆥」或比定作「殟」「殞」「葬」等字。

〔二〕「衜」或比定作「循」「徝」等字。

【備注】

組類：賓組

材質：龜腹甲

尺寸：長五·四、寬五·四厘米

著録：《凡》一·二七·一、《續》六·一〇·一、《合》一七一一九、《宮凡將》九八

來源：一九五二年馬衡捐贈，國家文物局調撥

院藏號：新一六〇五八六

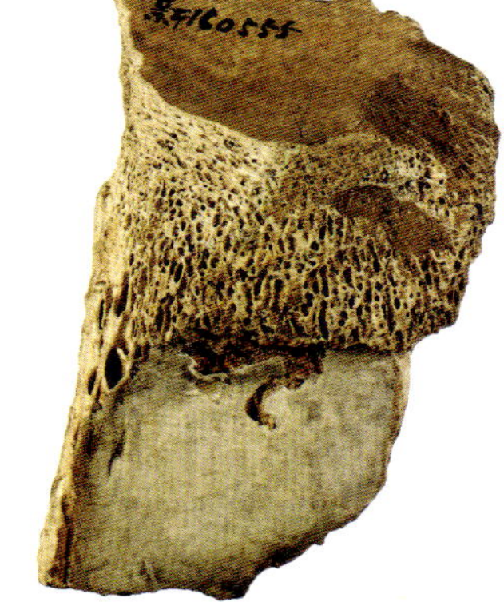

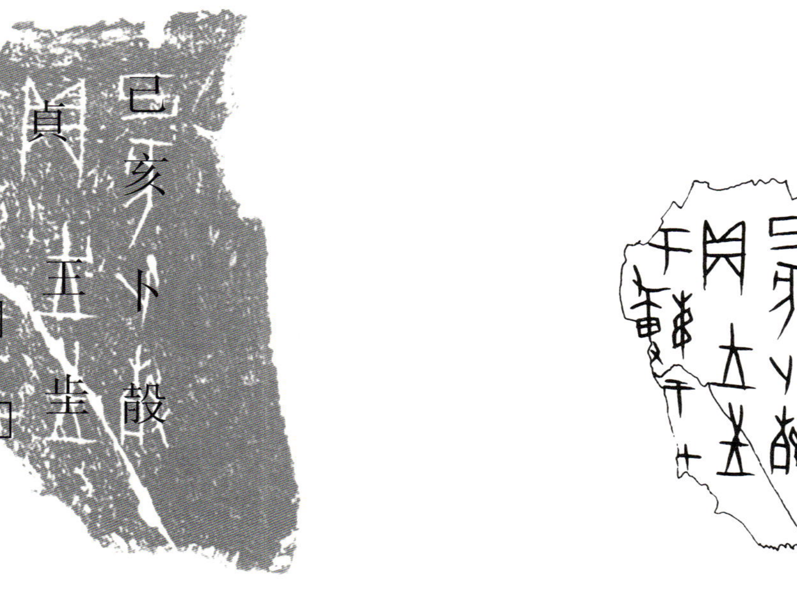

一二五　己亥卜㱿貞王往于𪍴事

本骨正面存辭一條。反面無字。

（一）　己亥卜，㱿貞：王㞷（往）于𪍴□□

【備注】

組類：賓組

材質：牛肩胛骨

尺寸：長五・五、寬三・一厘米

著録：《合》八二四七

來源：一九五二年馬衡捐贈，國家文物局調撥

院藏號：新一六〇五五五

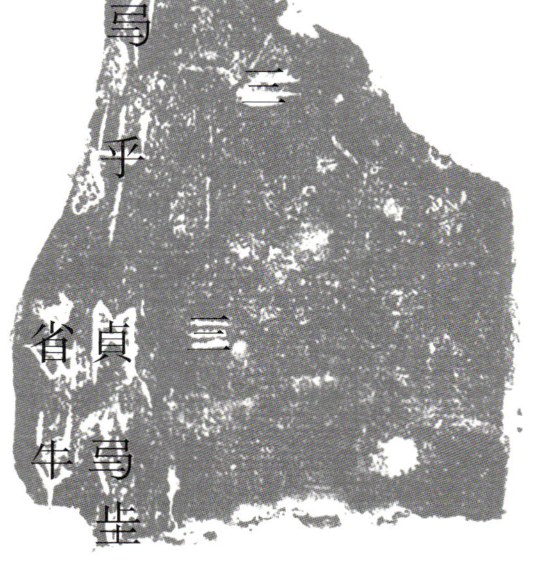

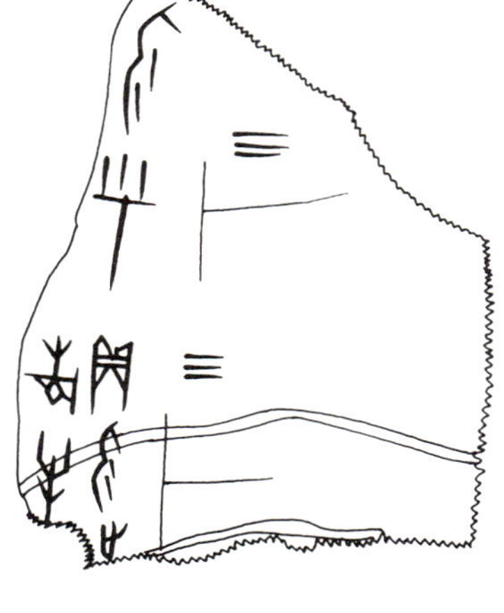

一二六　某日貞勿往省牛與勿呼等事

本甲正面存辭二條。反面無字。

（一）貞：弓（勿）［㞢（往）］☐省牛☐　三

（二）☐弓（勿）乎（呼）。　三

【備注】

組類：賓組

材質：龜腹甲

尺寸：長五・九、寬四・六厘米

著録：《合》一一一八〇

來源：一九五二年馬衡捐贈，國家文物局調撥

院藏號：新一六〇六〇九

二二七　某日貞其往等事

本甲正面存辭三條。反面無字。

（一）丁未卜，貞：其☐

（二）貞：其㞢（往）于☐

（三）貞：其☐亡☐

【備注】

組類：賓組

材質：龜腹甲

尺寸：長四・七、寬一・七厘米

著録：未見

來源：一九五二年馬衡捐贈，國家文物局調撥

院藏號：新一六〇六四九

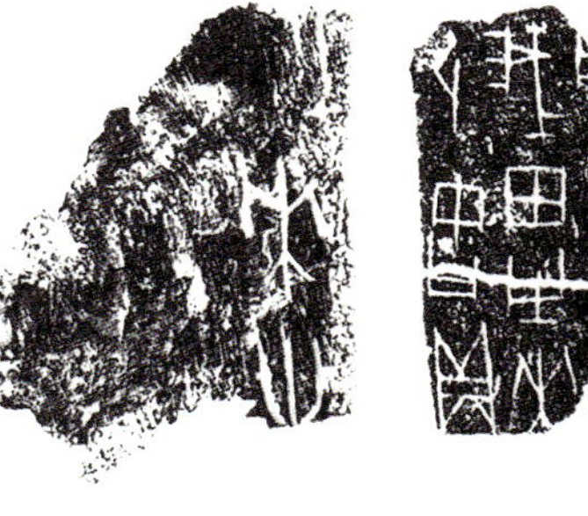

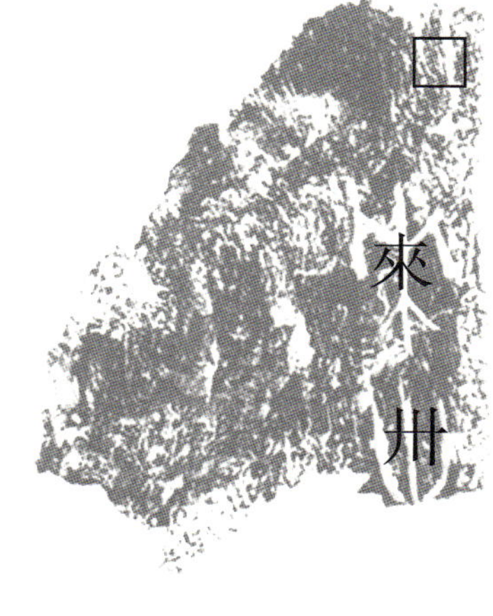

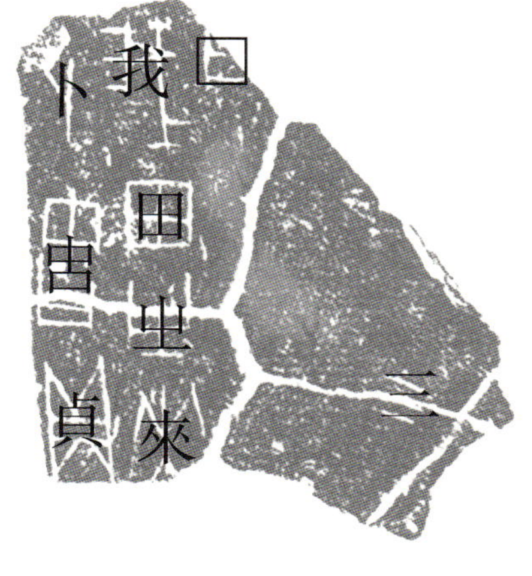

一二八　某日卜古貞我田事與來卅甲橋刻辭

本甲正反面各存辭一條。

〔正面〕

（一）〼卜，由(古)貞〼我田㞢(有)[來]

〼□〼　三

〔反面〕

（一）〼□來卅。

【備注】

組類：賓組

材質：龜背甲

尺寸：長三・八、寬三・四厘米

著録：〔正〕《凡》一・一九・四、《續》五・二九・一(不全)、《磻薹》一九・四、《宫凡將》六九；〔正反〕《合》一〇五五三

來源：一九五二年馬衡捐贈，國家文物局調撥

院藏號：新一六〇八四八

一二九　某日問以百犬等事

本甲正面存辭二條。反面無字。

（一）☒以百犬。

（二）☒□☒□☒牛。

【備注】

組類：賓組

材質：龜腹甲

尺寸：長四・八、寬三・五厘米

著録：《合》八九八〇

來源：一九五二年馬衡捐贈，國家文物局調撥

院藏號：新一六〇六二九

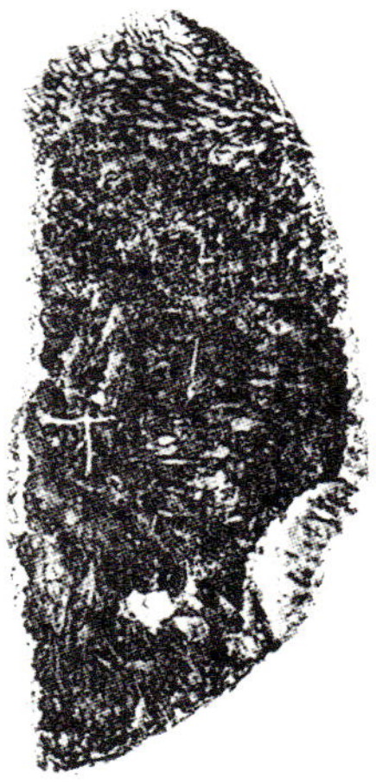

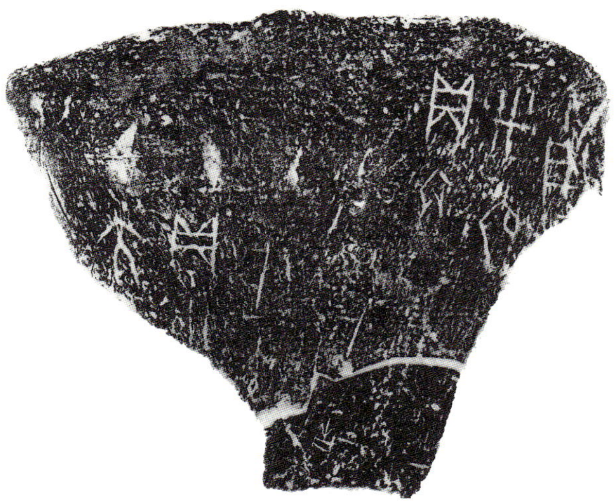

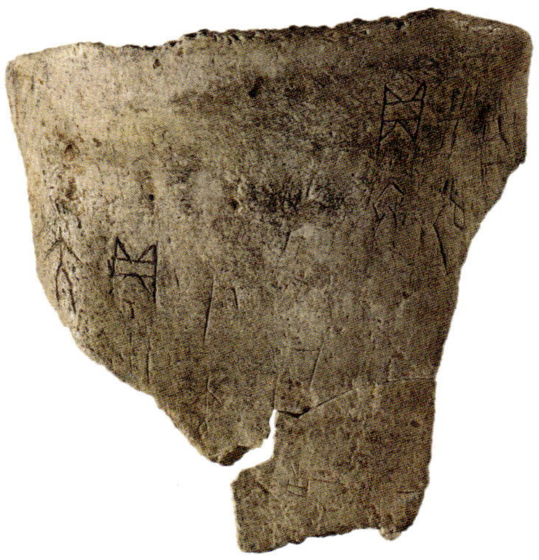

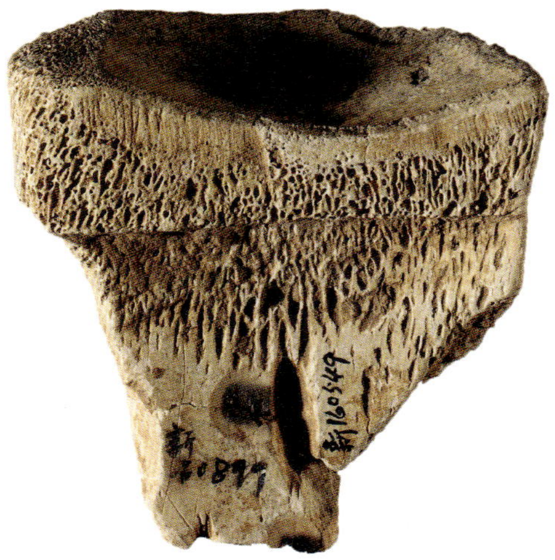

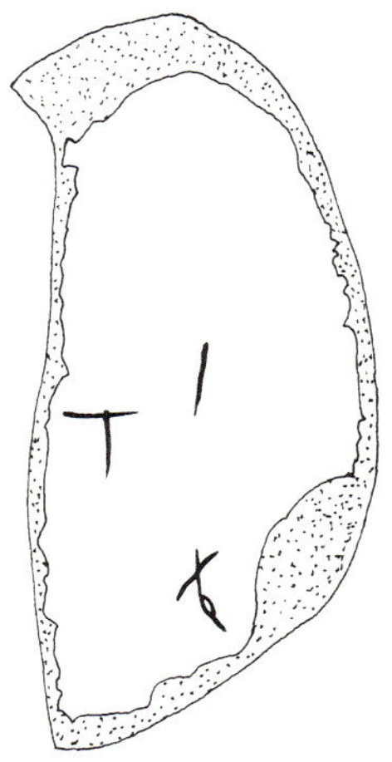

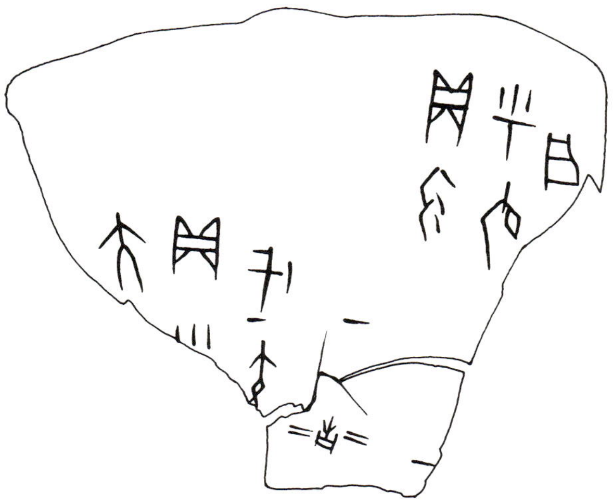

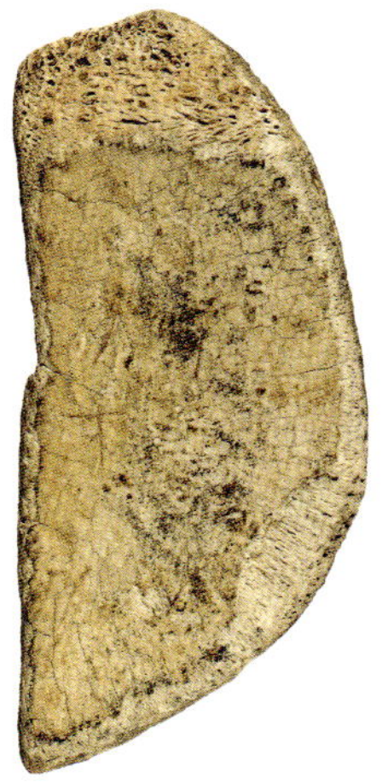

一三〇　戊寅貞呼以[glyph]等事與示十屯骨臼刻辭

本骨正面存辭二條。反面無字。臼面存辭一條。

〔正面〕

（一）戊寅☐貞：［乎（呼）］☐大☐　一

二告　二

（二）貞：弓（勿）乎（呼）以[glyph]〔一〕☐　一

〔臼面〕

（一）☐示十屯。

【簡釋】

〔一〕「[glyph]」或比定作「冎」「肩」等字。

【備注】

組類：賓組

材質：牛肩胛骨

尺寸：長六・五、寬六・〇厘米

著録：〔正〕《凡》一・五・二、《續》六・二三・一、《播甏》五・二、《宮凡將》一五；〔正臼〕《合》一七六六五

來源：一九五二年馬衡捐贈，國家文物局調撥

院藏號：新一六〇五四九＋新一六〇八九九

貞
乎
𡆥
𢎘
以
大
貞
戊
一
乎
寅
二告二
一
十
示
屯

一三二　某日貞以某事

本甲正面存辭一條，反面無字。

（一）〔貞〕□〔以〕□〔弓(勿)〕□〔一〕

【簡釋】

〔一〕本甲餘字皆爲僞刻，不録。

【備注】

組類：賓組

材質：龜腹甲

尺寸：長四・五、寬三・五厘米

著録：未見

來源：一九五二年馬衡捐贈，國家文物局調撥

院藏號：資一二八－二四

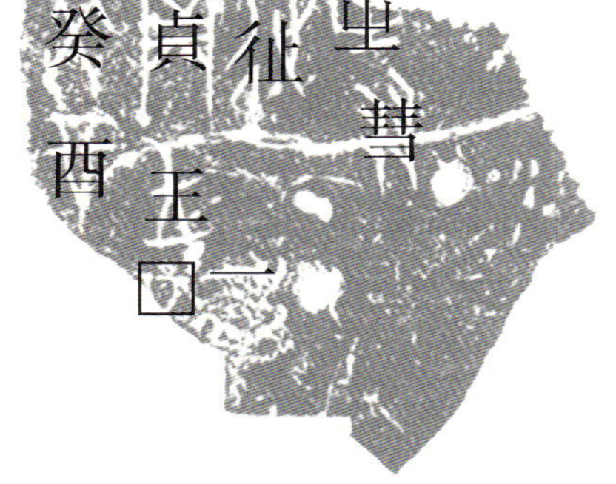

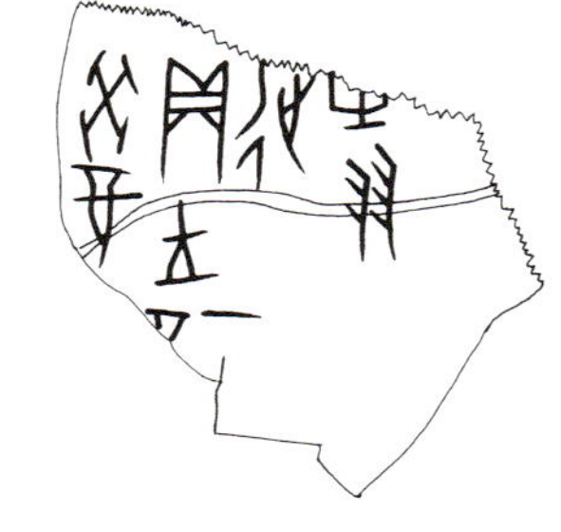

一三三一　癸酉貞王延有彗事

本甲正面存辭一條。反面無字。

（一）癸酉☐貞：王☐☐征（延），[㞢（有）]彗。一

【備注】

組類：賓組

材質：龜腹甲

尺寸：長三・五、寬二・七厘米

著録：《合》一三四二三

來源：一九五二年馬衡捐贈，國家文物局調撥

院藏號：新一六〇六七六

一三三 丁未卜㝴貞父乙求與某日卜𣪊問王勿狩等事

本甲正面存辭二條。反面無字。

（一）丁未卜，㝴貞：父乙求[一]。

（二）☒☐卜，𣪊☒［王］弓（勿）獸（狩）。

【簡釋】

［一］「求」或比定作「咎」字。

【備注】

組類：賓組

材質：龜腹甲

尺寸：長六・五、寬三・三厘米

著録：《凡》一・七・二、《續》一・二九・五、《皤耋》七・二、《合》一〇六三〇、《宮凡將》二三

來源：一九五二年馬衡捐贈，國家文物局調撥

院藏號：新一六〇六三四

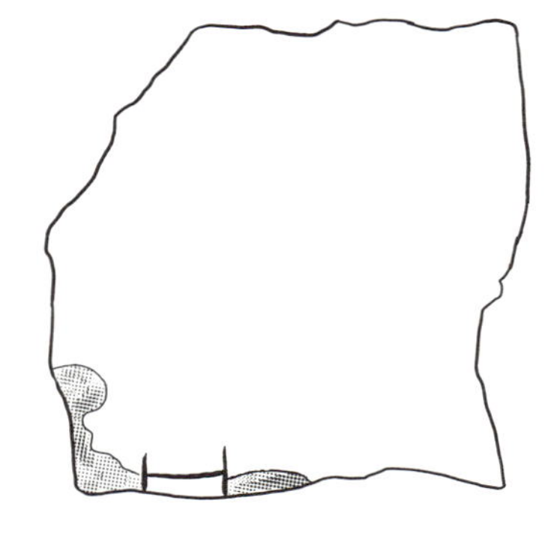

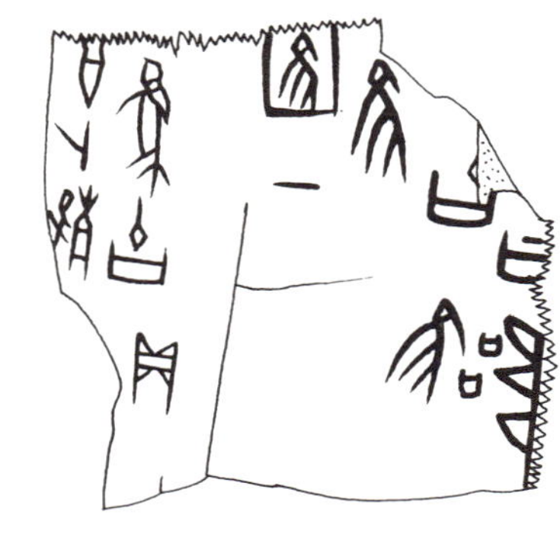

一三四　酉日卜㱿貞狩兕等事

本甲正面存辭二條。反面存辭一條。

〔正面〕

（一）☐［酉］卜，㱿☐□兕由☐［圄］☐隹☐由雎☐曰阜☐　一

（二）貞：□☐

〔反面〕

（一）☐□☐〔一〕

【簡釋】

〔一〕反面字迹被泥土覆蓋，僅見殘筆，似爲「固」或「曰」字。字口塗朱。

【備注】

組類：賓組

材質：龜腹甲

尺寸：長四・四、寬四・一厘米

著録：《合》一九二一五

來源：一九五二年馬衡捐贈，國家文物局調撥

院藏號：新一六〇六〇二

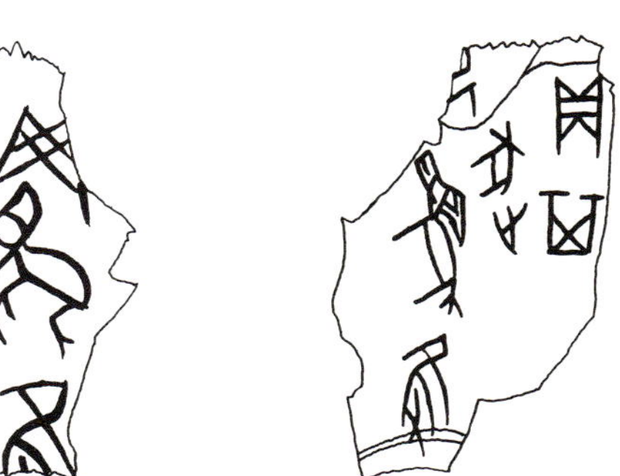
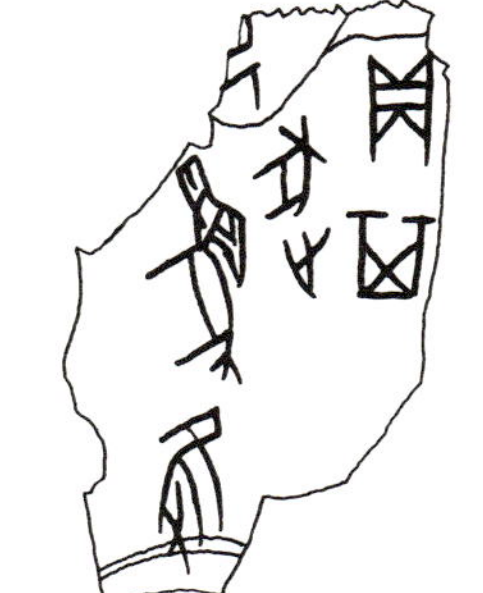
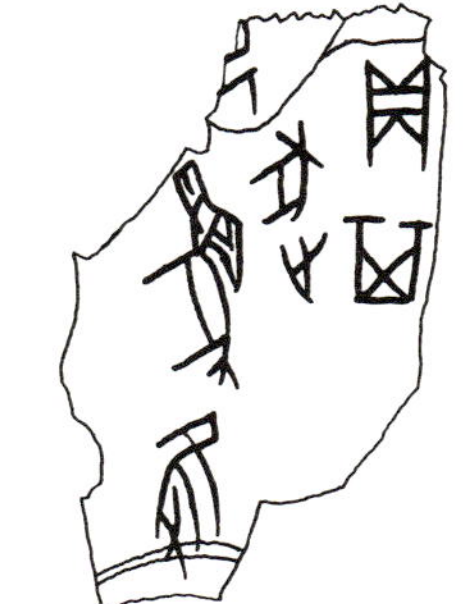
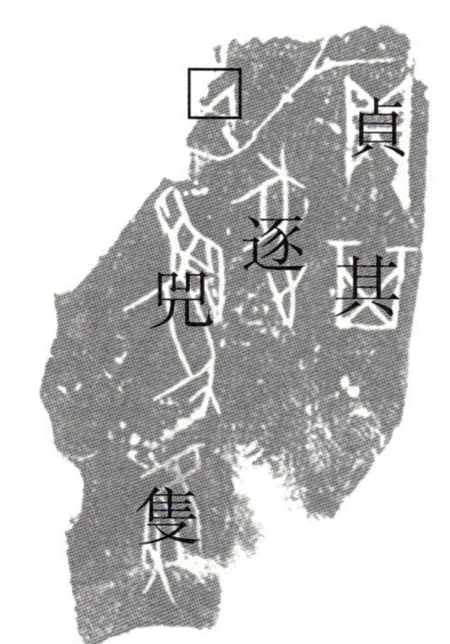

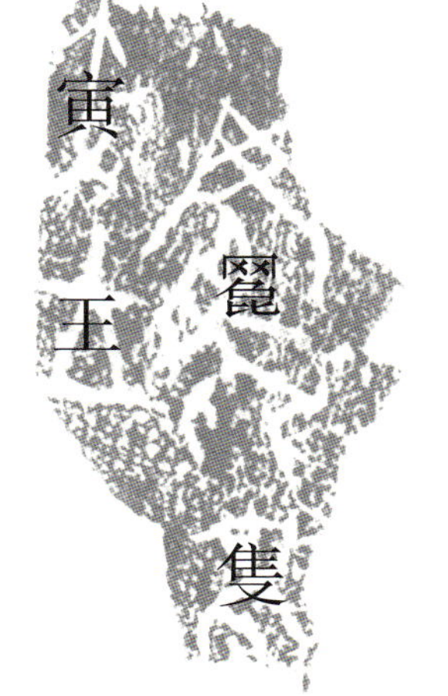

一三五　某日貞其逐兕獲與寅日問王罷獲等事

本甲正面存辭二條，有界劃綫。反面存辭一條。

〔正面〕

（一）貞：其逐兕，隻（獲）。

（二）☑☐☑

〔反面〕

（一）☑寅王☑罷，［隻（獲）］☑〔一〕

【簡釋】

〔一〕《續》五・一九・一二、《珠》九八〇、《佚》二五反、《合》一〇三九九反所録均非本版反面拓本。另，《合集來源表》將《合》一〇三九九收藏地誤作「東大」（上册，第二七五頁），《合》一〇三九九正即本版正面，現藏故宮博物院，《合》一〇三九九反即《合》一三四七一、《合補》三四四三正、《東文研》一〇八〇正，現藏東京大學。《合集來源表》錯誤當承襲《佚》而來。

【備注】

組類：賓組

材質：龜腹甲

尺寸：長四・二、寬二・二厘米

著録：〔正〕《餘》五・二、《凡》一・二一・三、《通纂》七二八、《續》三・四三・四、《佚》二五、《磻甾》二一・三、《合》一〇三九九正、《宮凡將》七六

來源：一九五二年馬衡捐贈，國家文物局調撥

院藏號：新一六〇七七八

一三六　某日問兕事

本骨正面無字。反面存辭一條。

（一）☐☐［來］☐不［其］☐兕☐☐

【備注】

組類：賓組

材質：牛肩胛骨

尺寸：長八・三、寬五・七厘米

著録：《合》一〇四四四

來源：一九五二年馬衡捐贈，國家文物局調撥

院藏號：新一六〇六一三

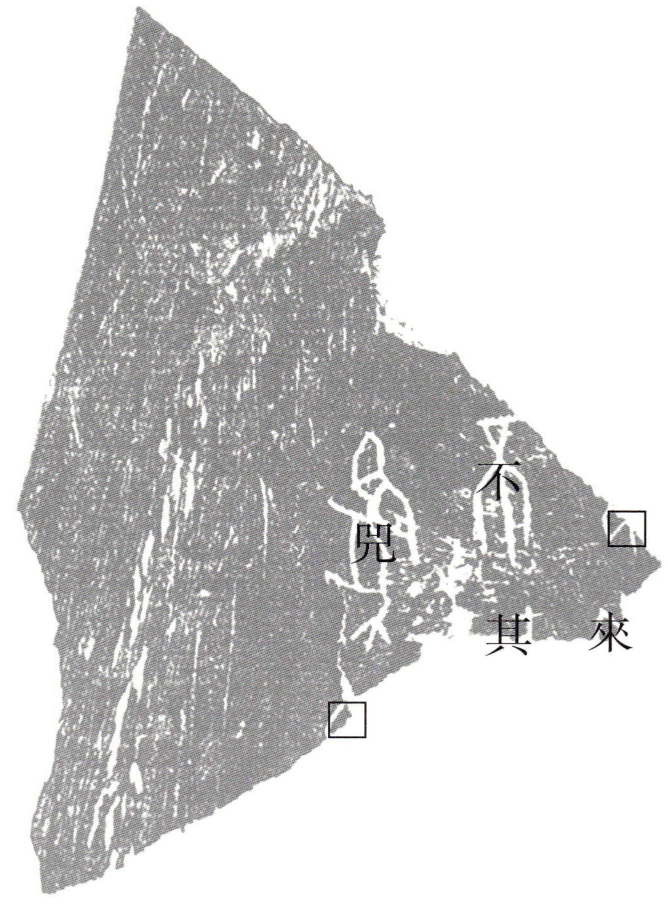
□來
不其
兕□

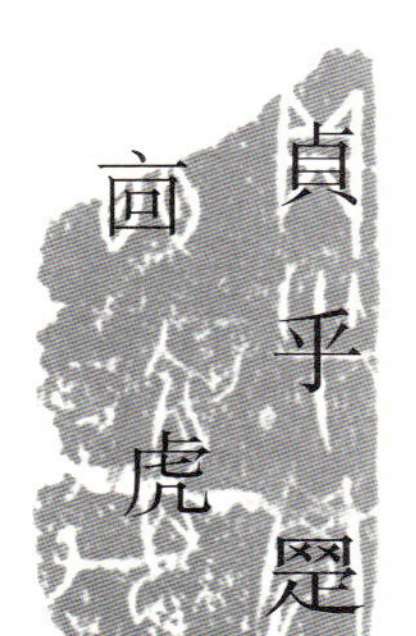

一三七　某日貞呼罡亘虎與翌甲雨等事

本甲正反面各存辭一條。

〔正面〕

（一）貞：乎（呼）〔罡〕☐〔亘〕虎☐☐

〔反面〕

（一）☐翌甲雨。

【備注】

組類：賓組

材質：龜背甲

尺寸：長三・一、寬一・七厘米

著録：《合》一〇二〇七

來源：一九五二年馬衡捐贈，國家文物局調撥

院藏號：新一六〇八九五+新一六〇八九七

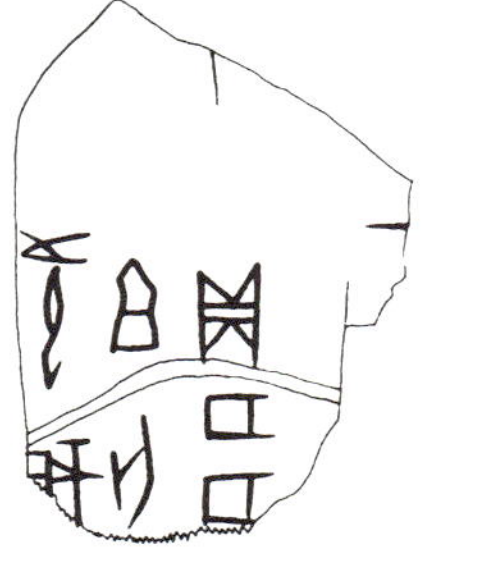

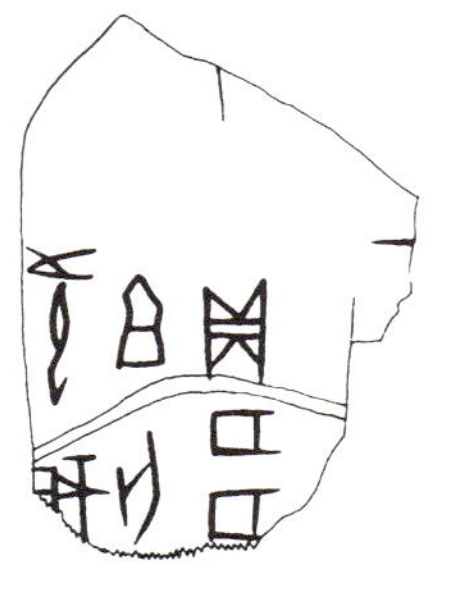

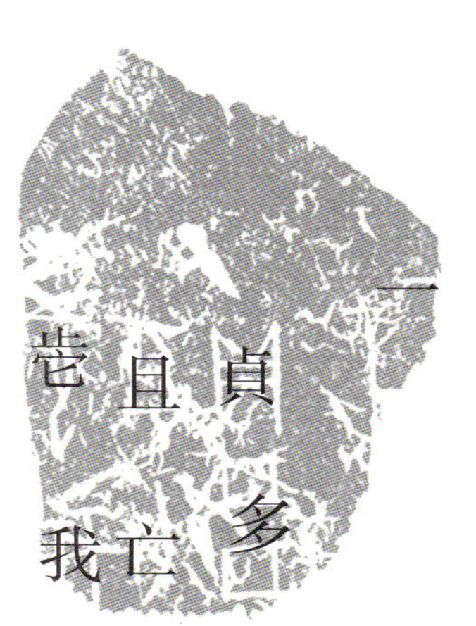

一三八　某日貞多祖亡壱我事

本甲正面存辭一條。反面無字。

（一）貞：多且（祖）亡壱〔一〕〔我〕。　一

【簡釋】

〔一〕「壱」或比定作「蚩」，讀作「害」。

【備注】

組類：賓組

材質：龜腹甲

尺寸：長三・八、寬二・六厘米

著録：《合》二〇九五

來源：一九五二年馬衡捐贈，國家文物局調撥

院藏號：新一六〇七五八

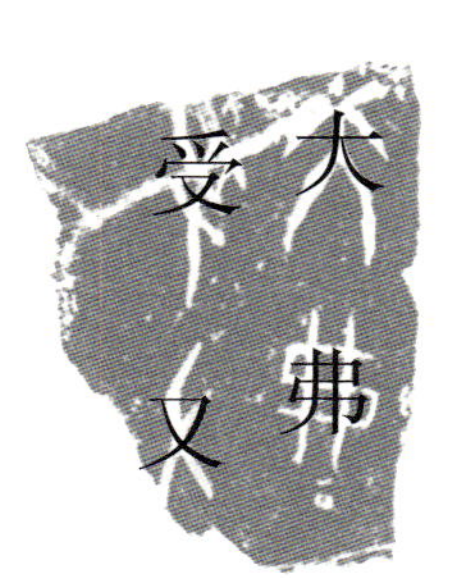

一三九　某日問弗受祐事

本甲正面存辭一條，有界劃綫。反面無字。

（一）□大弗□［受］又（祐）。

【備注】

組類：賓組

材質：龜腹甲

尺寸：長二·五、寬一·八厘米

著録：未見

來源：一九五二年馬衡捐贈，國家文物局調撥

院藏號：新一六〇八二三

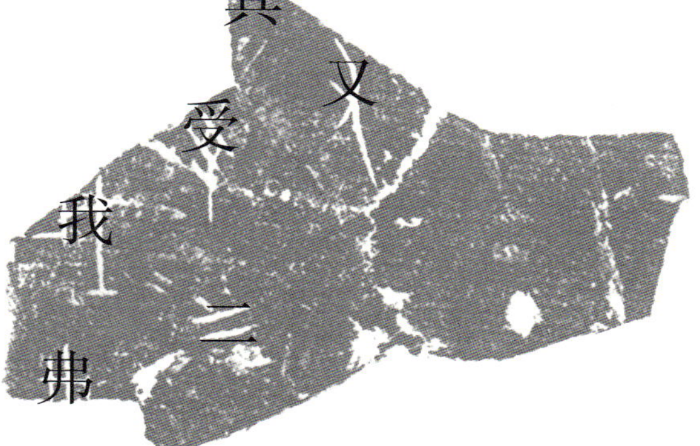

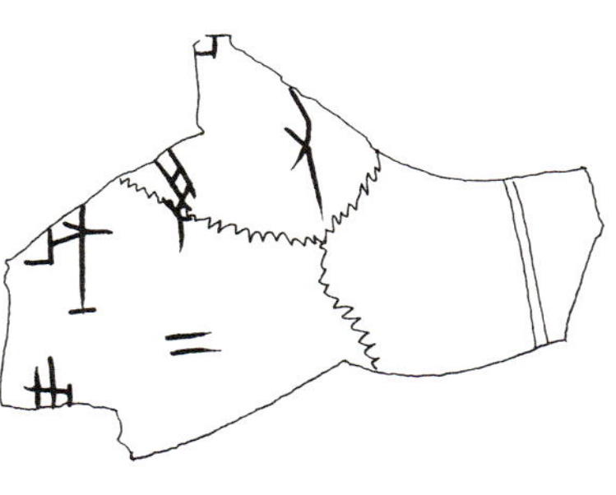

一四〇　某日問我弗其受祐事

本甲正面存辭一條。反面無字。

（一）〼［我弗其受］又（祐）。　二

【備注】

組類：賓組

材質：龜腹甲

尺寸：長五・六、寬三・六厘米

著録：未見

來源：一九五二年馬衡捐贈，國家文物局調撥

院藏號：一六〇五九一

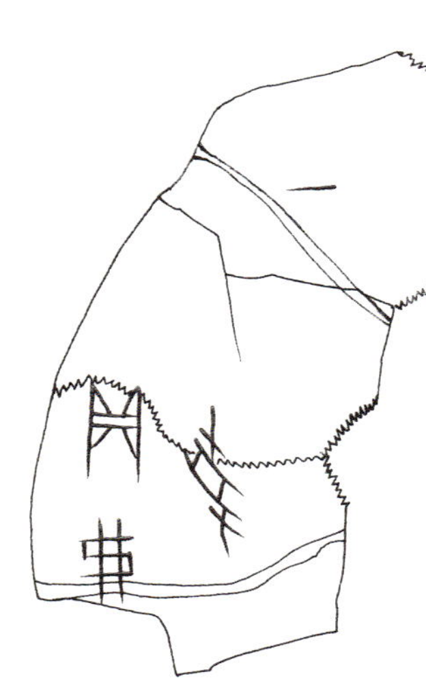

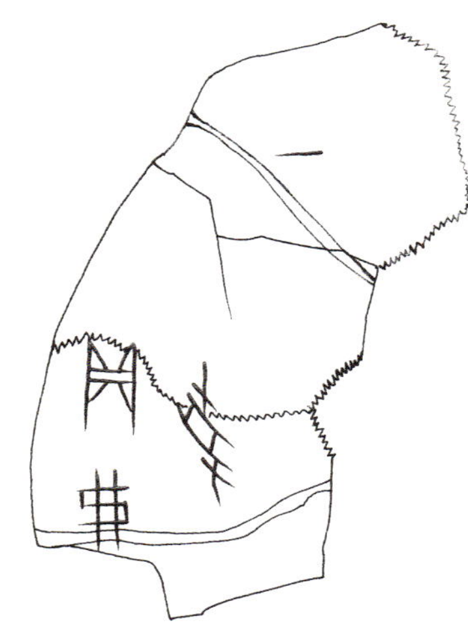

一四一　某日貞弗受某事

本甲正面存辭一條。反面無字。

（一）貞：弗受☐　一

【備注】

組類：賓組

材質：龜腹甲

尺寸：長六・三、寬三・〇厘米

著録：未見

來源：一九五二年馬衡捐贈，國家文物局調撥

院藏號：新一六〇六七一+資一二八-五八

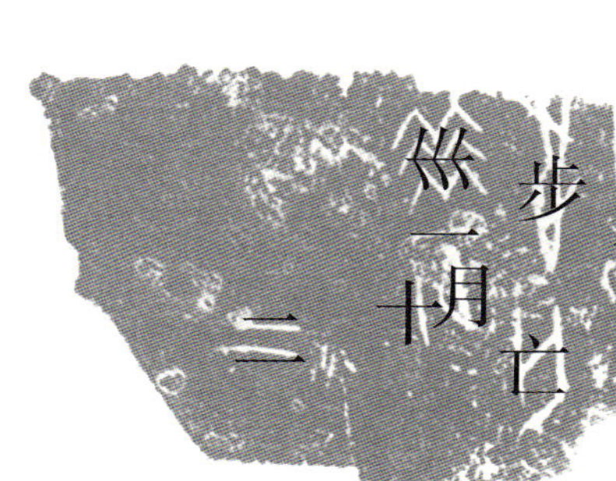
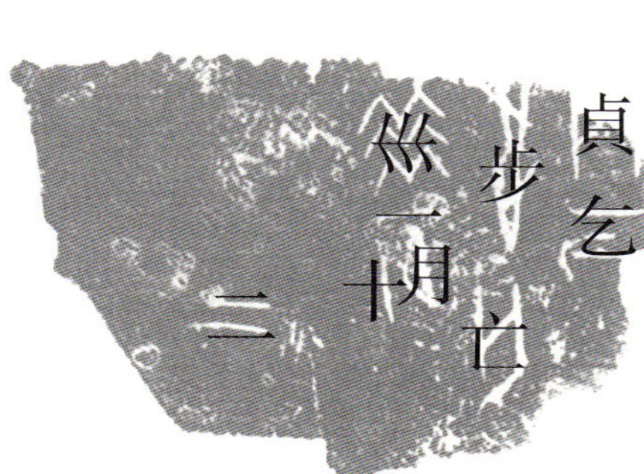

一四二　十一月某日貞乞步亡災等事

本甲正反面各存辭一條。

〔正面〕

（一）［貞］：乞步亡𡿧（災）。十一月〔一〕。

二

〔反面〕

（一）☐卜☐

【簡釋】

〔一〕「十一月」爲合文。

【備注】

組類：賓組

材質：龜腹甲

尺寸：長三・九、寬二・七厘米

著録：〔正〕《合》一九二六八

來源：一九五二年馬衡捐贈，國家文物局調撥

院藏號：新一六〇六五六

一四三　庚午問未日王某事

本甲正面存辭一條，反面無字。

〔正面〕

（一）庚午□☐未［王］☐〔一〕

【簡釋】

〔一〕本甲正面字口黏有硃砂。

【備注】

組類：賓組

材質：龜腹甲

尺寸：長四・六、寬四・五厘米

著録：未見

來源：一九五二年馬衡捐贈，國家文物局調撥

院藏號：新一六〇八五五

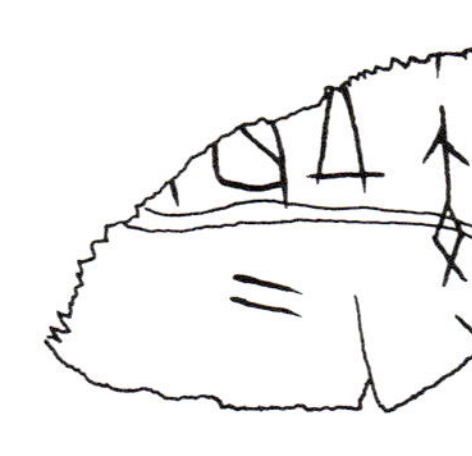

一四四　寅日卜王亡囚事

本甲正面存辭一條。反面無字。

（一）□寅［卜］⧄［王］⧄［囚］⧄□⧄

二

【備注】

組類：賓組

材質：龜腹甲

尺寸：長三・四、寬二・二厘米

著録：《合補》五七八三

來源：一九五二年馬衡捐贈，國家文物局調撥

院藏號：新一六〇五九八

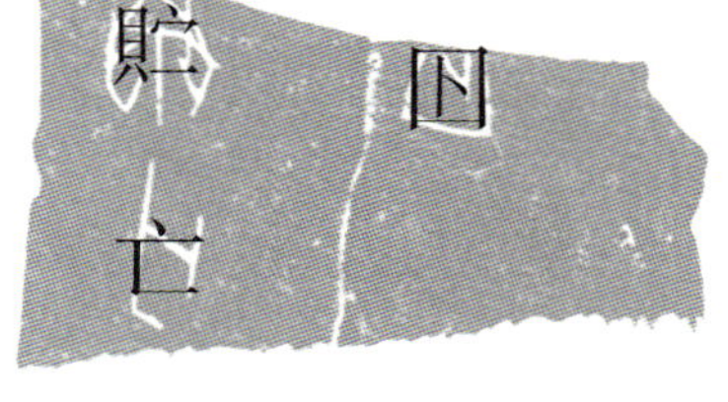

一四五　某日問貯亡囚事

本甲正面存辭一條。反面無字。

（一）　☑［貯］〔一〕亡［囚］〔二〕。

【簡釋】

〔一〕「貯」或比定作「賈」字。

〔二〕「囚」或比定作「禍」「咎」「憂」等字。

【備注】

組類：賓組

材質：龜腹甲

尺寸：長三・三、寬一・九厘米

著録：未見

來源：一九五二年馬衡捐贈，國家文物局調撥

院藏號：新一六〇七〇三

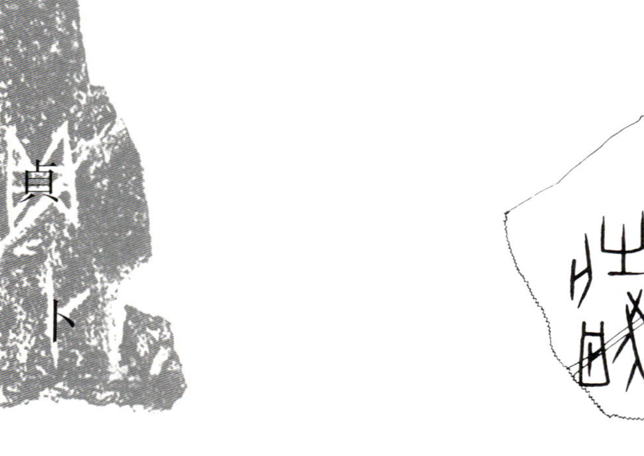

一四六　某日貞卜有求亡囚事

本甲正面存辭一條。反面無字。

（一）貞：卜㞢（有）求〔一〕，亡囚〔二〕。

【簡釋】

〔一〕「求」或比定作「咎」字。

〔二〕「囚」或比定作「禍」「咎」「憂」等字。

【備注】

組類：賓組

材質：龜腹甲

尺寸：長四・五、寬三・一厘米

著録：《合》一六九五四

來源：一九五二年馬衡捐贈，國家文物局調撥

院藏號：新一六〇六二〇

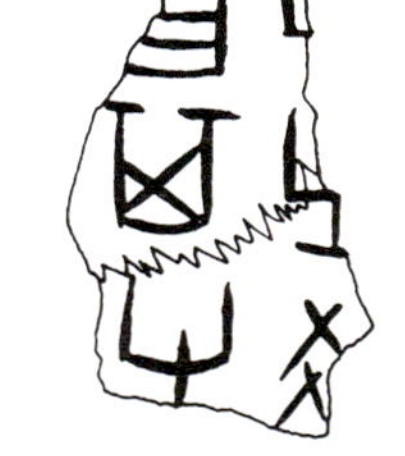

一四七　某日曰某有求事

本甲正面存辭一條。反面無字。

（一）☐[曰]其[㞢]☐□[㞢(有)求〔一〕]☐

【簡釋】

〔一〕「求」或比定作「咎」字。又，本甲字口塗朱。疑爲驗辭。

【備注】

組類：賓組
材質：龜甲
尺寸：長三・二、寬一・八厘米
著録：未見
來源：一九五二年馬衡捐贈，國家文物局調撥
院藏號：新一六〇七四三

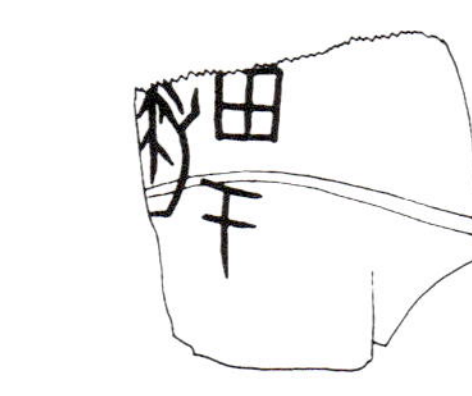

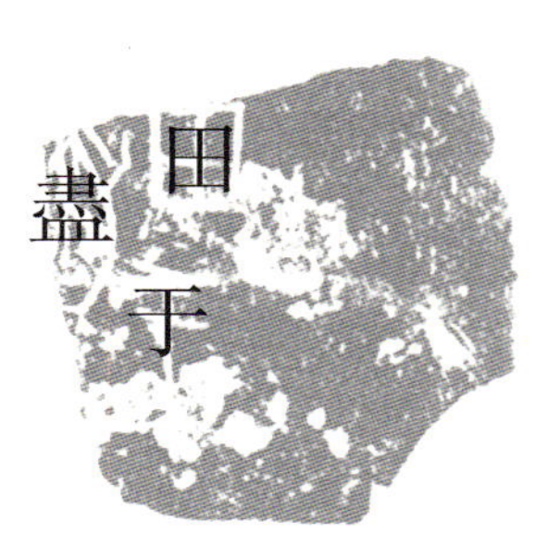

一四八　某日問田于某事

本甲正面存辭一條。反面無字。

（一）☐田于☐［盡］☐

【備注】

組類：賓組

材質：龜腹甲

尺寸：長二·四、寬二·三厘米

著録：未見

來源：一九五二年馬衡捐贈，國家文物局調撥

院藏號：新一六〇七一二

一四九　戊戌羌徬示七屯骨臼刻辭

本骨正反面無字。臼面存辭一條。

（一）　戊戌羌徬示七屯。小𣪊。

【備注】

組類：賓組

材質：牛肩胛骨

尺寸：長五・七、寬三・六厘米

著録：《凡》一・一〇・四、《續》六・九・三、《續》六・一六・三（不全）、《磻蜚》一〇・四、《合》一七六二二、《雲間》三九下・六、《宮凡將》三六

來源：一九五二年馬衡捐贈，國家文物局調撥

院藏號：新一六〇六三九

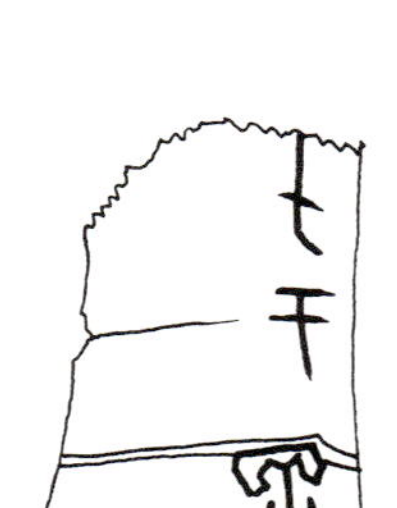

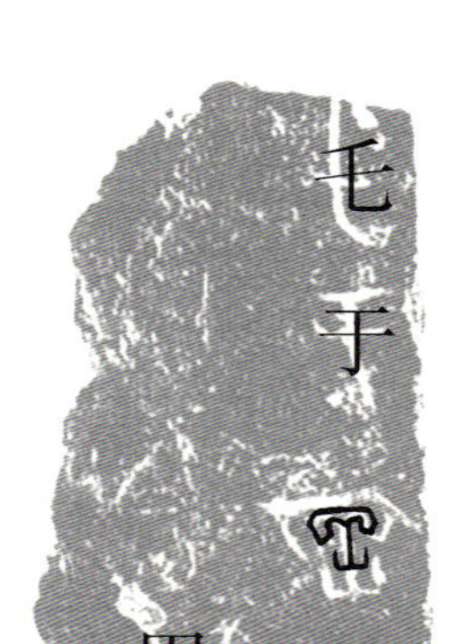

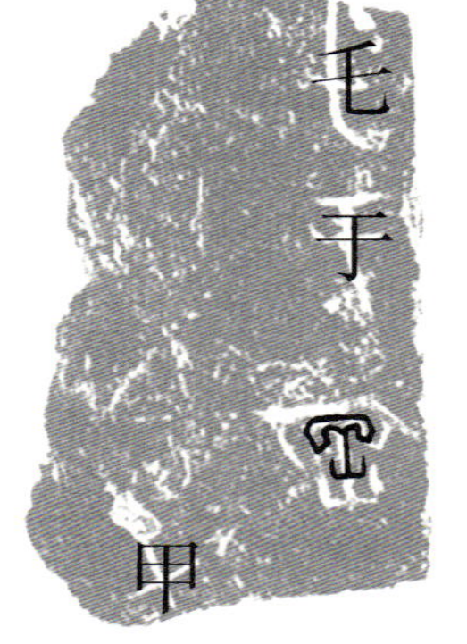

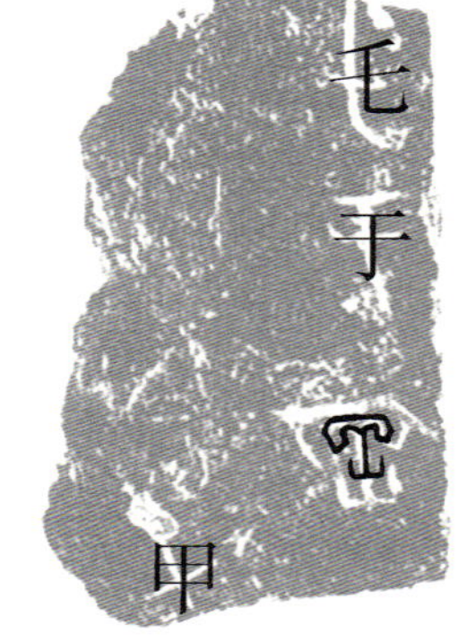

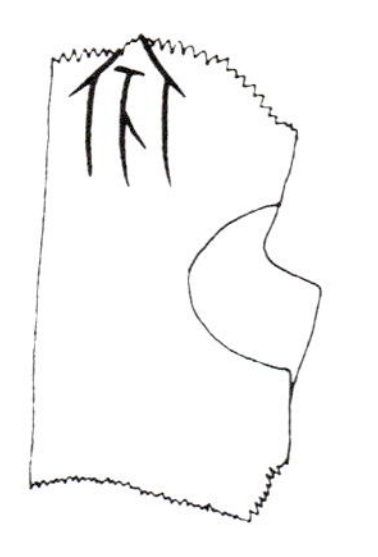

一五〇　某日問乇于[illegible]等事與㝑甲橋刻辭

本甲正面存辭二條。反面存辭一條。

〔正面〕

（一）甲☐

（二）☐［乇］于[illegible]☐

〔反面〕

（一）☐㝑。

【備注】

組類：賓組

材質：龜腹甲

尺寸：長三・四、寬二・〇厘米

著録：《合》八二八〇

來源：一九五二年馬衡捐贈，國家文物局調撥

院藏號：新一六〇七一六

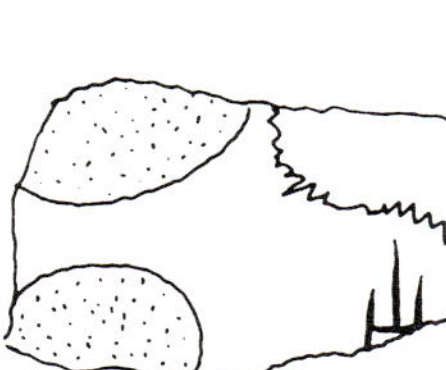
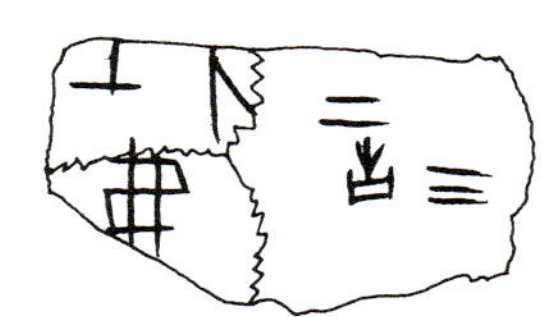

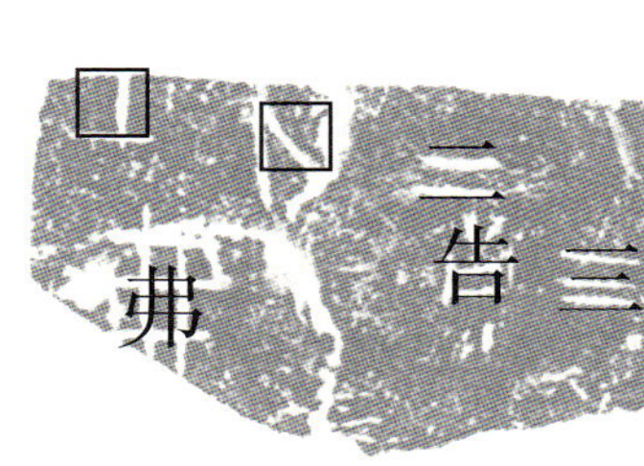

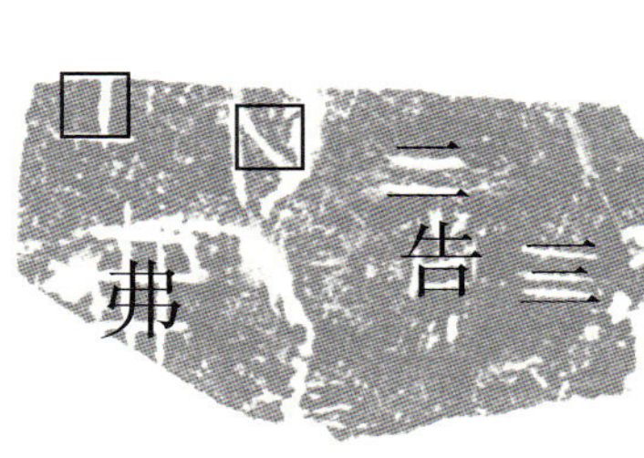
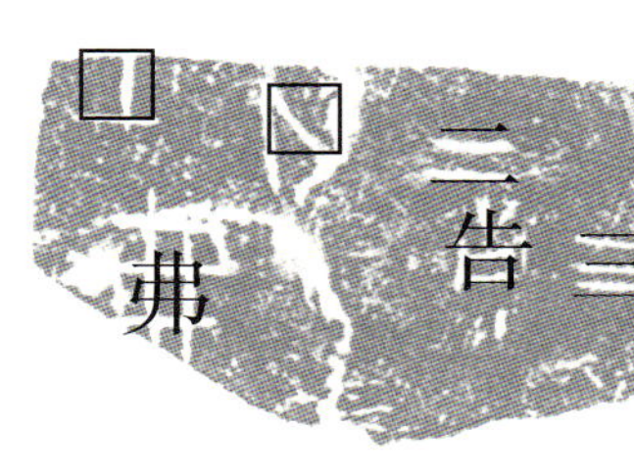

一五一　弗子等字殘辭

本甲正面存辭二條。反面存辭一條。

〔正面〕

（一）☐□[弗]☐□☐　二告

（二）　三

〔反面〕

（一）☐[子]☐

【備注】

組類：賓組

材質：龜背甲

尺寸：長三・二、寬一・八厘米

著録：未見

來源：一九五二年馬衡捐贈，國家文物局調撥

院藏號：新一六〇七三四

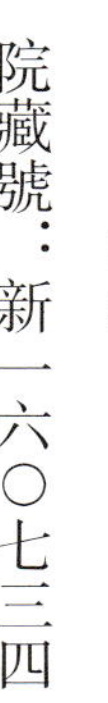

一五二 巳日卜王貞某事

本甲正面存辭一條。反面無字。

（一）☐巳［卜，王］貞☐

【備注】

組類：賓組

材質：龜腹甲

尺寸：長二・二、寬一・七厘米

著録：未見

來源：一九五二年馬衡捐贈，國家文物局調撥

院藏號：新一六〇八一二

一五三　己丑問王事

本甲正面存辭一條。反面無字。

（一）　己［丑］☐王□☐

【備注】

組類：賓組

材質：龜背甲

尺寸：長一・九、寬一・四厘米

著録：未見

來源：一九五二年馬衡捐贈，國家文物局調撥

院藏號：新一六〇八七五

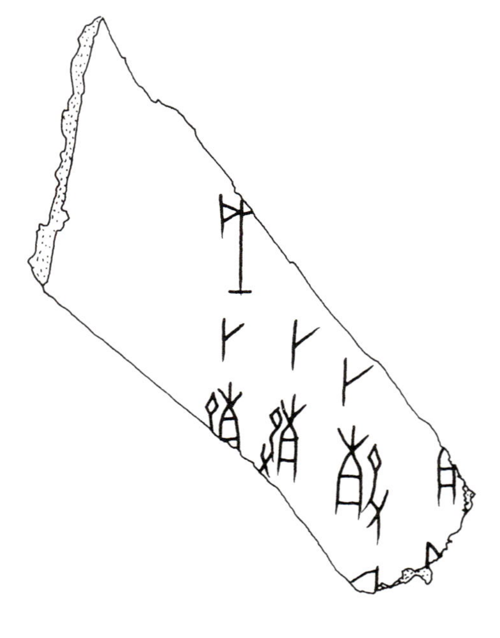

一五四　戊日卜㱿貞等事

本骨正面存辭四條。反面存辭二條。

〔正面〕

（一）☐戊卜，[㱿]☐

（二）☐[戊]卜，[㱿]☐

（三）☐卜，㱿[貞]☐

（四）☐[㱿貞]☐

〔反面〕

（一）☐曰：兹二[鄉]☐

（二）☐卜☐

【備注】

組類：賓組

材質：牛肩胛骨

尺寸：長八・五、寬二・七厘米

著録：〔正〕《凡》一・一三・二、《宮凡將》四五

來源：一九五二年馬衡捐贈，國家文物局調撥

院藏號：新一六〇七八四

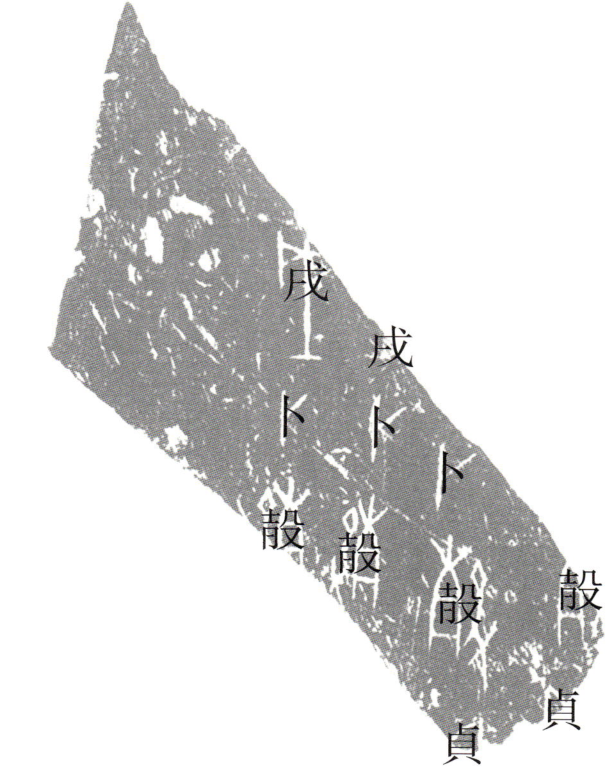
㱿
貞
卜
㱿
貞
戌
卜
㱿
戌
卜
㱿

曰
兹
二
鄉
卜

一五五　某日卜争貞翌辛日等事

本骨正反面各存辭一條。

〔正面〕

（一）癸卯卜，［争］□

〔反面〕

（一）□卜，争貞：翌［辛］□

【備注】

組類：賓組

材質：牛肩胛骨

尺寸：長五・五、寬三・六厘米

著録：未見

來源：一九五二年馬衡捐贈，國家文物局調撥

院藏號：新一六〇七九七

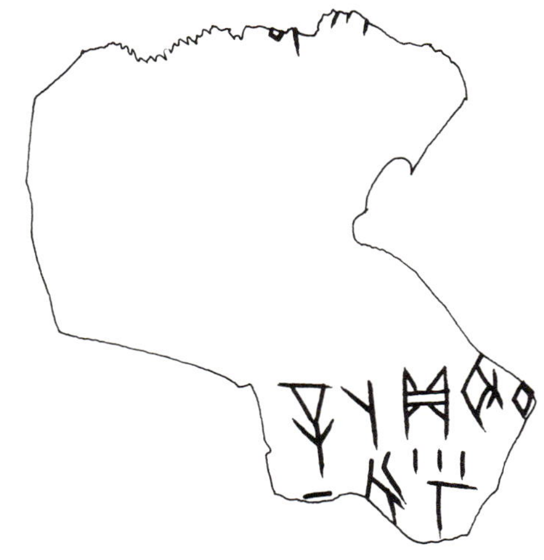

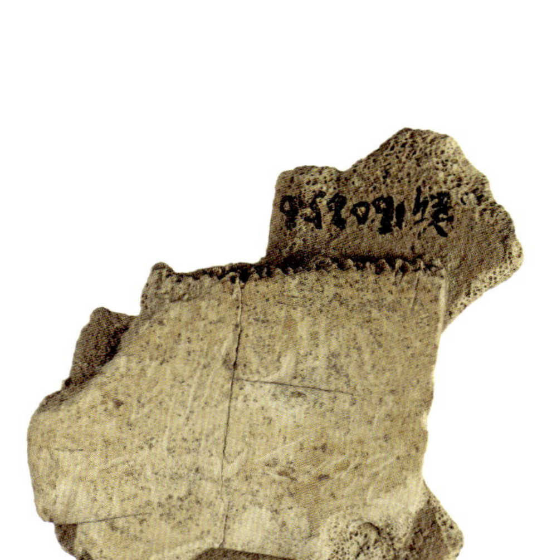

一五六　辛日卜永貞呼取等事

本甲正面存辭二條。反面黏連龜甲存辭二條。

〔正面〕

（一）辛□卜，［永］貞：乎（呼）取▨□▨

（二）▨［以］▨□▨

〔反面〕

（一）　一　二

（二）▨［以］▨　二[一]

【簡釋】

〔一〕本甲反面黏連有一塊龜腹甲。

【備注】

組類：賓組

材質：龜腹甲

尺寸：長五・六、寬四・三厘米

著録：〔正〕《合》三八九一

來源：一九五二年馬衡捐贈，國家文物局調撥

院藏號：新一六〇八五六

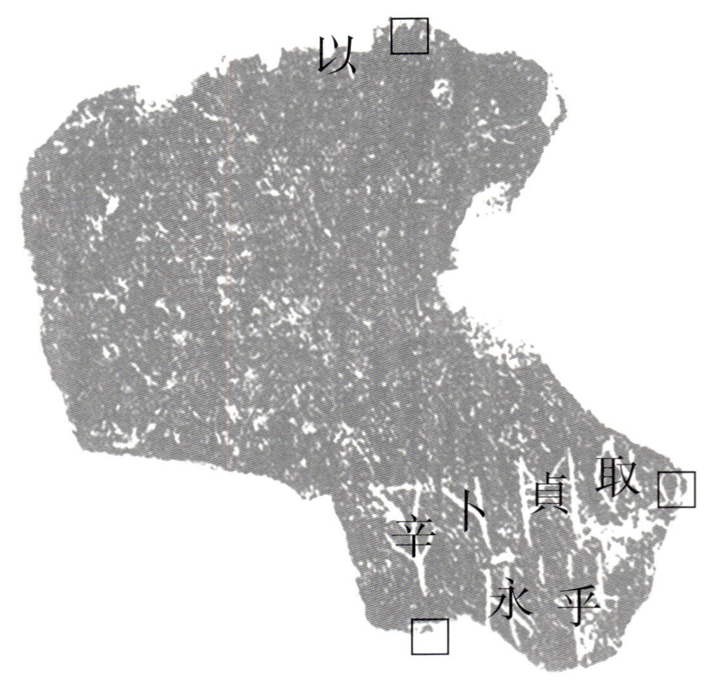

□以
□取
貞
卜
辛
乎
永
□

以
三
三
一

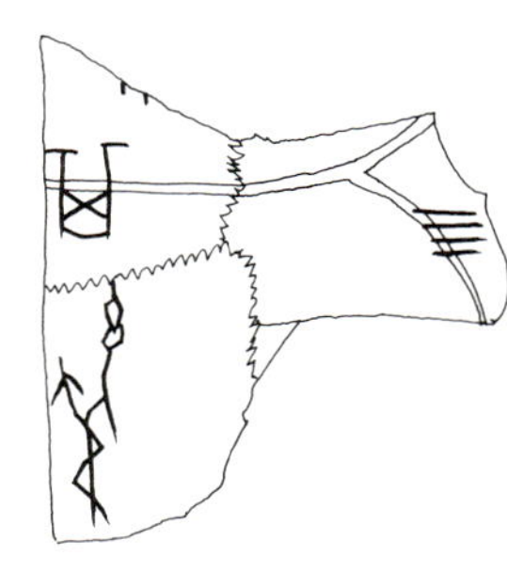

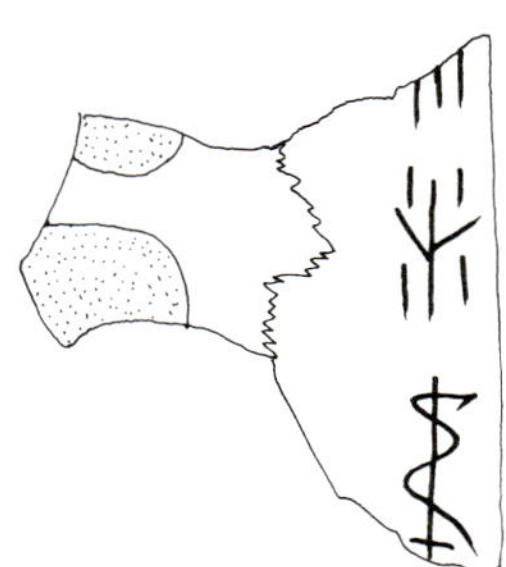

一五七　某日問其係等事

本甲正反面各存辭一條。

〔正面〕

（一）⍁□⍁其係⍁　三（四）

〔反面〕

（一）⍁□[illegible]弟⍁

【備注】

組類：賓組

材質：龜背甲

尺寸：長三・七、寬三・三厘米

著録：〔正〕《凡》一・二九・二《續》六・二七・四《宮凡將》一〇六；〔正反〕《合》一八四六三

來源：一九五二年馬衡捐贈，國家文物局調撥

院藏號：新一六〇八五四

□
其
係
三

□
弟

一五八　某日貞母事

本甲正面存辭一條。反面無字。

（一）貞：□☑母□☑

【備注】

組類：賓組

材質：龜腹甲

尺寸：長二・〇、寬一・七厘米

著録：未見

來源：一九五二年馬衡捐贈，國家文物局調撥

院藏號：新一六〇八一五

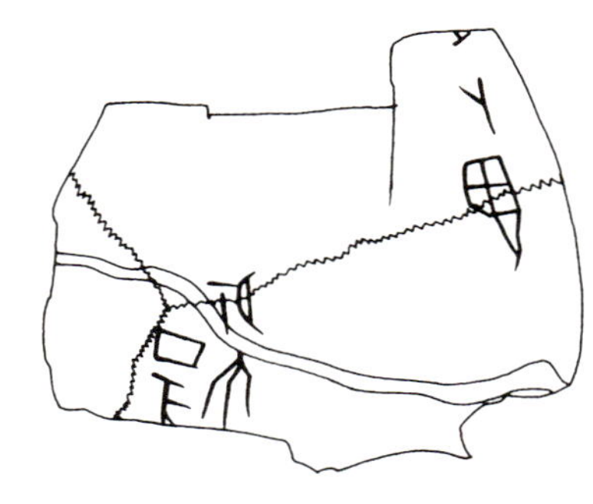

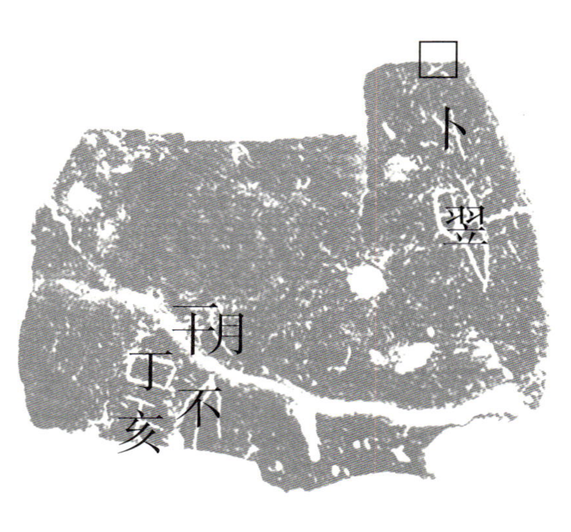

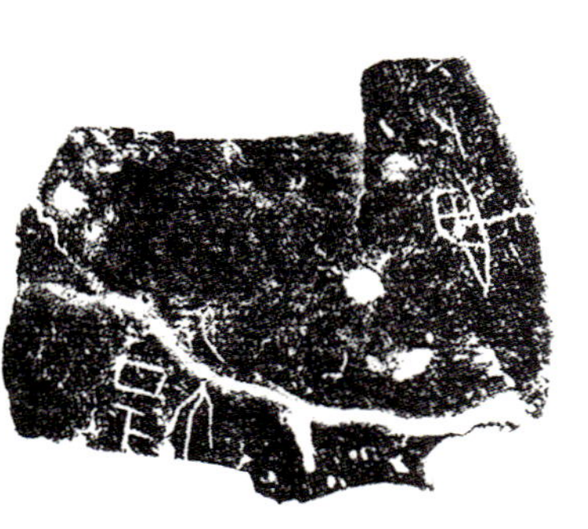

一五九　十一月丁亥問某事

本甲正面存辭二條。反面無字。

（一）▨□卜，翌▨

（二）丁［亥］▨不▨十一月〔一〕。

【簡釋】

〔一〕「十一月」爲合文。

【備注】

組類：賓組

材質：龜腹甲

尺寸：長四・七、寬三・八厘米

著録：未見

來源：一九五二年馬衡捐贈，國家文物局調撥

院藏號：新一六〇五八五

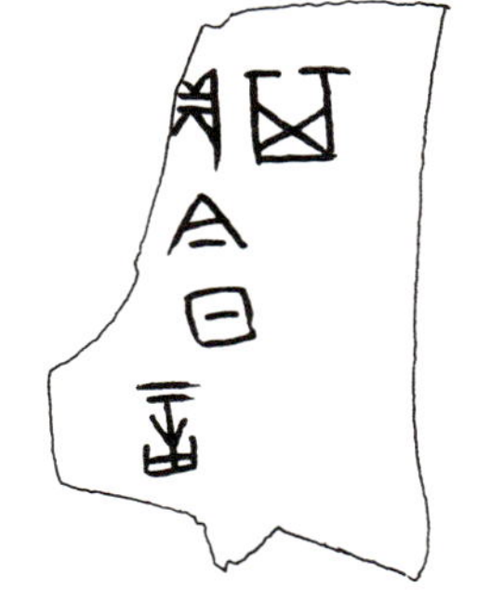

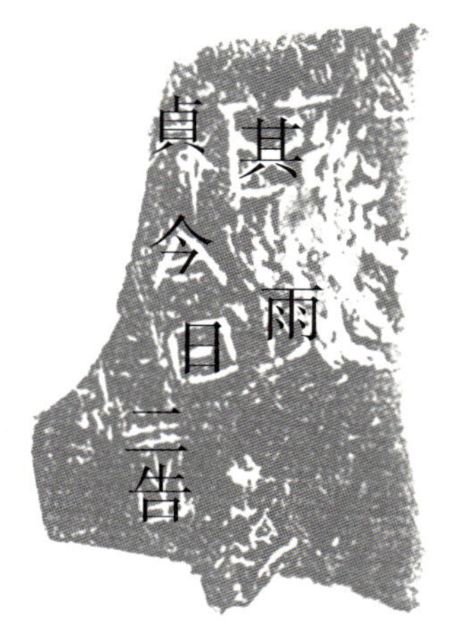

一六〇　某日貞今日其雨事

本骨正面存辭一條。反面無字。

（一）［貞］：今日其［雨］〔一〕。　二告

【簡釋】

〔一〕本骨骨面右上部泐痕下，可見「雨」字殘筆。

【備注】

組類：賓組

材質：牛肩胛骨

尺寸：長四・〇、寬二・八厘米

著録：未見

來源：一九五二年馬衡捐贈，國家文物局調撥

院藏號：新一六〇五九六

一六一　某日問乙亥事

本骨正面存辭一條。反面無字。

（一）〼□〔一〕乙亥〼

【簡釋】

〔一〕殘字从「大」。

【備注】

組類：賓組

材質：牛肩胛骨

尺寸：長三·五、寬一·三厘米

著録：未見

來源：一九五二年馬衡捐贈，國家文物局調撥

院藏號：新一六〇七〇一

一六二一　庚戌問翌辛日事

本甲正面存辭一條。反面無字。

（一）［庚］戌［卜］☐翌［辛］☐

【備注】

組類：賓組

材質：龜背甲

尺寸：長一・三、寬一・三厘米

著録：未見

來源：一九五二年馬衡捐贈，國家文物局調撥

院藏號：新一六〇八九八

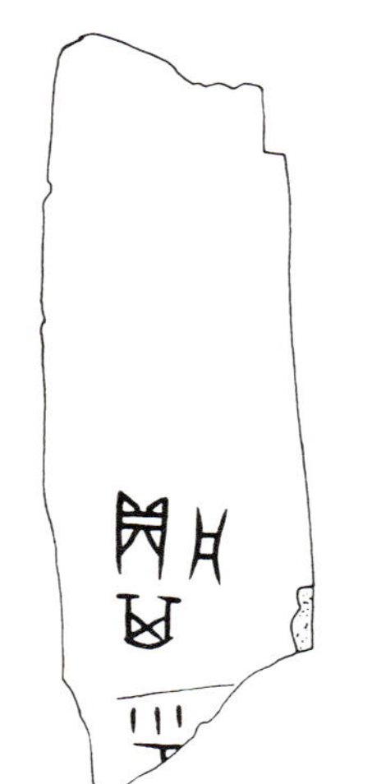

一六三　某日貞其同等事

本骨正面存辭二條，有界劃綫。反面無字。

（一）［乎（呼）］☐

（二）貞：其同。

【備注】

組類：賓組

材質：牛肩胛骨

尺寸：長六・六、寬一・八厘米

著録：《合》一九七一六

來源：一九五二年馬衡捐贈，國家文物局調撥

院藏號：新一六〇八五三

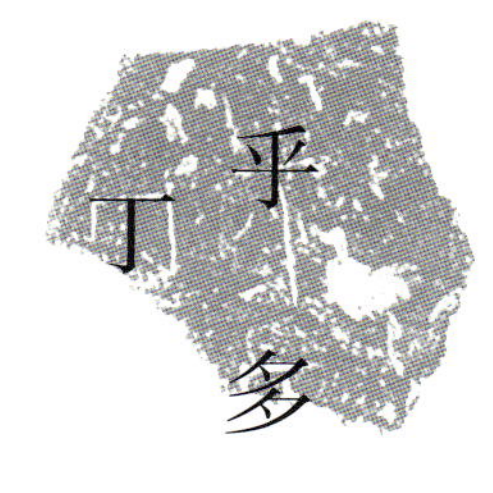

一六四　丁日問呼多某事

本甲正面存辭一條。反面無字。

（一）丁☐乎（呼）［多］☐

【備注】

組類：賓組

材質：龜腹甲

尺寸：長一・九、寬一・九厘米

著録：未見

來源：一九五二年馬衡捐贈，國家文物局調撥

院藏號：新一六〇八三五

一六五　未日問逆某事

本甲正面存辭一條。反面無字。

（一）□［未］□逆□　三（四）

【備注】

組類：賓組

材質：龜腹甲

尺寸：長一・九、寬一・五厘米

著録：未見

來源：一九五二年馬衡捐贈，國家文物局調撥

院藏號：新一六〇八四二

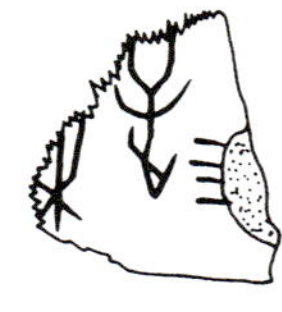
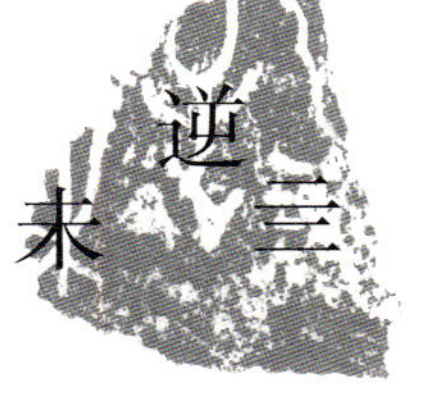

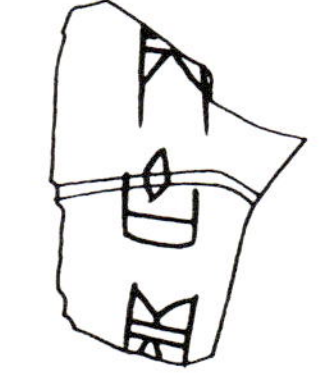

一六六　某日貞由等事

本甲正面存辭二條。反面無字。

（一）［貞］☐

（二）［貞］：由☐

【備注】

組類：賓組

材質：龜腹甲

尺寸：長二・五、寬一・七厘米

著録：《合補》六〇八五

來源：一九五二年馬衡捐贈，國家文物局調撥

院藏號：新一六〇八八一

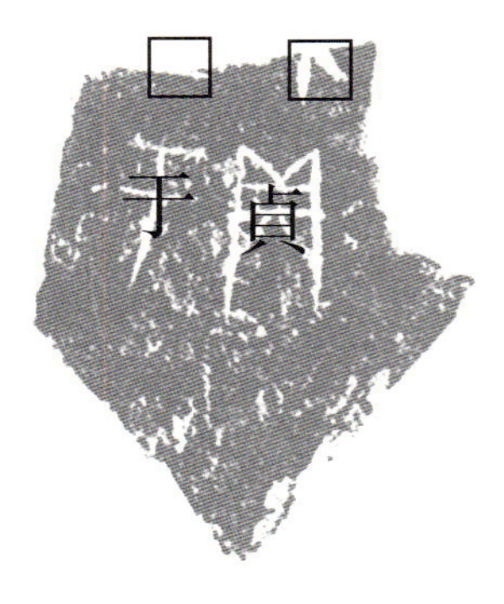

一六七　某日貞某事

本甲正面存辭一條。反面無字。

（一）　□□貞□□于□

【備注】

組類：賓組

材質：龜腹甲

尺寸：長二・五、寬二・三厘米

著録：未見

來源：一九五二年馬衡捐贈，國家文物局調撥

院藏號：新一六〇八二七

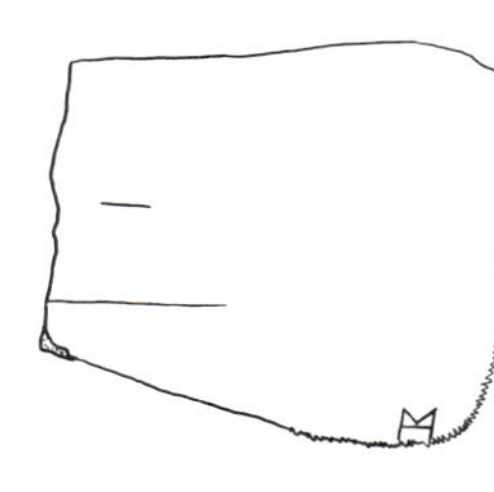

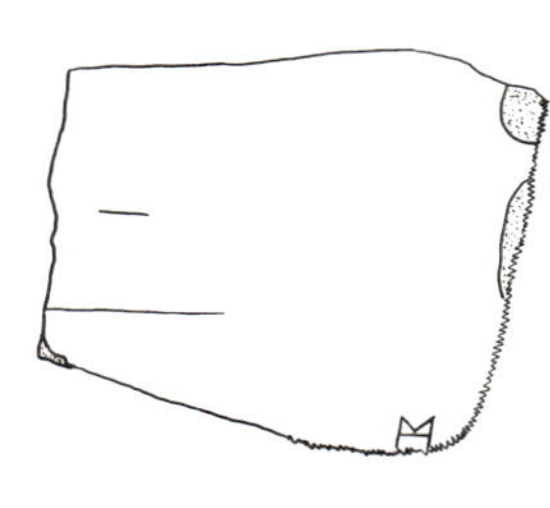

一
貞

一六八　某日貞某事

本甲正面存辭二條。反面無字。

（一）［貞］☐

（二）一

【備注】

組類：賓組

材質：龜腹甲

尺寸：長三・一、寬二・八厘米

著録：未見

來源：一九五二年馬衡捐贈，國家文物局調撥

院藏號：資一二八－一三

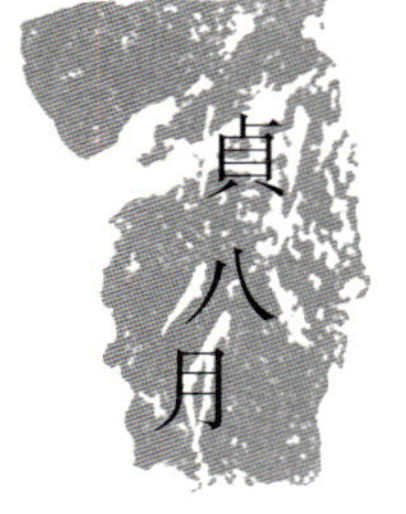

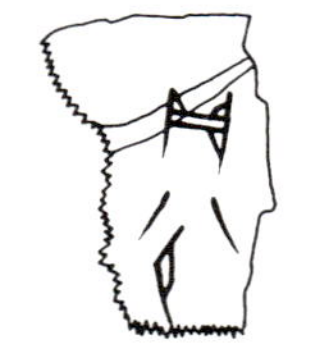

一六九　某日貞八月事

本甲正面存辭一條。反面無字。

（一）貞：八月〔一〕☐

【簡釋】

〔一〕「八月」爲合文。

【備注】

組類：賓組

材質：龜腹甲

尺寸：長二・二、寬一・三厘米

著録：未見

來源：一九五二年馬衡捐贈，國家文物局調撥

院藏號：新一六〇八八五

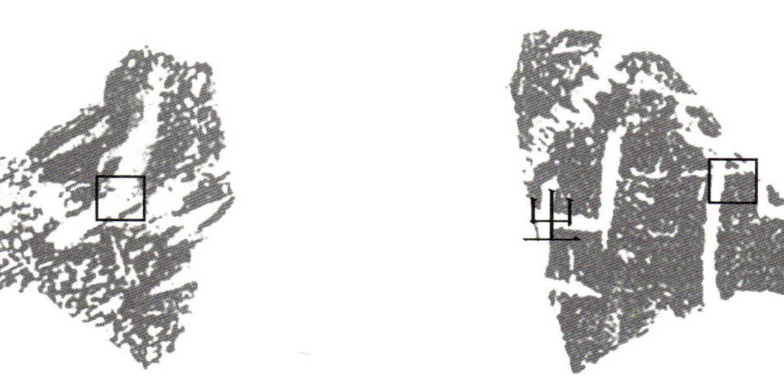

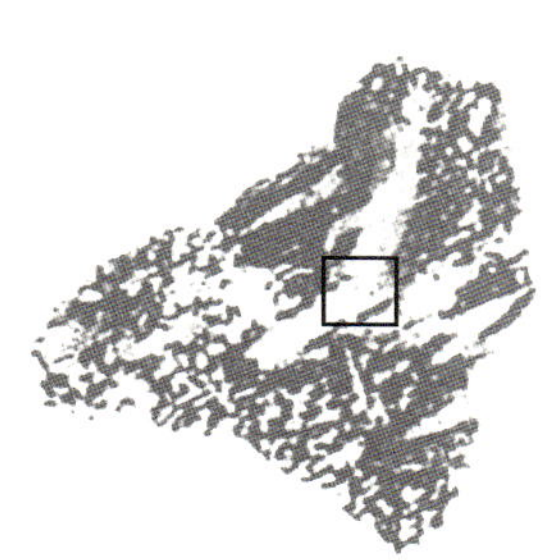

一七〇　某日問㞢等事

本甲正反面各存辭一條。

〔正面〕

（一）〼［㞢］〼□〼〔一〕

〔反面〕

（一）〼□〼

【簡釋】

〔一〕本甲正面字口塗朱。

【備注】

組類：賓組

材質：龜腹甲

尺寸：長一・九、寬一・五厘米

著録：未見

來源：一九五二年馬衡捐贈，國家文物局調撥

院藏號：新一六〇八七八

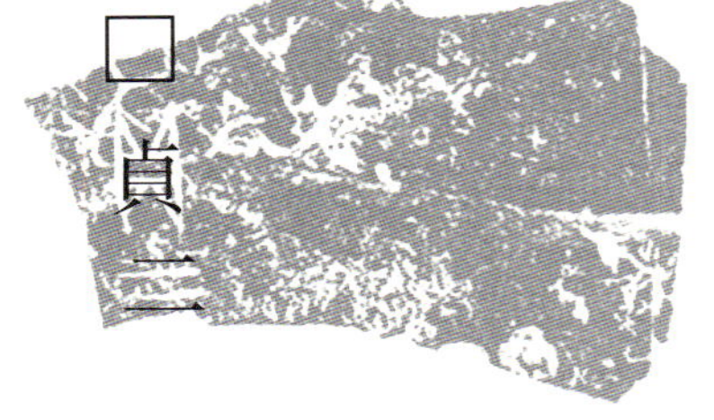

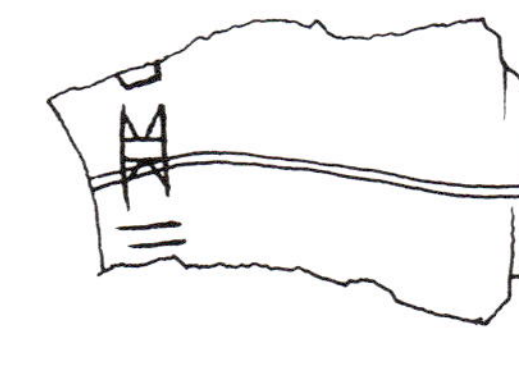

一七一　某日貞某事

本甲正面存辭一條。反面無字。

（一）☐☐貞：二☐

【備注】

組類：賓組

材質：龜腹甲

尺寸：長三・三、寬二・一厘米

著録：未見

來源：一九五二年馬衡捐贈，國家文物局調撥

院藏號：新一六〇六八一

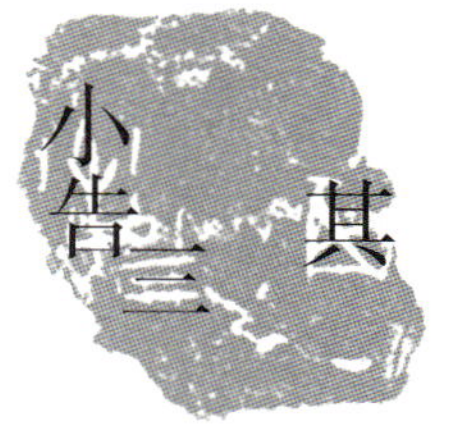

一七二　其三小告等字殘辭

本甲正面存辭二條。反面無字。

（一）☐［其］☐　三

（二）小告

【備注】

組類：賓組

材質：龜腹甲

尺寸：長二・〇、寬一・六厘米

著録：未見

來源：一九五二年馬衡捐贈，國家文物局調撥

院藏號：新一六〇八七六

一七三　戊午卜韋貞禦于高妣己事與戊申婦息示二屯骨臼刻辭

本骨正面存辭一條。反面無字。臼面存辭一條。

〔正面〕

（一）戊午卜，［韋］貞：钔（禦）于高匕（妣）己。

〔臼面〕

（一）戊申帚（婦）息示二屯。永。

【備注】

組類：賓組

材質：牛肩胛骨

尺寸：長六·四、寬六·四厘米

著録：〔正〕《凡》一·四·四（不全）、《續》一·三九·五（不全）、《磻蜚》四·四（不全）；〔臼〕《凡》一·四·三（不全）、《續》六·九·四、《磻蜚》四·三（不全）；〔正臼〕《合》二三五四、《宮凡將》一三（不全）

來源：一九五二年馬衡捐贈，國家文物局調撥

院藏號：新一六〇五四七

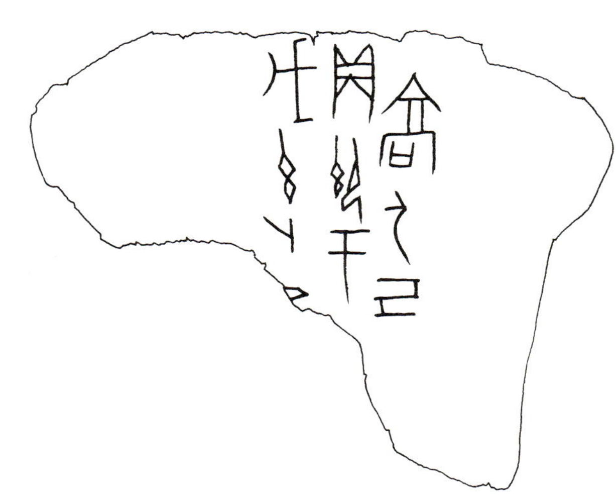

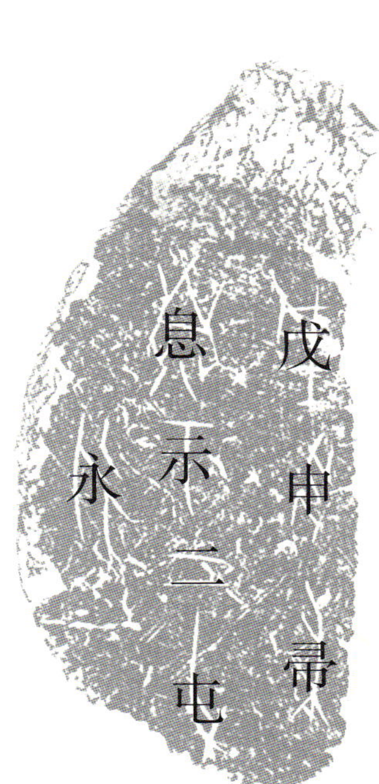
戊申帚
息示二屯
永

高匕己
貞卸于
戊午卜韋

一七四　隹字殘辭

本骨正面存辭一條。反面無字。

（一）☐隹☐

【備注】

組類：賓組

材質：牛肩胛骨

尺寸：長五・九、寬二・二厘米

著録：未見

來源：一九五二年馬衡捐贈，國家文物局調撥

院藏號：新一六〇七六〇

一七五 [?]等字殘辭

本甲正面存辭一條。反面無字。

（一）⧄[?]⧄三⧄

【備注】

組類：賓組

材質：龜腹甲

尺寸：長二・八、寬一・九厘米

著録：未見

來源：一九五二年馬衡捐贈，國家文物局調撥

院藏號：新一六〇六三〇

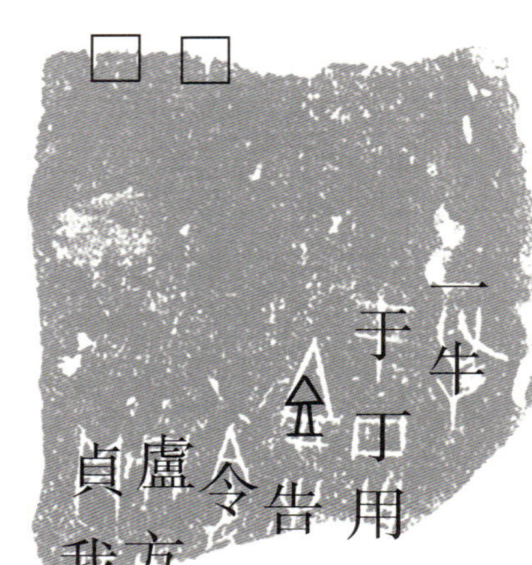
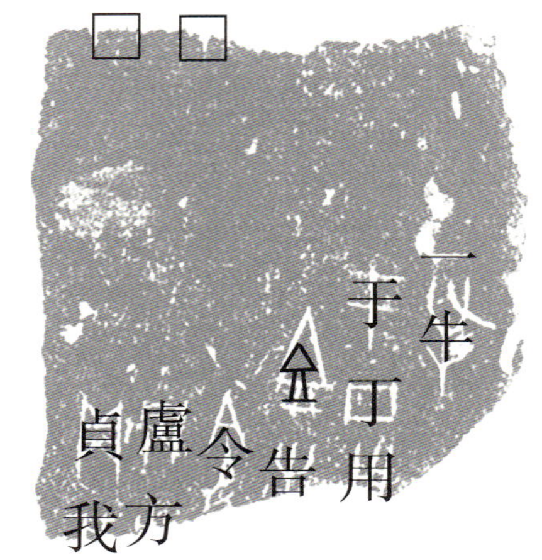
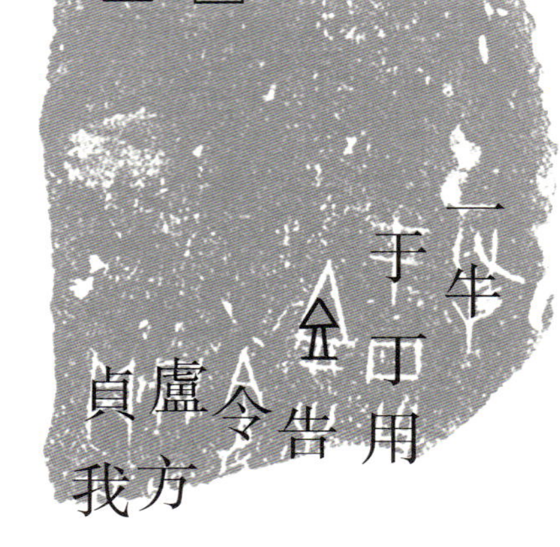

一七六　某日貞⿱亼工告于丁用一牛與其雨等事

本甲正面存辭二條。反面存辭一條。

〔正面〕

（一）貞：［我］☐盧［方］☐令☐⿱亼工〔一〕［告］于丁，［用］一牛。

（二）☐☐☐☐☐

〔反面〕

（一）☐隹（唯）其［雨］☐唐戊☐［雨］☐

【簡釋】

〔一〕「⿱亼工」或比定作「圭」「㿟」等字。

【備注】

組類：賓組

材質：龜腹甲

尺寸：長三・八、寬三・四厘米

著録：〔正〕《鐵》一二一・四、《凡》一一・一三、《續》一・四四・七、《磻䒷》一二・三、《鐵新》八八一；〔反〕《凡》一一・一一・四、《續》四・一五・七、《磻䒷》一一・四、《合》一一八九七；〔正反〕《合》一九五〇、《宫凡將》三九

來源：一九五二年馬衡捐贈，國家文物局調撥

院藏號：新一六〇七九四

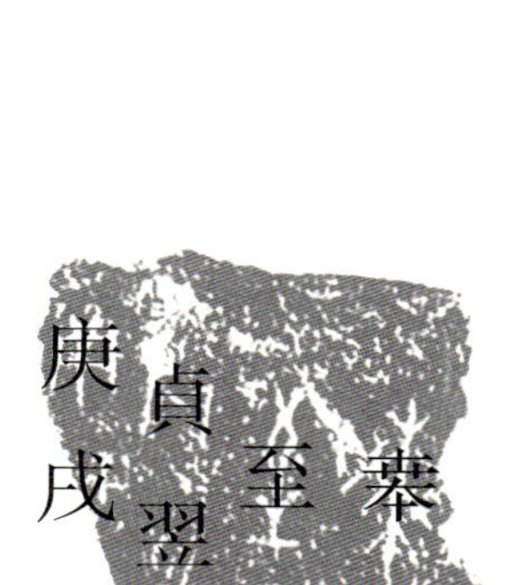

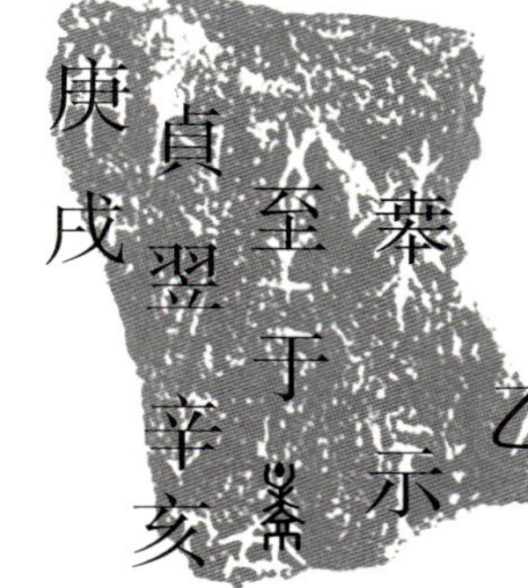

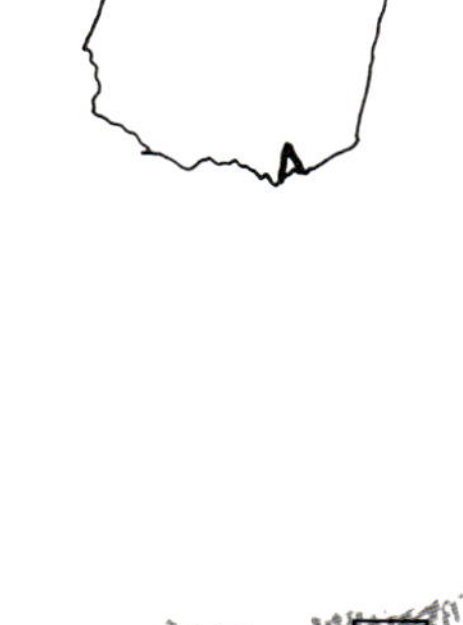

一七七　庚戌貞翌辛亥至于𡆥禱示某等事

本甲正反面各存辭一條。

〔正面〕

（一）　庚戌▨貞：翌辛〔亥〕至于𡆥▨桒（禱）示▨〔乙〕▨

〔反面〕

（一）　▨□卜，〔貞〕▨

【備注】

組類：賓組

材質：龜腹甲

尺寸：長三・三、寬一・七厘米

著録：《合》七九五六

來源：一九五二年馬衡捐贈，國家文物局調撥

院藏號：新一六〇九〇〇

一七八　某日問侑祖丁等事

本甲正面存辭二條。反面無字。

（一）□㞢(侑)□且(祖)丁[一]。

（二）□勿□南[叀]□[酌]□　二

【簡釋】

[一]「且丁」爲合文。

【備注】

組類：賓組

材質：龜腹甲

尺寸：長三・二、寬二・五厘米

著録：未見

來源：一九五二年馬衡捐贈，國家文物局調撥

院藏號：新一六〇六六八

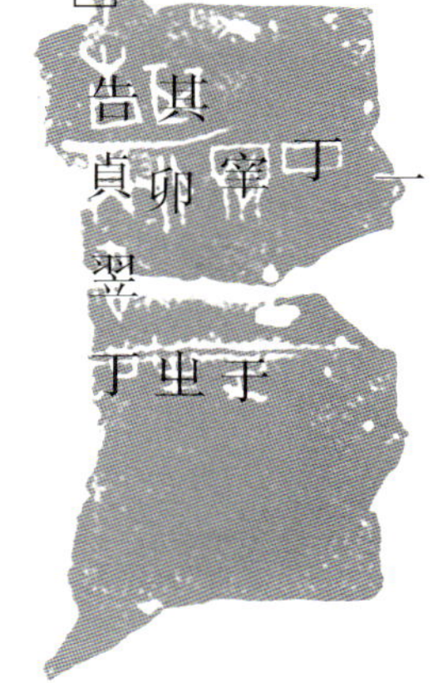

一七九　某日貞翌丁卯侑宰于丁等事

本甲正面存辭二條，有界劃綫。反面無字。

（一）貞：翌丁卯虫（侑）宰于丁。一

（二）☐☐告☐其☐

【備注】

組類：賓組

材質：龜腹甲

尺寸：長四・二、寬二・三厘米

著録：《合》一九一四

來源：一九五二年馬衡捐贈，國家文物局調撥

院藏號：新一六〇八六五+新一六〇八六七

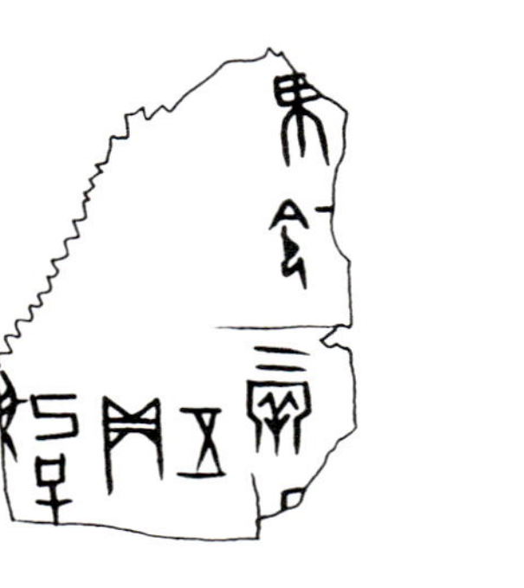

一八〇　己巳貞用二宰等事

本甲正面存辭三條。反面無字。

（一）己巳〼貞〼五〼二宰，□〼

（二）〼□〼

（三）〼果令〼　一

【備注】

組類：賓組

材質：龜腹甲

尺寸：長四・〇、寬二・四厘米

著録：《合》一一三四〇

來源：一九五二年馬衡捐贈，國家文物局調撥

院藏號：新一六〇六七〇

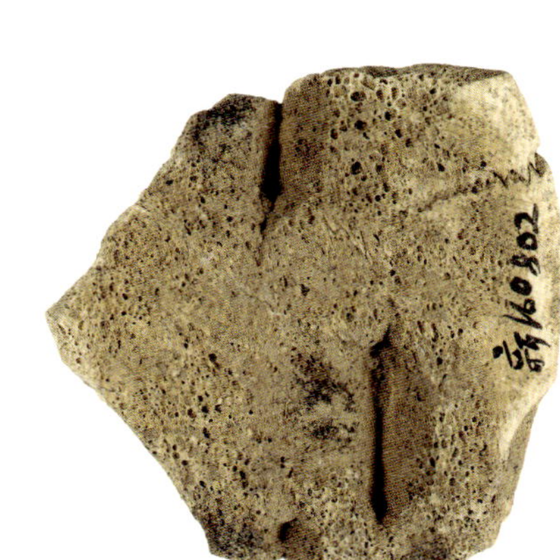

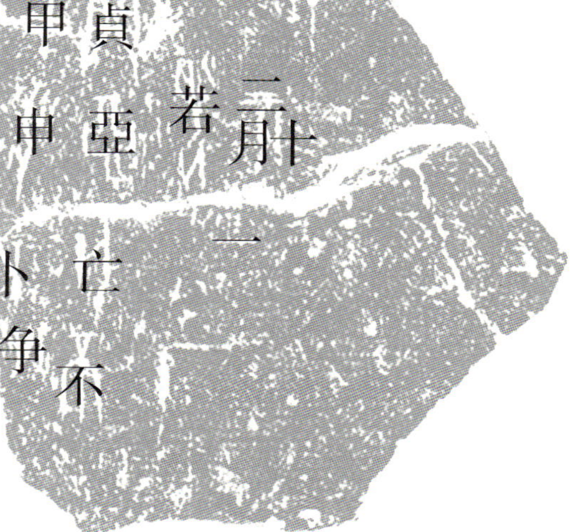

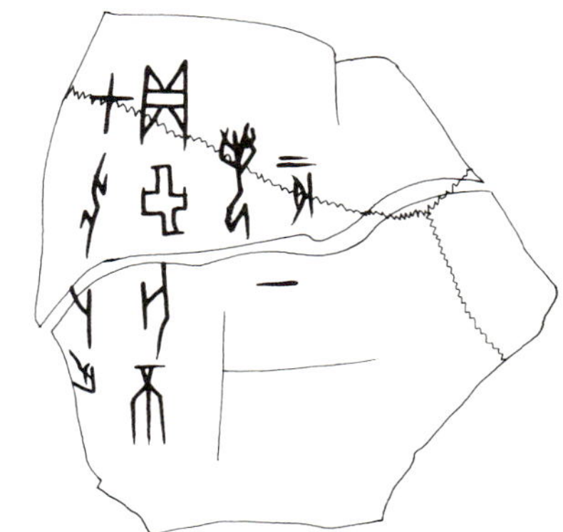

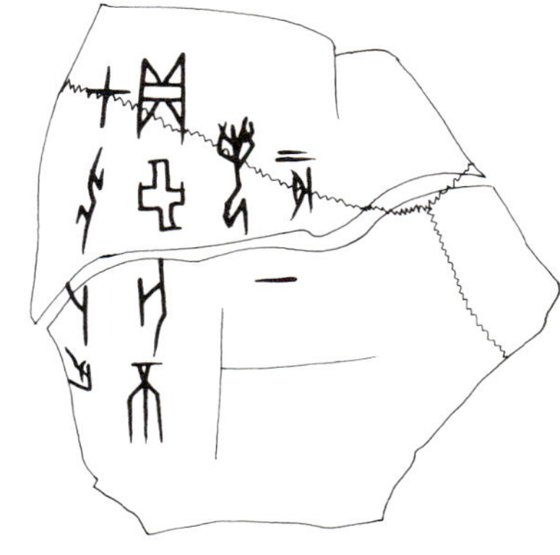

一八一　十二月甲申卜争貞亞亡不若事

本甲正面存辭一條。反面無字。

（一）甲申卜，争貞：亞亡不若。十二月〔一〕。　一

【簡釋】

〔一〕「十二月」爲合文。

【備注】

組類：賓組

材質：龜腹甲

尺寸：長五・二、寬四・六厘米

著録：《鐵》三七・一、《凡》一・二七・四、《續》四・三三・五（不全）、《鐵新》七三七、《合》五六九〇、《宮凡將》一〇一

來源：一九五二年馬衡捐贈，國家文物局調撥

院藏號：新一六〇八〇二

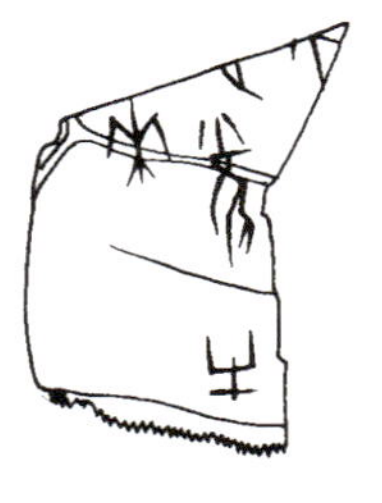

一八二　某日問夕雀有來事

本甲正面存辭一條，有界劃綫。反面無字。

（一）⊠□⊠［夕］雀屮（有）⊠來⊠

【備注】

組類：賓組

材質：龜腹甲

尺寸：長三・〇、寬一・五厘米

著録：未見

來源：一九五二年馬衡捐贈，國家文物局調撥

院藏號：新一六〇八六八

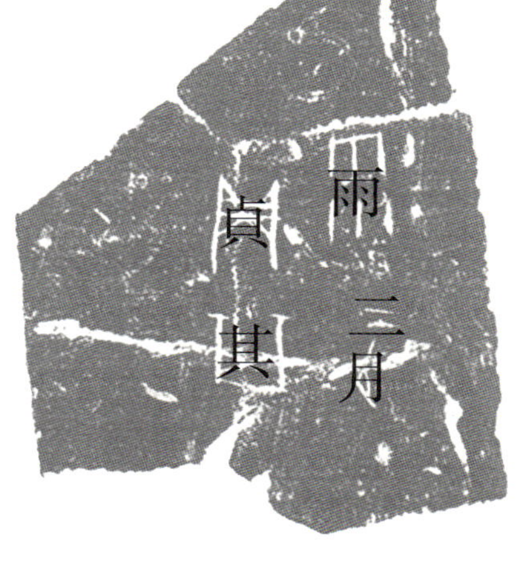

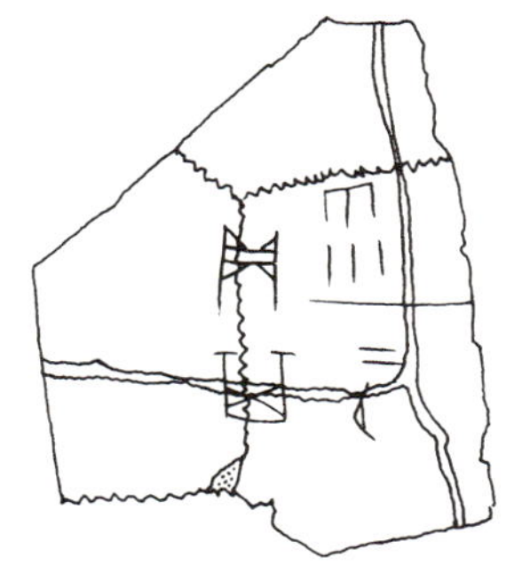

一八三　二月某日貞其雨事

本甲正面存辭一條。反面無字。

（一）貞：其雨。二月。

【備注】

組類：賓組

材質：龜背甲

尺寸：長四・二、寬三・三厘米

著録：《凡》一・二五・二、《續》四・二四・六、《合》一二五〇四、《宮凡將》九一

來源：一九五二年馬衡捐贈，國家文物局調撥

院藏號：新一六〇八四七

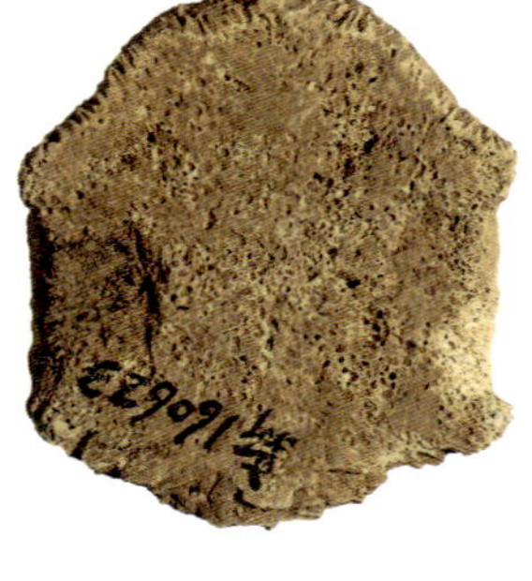

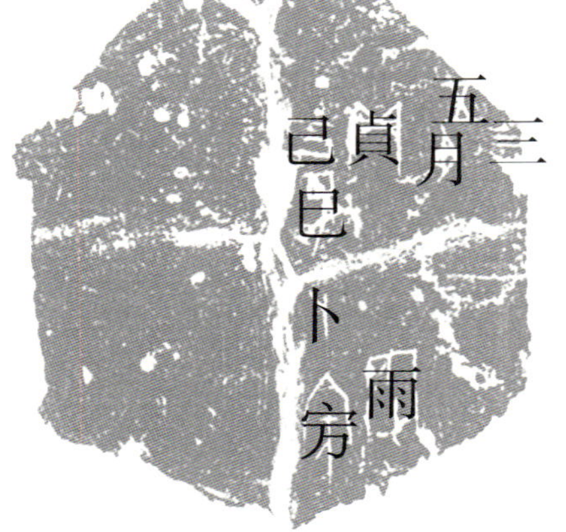

一八四　五月己巳卜㝑貞雨事

本甲正面存辭一條。反面無字。

（一）己巳卜，㝑貞：雨。五月。　三

【備注】

組類：賓組

材質：龜腹甲

尺寸：長四・一、寬四・一厘米

著録：《合》一二五八五

來源：一九五二年馬衡捐贈，國家文物局調撥

院藏號：新一六〇六二三

一八五　丁巳卜古貞今日延雨事

本骨正面存辭一條。反面無字。

（一）丁巳卜，叀（古）貞：今日征（延）雨。一

【備注】

組類：賓組

材質：牛肩胛骨

尺寸：長五・六、寬四・八厘米

著録：《鐵》二四六・一、《凡》一・二五・一（不全）、《續》四・一一・四（不全）、《鐵新》五九八、《合》一二七七一、《宮凡將》九〇

來源：一九五二年馬衡捐贈，國家文物局調撥

院藏號：新一六〇五七四

丁巳卜𡆥
貞今
日祉
雨
一

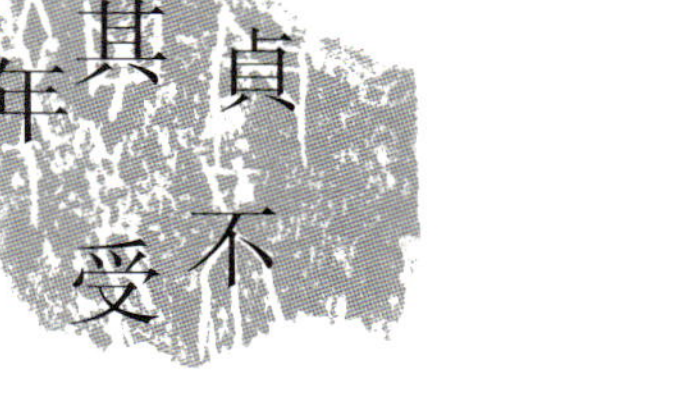

一八六　某日貞不其受年事

本甲正面存辭一條。反面無字。

（一）貞：不其受年。

【備注】

組類：賓組

材質：龜腹甲

尺寸：長二・〇、寬二・〇厘米

著録：《合》九八六〇

來源：一九五二年馬衡捐贈，國家文物局調撥

院藏號：新一六〇九〇一

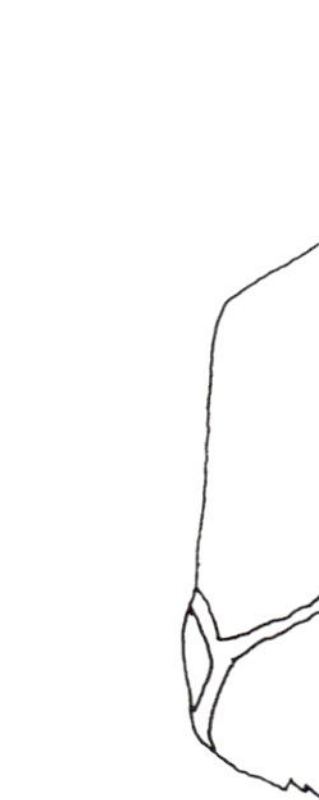

一八七　己卯卜令爰夫于宋事

本甲正面存辭一條。反面無字。

（一）　己卯卜☐令□☐爰夫☐于宋。

【備注】

組類：賓組

材質：龜腹甲

尺寸：長四・六、寬三・二厘米

著録：《凡》一・二〇・一、《續》六・二四・五、《磻甾》二〇・一、《合》七八九八、《宮凡將》七〇

來源：一九五二年馬衡捐贈，國家文物局調撥

院藏號：新一六〇七九五

一八八　某日問[?]事

本甲正面存辭一條。反面無字。

（一）　貞：[?]⧄□不⧄

【備注】

組類：賓組

材質：龜腹甲

尺寸：長二・五、寬一・八厘米

著録：未見

來源：一九五二年馬衡捐贈，國家文物局調撥

院藏號：新一六〇八七〇

一八九　某日卜王問㞢等事

本甲正面存辭二條。反面無字。

（一）〼卜，王〼㞢〼

（二）〼祉（延）〼。[一]

【簡釋】

［一］本甲反面黏連有一塊殘甲。

【備注】

組類：賓組

材質：龜腹甲

尺寸：長二・七、寬二・二厘米

著録：未見

來源：一九五二年馬衡捐贈，國家文物局調撥

院藏號：新一六〇八三六

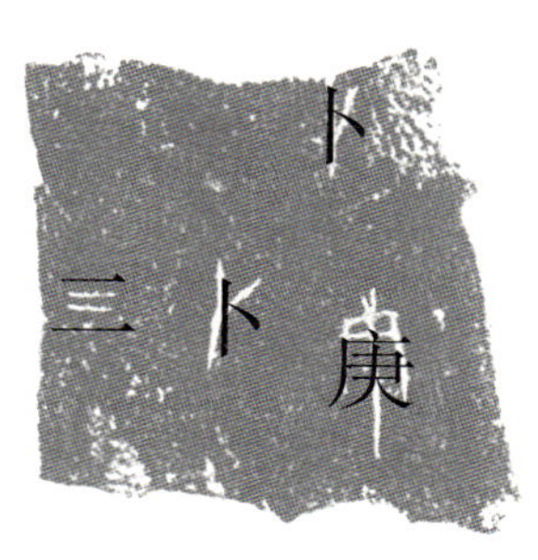

一九〇　庚日卜某事

本骨正面存辭二條。反面無字。

（一）庚☐卜☐　二

（二）☐卜☐

【備注】

組類：賓組

材質：牛肩胛骨

尺寸：長二・七、寬二・一厘米

著録：未見

來源：一九五二年馬衡捐贈，國家文物局調撥

院藏號：新一六〇七二六

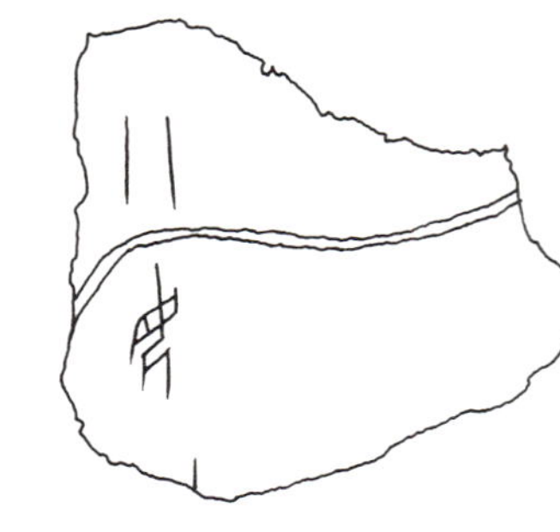

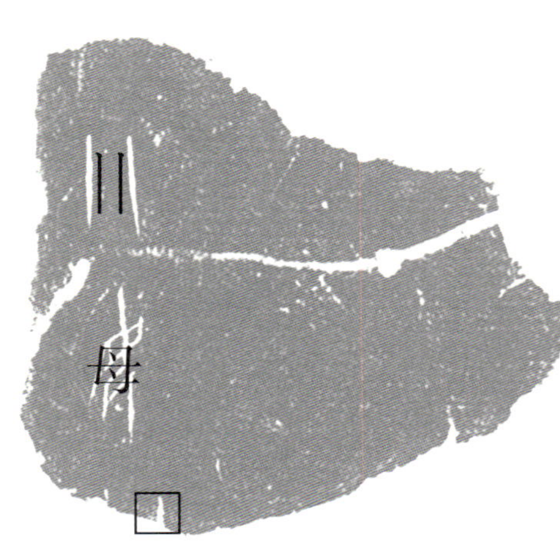

一九一　某日問母某事

本甲正面存辭一條。反面無字。

（一）☐‖〔一〕母☐☐

【簡釋】

〔一〕「‖」字疑爲「貞」字缺刻筆劃。

【備注】

組類：賓組

材質：龜腹甲

尺寸：長三·九、寬三·三

著録：未見

來源：一九五二年馬衡捐贈，國家文物局調撥

院藏號：新一六〇七二五

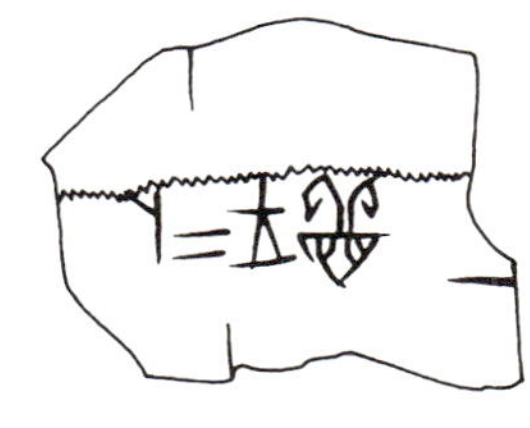

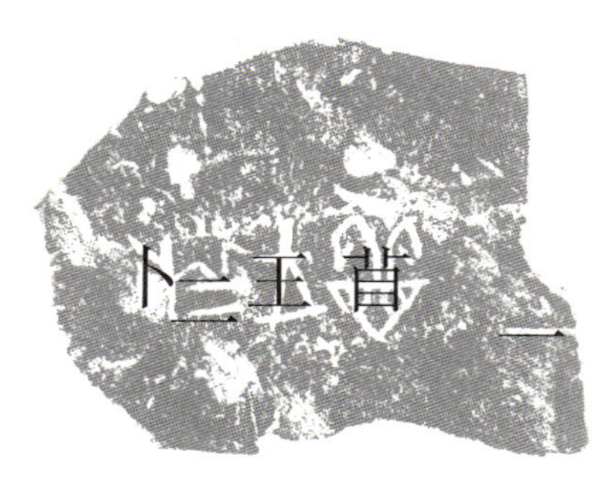

一九二　某日問王肖某事

本甲正面存辭一條。反面無字。

（一）□卜□王□肖[一]□　一　二

【簡釋】

〔一〕「肖」或比定作「緩」字。

【備注】

組類：賓組

材質：龜腹甲

尺寸：長二・三、寬三・三厘米

著録：未見

來源：一九五二年馬衡捐贈，國家文物局調撥

院藏號：新一六〇六八三

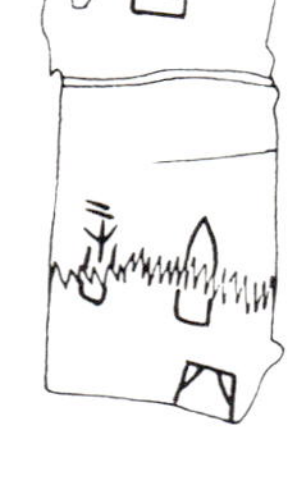

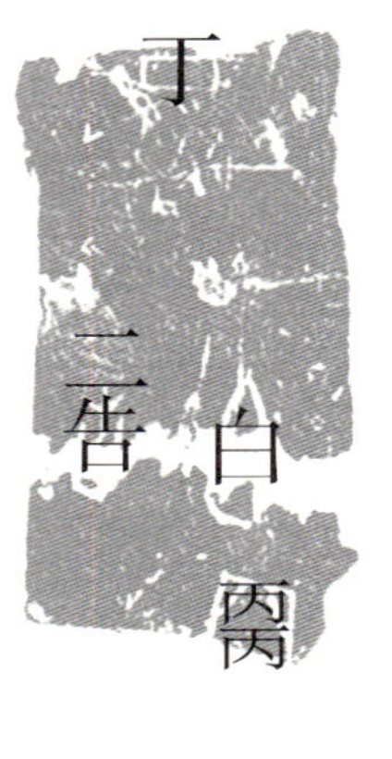

一九三　某日問伯丙等事

本甲正面存辭二條。反面無字。

（一）☑白(伯)[丙]☑　二告

（二）☑丁☑

【備注】

組類：賓組

材質：龜腹甲

尺寸：長三・二、寬一・七厘米

著録：未見

來源：一九五二年馬衡捐贈，國家文物局調撥

院藏號：新一六〇六九六

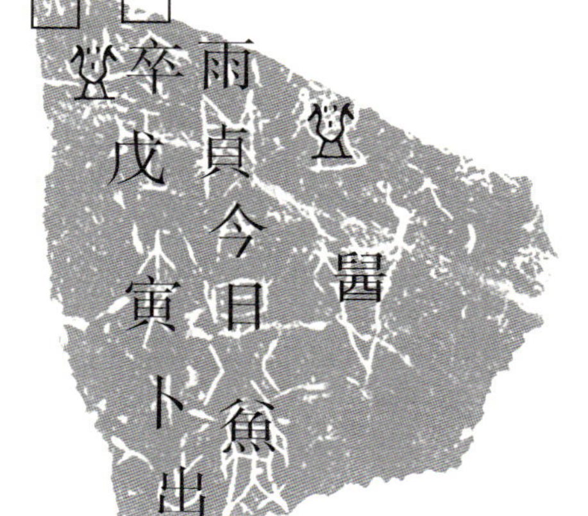

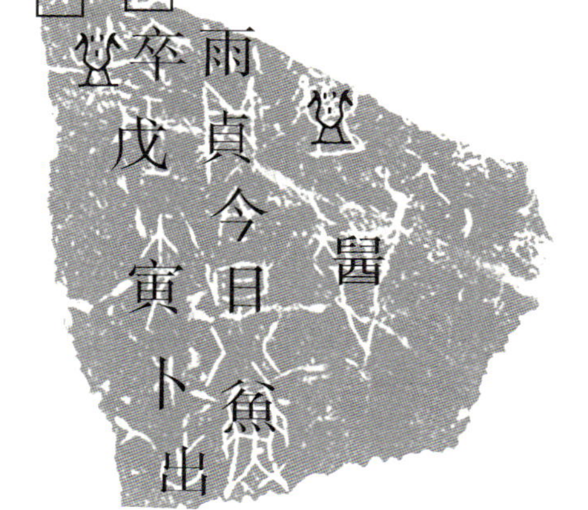

一九四　戊寅卜出貞今日魚〓鞀等事

本甲正面存辭二條。反面無字。

（一）　戊寅卜，出貞：今日魚［〓］〔一〕鞀（鞀）。

（二）　☐□〓☐□卒☐［雨］☐〔二〕

【簡釋】

〔一〕「〓」或比定作「益」字。

〔二〕本甲可綴《合》一二七四一、《掇三》四六二、《合》二六一五六、《安散》八六，綴合後釋文可補爲「戊寅☐貞：今日☐〓卒☐□〓〓卒，廼雨。」詳見方稚松復原，《拼集》第一一〇則；劉影、蔣玉斌綴《甲骨新綴第二〇四組》及文下評論。

【備注】

組類：賓出

材質：龜腹甲

尺寸：長三・九、寬三・四厘米

著録：《凡》一・一七・四、《續》三・三五・一〇、《磻甍》一七・四、《合》二六七六八、《宮凡將》六一

來源：一九五二年馬衡捐贈，國家文物局調撥

院藏號：新一六〇七三二

一九五　丁亥卜出貞來[illegible]王其𢼄丁汎置新某事

本甲正面存辭一條。反面無字。

（一）丁亥卜，出貞：來[illegible]〔一〕王其𢼄丁，汎，帠（置）〔新〕☐

【簡釋】

〔一〕「[illegible]」或比定作「早」「春」等字。

【備注】

組類：賓出

材質：龜腹甲

尺寸：長四·七、寬三·五厘米

著録：《餘》一三·二、《凡》一·一七·三、《續》二·九·八、《續》三·三六·三、《播董》一七·三、《合》二五三七一、《宮凡將》六〇

來源：一九五二年馬衡捐贈，國家文物局調撥

院藏號：新一六〇八〇三

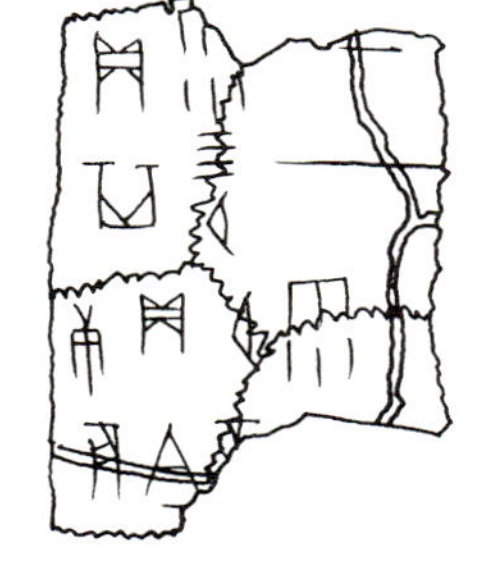

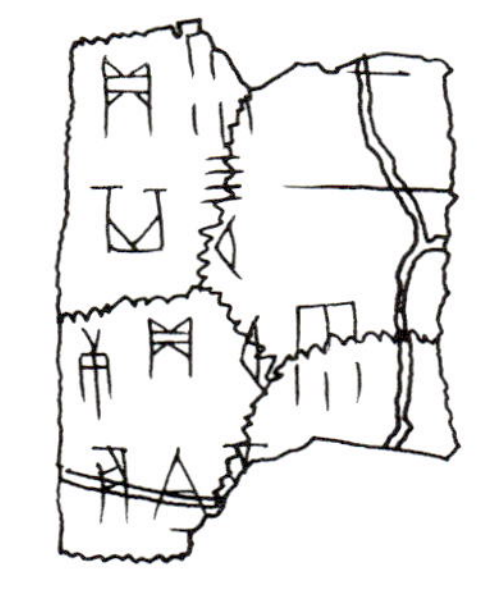

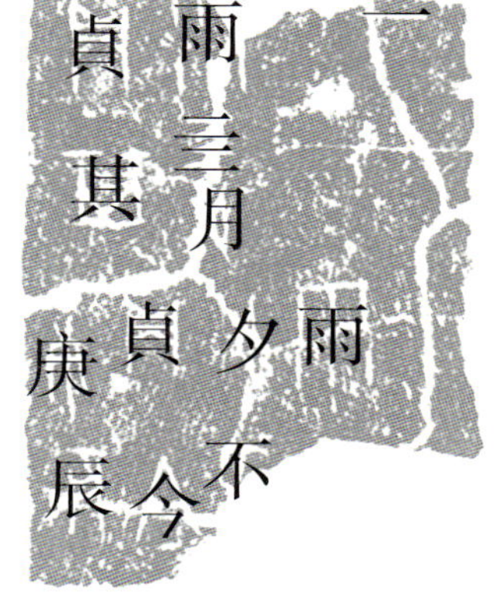

一九六　庚辰貞今夕雨等事

本甲正面存辭二條。反面無字。

（一）庚辰貞：今夕[不]雨。

（二）貞：其[雨]。三(四)月。　一

【備注】

組類：賓出

材質：龜背甲

尺寸：長三・六、寬二・六厘米

著録：《凡》一・二四・三、《續》四・二一・一一、《合》一二五四八、《宮凡將》八八

來源：一九五二年馬衡捐贈，國家文物局調撥

院藏號：新一六〇八四五

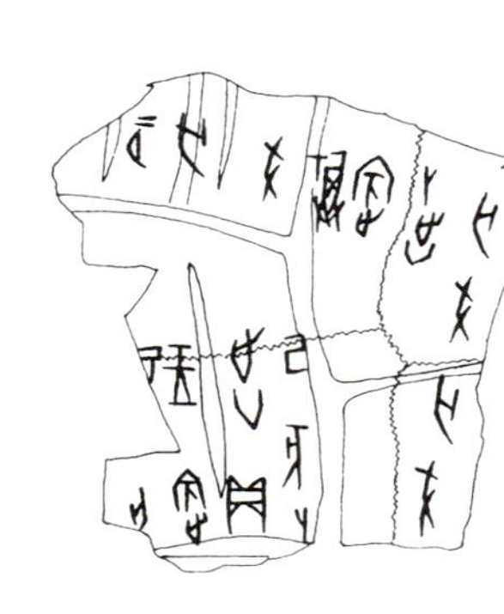

一九七　己亥卜出貞王儐祼亡尤等事

本甲正面存辭五條。反面無字。

（一）己亥卜，出貞：王㝎（儐）[禝（祼）]，亡☐

（二）☐亡尤。

（三）☐亡☐二月。

（四）☐卜，出☐㝎（儐）☐禝（祼）☐尤。

（五）☐□，亡尤。

【備注】

組類：出組

材質：龜背甲

尺寸：長四・〇、寬四・〇厘米

著録：未見

來源：一九五二年馬衡捐贈，國家文物局調撥

院藏號：新一六〇五八三

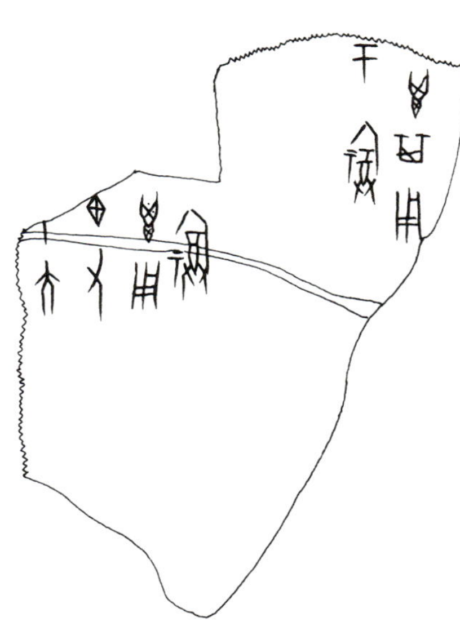

一九八　某日卜大問侑鬯用于祼等事

本甲正面存辭二條。反面無字。

（一）▨［卜］，大▨叀又（侑）▨鬯用▨𥜽（祼）。

（二）▨鬯其用▨于𥜽（祼）。

【備注】

組類：出組

材質：龜腹甲

尺寸：長七·四、寬五·二厘米

著録：〔上半〕《續》六·一二·五、《合》二五九〇九；〔右上〕《合》二五九七七；〔中部〕《合》二五九七六；〔全〕《凡》一·二九·一、《宫凡將》一〇五

來源：一九五二年馬衡捐贈，國家文物局調撥

院藏號：新一六〇六八〇＋新一六〇六六六＋資一二八-一二一＋資一二八-一七〇

鬯其用
于
鬯用
叀又
卜大

一九九　丙申等日卜貞翌丁酉其侑于祖丁事

本骨正面存辭四條。反面無字。

（一）丙［申］☐貞：翌丁［酉］其又（侑）于且（祖）丁〔一〕。　二

（二）　二

（三）　二

（四）☐申卜，□貞：翌［丁］酉其又（侑）［于］且（祖）丁宰。

【簡釋】

〔一〕「且丁」爲合文。下同。

【備注】

組類：出組

材質：牛肩胛骨

尺寸：長一〇・九、寬七・四厘米

著録：《凡》一・三・一（不全）、《續》一・二〇・三（不全）、《磻蚩》三・一（不全）、《合》二三〇二八、《宮凡將》九（不全）

來源：一九五二年馬衡捐贈，國家文物局調撥

院藏號：新一六〇五九九

□申卜
貞翌丁酉其又
于丁且宰
二
二
二
丙申
貞翌丁酉
其又于丁且

二〇〇 某日貞勿侑與牝等事

本甲正面存辭三條。反面無字。

（一）癸☐貞☐

（二）貞：弜（勿）又（侑）。

（三）貞：牝。

【備注】

組類：出組

材質：龜腹甲

尺寸：長七・五、寬三・五厘米

著録：《合》二四五三九

來源：一九五二年馬衡捐贈，國家文物局調撥

院藏號：新一六〇六一一

二〇一　癸酉卜出貞侑于唐叀乙彫等事

本甲正面存辭二條。反面無字。

（一）貞☐大☐

（二）［癸］酉卜，［出］貞：㞢（侑）于唐，叀乙［彫］。

【備注】

組類：出組

材質：龜腹甲

尺寸：長四・七、寬二・三厘米

著録：《合》二三七四〇

來源：一九五二年馬衡捐贈，國家文物局調撥

院藏號：新一六〇六六三

二〇二　丙午卜出貞今夕侑于保一小牢事

本甲正面存辭一條。反面無字。

（一）丙午卜，出貞：今夕㞢（侑）于保一［小牢］。

【備注】

組類：出組

材質：龜腹甲

尺寸：長三・〇、寬一・八厘米

著録：《合》二五〇四〇

來源：一九五二年馬衡捐贈，國家文物局調撥

院藏號：新一六〇七〇五

二〇三　丁酉問今日𢀛祈𩵋之日允某等事

本甲正面存辭二條。反面無字。

（一）丁酉☐今日□☐𢀛〔一〕祈〔𩵋〕☐允之〔日〕☐

（二）☐卜，出☐〔辛〕☐𢀛☐〔日〕允☐〔𩵋〕☐

【簡釋】

〔一〕「𢀛」或比定作「益」字。

【備注】

組類：出組

材質：龜腹甲

尺寸：長二・九、寬二・二厘米

著録：〔上部〕《合》二六七八八

來源：一九五二年馬衡捐贈，國家文物局調撥

院藏號：新一六〇八七二+新一六〇八七三

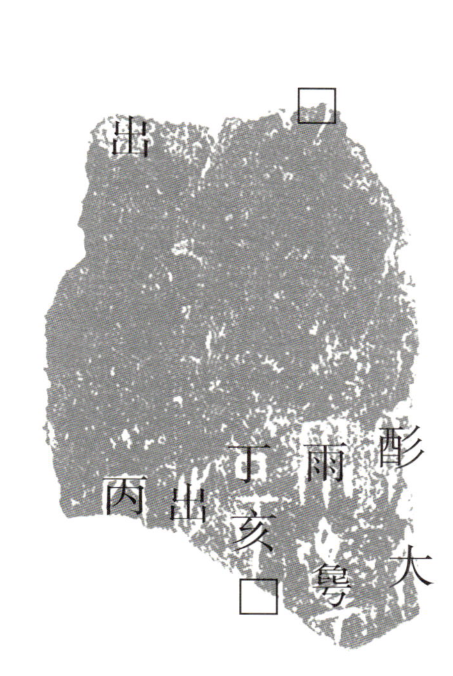

二〇四　丙日出問丁亥雨甹酓等事

本甲正面存辭二條。反面無字。

（一）　丙〼出〼丁亥□雨，［甹］〼［酓大］〼

（二）　〼［出］〼□〼

【備注】

組類：出組

材質：龜腹甲

尺寸：長五・一、寬三・三厘米

著録：《合》二四九〇三

來源：一九五二年馬衡捐贈，國家文物局調撥

院藏號：新一六〇六三五

二〇五　某日貞今夕雨等事

本甲正面存辭一條。反面無字。

（一）〼貞：今夕雨〼□止〼

【備注】

組類：出組

材質：龜背甲

尺寸：長二・九、寬三・五厘米

著録：《合》二四八〇一

來源：一九五二年馬衡捐贈，國家文物局調撥

院藏號：新一六〇六七九

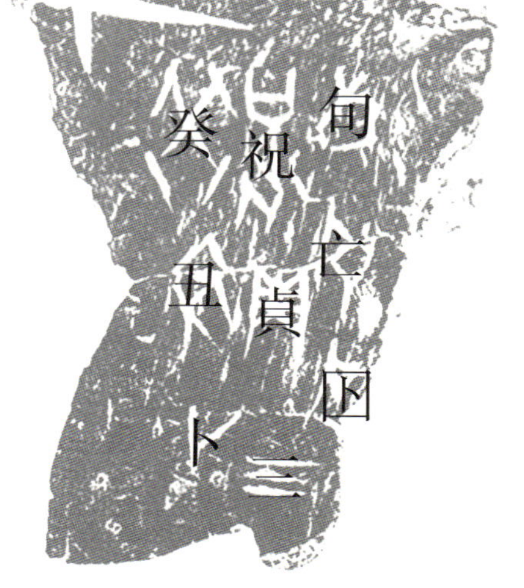

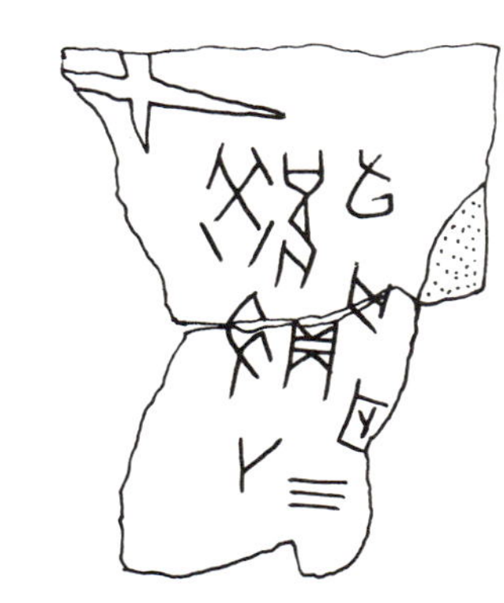

二〇六　癸丑卜祝貞旬亡𡆥事

本骨正面存辭一條。反面無字。

（一）癸丑卜，祝貞：旬亡[𡆥]〔一〕。　三

【簡釋】

〔一〕「𡆥」或比定作「禍」「咎」「憂」等字。

【備注】

組類：出組

材質：牛肩胛骨

尺寸：長五・〇、寬四・一厘米

著録：《凡》一・一五・一、《續》六・一〇・二、《南師》二・一八八、《磻葍》一五・一、《合》二六六八九、《宮凡將》五〇

來源：一九五二年馬衡捐贈，國家文物局調撥

院藏號：新一六〇六四四+新一六〇六九一

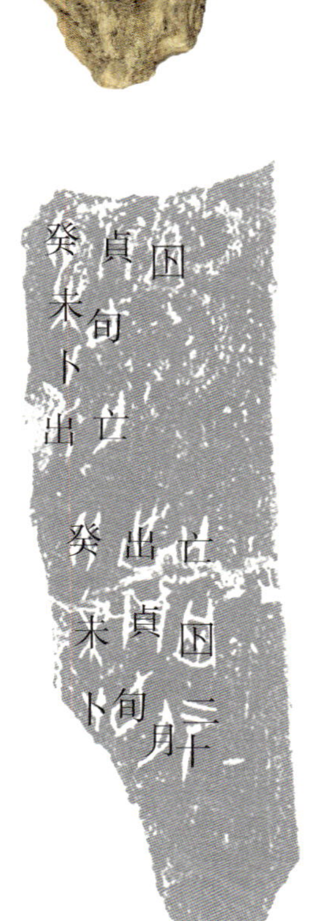

二〇七　十二月癸未卜出貞旬亡囚事

本骨正面存辭二條。反面無字。

（一）癸未卜，出貞：旬亡囚。十二月〔一〕。

（二）癸未卜，［出］貞：旬亡囚〔二〕。

【簡釋】

〔一〕「十二月」爲合文。

〔二〕「囚」或比定作「禍」「咎」「憂」等字。

【備注】

組類：出組

材質：牛肩胛骨

尺寸：長六・〇、寬一・六厘米

著録：《合》二六五六七

來源：一九五二年馬衡捐贈，國家文物局調撥

院藏號：新一六〇六六七

二〇八　三月癸丑卜出貞旬亡𡆥事

本甲正面存辭一條。反面無字。

（一）［癸］丑卜，出貞：旬亡𡆥〔一〕。三月。

【簡釋】

〔一〕「𡆥」或比定作「禍」「咎」「憂」等字。

【備注】

組類：出組

材質：龜腹甲

尺寸：長七・一、寬四・〇厘米

著録：《凡》一・一五・四、《南師》二・一八七、《磻耋》一五・四、《合》四一二三一、《宮凡將》五三

來源：一九五二年馬衡捐贈，國家文物局調撥

院藏號：新一六〇八四六

二〇九　二月某日貞亡囚事

本甲正面存辭一條。反面無字。

（一）貞：亡囚〔一〕。二月〔二〕。　一

【簡釋】

〔一〕「囚」或比定作「禍」「咎」「憂」等字。

〔二〕「二月」爲合文。

【備注】

組類：出組

材質：龜腹甲

尺寸：長二・四、寬一・七厘米

著録：未見

來源：一九五二年馬衡捐贈，國家文物局調撥

院藏號：新一六〇八三九

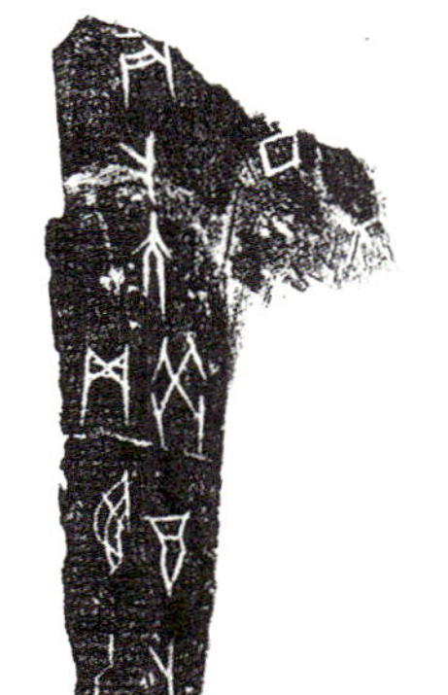

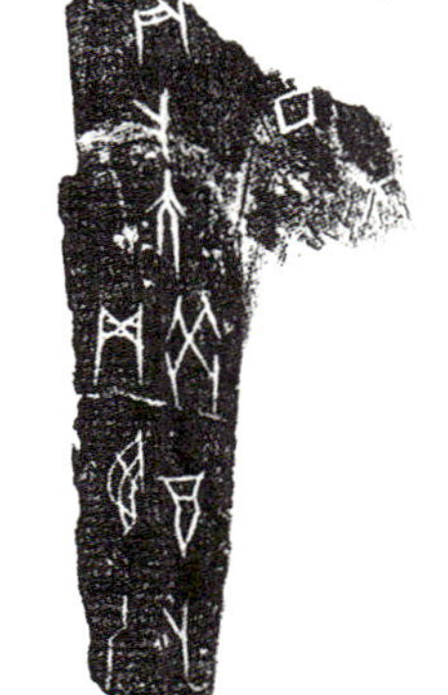

二一〇　癸酉卜貞翌乙日等事

本甲正面存辭二條。反面無字。

（一）癸酉卜☐貞：翌乙☐

（二）☐［辰］卜，大☐丁☐□☐

【備注】

組類：出組

材質：龜腹甲

尺寸：長五・三、寬二・一厘米

著録：《凡》一・五・四、《磻蜚》五・四、《合補》七三六九、《宮凡將》一七

來源：一九五二年馬衡捐贈，國家文物局調撥

院藏號：新一六〇五九五

二一二　乙巳卜出貞王疋不洌事

本甲正面存辭一條。反面無字。

（一）乙巳卜，出貞：王疋不洌。〔一〕

【簡釋】

〔一〕本版與《合》二四九八三同文。

【備注】

組類：出組

材質：龜腹甲

尺寸：長二・九、寬一・六厘米

著録：《合》二三六二三

來源：一九五二年馬衡捐贈，國家文物局調撥

院藏號：新一六〇八二四

二一二　辛酉卜出貞勿見其遘事

本甲正面存辭一條。反面無字。

（一）辛酉卜，［出］貞：勿［見］，其［冓（遘）］☑〔一〕

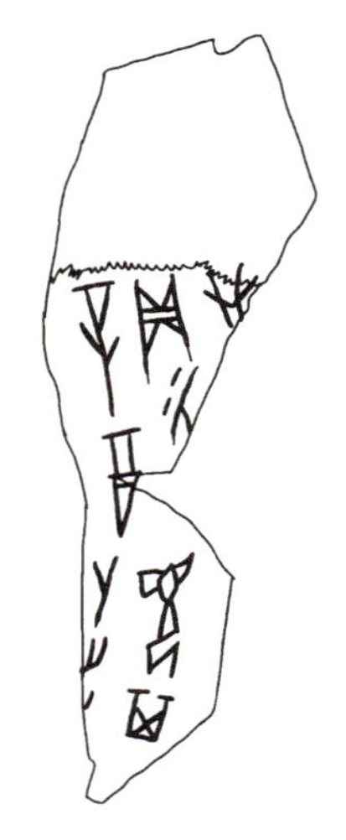

【簡釋】

〔一〕本甲可綴《合》一二五七三，綴合後即《合》二四八七八。釋文可補爲「辛酉卜，出貞：勿見，其冓（遘）雨，克卒，五月。一」。詳見李愛輝、李延彥復原，《拼續》第四八四、五六五則。

【備注】

組類：出組

材質：龜腹甲

尺寸：長六・三、寬二・四厘米

著録：〔上半〕《合補》四四八一；〔下半〕《合》二三六七九；〔全〕《鐵》七四・三左部、《鐵新》四二八左部、《文拓》一五二左部、《合》二四八七八左部

來源：一九五二年馬衡捐贈，國家文物局調撥

院藏號：新一六〇七二二+新一六〇八八二

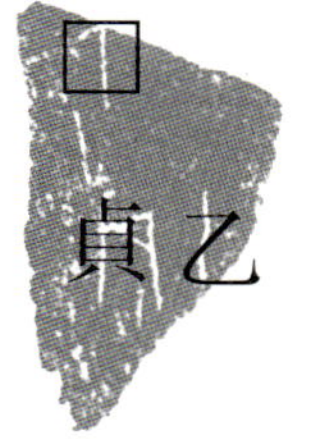

二一三 乙日貞某事

本骨正面存辭二條。反面無字。

（一）乙☐貞☐

（二）☐□☐

【備注】

組類：出組

材質：牛肩胛骨

尺寸：長二・〇、寬一・二厘米

著録：未見

來源：一九五二年馬衡捐贈，國家文物局調撥

院藏號：新一六〇七四七

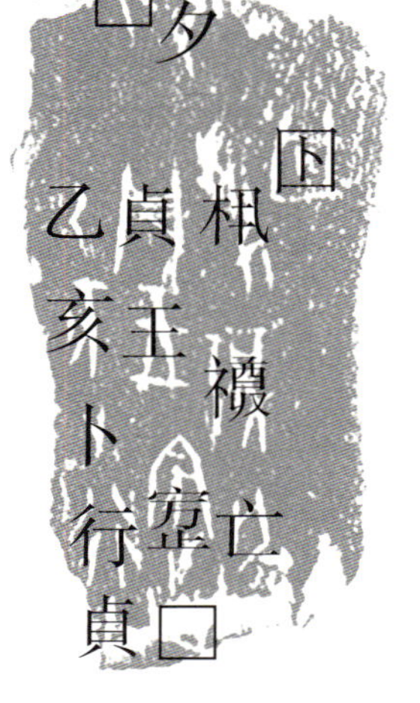

二一四　乙亥卜行貞王儐夙祼亡囚等事

本骨正面存辭三條。反面無字。

（一）☐［貞］☐☐☐

（二）乙亥卜，行貞：王宊（儐）枫（夙）禱（祼），亡囚[一]。

（三）☐☐☐夕☐

【簡釋】

［一］「囚」或比定作「禍」「咎」「憂」等字。

【備注】

組類：出組

材質：牛肩胛骨

尺寸：長四・三、寬一・六厘米

著録：《合》二五三九六

來源：一九五二年馬衡捐贈，國家文物局調撥

院藏號：新一六〇七〇〇

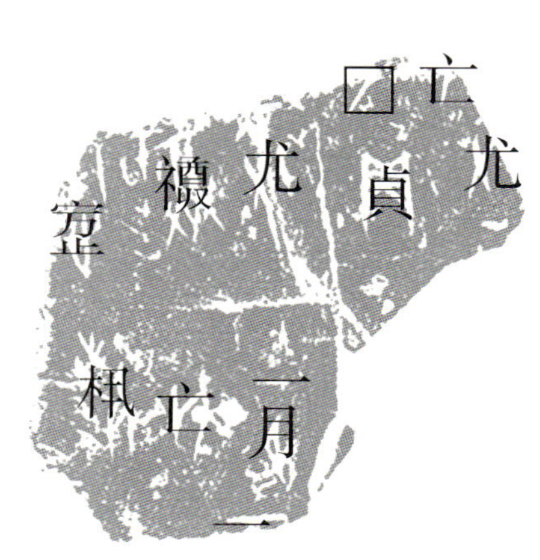

二一五　一月某日問儐夙祼亡尤等事

本甲正面存辭二條，有界劃綫。反面無字。

（一）☐□貞☐［亡］尤☐

（二）☐［宔（儐）］柤（夙）［禶（祼）］，亡尤。一月〔一〕。

【簡釋】

〔一〕本甲兆干似經過刻劃。

【備注】

組類：出組

材質：龜腹甲

尺寸：長三・六、寬二・八厘米

著録：《合》二五四四一

來源：一九五二年馬衡捐贈，國家文物局調撥

院藏號：新一六〇七〇八

二一六　丙子貞王夕祼與某日卜出問儐亡尤等事

本甲正面存辭三條。反面無字。

（一）丙子☐貞：王☐夕禮（祼）☐

（二）☐卜，出☐宾（儐）☐亡尤。

（三）☐☐☐

【備注】

組類：出組

材質：龜腹甲

尺寸：長二・六、寬一・八厘米

著録：《合補》七六三五

來源：一九五二年馬衡捐贈，國家文物局調撥

院藏號：新一六〇八二五

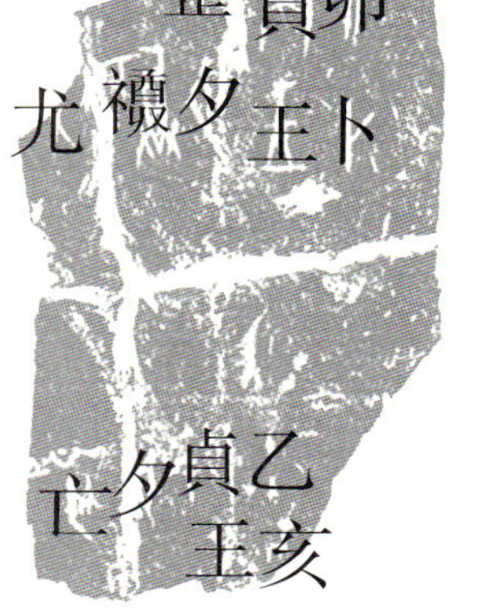

二一七　乙亥與卯等日卜貞王儐夕祼亡尤事

本甲正面存辭二條。反面無字。

（一）乙［亥］☐貞：王☐夕☐亡☐

（二）☐［卯］卜☐貞：王［宊（儐）］，夕禶（祼）☐［尤］。

【備注】

組類：出組

材質：龜背甲

尺寸：長三・七、寬二・九厘米

著録：《合補》七六六三

來源：一九五二年馬衡捐贈，國家文物局調撥

院藏號：新一六〇六七四

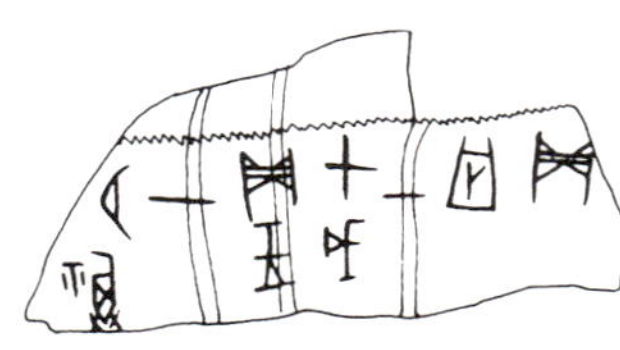

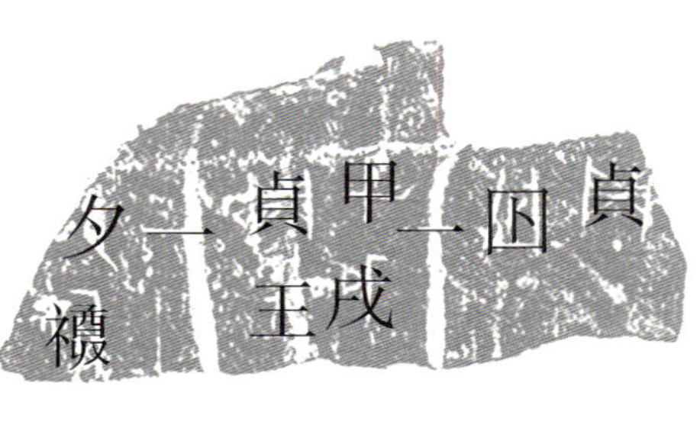

二一八　甲戌貞王夕祼等事

本甲正面存辭二條。反面無字。

（一）☐貞☐𡆥[一]。　一

（二）甲戌☐貞：王☐夕[禶（祼）]☐　一

【簡釋】

[一]「𡆥」或比定作「禍」「咎」「憂」等字。

【備注】

組類：出組

材質：龜背甲

尺寸：長四・一、寬二・一厘米

著録：《合補》七六五九

來源：一九五二年馬衡捐贈，國家文物局調撥

院藏號：新一六〇七一五

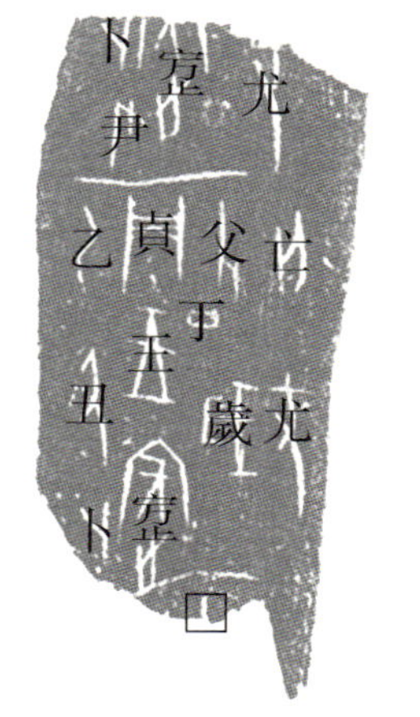

二一九　乙丑卜貞王儐父丁歲亡尤等事

本骨正面存辭三條，有界劃綫。反面無字。

（一）☒☐☒

（二）乙丑卜，貞：王宔（儐）父丁歲，亡尤。

（三）☒［卜］，尹☒［宔（儐）］☒［尤］。〔一〕

【簡釋】

〔一〕本骨可綴《宫藏馬》第二二四號，綴合後釋文可補爲「乙丑卜，尹貞：王宔（儐）叙，亡尤」。詳見劉影綴，《賓組牛胛骨新綴四組》第二組。

【備注】

組類：出組

材質：牛肩胛骨

尺寸：長三・九、寬一・四厘米

著録：《合》二三三〇二

來源：一九五二年馬衡捐贈，國家文物局調撥

院藏號：新一六〇七一七

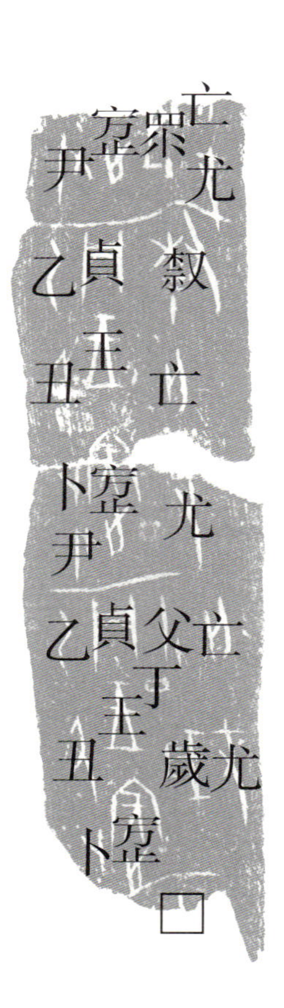

附　乙丑卜貞王儐父丁歲亡尤與尹貞王儐叙亡尤等事

《宮藏馬》第二一九號可綴第二三四號。綴合後本骨正面存辭四條，有界劃綫。反面無字。

（一）〼□〼

（二）乙丑卜，貞：王宓（儐）父丁歲，亡尤。

（三）乙丑卜，尹貞：王宓（儐）叙，亡尤。

（四）〼尹〼［宓（儐）］眔〼［亡］尤。

【備注】

組類：出組

材質：牛肩胛骨

尺寸：長七・〇、寬一・五厘米

著録：〔上半〕合二五二六一；〔下半〕合二三三〇二

院藏號：新一六〇七一七＋新一六〇七〇二

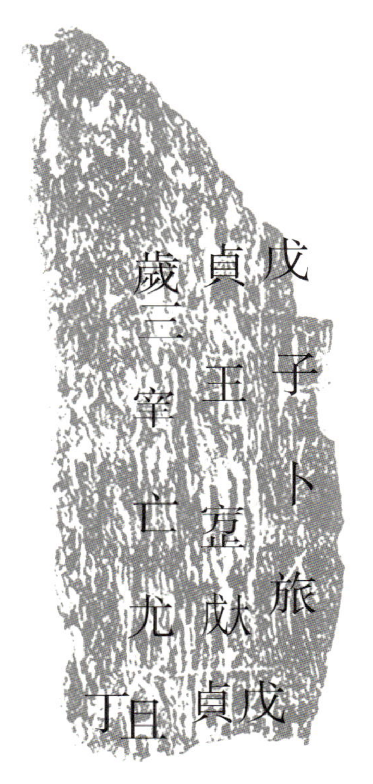

三二〇　戊日貞祖丁與戊子卜旅貞王儐大戊歲三宰亡尤等事

本骨正面存辭二條，有界劃綫。反面無字。

（一）戊☐貞☐且（祖）丁[一]☐

（二）［戊］子卜，旅貞：王室（儐）大戊[二]歲三宰，亡尤。

【簡釋】

［一］「且丁」爲合文。

［二］「大戊」爲合文。

【備注】

組類：出組

材質：牛肩胛骨

尺寸：長六・五、寬二・一厘米

著録：《凡》一・二・三（不全）、《南師》二・一七九（不全）、《磻葍》二・三（不全）、《合》四〇九六五（不全）、《宮凡將》七（不全）

來源：一九五二年馬衡捐贈，國家文物局調撥

院藏號：新一六〇七六二

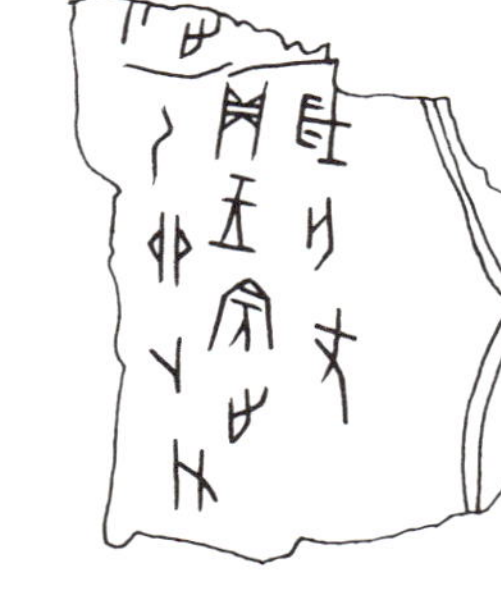
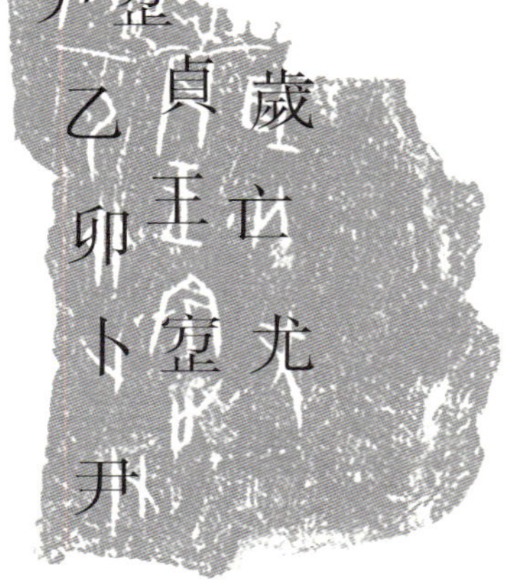

二三二 乙卯卜尹貞王賓歲亡尤等事

本甲正面存辭二條，有界劃綫。反面無字。

（一）乙卯卜，尹貞：王宊（賓）歲，亡尤。

（二）☐［尹］☐［宊（賓）］☐

【備注】

組類：出組

材質：龜腹甲

尺寸：長四・〇、寬二・七厘米

著録：《凡》一・六・四、《續》二・二・八（不全）、《磻薑》六・四、《合》二五一一四、《宮凡將》二一

來源：一九五二年馬衡捐贈，國家文物局調撥

院藏號：新一六〇七三三

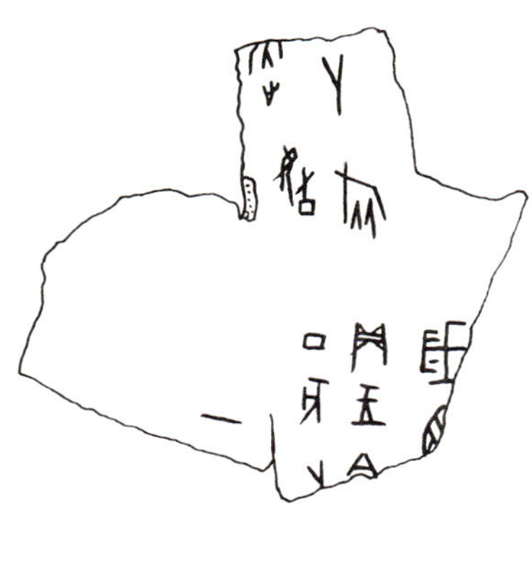

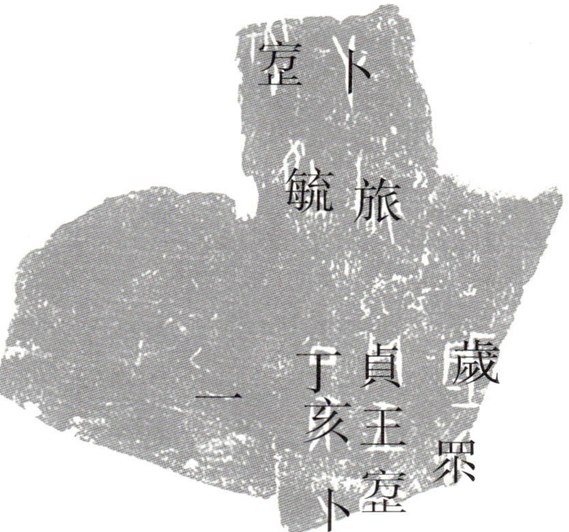

二三二　丁亥卜貞王儐歲與某日卜旅問儐毓某等事

本甲正面存辭二條。反面無字。

（一）丁亥卜☐貞：王[㝎(儐)]☐歲

[眔]☐　一

（二）☐卜，旅☐[㝎(儐)]毓☐

【備注】

組類：出組

材質：龜腹甲

尺寸：長四・七、寬四・二厘米

著録：《凡》一・二八・二(不全)、《續》二・三・一(不全)、《合》二三一五八、《宮凡將》一〇三(不全)

來源：一九五二年馬衡捐贈，國家文物局調撥

院藏號：新一六〇七八五

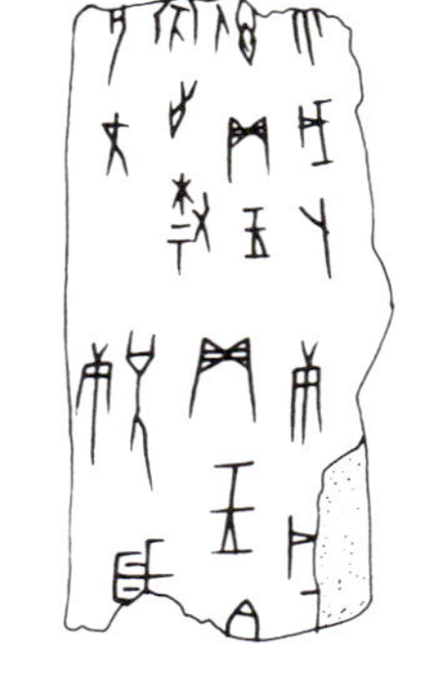

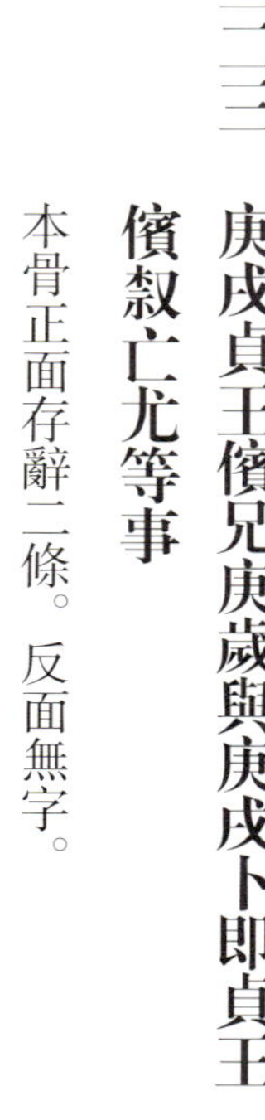

二三三　庚戌貞王儐兄庚歲與庚戌卜即貞王儐叙亡尤等事

本骨正面存辭二條。反面無字。

（一）庚［戌］☐貞：王［宓（儐）］☐兄庚〔一〕［歲］☐

（二）［庚］戌卜，［即］貞：王宓（儐）叙，［亡］尤。

【簡釋】

〔一〕「兄庚」爲合文。

【備注】

組類：出組

材質：牛肩胛骨

尺寸：長四・六、寬一・九厘米

著録：《合》二三四九〇

來源：一九五二年馬衡捐贈，國家文物局調撥

院藏號：新一六〇七七二

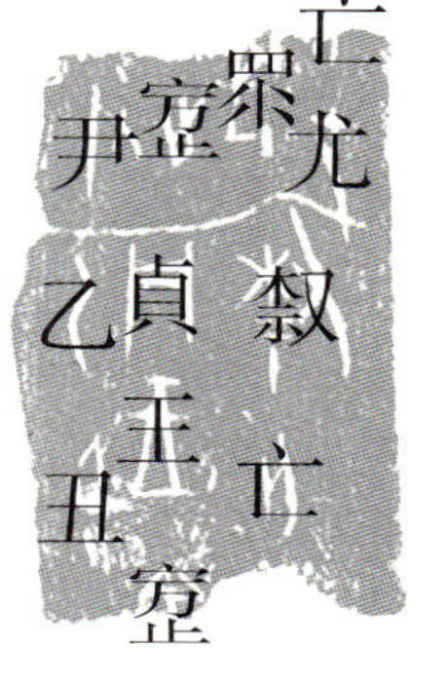

二三四 乙丑貞王儐叙亡尤等事

本骨正面存辭二條，有界劃綫。反面無字。

（一）乙丑☐貞：王［𡧊（儐）］叙，亡☐

（二）☐尹☐［𡧊（儐）］☐［眔］☐［亡］尤。〔一〕

【簡釋】

〔一〕本骨可綴《宫藏馬》第二一九號，綴合後釋文可補爲「乙丑卜，尹貞：王𡧊（儐）叙，亡尤」。詳見劉影綴，《賓組牛胛骨新綴四組》第二組。

【備注】

組類：出組

材質：牛肩胛骨

尺寸：長二・九、寬一・三厘米

著録：《合》二五二六一

來源：一九五二年馬衡捐贈，國家文物局調撥

院藏號：新一六〇七〇二

二三五　丁巳卜貞王儐叔亡尤事

本甲正面存辭一條。反面無字。

（一）丁巳卜☐貞：王宔（儐）叔，亡尤。

一

【備注】

組類：出組

材質：龜腹甲

尺寸：長四・二、寬三・二厘米

著録：《凡》一・六・二、《續》二・九・一（不全）、《磻甾》六・二、《合》二五三四三（不全）、《宮凡將》一九

來源：一九五二年馬衡捐贈，國家文物局調撥

院藏號：新一六〇七三五＋新一六〇七五一＋新一六〇八九一

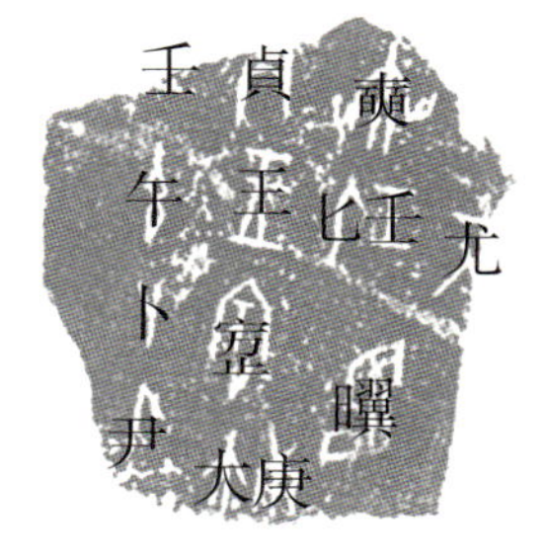

二三六　壬午卜尹貞王儐大庚奭妣壬翌日亡尤事

本甲正面存辭一條。反面無字。

（一）［壬］午卜，尹［貞］：王穷（儐）大庚〔一〕奭匕（妣）壬〔二〕𥄳（翌）☐［尤］。

【簡釋】

〔一〕「大庚」爲合文。

〔二〕「匕壬」爲合文。

【備注】

組類：出組

材質：龜腹甲

尺寸：長二·四、寬二·一厘米

著録：《合》二三三一二

來源：一九五二年馬衡捐贈，國家文物局調撥

院藏號：新一六〇七三七

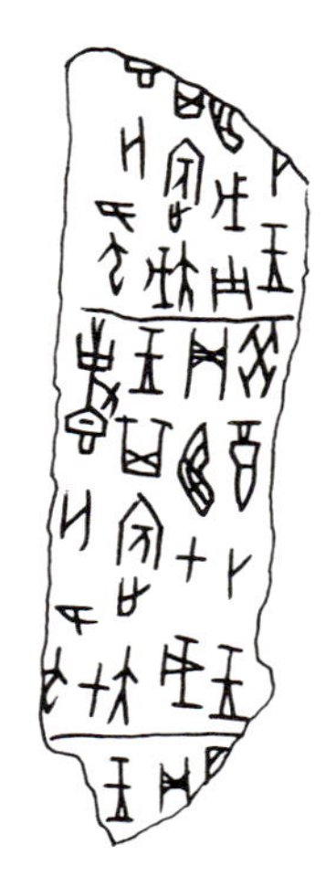

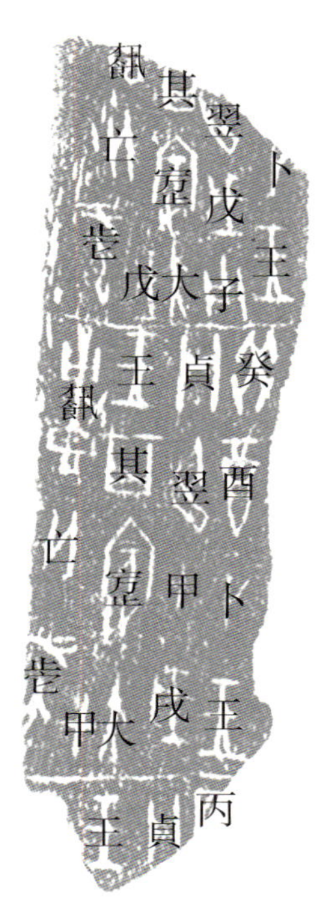

二三七 癸酉等日卜王貞翌日王其儐大甲大戊𩰫亡𡿧等事

本骨正面存辭三條，有界劃綫。反面無字。

（一）[丙]☐貞☐王☐

（二）癸酉卜，王貞：翌甲戌王其𡧊（儐）大甲〔一〕𩰫，亡𡿧〔二〕。

（三）☐[卜]，王☐[翌]戊子☐其𡧊（儐）大戊〔三〕[𩰫]，亡𡿧。〔四〕

【簡釋】

〔一〕「大甲」爲合文。

〔二〕「𡿧」或比定作「蚩」字，讀作「害」。下同。

〔三〕「大戊」爲合文。

〔四〕本骨可綴《通別二》一〇・二，綴合後即《合》二二七七九（《通纂》一六一）。釋文可補爲「丁亥卜，王貞：翌戊子其𡧊（儐）大戊𩰫，亡𡿧」。詳見郭沫若綴，《通纂》第一六一則。

【備注】

組類：出組

材質：牛肩胛骨

尺寸：長六・一、寬一・五厘米

著録：《凡》一・一・三、《續》一・一〇・二、《通纂》一六一下半、《磻甚》一・三、《合》二二七七九下半、《宮凡將》三

來源：一九五二年馬衡捐贈，國家文物局調撥

院藏號：新一六〇七二八

二三二八　壬辰卜行貞王儐大庚等事

本骨正面存辭二條。反面無字。

（一）　壬辰卜，［行］貞：［王］☐大庚〔一〕☐　二

（二）　☐卜，行☐宔（儐）☐亡☐

【簡釋】

〔一〕「大庚」爲合文。

【備注】

組類：出組

材質：牛肩胛骨

尺寸：長二·九、寬二·五厘米

著録：《凡》一·一·四、《續》一·一一·三、《磻蜚》一·四、《合》二三二八〇五、《宮凡將》四

來源：一九五二年馬衡捐贈，國家文物局調撥

院藏號：新一六〇七四九

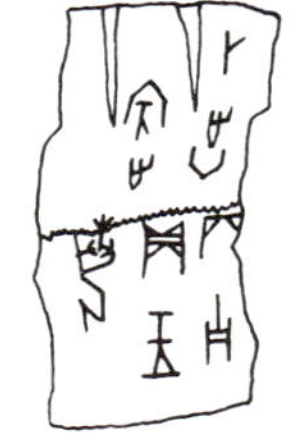

二二九　丙子貞王夙等事

本甲正面存辭二條。反面無字。

（一）丙子☐貞：王☐䄙（夙）☐

（二）☐卜，出☐㝗（儐）☐

【備注】

組類：出組

材質：龜背甲

尺寸：長三・〇、寬一・七厘米

著録：《合補》七七〇七

來源：一九五二年馬衡捐贈，國家文物局調撥

院藏號：新一六〇七五〇

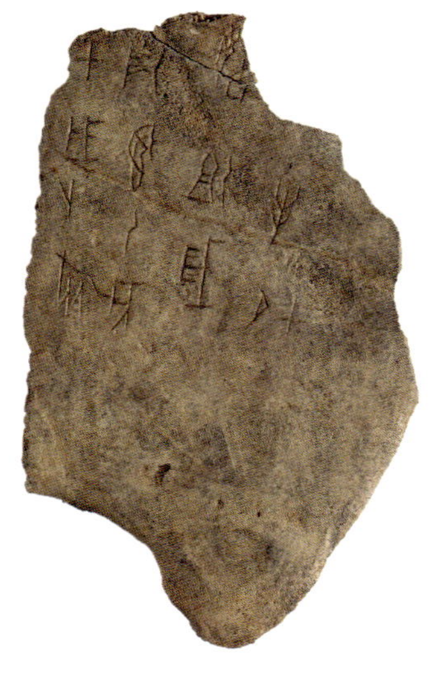

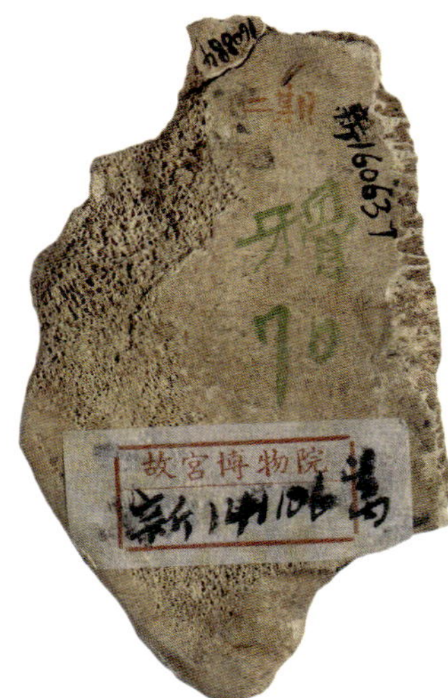

一三三〇　七月甲戌卜旅貞翌乙亥毓祖乙歲牛事

本甲正面存辭一條。反面無字。

（一）甲戌卜，旅貞：翌乙亥毓且（祖）乙[一]歲☐牛。七月。

【簡釋】

[一]「且乙」爲合文。

【備注】

組類：出組

材質：龜腹甲

尺寸：長六·八、寬三·九厘米

著録：《凡》一·二·二、《續》一·一三·四（不全）、《通纂》四三、《南師》二·一七五、《磻薑》二·二、《合》二三一四六（不全）、《宮凡將》六

來源：一九五二年馬衡捐贈，國家文物局調撥

院藏號：新一六〇六三七+新一六〇八八四

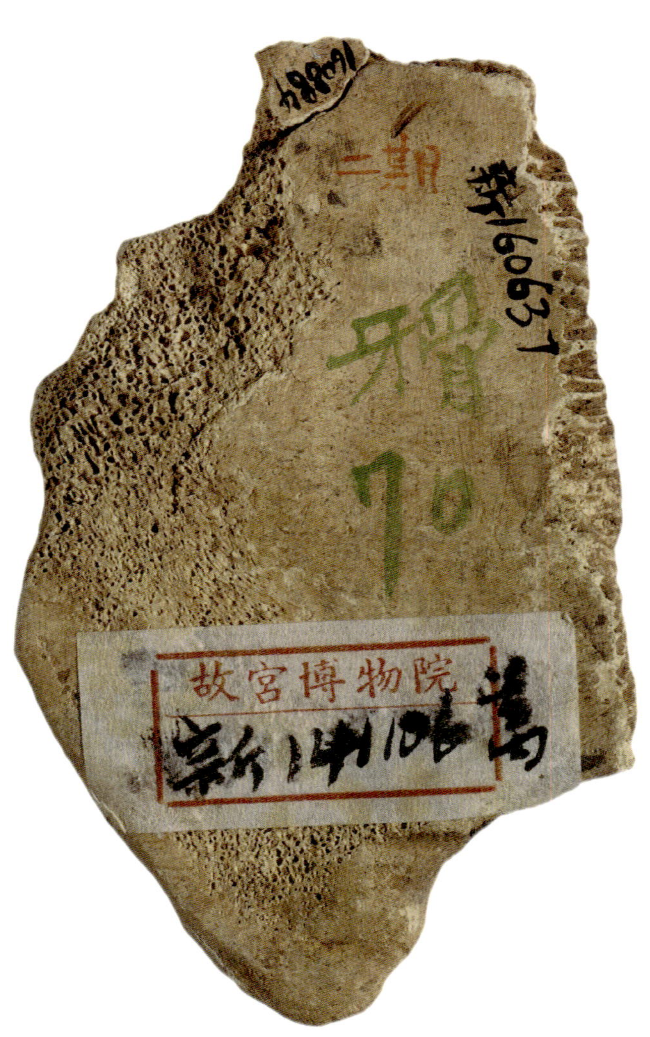
二期
故宫博物院

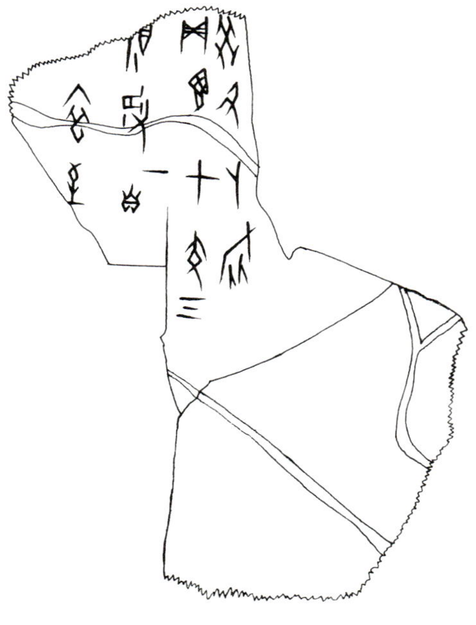

一三三 癸丑卜旅貞翌甲寅迄彭祭某事

本甲正面存辭一條。反面無字。

（一）癸丑卜，旅貞：翌甲寅乞（迄）［彭］祭自☐卒，至☐　一

【備注】

組類：出組

材質：龜腹甲

尺寸：長八・二、寬七・〇厘米

著録：〔左上部〕《合》二六〇〇四

來源：一九五二年馬衡捐贈，國家文物局調撥

院藏號：新一六〇六九三+資一二八一一二

癸丑卜旅
貞翌甲寅乞
酌祭一白
卒至

二三三二　庚申貞翌辛日祀妣辛用宰牛等事

本骨正面存辭二條。反面無字。

（一）庚申☐貞：翌辛☐匕（妣）辛[一]

[宰]☐

（二）貞：其宰又一牛。　二

【簡釋】

〔一〕「匕辛」爲合文。

【備注】

組類：出組

材質：牛肩胛骨

尺寸：長七・九、寬四・○厘米

著録：《合》二三四○○

來源：一九五二年馬衡捐贈，國家文物局調撥

院藏號：新一六○六一○

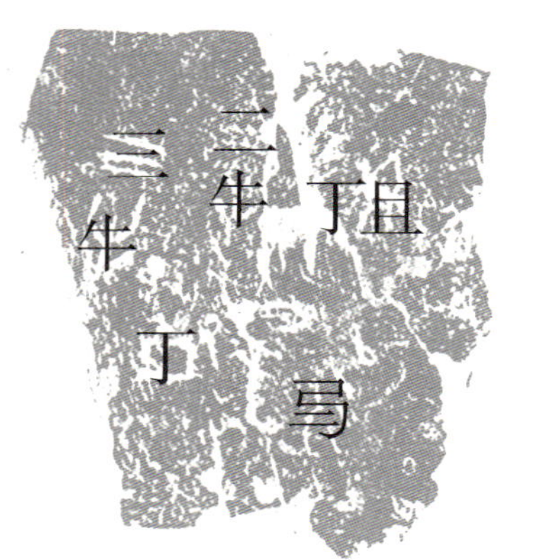

二三三　某日問祀祖丁用牛等事

本甲正面存辭二條。反面無字。

（一）弓（勿）☐丁☐

（二）☐且（祖）丁〔一〕☐二牛☐三牛☐

【簡釋】

〔一〕「且丁」爲合文。

【備注】

組類：出組

材質：龜腹甲

尺寸：長三・六、寬三・二厘米

著録：未見

來源：一九五二年馬衡捐贈，國家文物局調撥

院藏號：新一六〇六二二

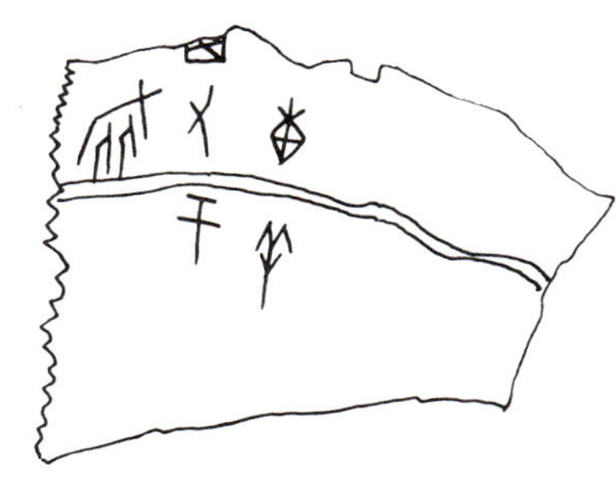

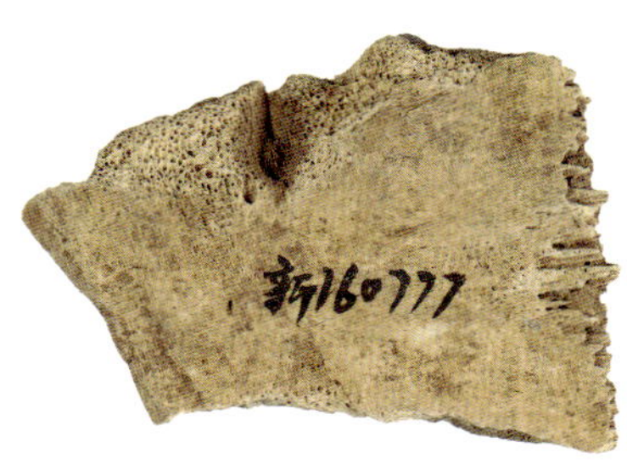

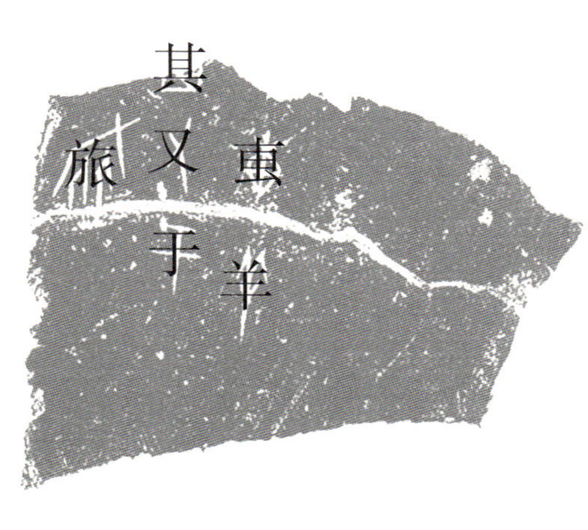

二三四　某日旅問其侑于某叀羊事

本甲正面存辭一條。反面無字。

（一）□旅□［其］又（侑）于□叀羊。

【備注】

組類：出組

材質：龜腹甲

尺寸：長四・七、寬三・三厘米

著録：《凡》一・一〇・二、《續》六・一一・七（不全）、《播萁》一〇・二、《合》二五〇五八、《宫凡將》三四

來源：一九五二年馬衡捐贈，國家文物局調撥

院藏號：新一六〇七七七

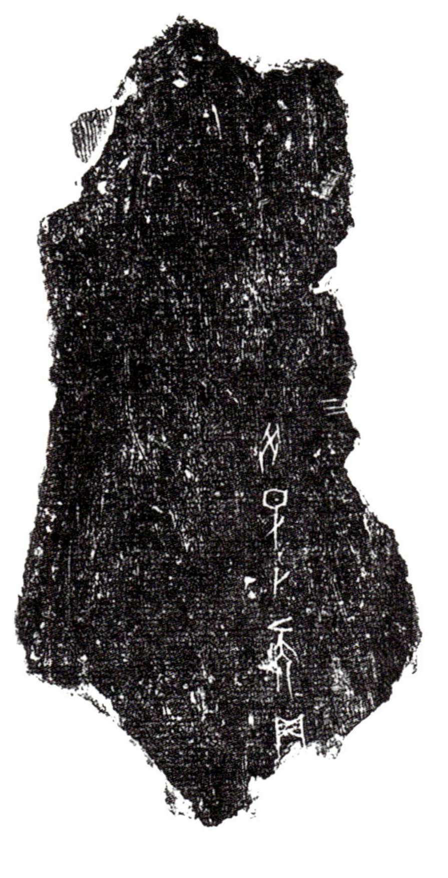

二三三五　癸巳卜矣貞某事

本骨正面存辭一條。反面無字。

（一）　癸巳卜，矣貞☐　三

【備注】

組類：出組

材質：牛肩胛骨

尺寸：長一一·二、寬五·〇厘米

著録：《凡》一·二二·四（不全）、《磻甍》二三·四（不全）、《合》二三五八九、《宮凡將》八一（不全）

來源：一九五二年馬衡捐贈，國家文物局調撥

院藏號：新一六〇五八四

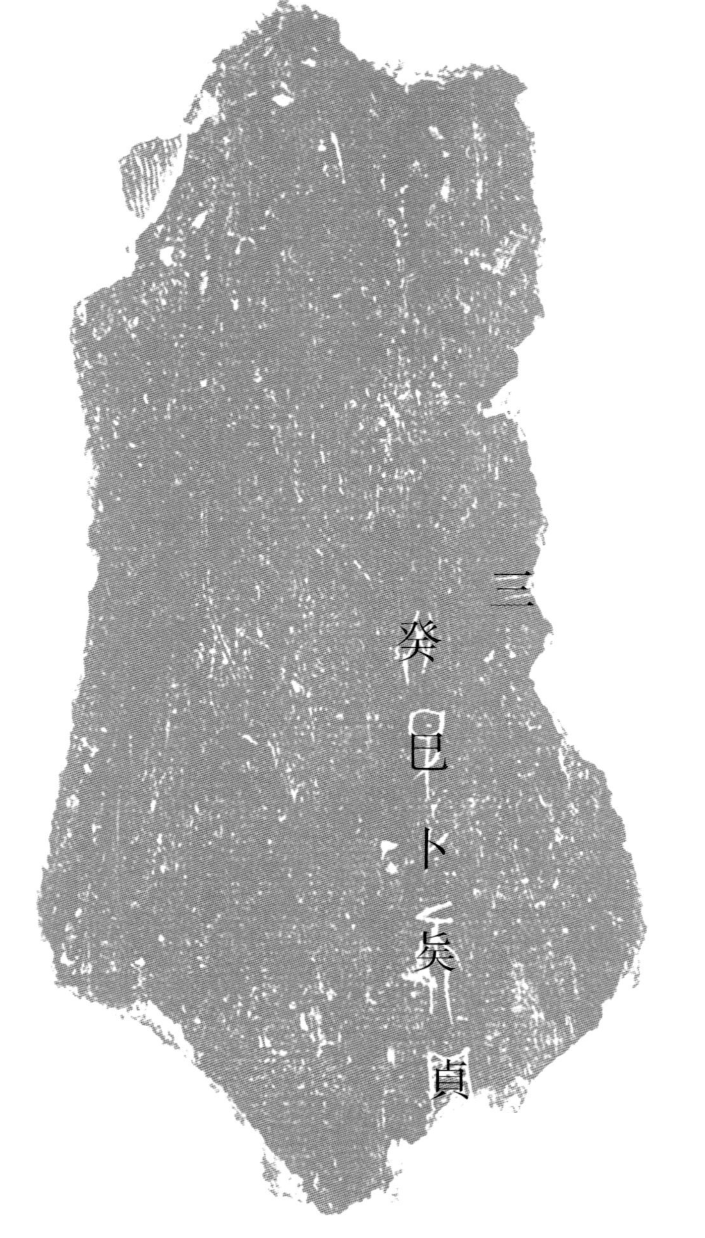
三
癸巳卜㚔貞

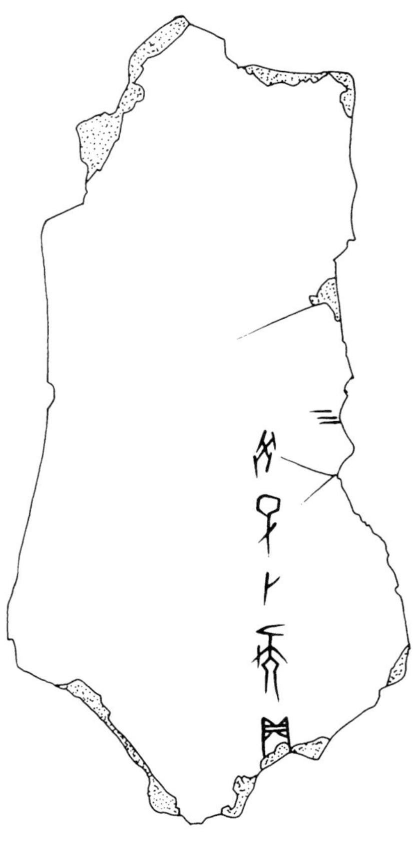

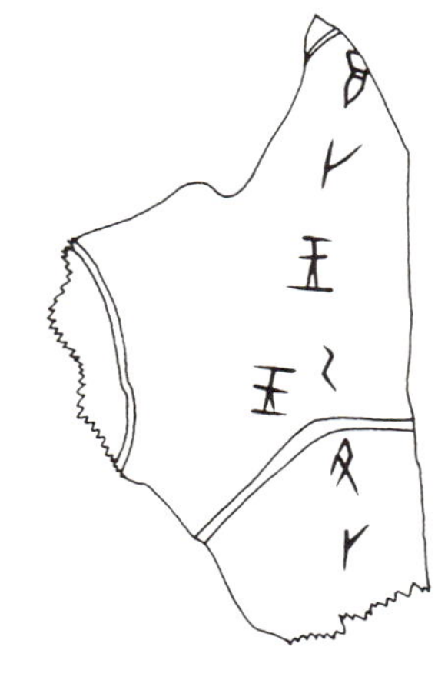

二三三六　乙丑與酉等日卜王事

本甲正面存辭二條。反面無字。

（一）乙丑卜，王。

（二）☐［酉］卜，王。

【備注】

組類：出組

材質：龜腹甲

尺寸：長五・六、寬三・〇厘米

著録：《合補》八四八〇

來源：一九五二年馬衡捐贈，國家文物局調撥

院藏號：新一六〇六〇七

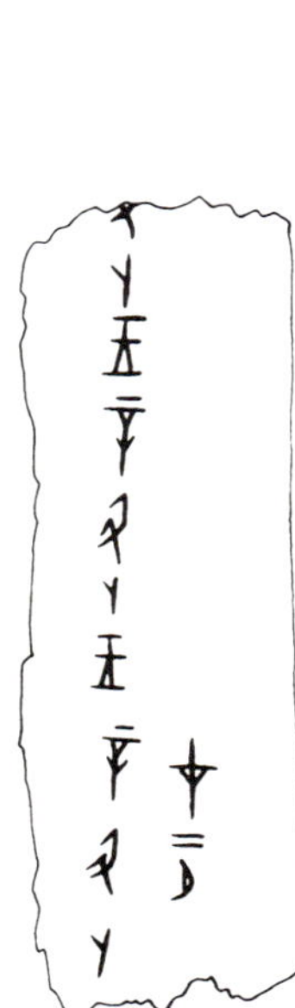

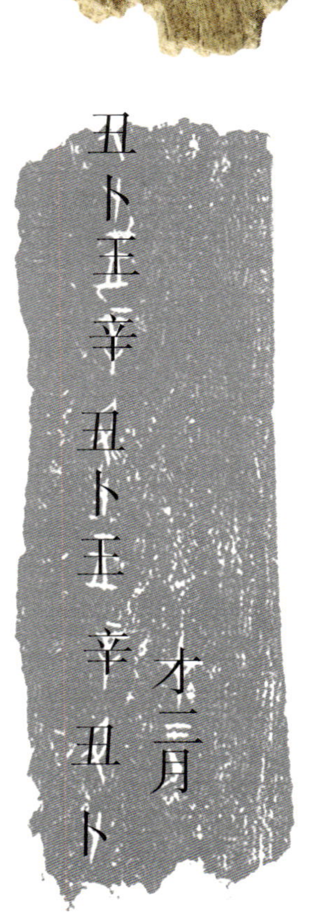

二三七　二月辛丑卜王等事

本骨正面存辭三條。反面無字。

（一）辛丑卜□才(在)二月。

（二）辛丑卜，王。

（三）□［丑］卜，王。〔一〕

【簡釋】

〔一〕本骨可綴《上博》一七六四五·一五，綴合後釋文可補爲「辛丑卜，□。才(在)二月。／辛丑卜，王。／辛丑卜，王。／辛丑卜，王」。詳見蔡哲茂綴，《〈上海博物館藏甲骨文字〉新綴五則》第五則。

【備注】

組類：出組

材質：牛肩胛骨

尺寸：長六·七、寬一·九厘米

著録：《凡》一·一二·三、《續》六·二七·九、《磻薑》一二·三、《合》二四〇〇九、《宮凡將》四二

來源：一九五二年馬衡捐贈，國家文物局調撥

院藏號：新一六〇七六一

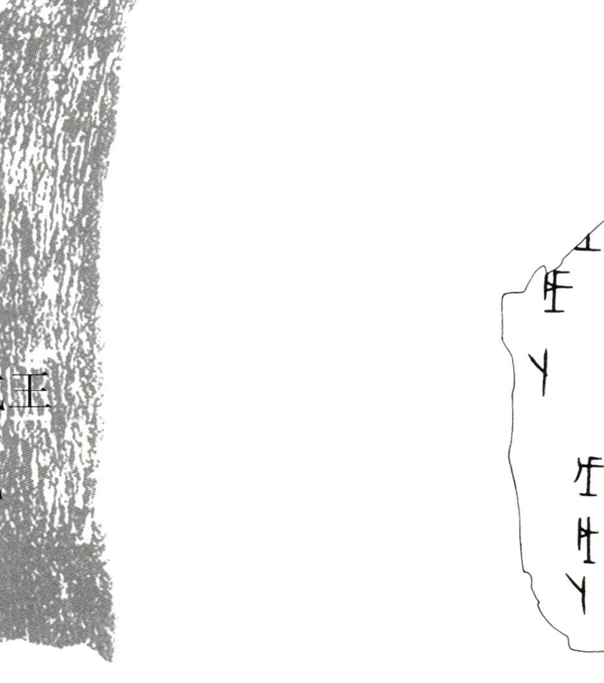

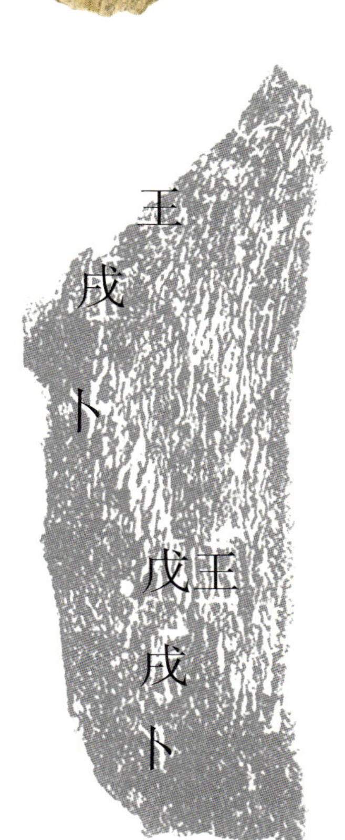

二三三八　戊戌卜王等事

本骨正面存辭二條。反面無字。

（一）戊戌卜，王。

（二）☐戌卜，［王］。

【備注】

組類：出組

材質：牛肩胛骨

尺寸：長七・二、寬二・〇厘米

著録：《凡》一・一二・二、《南師》二・一九〇、《磻薑》一二・二、《合補》八四六四、《宮凡將》四一

來源：一九五二年馬衡捐贈，國家文物局調撥

院藏號：新一六〇七七三

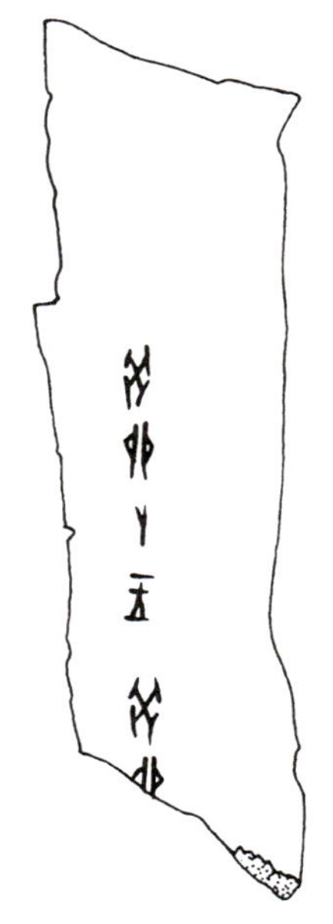

二三九　癸卯卜王等事

本骨正面存辭二條。反面無字。

（一）癸［卯］☐

（二）癸卯卜，王。

【備注】

組類：出組

材質：牛肩胛骨

尺寸：長七・九、寬一・九厘米

著録：未見

來源：一九五二年馬衡捐贈，國家文物局調撥

院藏號：新一六〇八六一

1980164

癸卯卜王
癸卯

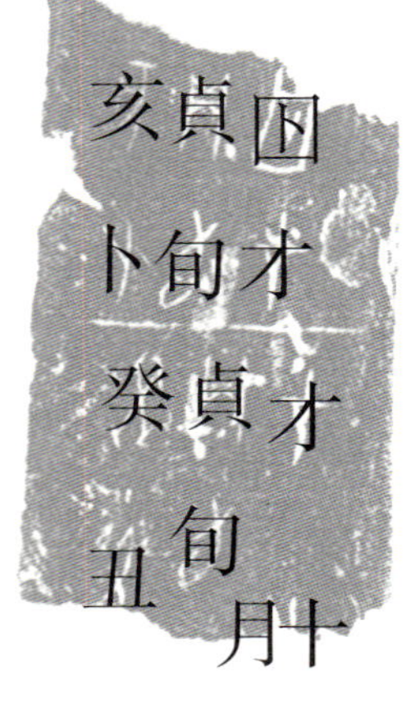

二四〇　十月癸丑與亥日卜貞旬亡囚事

本骨正面存辭二條，有界劃綫。反面無字。

（一）癸丑☐貞：旬☐才（在）［十月］〔一〕。

（二）☐亥卜☐貞：旬☐［囚］〔二〕。才（在）☐

【簡釋】

〔一〕「十月」爲合文。

〔二〕「囚」或比定作「禍」「咎」「憂」等字。

【備注】

組類：出組

材質：牛肩胛骨

尺寸：長三・七、寬一・八厘米

著録：《合》二六七一九

來源：一九五二年馬衡捐贈，國家文物局調撥

院藏號：新一六〇六五九

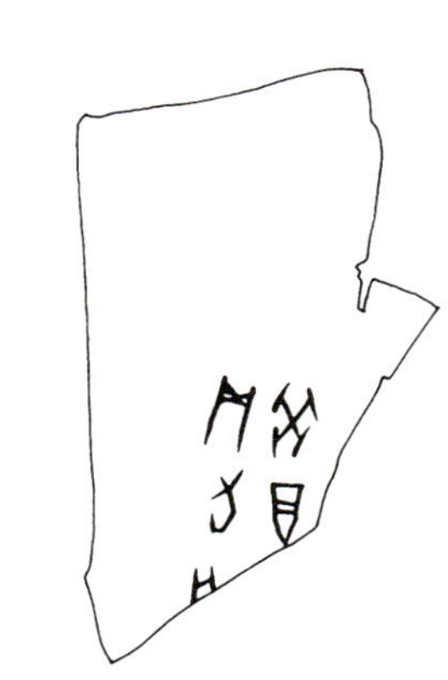

二四一　癸酉貞旬事

本骨正面存辭一條。反面無字。

（一）　癸酉☐貞：旬［亡］☐

【備注】

組類：出組

材質：牛肩胛骨

尺寸：長四・八、寬二・四厘米

著録：《合補》八一四二

來源：一九五二年馬衡捐贈，國家文物局調撥

院藏號：新一六〇六八八

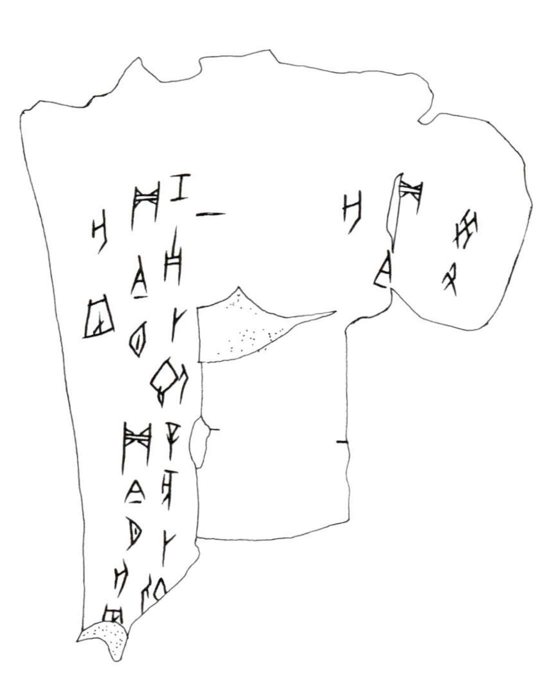

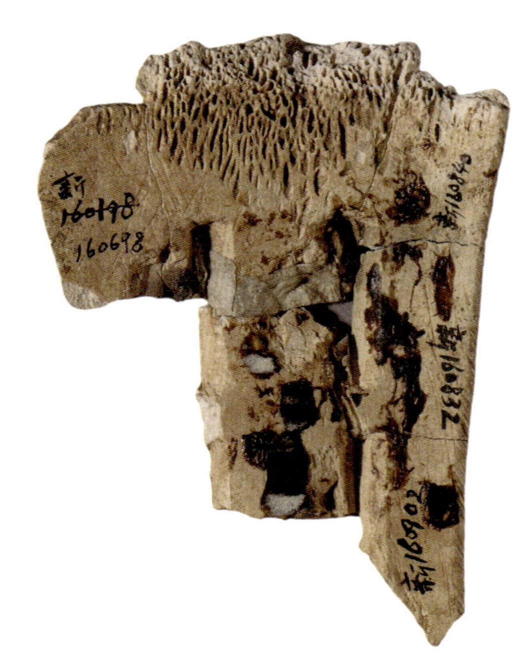

二四二　辛亥壬子等日卜即貞今夕亡囚事

本骨正面存辭四條。反面無字。

（一）辛亥卜，［即］貞：今夕亡［囚］［一］。
一

（二）　一

（三）壬子卜，即貞：今夕亡囚。　一

（四）癸丑☐貞：今☐亡☐

【簡釋】

［一］「囚」或比定作「禍」「咎」「憂」等字。下同。

【備注】

組類：出組

材質：牛肩胛骨

尺寸：長八·二、寬六·八厘米

著録：［左中部］《合補》八一〇三；［左下部］《合補》八〇八九；［左部］《續》二·一四·五、《合》二六三三六；［全］《凡》一·五·三、《南師》二·一八一、《磻薑》五·三、《宮凡將》一六

來源：一九五二年馬衡捐贈，國家文物局調撥

院藏號：新一六〇八三二+新一六〇八四〇+新一六〇九〇二+新一六〇六九八+資一二八-一四+資一二八-四八

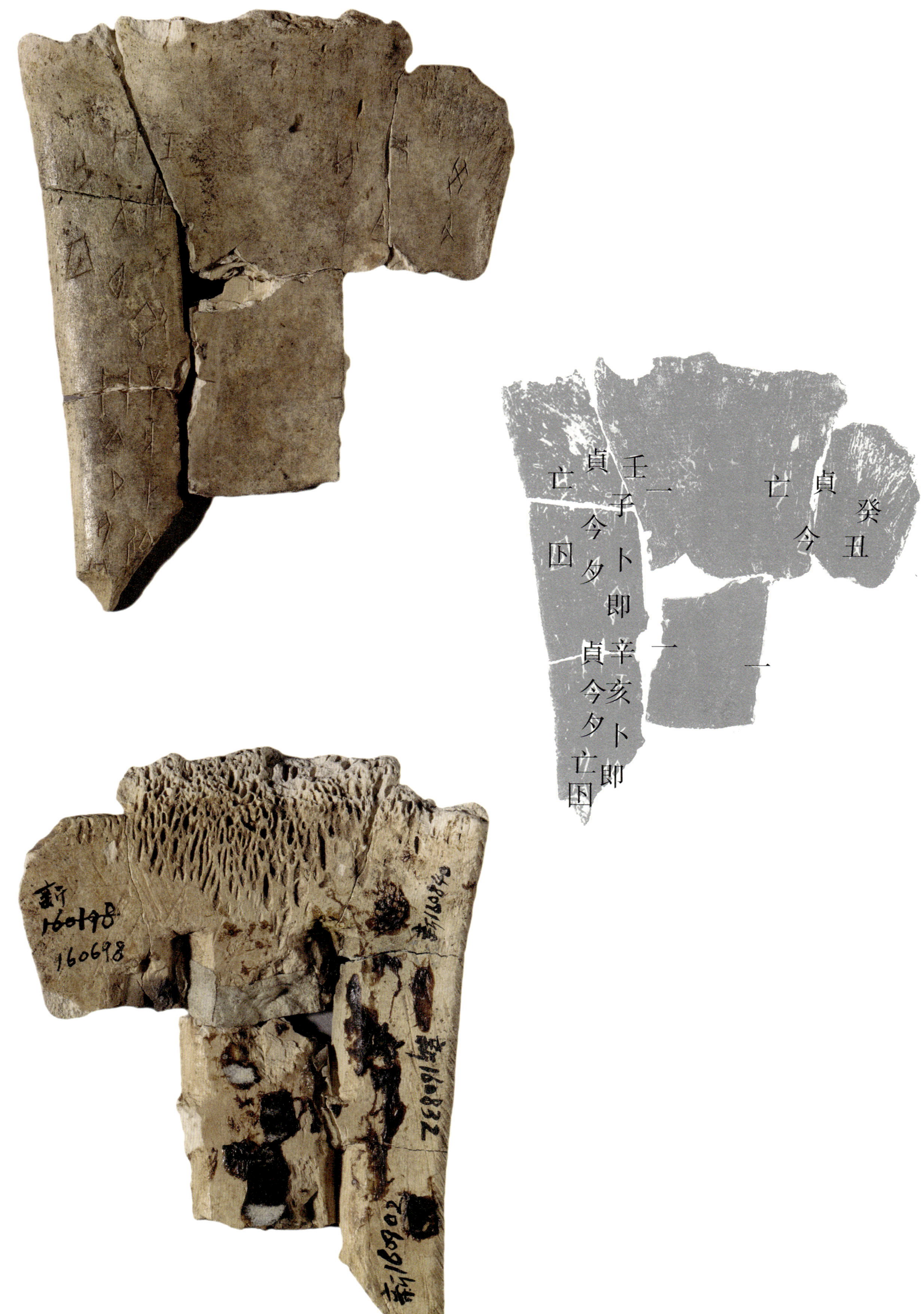
癸丑
貞今
亡
一
一
一
壬子卜即
辛亥卜即
貞今夕
貞今夕亡囚
亡囚
160698

二四三　五月丙午丁未等日行貞今夕亡囚事

本骨正面存辭五條。反面無字。

(一)　□☐貞☐囚[一]。　一

(二)　乙☐[貞]☐□☐　一

(三)　丙午卜，貞：今夕亡囚。才(在)五月[二]。　一

(四)　丁未卜，行貞：今夕亡囚。才(在)五月。　一

(五)　☐行貞：今夕亡囚。才(在)五月。

一

【簡釋】

[一]「囚」或比定作「禍」「咎」「憂」等字。下同。

[二]「五月」爲合文。下同。

【備注】

組類：出組

材質：牛肩胛骨

尺寸：長一一·〇、寬六·七厘米

著録：(上部)《合補》八二四八；(右下)《合》二六四五二；(全)《凡》一·二八·一、《南師》二·一八二、《合》四一二五六、《宮凡將》一〇二

來源：一九五二年馬衡捐贈，國家文物局調撥

院藏號：新一六〇五六六+新一六〇六三八+新一六〇六六九

五月才□
囗才五亡囗
月貞今夕貞
貞今夕亡丙午卜乙
于未卜行一一
一
才五月
囗
亡囗夕
貞
貞今行
□

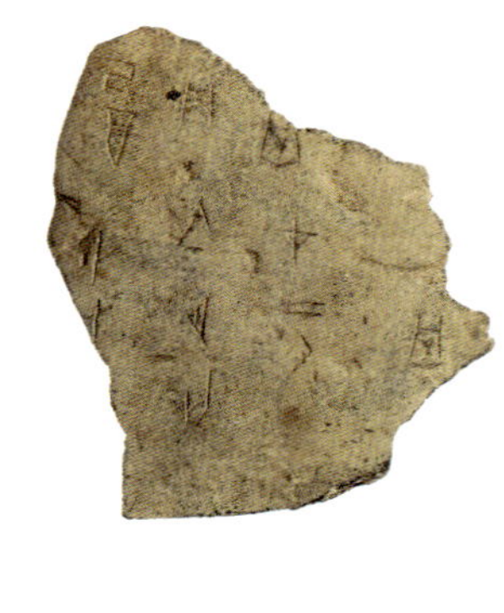

二四四　二月己酉卜旅貞今夕亡囚等事

本甲正面存辭二條。反面無字。

（一）己酉卜，「旅」貞：今夕亡囚〔一〕。才（在）二月。一

（二）☐囚。

【簡釋】

〔一〕「囚」或比定作「禍」「咎」「憂」等字。下同。

【備注】

組類：出組

材質：龜腹甲

尺寸：長四・〇、寬三・一厘米

著録：《凡》一・三〇・四、《續》四・四九・三、《合》二六三三八、《宮凡將》一一二

來源：一九五二年馬衡捐贈，國家文物局調撥

院藏號：新一六〇五九七

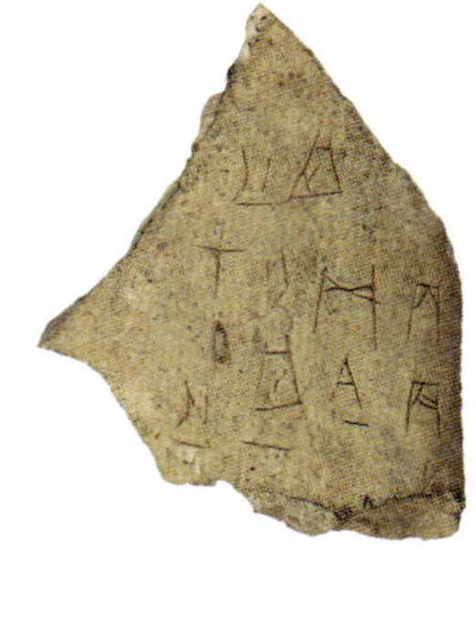

二四五　十一月丙辰等日卜貞今夕亡囚事

本骨正面存辭二條。反面無字。

（一）丙辰［卜］☒貞：今［夕］亡囚〔一〕。才(在)十一月〔二〕。　一

（二）☒囚☒十一月。

【簡釋】

〔一〕「囚」或比定作「禍」「咎」「憂」等字。下同。

〔二〕「十一月」爲合文。下同。

【備注】

組類：出組

材質：牛肩胛骨

尺寸：長四・〇、寬二・九厘米

著録：未見

來源：一九五二年馬衡捐贈，國家文物局調撥

院藏號：新一六〇七三八

二四六　五月某日問某事

本甲正面存辭二條。反面無字。

（一）貞☑囚[一]。　一

（二）☑亡☑五月[二]。

【簡釋】

[一]「囚」或比定作「禍」「咎」「憂」等字。

[二]「五月」爲合文。

【備注】

組類：出組

材質：龜背甲

尺寸：長二・九、寬一・六厘米

著録：未見

來源：一九五二年馬衡捐贈，國家文物局調撥

院藏號：新一六〇七一九

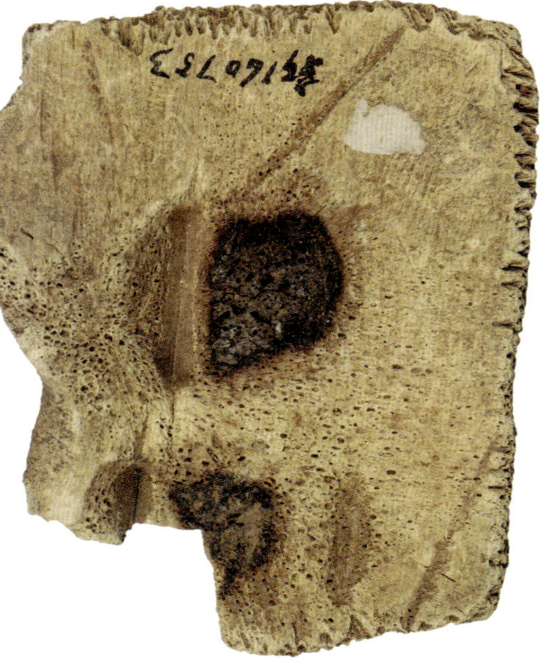

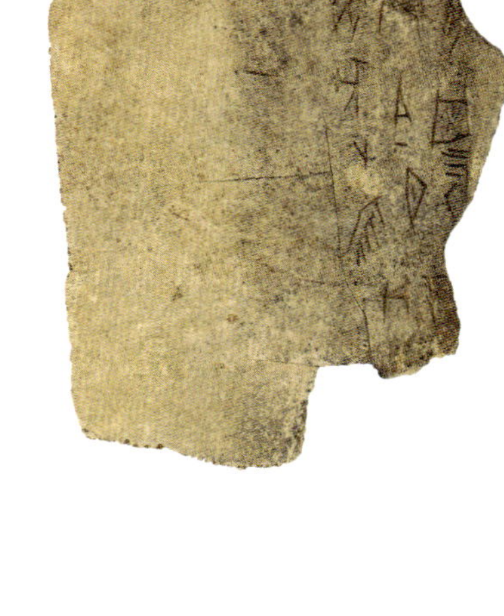

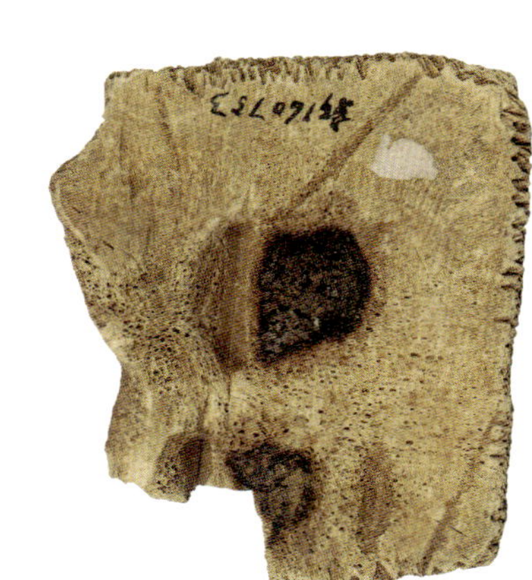

二四七　四月癸亥卜旅貞今夕亡囚等事

本甲正面存辭三條。反面無字。

（一）辛［酉］□貞：［今］□　一

（二）癸亥卜，旅貞：今夕亡囚[一]。三（四）月。　一

（三）□［旅］□[二]

【簡釋】

[一]「囚」或比定作「禍」「咎」「憂」等字。

[二]本甲可綴《合》二六二八四，綴合後即《合補》八〇四八。釋文可補爲「乙丑卜，旅貞：今夕亡囚。三（四）月」。

【備注】

組類：出組

材質：龜腹甲

尺寸：長五·四、寬四·六厘米

著録：《凡》一·二八·三（不全）、《續》四·四三·一〇（不全）、《合》二六三三一、《合補》四〇四八下半、《宮凡將》一〇四（不全）

來源：一九五二年馬衡捐贈，國家文物局調撥

院藏號：新一六〇七五三

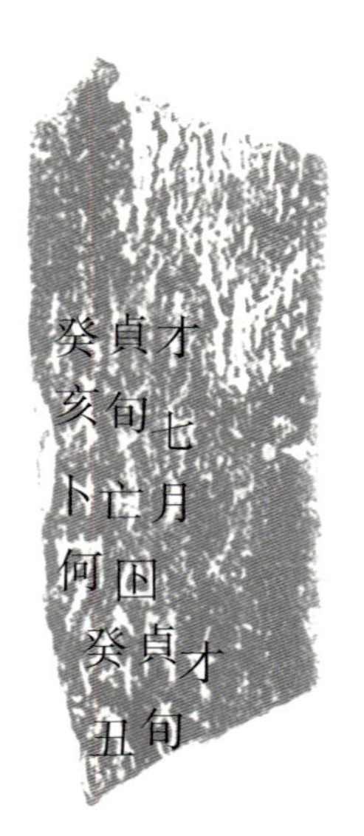

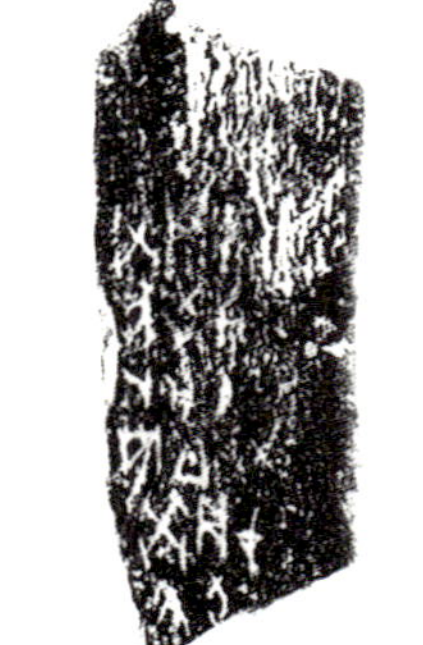

二四八　癸丑與七月癸亥等日卜何貞旬亡囚事

本骨正面存辭二條。反面無字。

（一）癸丑☐貞：旬☐才（在）☐

（二）癸亥卜，何貞：旬亡囚[一]。才（在）七月。

【簡釋】

[一]「囚」或比定作「禍」「咎」「憂」等字。

【備注】

組類：何組

材質：牛肩胛骨

尺寸：長四・七、寬一・六厘米

著録：《合》三一三四三

來源：一九五二年馬衡捐贈，國家文物局調撥

院藏號：新一六〇六五〇

二四九　七月己酉卜卯貞今夕亡𡆥事

本甲正面存辭一條。反面無字。

（一）己酉卜，卯貞：今夕亡𡆥[一]。才（在）七月[二]。

【簡釋】

[一]「𡆥」或比定作「禍」「咎」「憂」等字。

[二]本甲右側截鋸。

【備注】

組類：何組

材質：龜背甲

尺寸：長三·五、寬一·五厘米

著録：《合》二九七二二

來源：一九五二年馬衡捐贈，國家文物局調撥

院藏號：新一六〇六五一

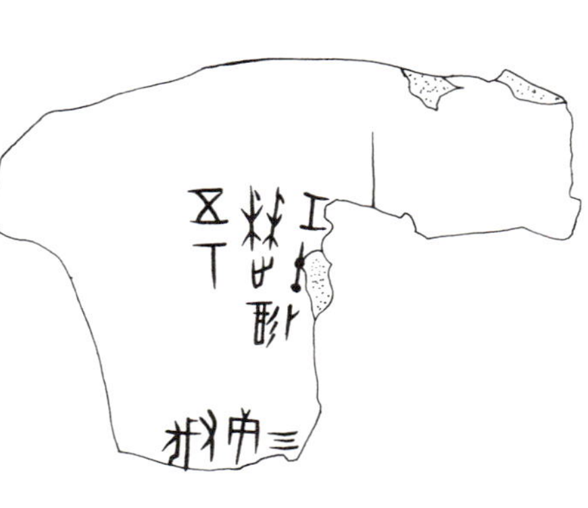

二五〇　壬午卜歷問酌五示等事

本骨正面存辭二條。反面無字。

（一）庚☐又☐伐☐　三

（二）壬午卜，歴（歷）：酌五示。

【備注】

組類：歷組

材質：牛肩胛骨

尺寸：長五・六、寬四・六厘米

著録：《合》三二八一七

來源：一九五二年馬衡捐贈，國家文物局調撥

院藏號：新一六〇六四八

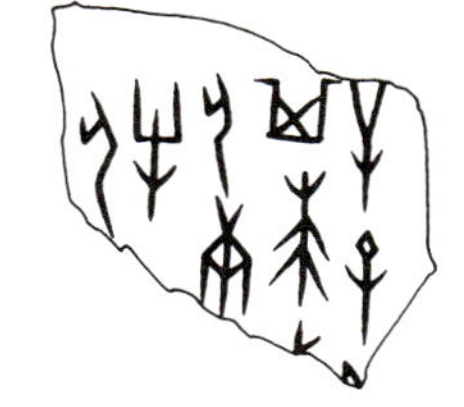

二五一　辛巳貞其禱生妣庚牝事

本骨正面存辭一條。反面無字。

（一）辛巳［貞］：其桒（禱）［生］☐匕（妣）庚☐牝☐〔一〕

【簡釋】

〔一〕本甲可綴《合》三四〇八二，綴合後即《合補》一〇四四六。釋文可補爲「辛巳［貞］：其桒（禱）生于匕（妣）庚匕（妣）丙牝⿰羊匕⿰豕匕。　一　一」。詳見曾毅公綴，《綴編》第五六則。

【備注】

組類：歷組

材質：牛肩胛骨

尺寸：長二·七、寬二·三厘米

著録：《凡》一·六·一（全）、《續》一·三九·七、《播萁》六·一（全）、《合》三四〇八四、《合補》一〇四四六甲、《宮凡將》一八（全）

來源：一九五二年馬衡捐贈，國家文物局調撥

院藏號：新一六〇六七七

二五二　甲辰問在茲作宗與癸亥卜寧風等事

本骨正面存辭三條。反面無字。

（一）甲［辰］☐弜□☐才（在）茲乍（作）宗，若[一]。［三］

（二）癸亥卜：于南寧風，豕一。　三

（三）☐［亥］卜☐［北］寧☐□☐

【簡釋】

［一］「若」字省形。

【備注】

組類：歷組

材質：牛肩胛骨

尺寸：長一〇・〇、寬二・八厘米

著録：《合》三四一三九

來源：一九五二年馬衡捐贈，國家文物局調撥

院藏號：新一六〇八一一

□
北寧
亥卜
風豕一
于南寧
癸亥卜
三
宗若
才兹乍
弜
甲辰□
三

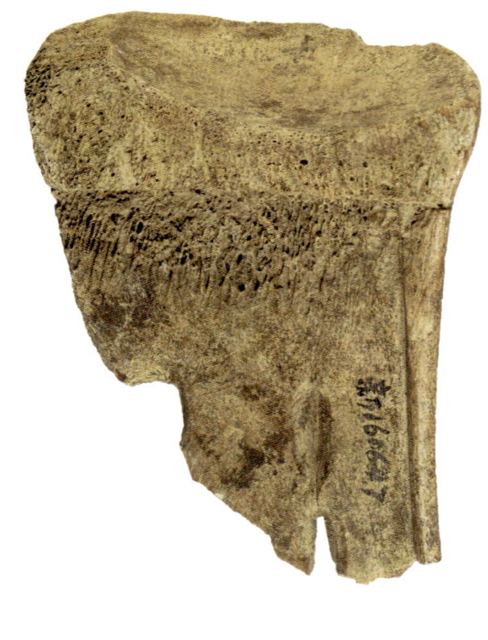

二五三　某日問在祖丁宗事

本骨正面存辭一條。反面無字。

（一）才（在）且（祖）丁宗□〼　二

【備注】

組類：歷組

材質：牛肩胛骨

尺寸：長七・九、寬六・三厘米

著録：《凡》一・三・二（不全）、《續》一・二二・二（不全）、《磻蜚》三・二（不全）、《合》三四〇五三、《宮凡將》一〇（不全）

來源：一九五二年馬衡捐贈，國家文物局調撥

院藏號：新一六〇六四七

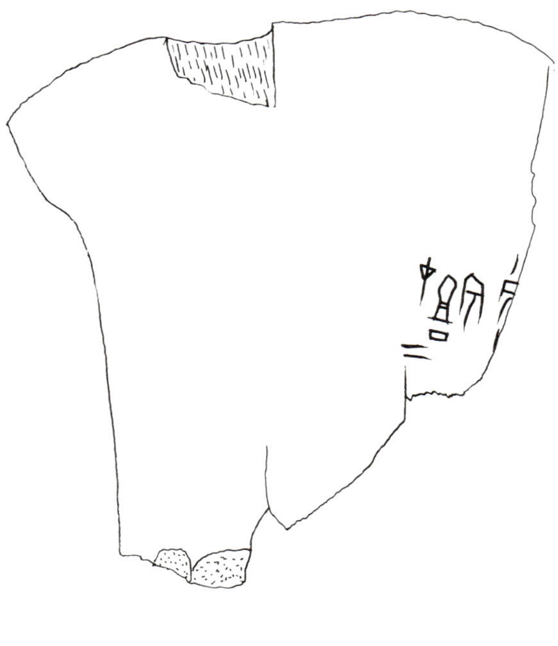

才且宗□
于
三

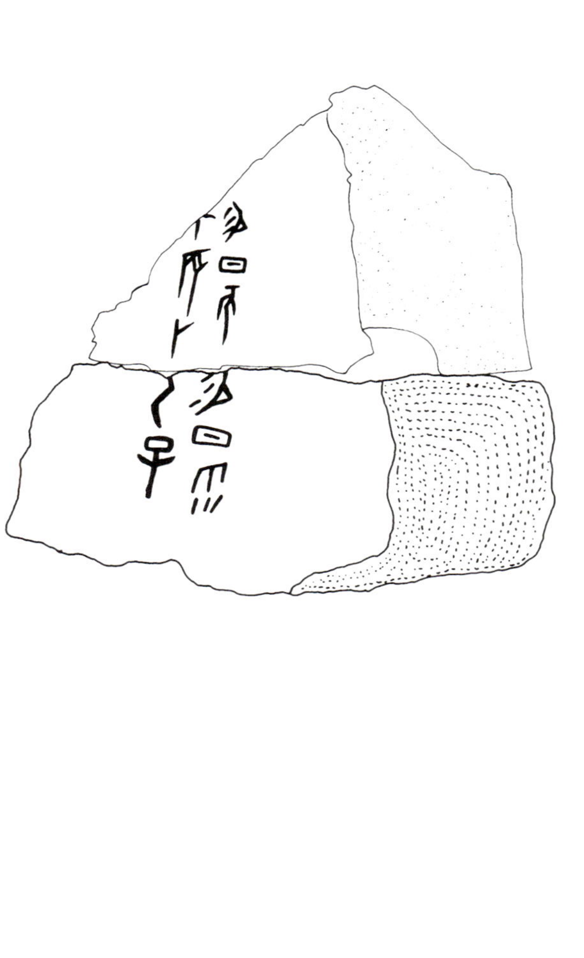

二五四　甲辰卜乙巳易日不易日雨事

本骨正面無字。反面存辭一條。

（一）［甲］辰卜：乙巳易日。不易日，雨。

【備注】

組類：歷組

材質：牛肩胛骨

尺寸：長七・四、寬七・〇厘米

著録：《凡》一・二三・三（不全）、《續》四・一四・四（不全）、《磻董》二三・三（不全）、《合》三四〇一五、《宮凡將》八四（不全）

來源：一九五二年馬衡捐贈，國家文物局調撥

院藏號：新一六〇八〇七+新一六〇八〇九

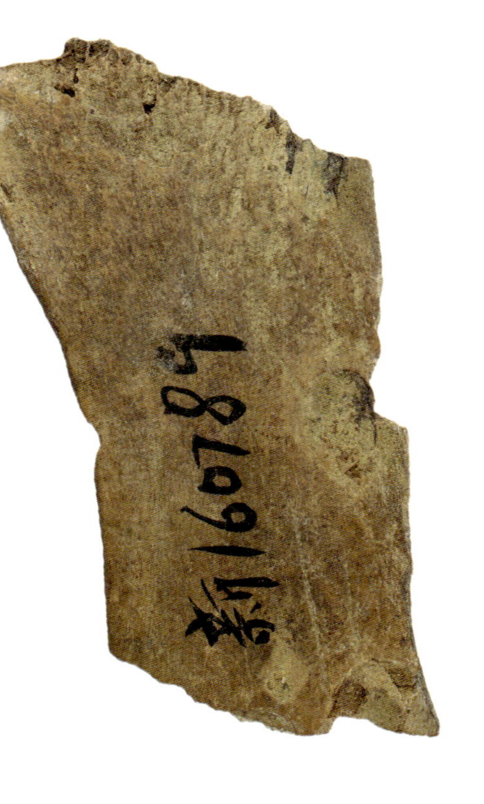

二五五　癸酉等日貞旬亡囚事

本骨正面存辭二條。反面無字。

（一）［癸］☐［貞］☐［亡］☐　三

（二）癸酉貞：旬亡囚〔一〕。　三

【簡釋】

〔一〕「囚」或比定作「禍」「咎」「憂」等字。

【備注】

組類：歷組

材質：牛肩胛骨

尺寸：長四・八、寬二・六厘米

著録：《合》三四七九三

來源：一九五二年馬衡捐贈，國家文物局調撥

院藏號：新一六〇七八九

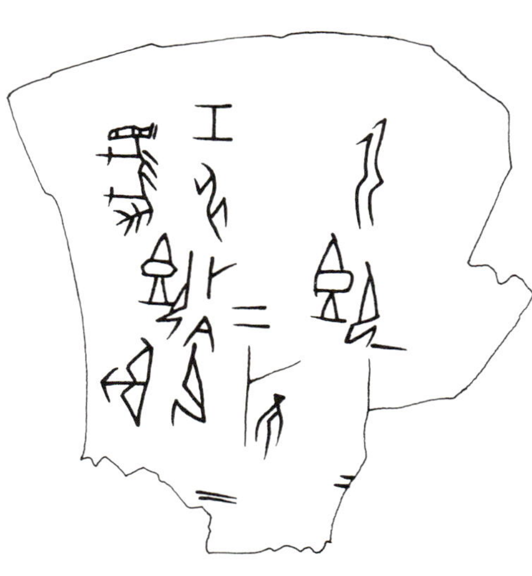

二五六　壬申卜令馬即射等事

本骨正面存辭三條。反面無字。

（一）壬申卜：令馬即射。不。　二

（二）弜(勿)即。　一〔二〕

（三）　二

【備注】

組類：歷組

材質：牛肩胛骨

尺寸：長六・五、寬五・七厘米

著録：《合》三二九九五

來源：一九五二年馬衡捐贈，國家文物局調撥

院藏號：新一六〇五四二

弜即
一
三
壬申卜令
二
不
二
馬即射

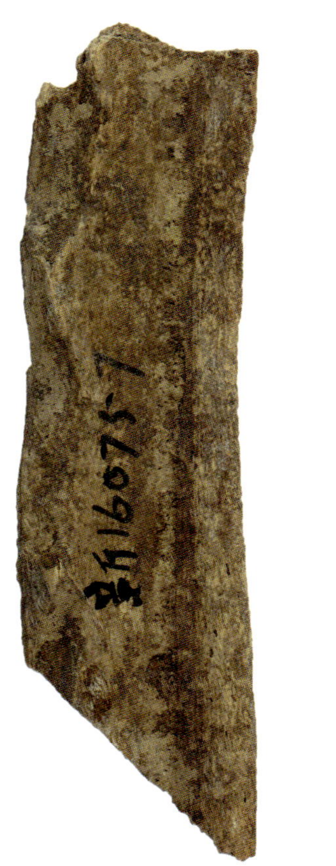

二五七　己丑問次及方與辛卯問丁未酌𠂇等事

本骨正面存辭三條。反面無字。

（一）己［丑］：皀（次）［及］方。　二

（二）弗及方。

（三）辛卯：丁未酌𠂇[一]。

【簡釋】

［一］「𠂇」或比定作「升」字。

【備注】

組類：歷組

材質：牛肩胛骨

尺寸：長六・五、寬一・六厘米

著録：《合》三三〇六二

來源：一九五二年馬衡捐贈，國家文物局調撥

院藏號：新一六〇七五七

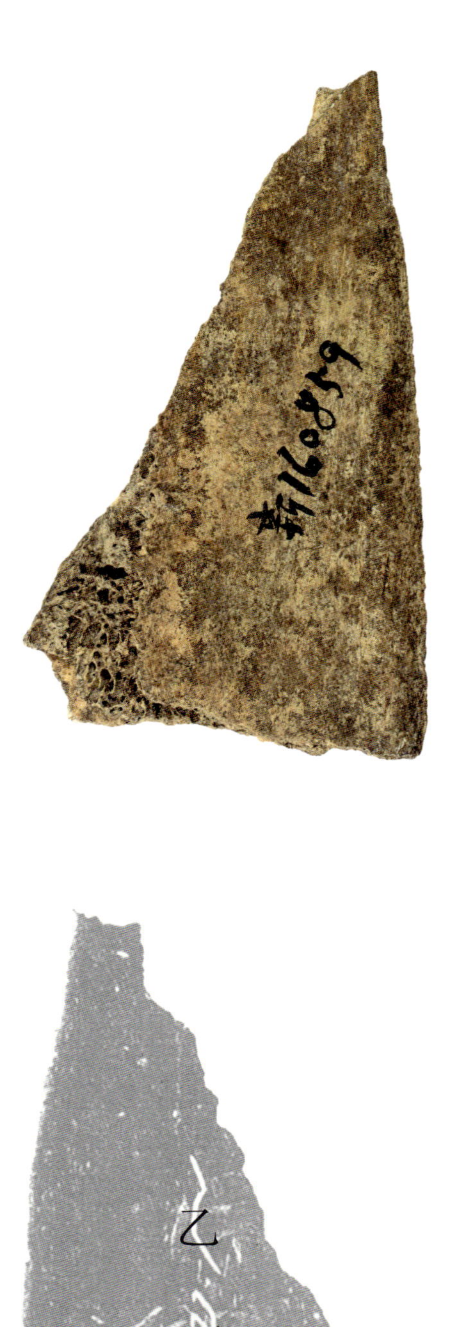

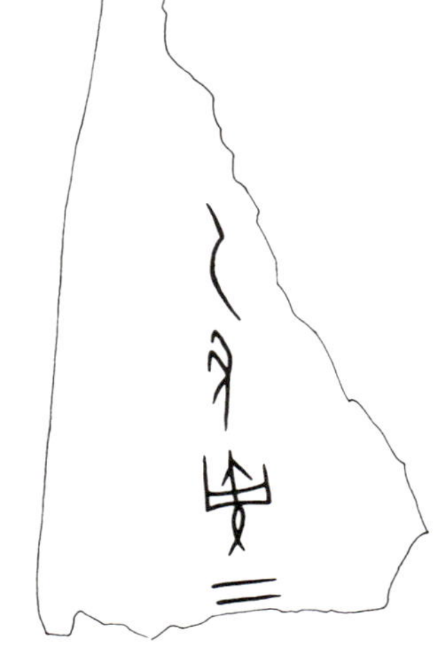

二五八　乙丑臾乞骨面刻辭

本骨正面存辭一條。反面無字。

（一）乙[一]丑臾[乞]☐

【簡釋】

[一]「乙」字下有改刻痕迹。

【備注】

組類：歷組

材質：牛肩胛骨

尺寸：長六・三、寬三・五厘米

著録：《凡》一・二〇・四、《續》六・二七・三（不全）、《磻耋》二〇・四、《合》三五一八二、《宮凡將》七三

來源：一九五二年馬衡捐贈，國家文物局調撥

院藏號：新一六〇八五九

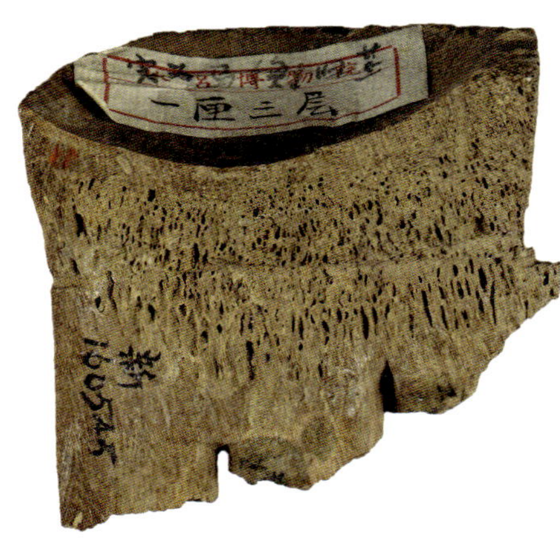

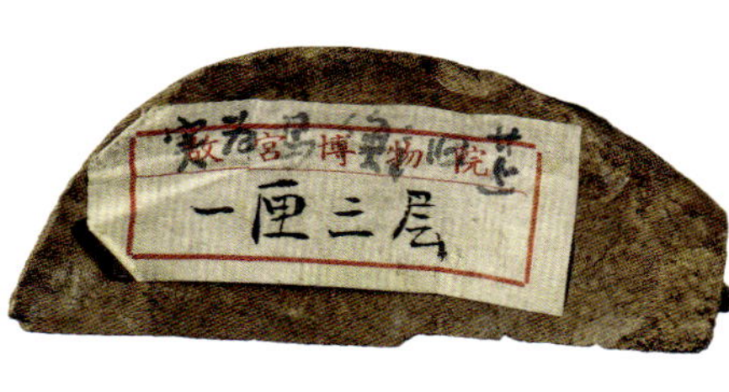

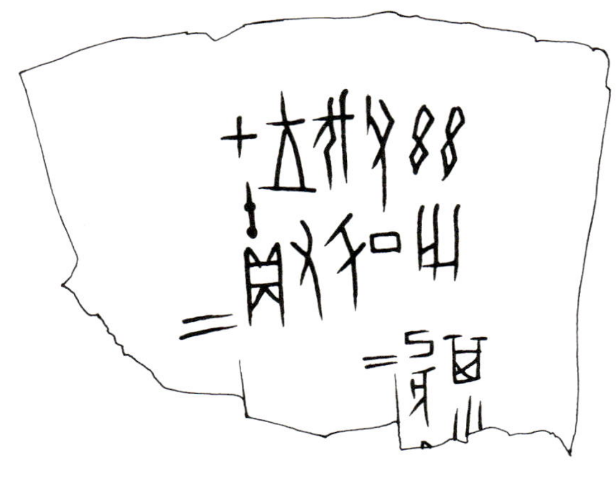

二五九　甲午貞王侑伐于父丁與己亥貞其用等事

本骨正面存辭二條。反面無字。

（一）甲午貞：王又（侑）伐于父丁。兹用。　二

（二）己亥［貞］☐其［用］☐　二

【備注】

組類：歷組

材質：牛肩胛骨

尺寸：長五・五、寬五・八厘米

著録：《凡》一・七・一（不全）、《續》一・三三一・五（不全）、《磻黄》七・一（不全）、《合》三三二二五、《宫凡將》二二（不全）

來源：一九五二年馬衡捐贈，國家文物局調撥

院藏號：新一六〇五四五

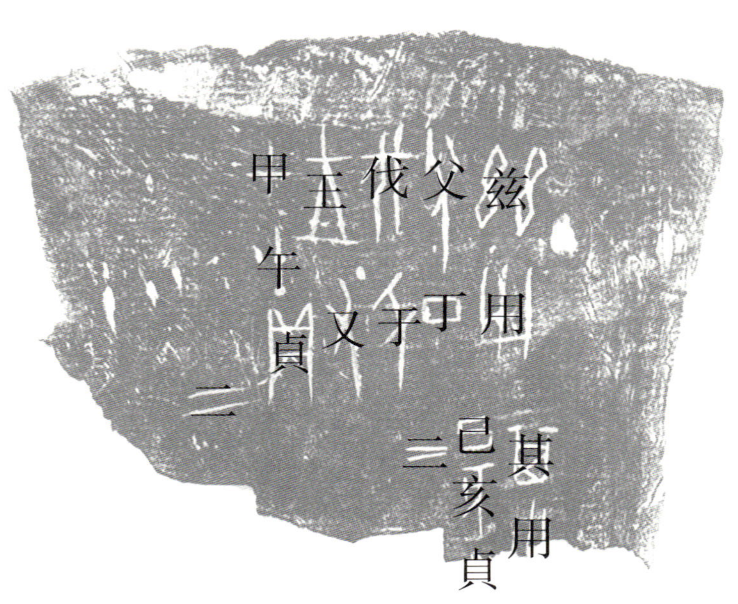

兹用
父丁
伐于
五文
甲午貞
二
其用
己亥貞
三

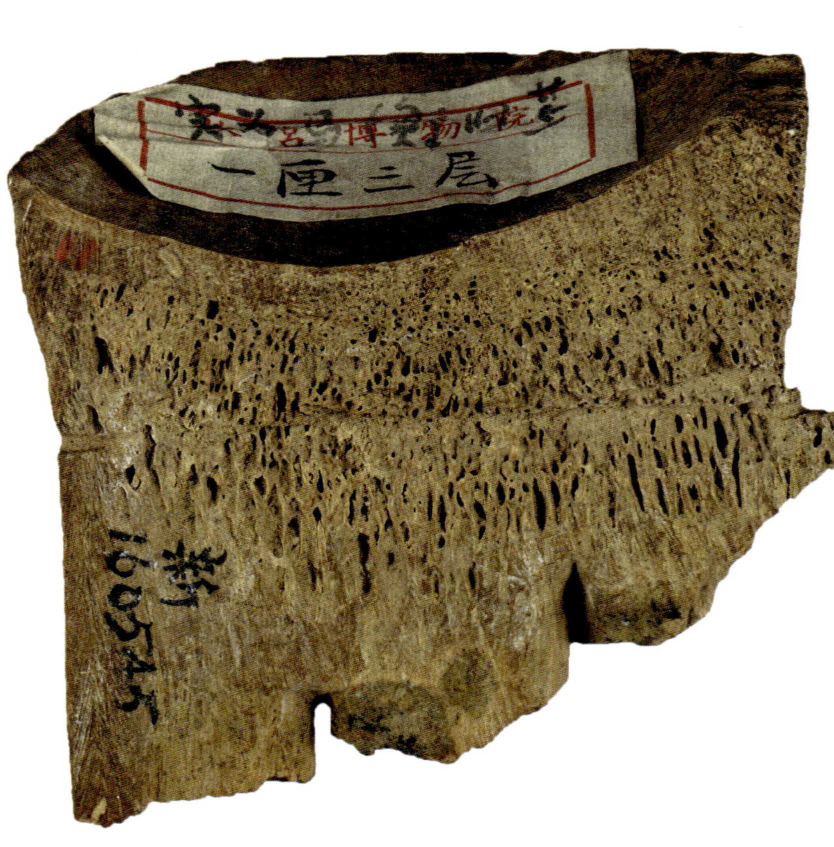

一匣三层
新
160545

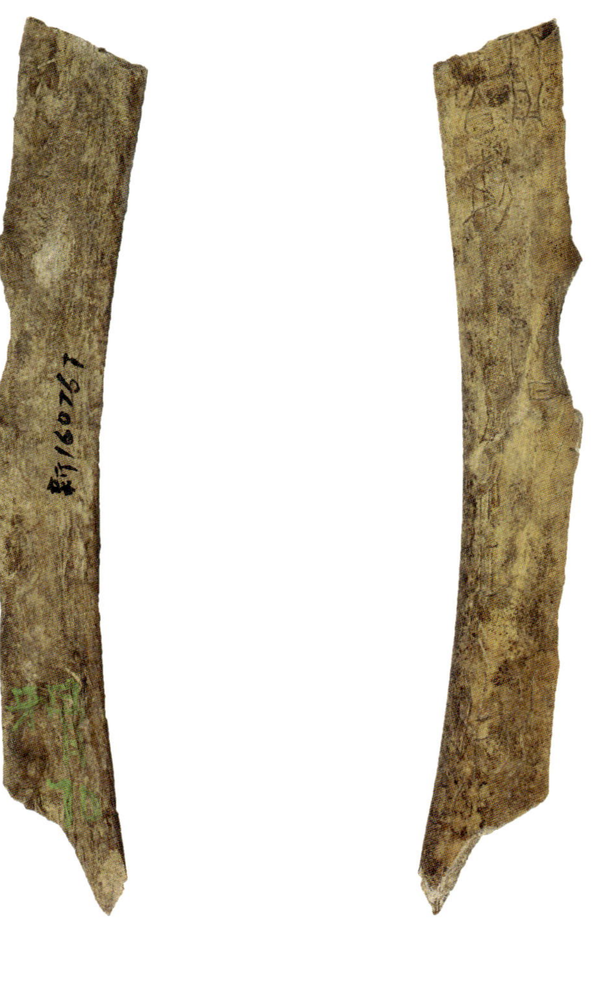

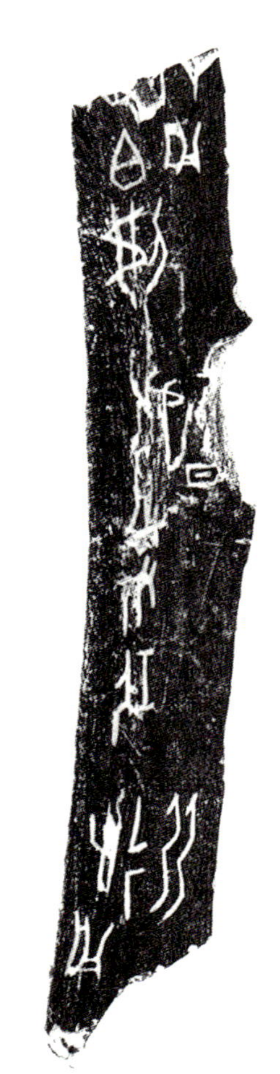

二六〇　某日問用任與用伯剌等事

本骨正面存辭三條。反面無字。

（一）弜（勿）祉（延）用。

（二）☑□日□［用］□任。

（三）☑□用☑白（伯）剌。〔一〕

【簡釋】

〔一〕本骨可綴《合》三三一九三，綴合後釋文可補爲「陟用 白（伯）剌。茲用。　一」。

【備注】

組類：歷組

材質：牛肩胛骨

尺寸：長一二·三、寬一·六厘米

著録：《合》三四四〇九

來源：一九五二年馬衡捐贈，國家文物局調撥

院藏號：新一六〇七六七

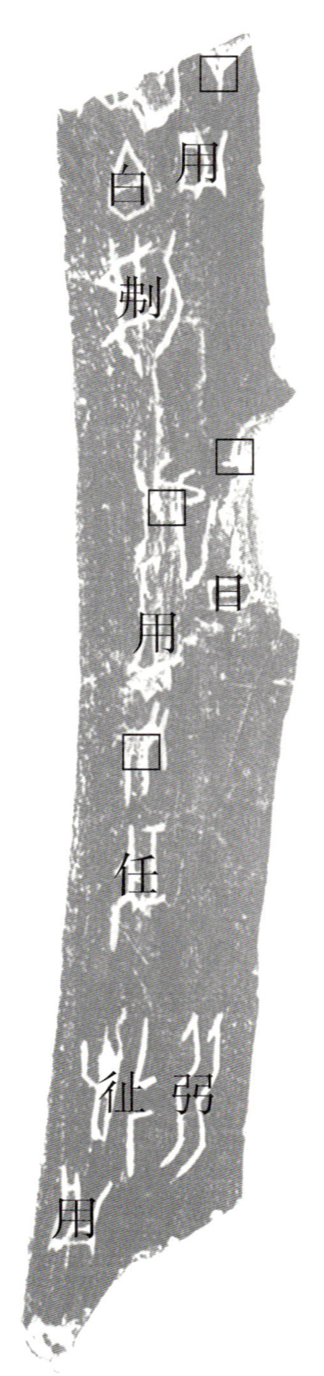
□
用
白
刜
□
□
日
用
□
任
弜
祉
用

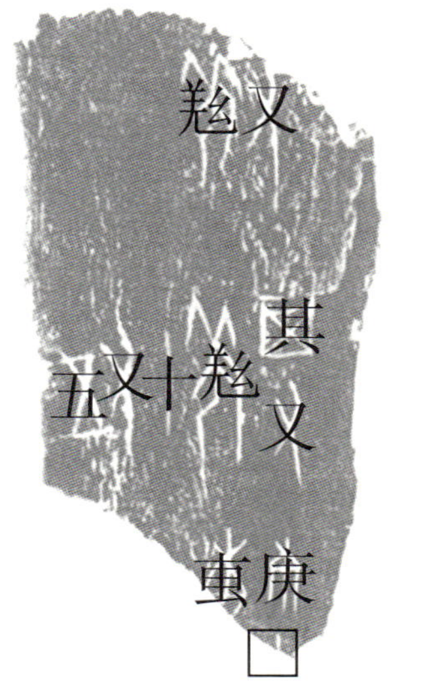

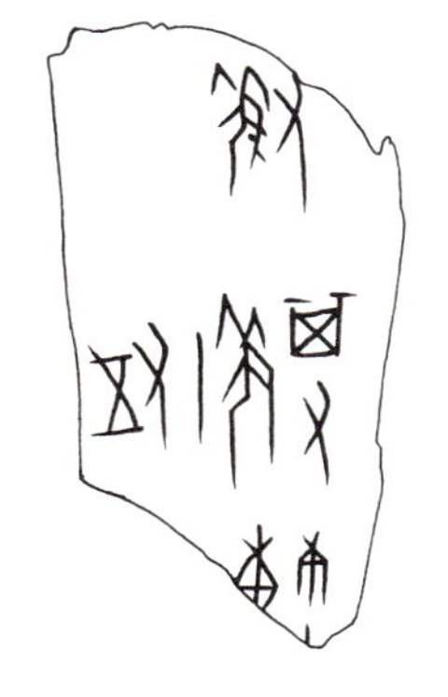

二六一　某日問其侑羌十又五等事

本骨正面存辭三條。反面無字。

（一）庚□〼叀〼

（二）其又（侑）羗（羌）十又五。

（三）〼又（侑）羗（羌）〼

【備注】

組類：歷組

材質：牛肩胛骨

尺寸：長四・六、寬二・二厘米

著録：《合》三二〇六五

來源：一九五二年馬衡捐贈，國家文物局調撥

院藏號：新一六〇七八六

二六二　癸日問侑用牢等事

本骨正面存辭六條。反面無字。

（一）［癸］☐

（二）弜（勿）又（侑）。

（三）三牢。

（四）五牢。

（五）十牢。

（六）［貞］☐□☐

【備注】

組類：歷組

材質：牛肩胛骨

尺寸：長一三・八、寬一・七厘米

著録：《合》三四三三九

來源：一九五二年馬衡捐贈，國家文物局調撥

院藏號：新一六〇七六八

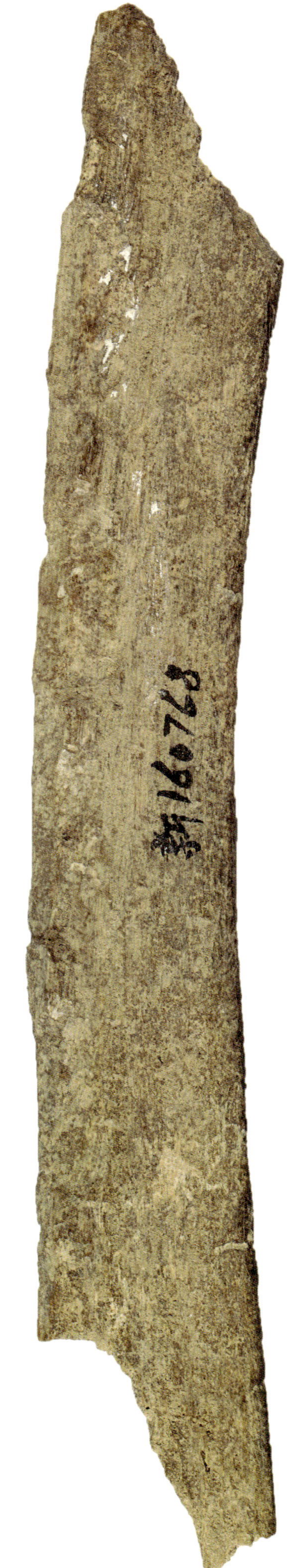

十五三牢弜癸
貞□牢牢又

二六三　癸日貞祖丁用牛與己亥貞禱禾于河受禾等事

本骨正面存辭二條。反面無字。

（一）［癸］☐［貞］：且（祖）［丁］☐牛☐　三

（二）己亥貞：桒（禱）禾于河，受禾。三

【備注】

組類：歷組

材質：牛肩胛骨

尺寸：長九・二、寬六・五厘米

著録：《凡》一・二六・一（不全）、《續》四・一七・六（不全）、《通纂》四六〇（不全）、《合》三三二七一、《宮凡將》九四（不全）

來源：一九五二年馬衡捐贈，國家文物局調撥

院藏號：新一六〇五六〇+資一二八-一七

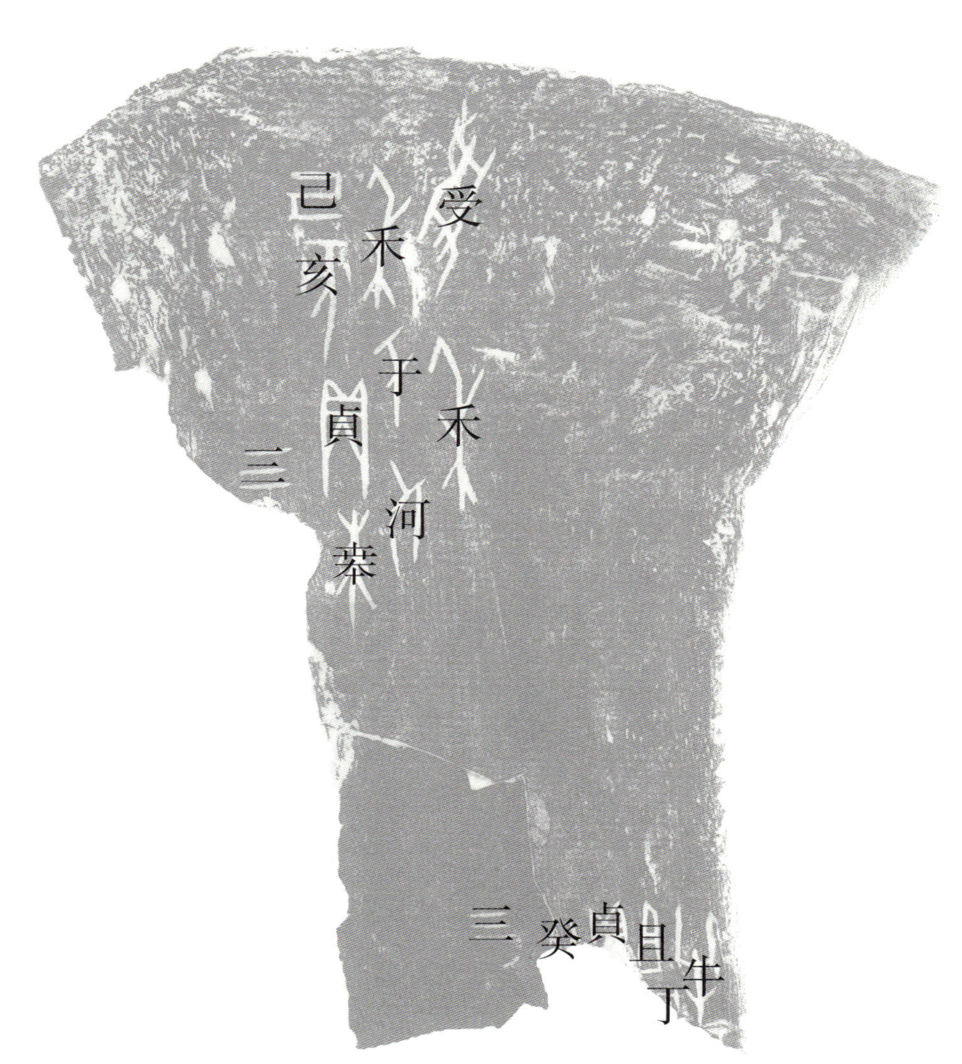
受
禾
禾
于
河
己
亥
貞
桒
三
三
癸
貞
且
丁
牛

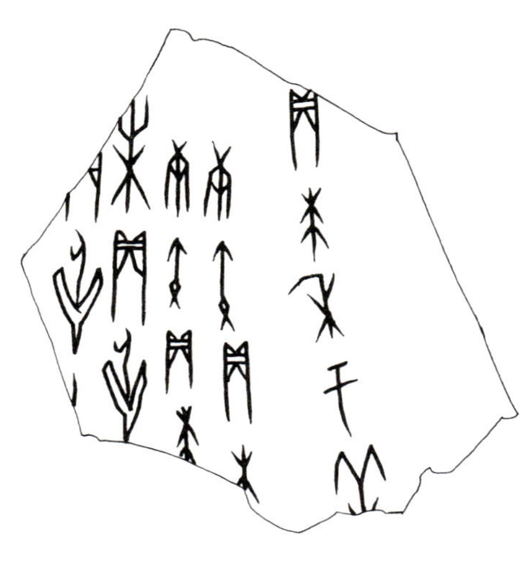

二六四　某日貞禱禾于岳等事

本骨正面存辭五條。反面無字。

（一）☐貞：桒（禱）禾于［岳］。

（二）庚寅貞：［桒（禱）］☐

（三）庚寅貞：［桒（禱）］☐

（四）☐未貞：𡆥☐

（五）☐［貞］：𡆥□☐

【備注】

組類：歷組

材質：牛肩胛骨

尺寸：長六・一、寬四・七厘米

著録：〔左半〕凡一・三〇・三、《續》六・一二・七（不全）、《宮凡將》一一一；〔右半〕《凡》一・二六・三、《南師》二・一九六、《合》四一五三七、《宮凡將》九六；〔全〕《合》三三二九七

來源：一九五二年馬衡捐贈，國家文物局調撥

院藏號：新一六〇八五八

貞𠦪禾于岳
庚寅貞𠦪
庚寅貞𠦪
未貞𢀛
貞𢀛□

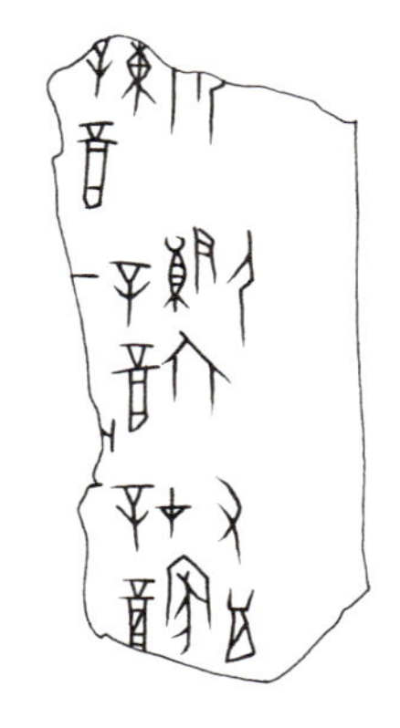

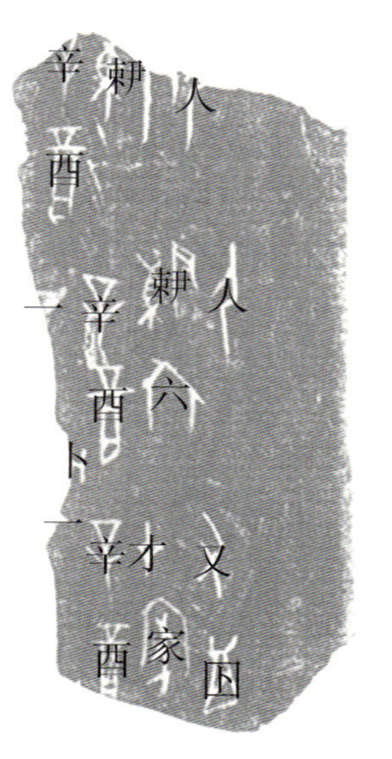

二六五　辛酉問在家有囚與耕六人等事

本骨正面存辭三條。反面無字。

（一）辛酉：才（在）家又（有）囚[一]。［一］

（二）辛酉卜：耕六人。［一］

（三）［辛］酉：［耕］〼［人］。

【簡釋】

［一］「囚」或比定作「禍」「咎」「憂」等字。

【備注】

組類：歷組

材質：牛肩胛骨

尺寸：長四・九、寬一・八厘米

著録：未見

來源：一九五二年馬衡捐贈，國家文物局調撥

院藏號：新一六〇七七九

二六六　某日問歲十宰其興事

本骨正面存辭一條。反面無字。

（一）〼□歲十宰，其［興］〼［司亏］
□〼

【備注】

組類：歷組

材質：牛肩胛骨

尺寸：長四・三、寬一・一厘米

著録：《合》三四四二六

來源：一九五二年馬衡捐贈，國家文物局調撥

院藏號：新一六〇七一四

二六七　丙寅貞王其奠𠧞侯商告于祖乙父乙等事

本骨正面存辭五條，有界劃綫。反面無字。

（一）　一

（二）　一

（三）　丙寅貞：王其［奠］𠧞侯，告于且（祖）乙一牛。　一

（四）　丙寅貞：王其奠𠧞侯商，告且（祖）乙[一]二牛。　一

（五）　丙寅貞：王其奠𠧞侯商，告于且（祖）乙三牛，父乙。　一

【簡釋】

［一］「且乙」爲合文。下同。

【備注】

組類：歷組

材質：牛肩胛骨

尺寸：長一二・六、寬七・〇厘米

著録：《凡》一・九・三（不全）、《合》三二八一一、《宫凡將》三一（不全）

來源：一九五二年馬衡捐贈，國家文物局調撥

院藏號：新一六〇六四五

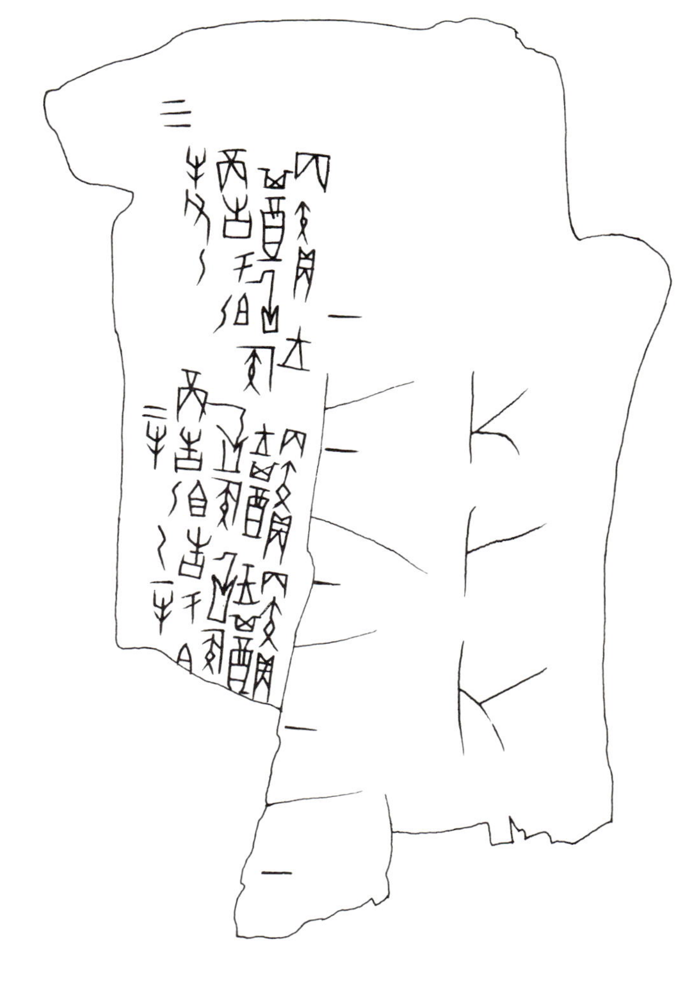

丙寅貞王
其奠侯
商告于且乙
牛父乙
三
丙寅貞
王其奠
侯
商告且乙
二牛
丙寅貞
王其奠
侯
告于且
乙二牛
一
一
一
一
一

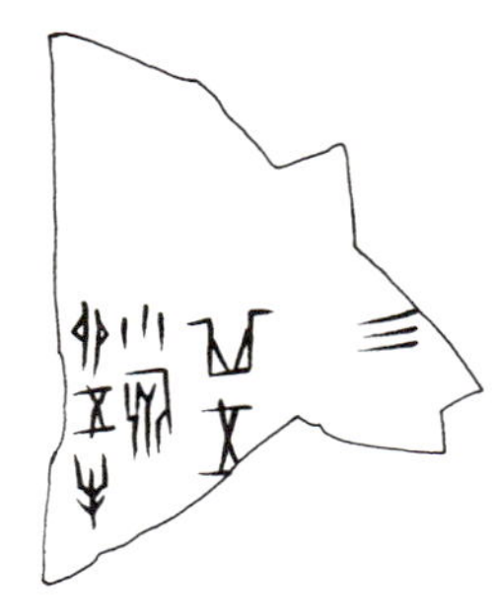
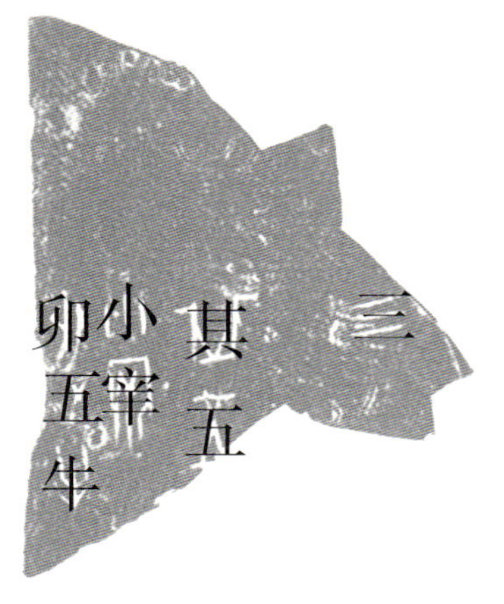

二六八　某日問其五小宰卯五牛事

本骨正面存辭一條。反面無字。

（一）其五小宰，卯五牛。　三

【備注】

組類：歷組

材質：牛肩胛骨

尺寸：長三・八、寬二・七厘米

著録：《合》三二一一二

來源：一九五二年馬衡捐贈，國家文物局調撥

院藏號：新一六〇六八六

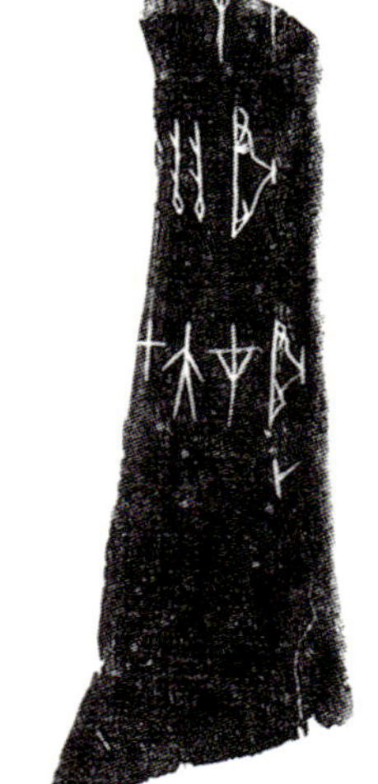

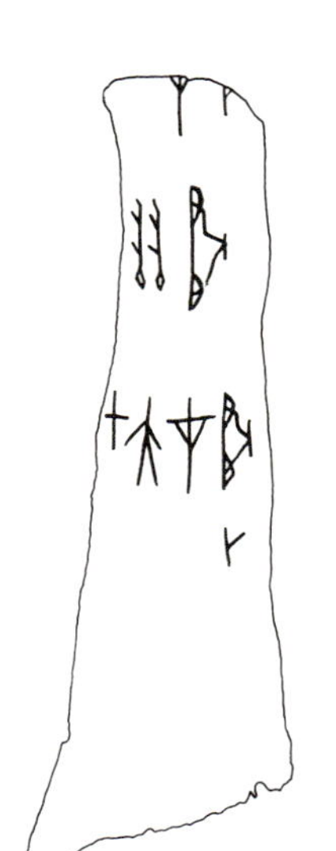

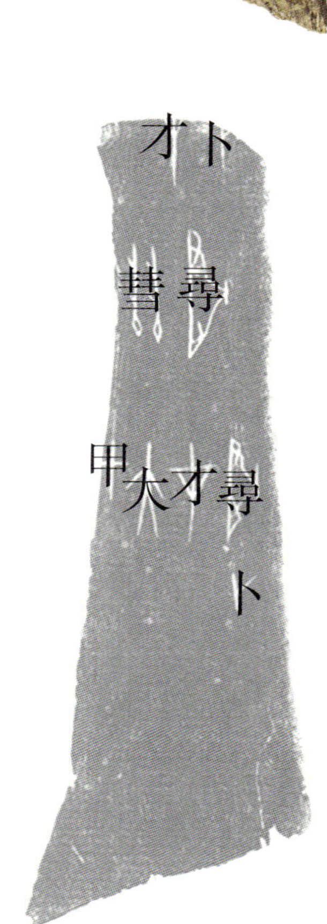

二六九　某日尋卜在大甲與尋彗等事

本骨正面存辭三條。反面無字。

（一）尋卜，才（在）大甲。

（二）尋彗。

（三）□［卜］，［才（在）］□

【備注】

組類：歷組

材質：牛肩胛骨

尺寸：長七・〇、寬二・五厘米

著録：《合》三三四八四

來源：一九五二年馬衡捐贈，國家文物局調撥

院藏號：新一六〇七七一

二七〇 巳日貞庚午酢燎于〓等事

本骨正面存辭二條。反面無字。

（一） 隹（唯）其雨。

（二） □［巳］貞：［庚］午□［酢］尞（燎）于〓。〔一〕

【簡釋】

〔一〕本骨可綴《後》上二二・三與《後》上二二・四，綴合後即《合》三三二一七三，詳見曾毅公綴，《綴新》第四四二則。可續綴《合》四一六六〇，綴合後即《合補》一〇六三九，詳見許進雄綴，《綴彙》第四組。釋文可補爲「己巳貞：庚午酢尞（燎）于〓」。

【備注】

組類：歷組

材質：牛肩胛骨

尺寸：長一五・二、寬六・六厘米

著録：《凡》一・二四・四（不全）、《續》四・二一・一〇（不全）、《通纂》二五九（不全）、《合》三三二一七三左下、《合補》一〇六三九左下、《宮凡將》八九（不全）

來源：一九五二年馬衡捐贈，國家文物局調撥

院藏號：新一六〇五七五

己巳貞
庚午
酌
尞于
隹
其
雨

二七一　某日問癸不啓與勿戠歸等事

本骨正面存辭二條。反面無字。

（一）癸不啓，至□☐　二

（二）弜（勿）戠[一]，歸。

【簡釋】

[一]「戠」或釋作「待」。

【備注】

組類：歷組

材質：牛肩胛骨

尺寸：長九・四、寬一・五厘米

著録：《合》三三九八〇

來源：一九五二年馬衡捐贈，國家文物局調撥

院藏號：新一六〇七六九

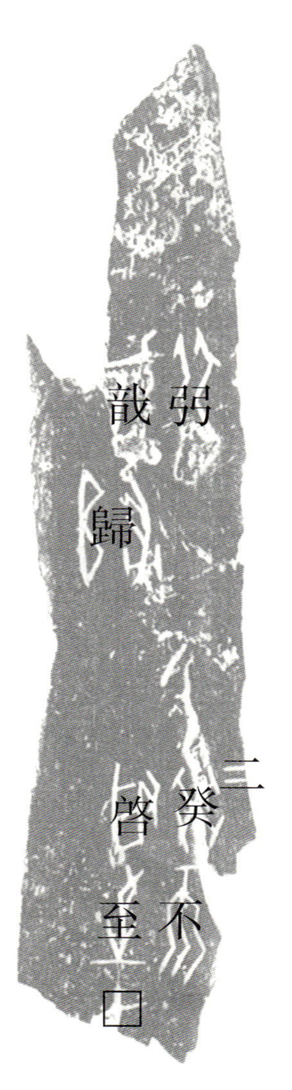
弜
戠
歸
三
癸不
啓至□

二七二　癸酉癸未等日貞旬亡𡆥事

本骨正面存辭三條。反面無字。

（一）☐［貞］☐

（二）癸酉貞：旬亡［𡆥］〔一〕。　一

（三）癸未貞：旬亡𡆥。　一

【簡釋】

〔一〕「𡆥」或比定作「禍」「咎」「憂」等字。下同。

【備注】

組類：歷組

材質：牛肩胛骨

尺寸：長九·二、寬六·〇厘米

著録：《凡》一·一五·三（不全）、《續》四·三八·一〇（不全）、《磻薑》一五·三（不全）、《合》三四七八二（不全）、《宮凡將》五二（不全）

來源：一九五二年馬衡捐贈，國家文物局調撥

院藏號：新一六〇五六一

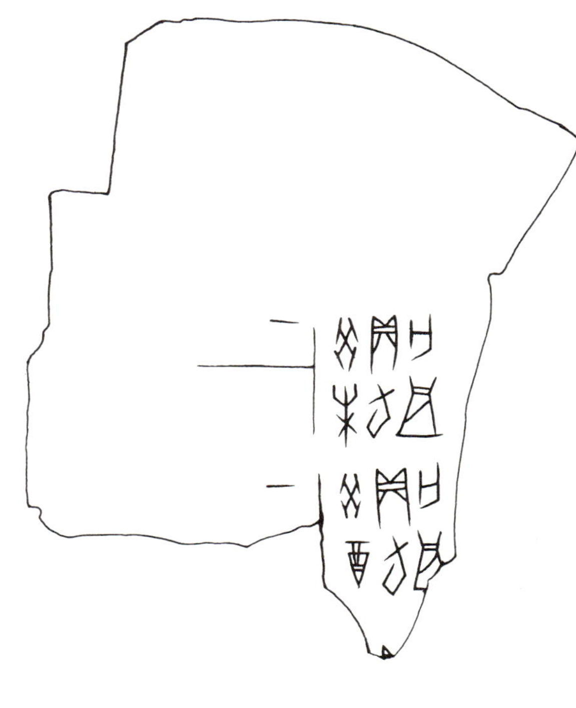

癸未貞旬亡囚　一
癸酉貞旬亡囚　一
貞

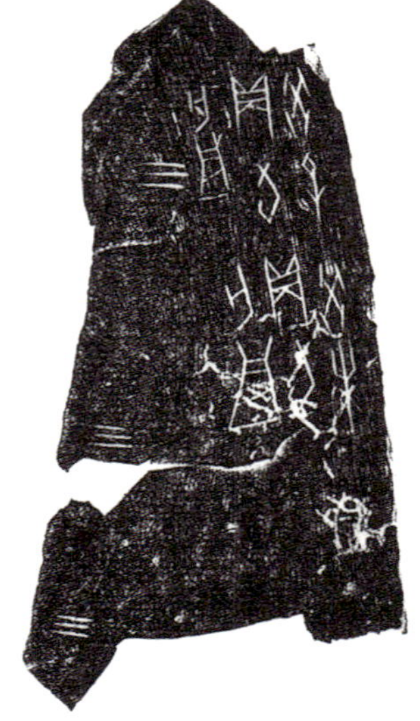

二七三　癸未癸巳等日貞旬亡囚事

本骨正面存辭三條。反面無字。

（一）　三

（二）　癸未貞：旬亡囚[一]。　三

（三）　癸巳貞：旬亡囚。　三

【簡釋】

[一]「囚」或比定作「禍」「咎」「憂」等字。下同。

【備注】

組類：歷組

材質：牛肩胛骨

尺寸：長七・三、寬四・〇厘米

著録：《凡》一・一五・二、《續》四・三九・八、《播蜚》一五・二、《合》三四八一八（不全）、《合》三四八一九、《宮凡將》五一

來源：一九五二年馬衡捐贈，國家文物局調撥

院藏號：新一六〇六一二

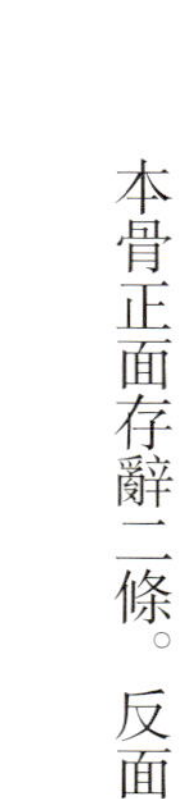

二七四　癸丑癸卯等日貞旬亡囚事

本骨正面存辭二條。反面無字。

（一）癸［丑］貞：［旬］亡囚〔一〕。

（二）☐卯☐［旬］☐［囚］。

【簡釋】

〔一〕「囚」或比定作「禍」「咎」「憂」等字。下同。

【備注】

組類：歷組

材質：牛肩胛骨

尺寸：長四・二、寬一・四厘米

著録：未見

來源：一九五二年馬衡捐贈，國家文物局調撥

院藏號：新一六〇八一九

二七五　某日問王比沚或等事

本骨正面存辭二條。反面無字。

（一）［貞］：沚或⿱冊⿰屮又〼

（二）〼［王］比沚或今［龜（秋）］〼□才（在）且（祖）乙[一]宗〼

【簡釋】

［一］「且乙」爲合文。

【備注】

組類：歷組

材質：牛肩胛骨

尺寸：長五・〇、寬二・六厘米

著録：《合》三三一〇八

來源：一九五二年馬衡捐贈，國家文物局調撥

院藏號：新一六〇六三一

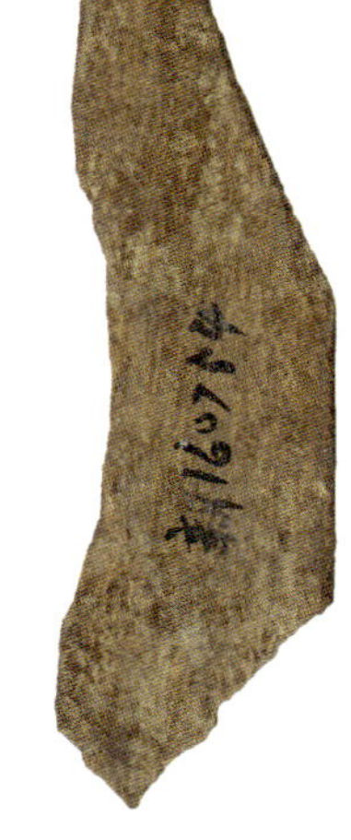

二七六　己亥問其𠂤□于□遘等事

本骨正面存辭三條，有界劃綫。反面無字。

（一）　己亥［貞］：𠂤［□］⍁

（二）　［己亥］⍁［其］𠂤□于□冓（遘）⍁

（三）　弗［冓（遘）］⍁

【備注】

組類：歷組

材質：牛肩胛骨

尺寸：長六・九、寬一・九厘米

著録：《合》三三〇四一

來源：一九五二年馬衡捐贈，國家文物局調撥

院藏號：新一六〇七五四

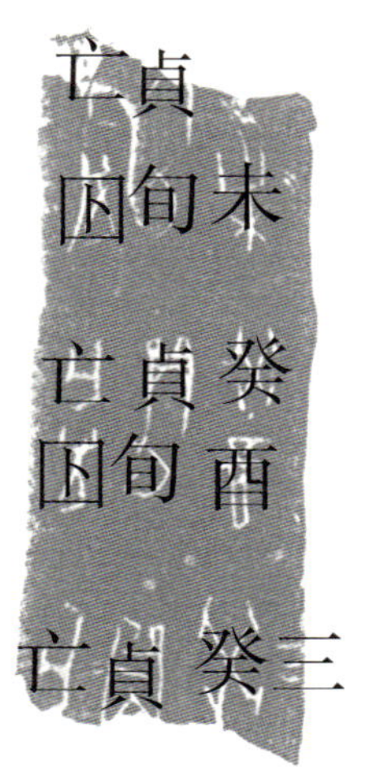

二七七　癸酉癸未等日貞旬亡囚事

本骨正面存辭三條。反面無字。

（一）癸☐［貞］☐［亡］☐　三

（二）癸酉貞：旬亡囚〔一〕。

（三）☐未［貞］：旬［亡］囚。〔二〕

【簡釋】

〔一〕「囚」或比定作「禍」「咎」「憂」等字。下同。

〔二〕本骨可綴《合》三五〇五五，綴合後釋文可補爲「癸亥貞：旬亡囚。三」。詳見秦建琴綴，《拼三》第八一四則。

【備注】

組類：歷組

材質：牛肩胛骨

尺寸：長四・二、寬一・三厘米

著録：《合》三四七九五

來源：一九五二年馬衡捐贈，國家文物局調撥

院藏號：新一六〇六一六

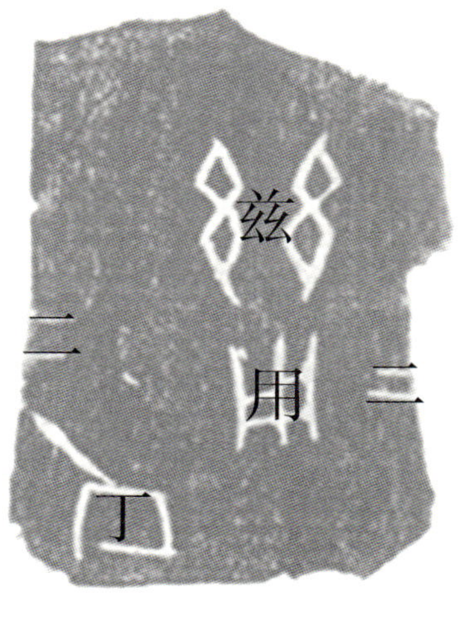

二七八　丁茲用等字殘辭

本骨正面存辭二條。反面無字。

（一）☐丁☐茲用。　二

（二）　二

【備注】

組類：歷組

材質：牛肩胛骨

尺寸：長二・二、寬一・七厘米

著録：未見

來源：一九五二年馬衡捐贈，國家文物局調撥

院藏號：新一六〇八四四

二七九　寅日卜其侑歲于高祖乙事

本骨正面存辭一條。反面無字。

（一）☐［寅］卜，其又（侑）歲于高［且（祖）乙］［一］☐　一

【簡釋】

［一］「且乙」爲合文。

【備注】

組類：歷無間

材質：牛肩胛骨

尺寸：長六・九、寬五・六厘米

著録：《凡》一・六・三（不全）、《續》一・一七・四（不全）、《通纂》二四八（不全）、《磻甾》六・三（不全）、《合》三二四五二、《宮凡將》二〇（不全）

來源：一九五二年馬衡捐贈，國家文物局調撥

院藏號：新一六〇五七六

寅卜其又歲于高且乙
一

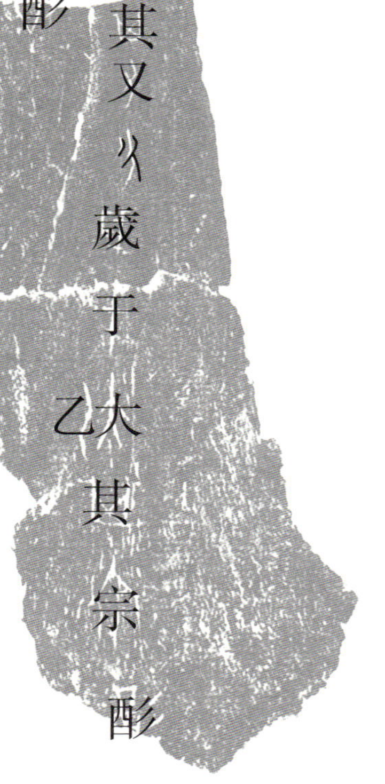

二八〇　某日問其侑𠘧歲于大乙其宗𫑡等事

本骨正面存辭二條。反面無字。

（一）☐其又（侑）𠘧[一]歲于大乙[二]，其宗［𫑡］☐

（二）☐［𫑡］☐

【簡釋】

[一]「𠘧」或比定作「升」字。

[二]「大乙」爲合文。

【備注】

組類：歷無間

材質：牛肩胛骨

尺寸：長八・八、寬三・四厘米

著録：《合》二七〇九七

來源：一九五二年馬衡捐贈，國家文物局調撥

院藏號：新一六〇五七七

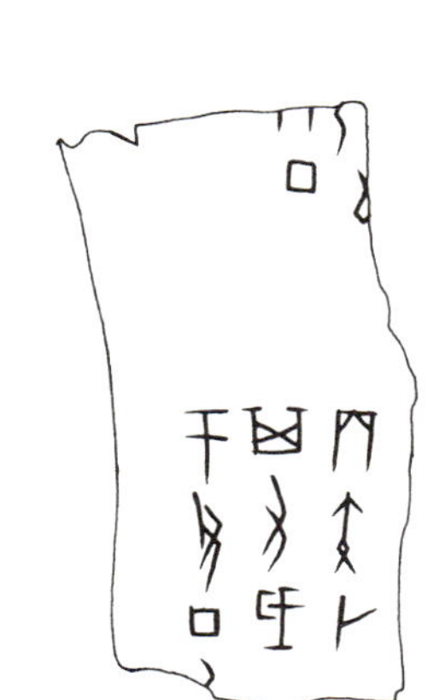

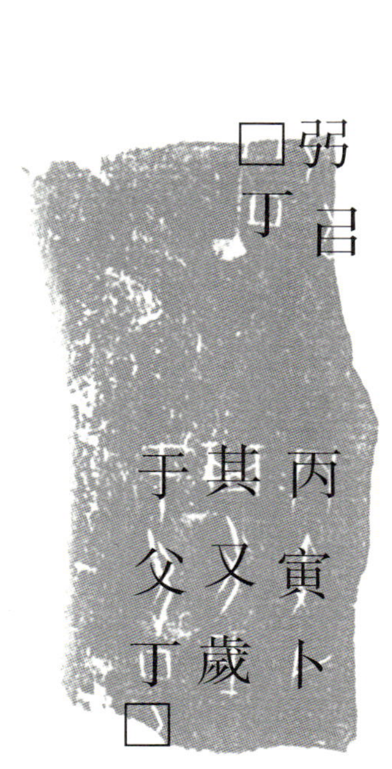

二八一　丙寅卜其侑歲于父丁等事

本骨正面存辭三條。反面無字。

（一）☐□☐

（二）丙寅卜：其又（侑）歲于父丁☐

（三）☐［弜（勿）㠯（以）］☐□丁☐

【備注】

組類：歷無間

材質：牛肩胛骨

尺寸：長四·九、寬二·一厘米

著録：《合》三二六六八

來源：一九五二年馬衡捐贈，國家文物局調撥

院藏號：新一六〇七二〇

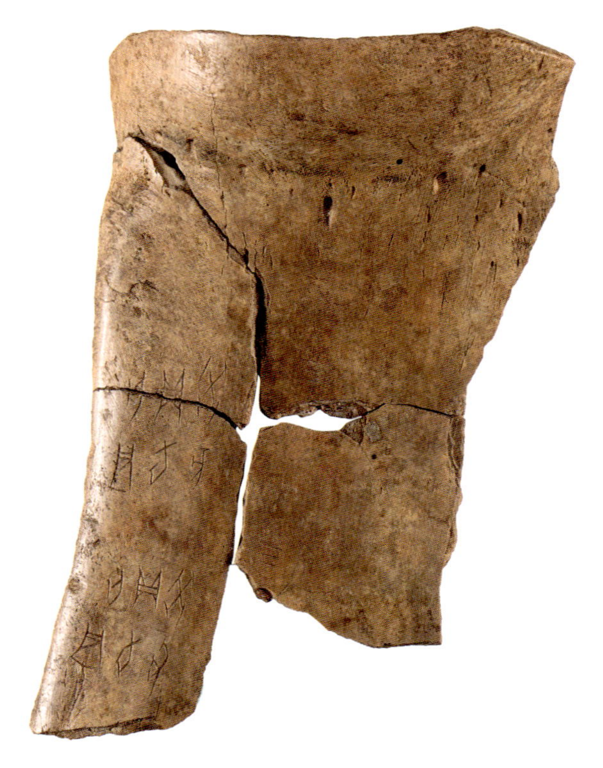

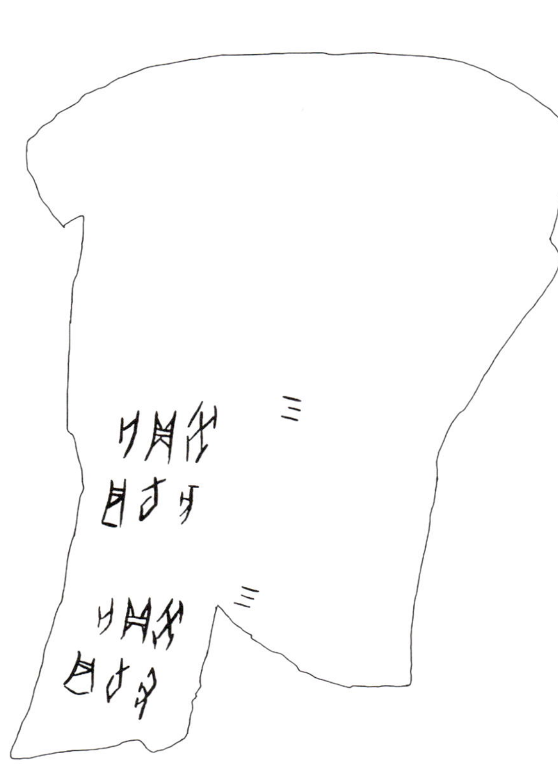

二八二　癸丑癸亥等日貞旬亡囚事

本骨正面存辭二條。反面無字。

（一）癸丑貞：旬亡囚［一］。　三

（二）癸亥貞：旬亡囚。　三

【簡釋】

［一］「囚」或比定作「禍」「咎」「憂」等字。下同。

【備注】

組類：歷無間

材質：牛肩胛骨

尺寸：長九・七、寬五・八厘米

著録：《凡》一・一六・三（不全）、《續》四・三八・五（不全）、《磻葊》一六・三（不全）、《合》三五〇〇五（不全）、《合》三五〇〇八（不全）、《宮凡將》五六（不全）

來源：一九五二年馬衡捐贈，國家文物局調撥

院藏號：新一六〇五八〇+新一六〇六八九+新一六〇七九二+資一二八-一一

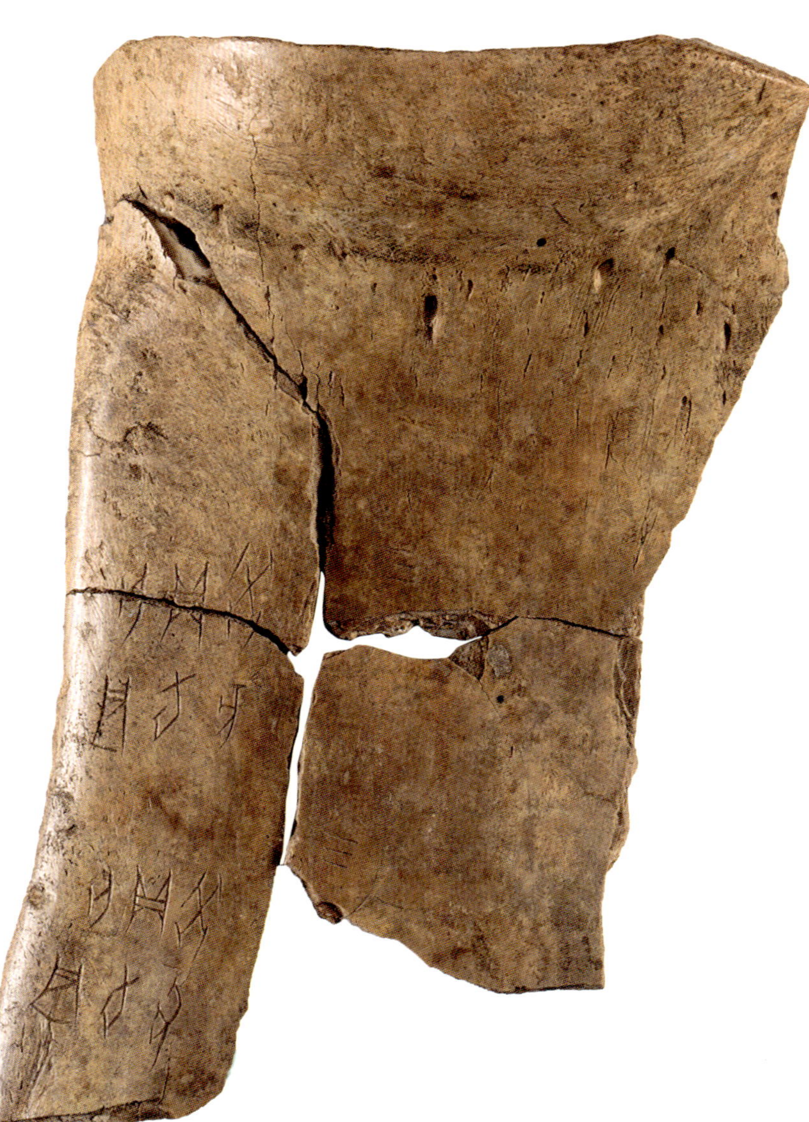

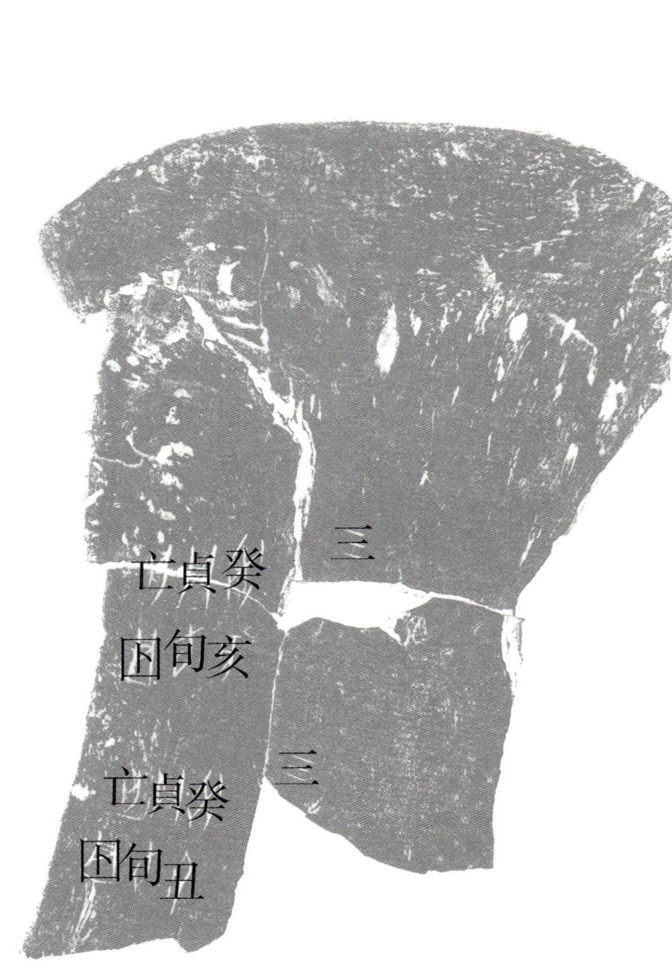
三
癸亥貞旬亡囚
三
癸丑貞旬亡囚

二八三　某日問其侑祖丁王受祐事

本骨正面存辭一條。反面無字。

（一）其又（侑）且（祖）丁[一]，王受又（祐）。

【簡釋】

[一]「且丁」爲合文。

【備注】

組類：無名

材質：牛肩胛骨

尺寸：長一一·九、寬三·六厘米

著録：《合》二七二六六

來源：一九五二年馬衡捐贈，國家文物局調撥

院藏號：新一六〇五八一

其又丁且王受又

二八四　某日問其侑㐅上甲三牢等事

本骨正面存辭三條。反面無字。

（一）［庚］☐

（二）叙䝸。　二

（三）其又（侑）㐅〔一〕⿷匚甲（上甲）〔二〕三牢。

【簡釋】

〔一〕「㐅」或比定作「升」字。

〔二〕「⿷匚甲」爲合文。

【備注】

組類：無名

材質：牛肩胛骨

尺寸：長七·七、寬二·六厘米

著録：《合》三二三二五

來源：一九五二年馬衡捐贈，國家文物局調撥

院藏號：新一六〇七六三

二八五　癸酉卜某事與某日問歲叀王祝等事

本骨正面存辭二條。反面無字。

（一）癸酉［卜］☐　一

（二）☐□歲，叀王祝。

【備注】

組類：無名

材質：牛肩胛骨

尺寸：長一二·六、寬九·一厘米

著録：《凡》一·七·三（不全）、《續》六·一一·六（不全）、《磻蚩》七·三（不全）、《合》三〇七二六、《宮凡將》二四（不全）

來源：一九五二年馬衡捐贈，國家文物局調撥

院藏號：新一六〇五八二

一
癸酉卜
□歲叀王祝

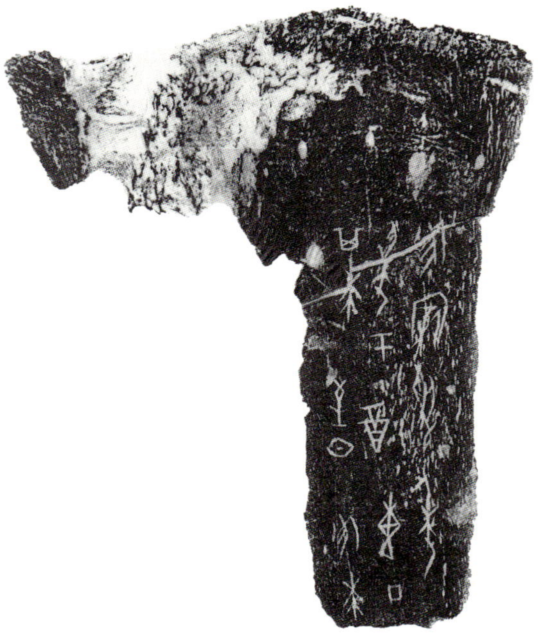

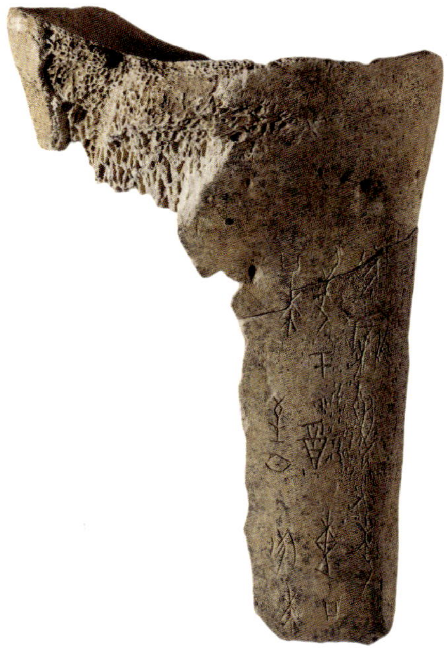

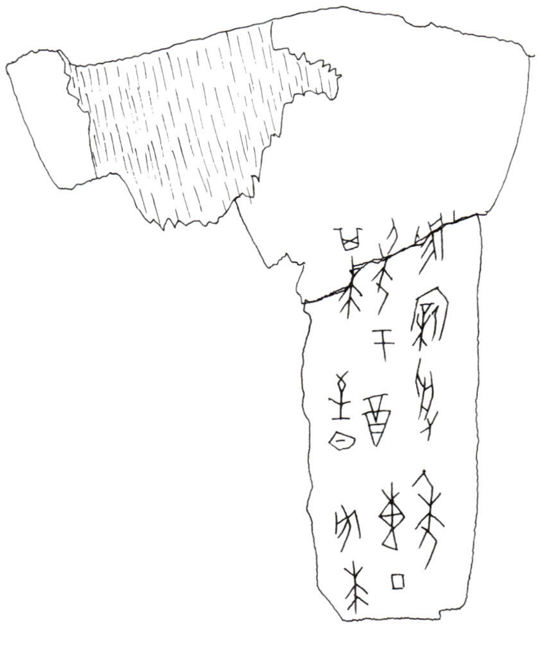

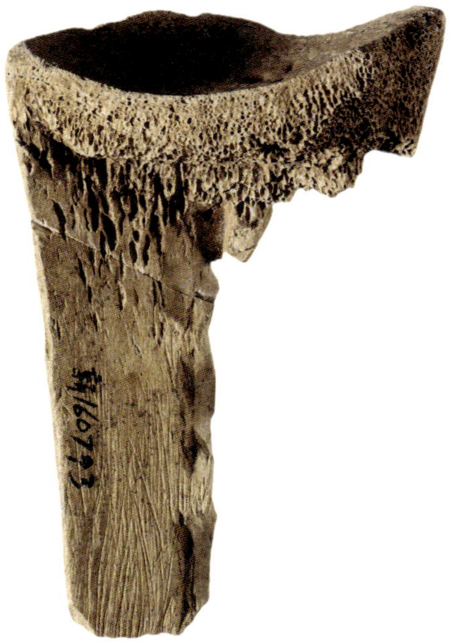

二八六　某日卜禱年于河新受年等事

本骨正面存辭三條。反面無字。

（一）河桒（禱）☐叀丁☐

（二）至日酌。

（三）其桒（禱）年于河新，受年。

組類：無名

材質：牛肩胛骨

尺寸：長八・五、寬五・八厘米

著録：《凡》一・二二・一（不全）、《續》六・一〇・五（不全）、《磻堇》二二・一（不全）、《合》二八二六一（不全）、《宮凡將》七八（不全）

來源：一九五二年馬衡捐贈，國家文物局調撥

院藏號：新一六〇五五〇+新一六〇七九三

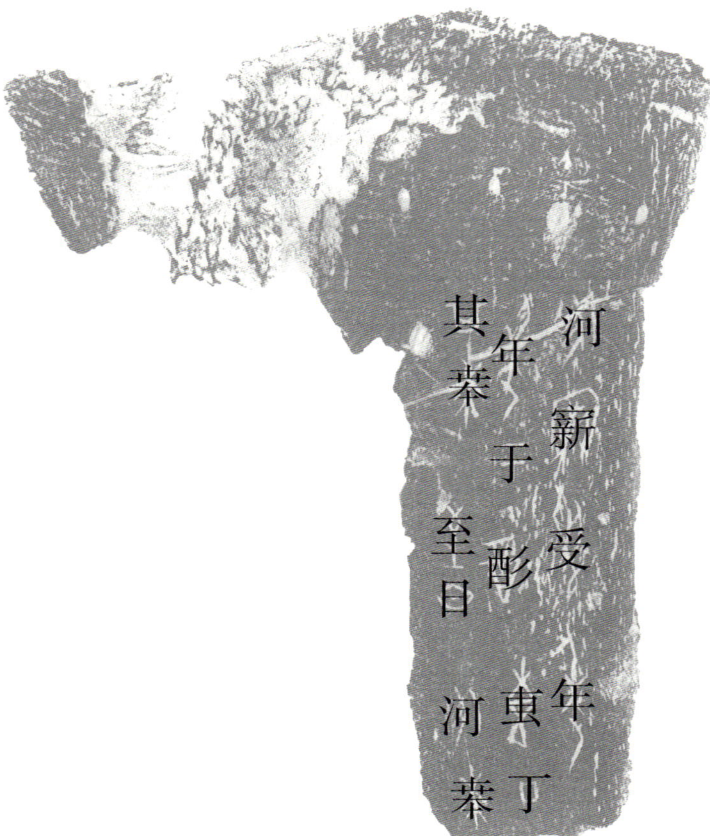
河新受年
年于酌叀丁
其桒至日河桒

二八七　某日問其延禱年于阹事

本骨正面存辭一條。反面無字。

（一）　其征（延）桒（禱）年于［阹］。

【備注】

組類：無名

材質：牛肩胛骨

尺寸：長六・五、寬五・一厘米

著録：《凡》一・二六・四（不全）、《續》二・二八・三（不全）、《合》二八二二四六、《宮凡將》九七（不全）

來源：一九五二年馬衡捐贈，國家文物局調撥

院藏號：新一六〇五七九

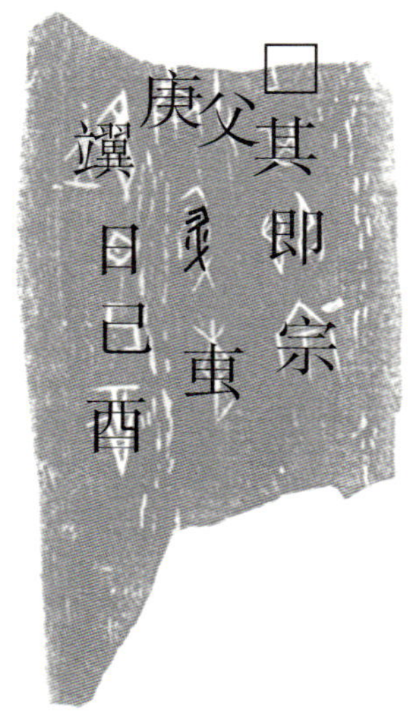

二八八　某日問其即宗父庚𢍏叀翌日己酉事

本骨正面存辭一條。反面無字。

（一）□其即宗父庚[一]𢍏[二]，叀翼（翌）日己酉。

【簡釋】

［一］「父庚」爲合文。

［二］「𢍏」或比定作「勺」「升」「瓚」等字。

【備注】

組類：無名

材質：牛肩胛骨

尺寸：長四・七、寬一・八厘米

著録：《合》三〇三三〇

來源：一九五二年馬衡捐贈，國家文物局調撥

院藏號：新一六〇七八一

二八九　某日問于右邑㬎有雨與叀戊焚有雨等事

本骨正面存辭四條。反面無字。

（一）　吉

（二）　于又（右）邑㬎，又（有）雨。

（三）　叀戊萸（焚），又（有）雨。　吉〔一〕

（四）　☐亡☐　吉

【簡釋】

〔一〕「吉」字缺刻横劃。

【備注】

組類：無名

材質：牛肩胛骨

尺寸：長八・七、寬六・六厘米

著録：《合》三〇一七四

來源：一九五二年馬衡捐贈，國家文物局調撥

院藏號：新一六〇六四六

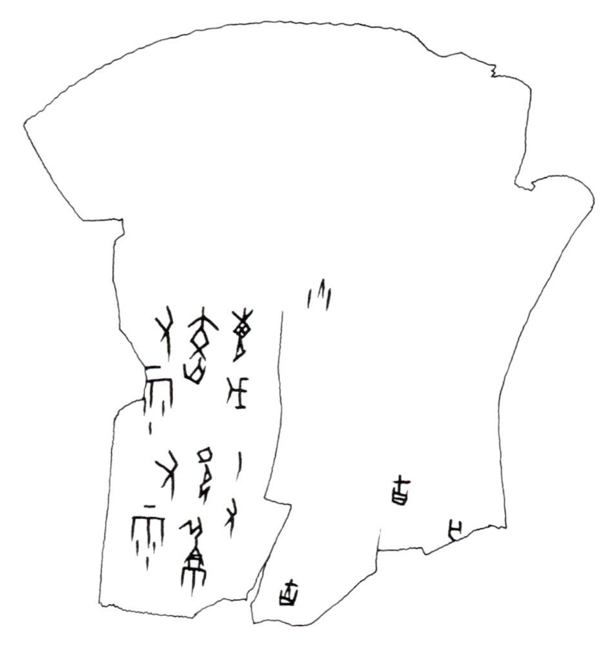

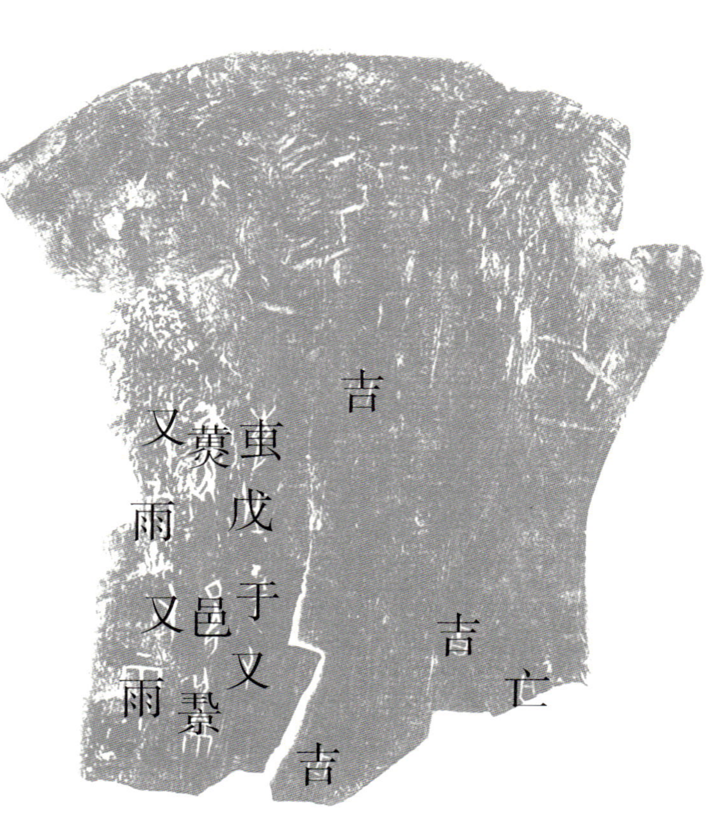
吉
叀
戊
于
又
又
莫
邑
㝬
又
雨
又
雨
吉
吉
亡

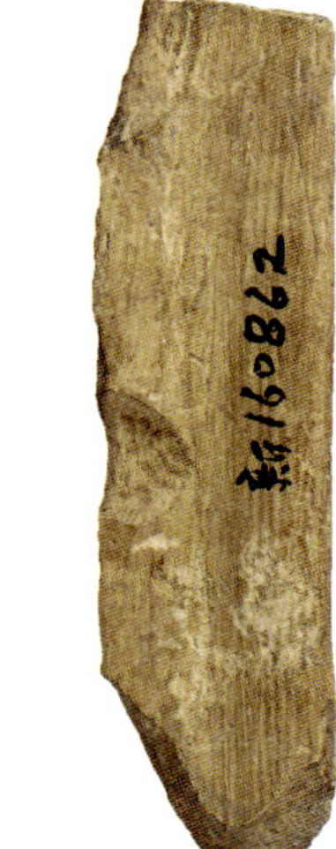

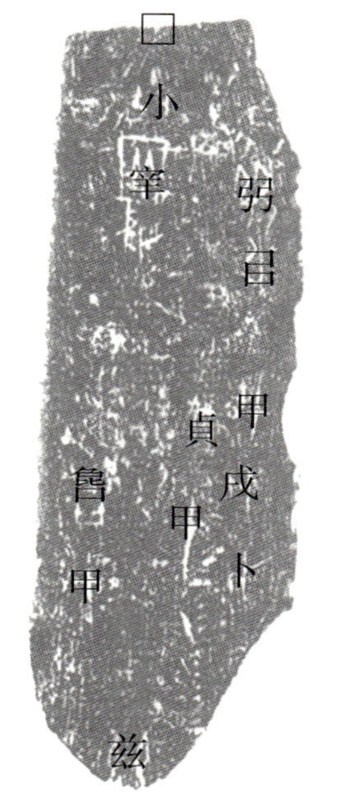

二九〇　甲戌卜貞甲日祀魯甲等事

本骨正面存辭四條。反面無字。

（一）［兹］⍁

（二）甲戌卜，貞⍁甲⍁［魯］甲。

（三）弜（勿）㠯（以）小宰。

（四）⍁☐⍁

【備注】

組類：無名

材質：牛肩胛骨

尺寸：長六・九、寬一・六厘米

著録：未見

來源：一九五二年馬衡捐贈，國家文物局調撥

院藏號：新一六〇八六二

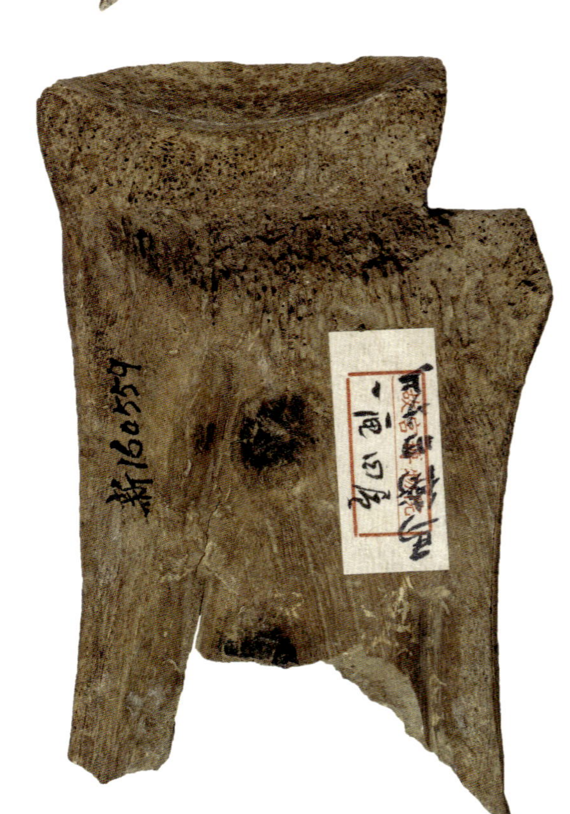

二九一　某日問叀小宰與叀牛王受祐等事

本骨正面存辭二條。反面無字。

（一）叀小宰。

（二）叀牛，王受又（祐）。　吉

【備注】

組類：無名

材質：牛肩胛骨

尺寸：長一〇・七、寬六・三厘米

著録：《凡》一・一〇・一（不全）、《續》二・一六・八（不全）、《皤蛊》一〇・一（不全）、《合》二九六五四、《宮凡將》三三（不全）

來源：一九五二年馬衡捐贈，國家文物局調撥

院藏號：新一六〇五五九

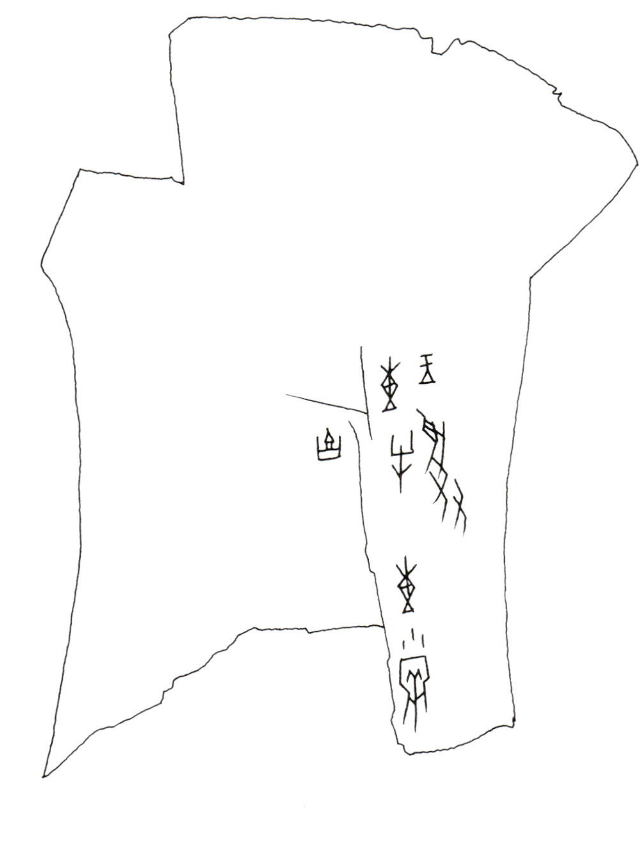

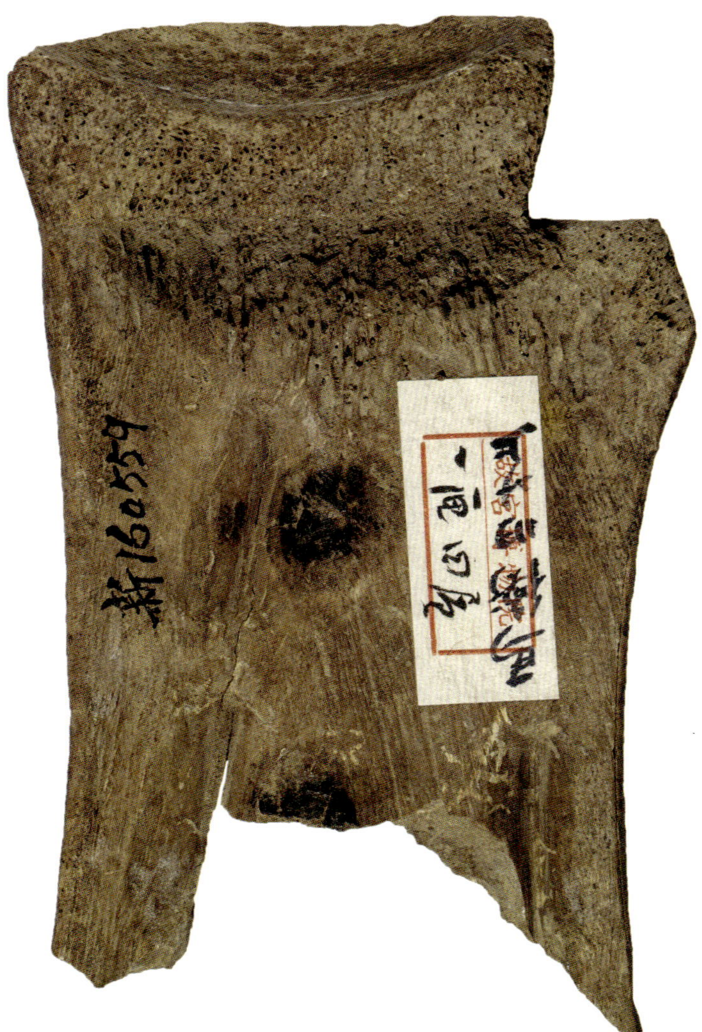
新160559

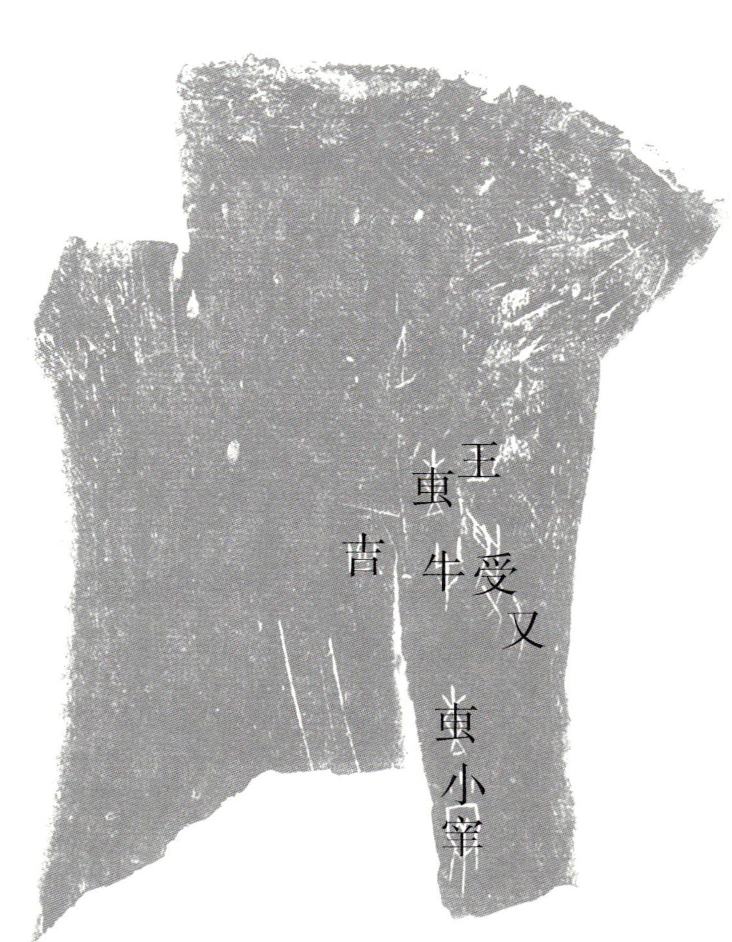
叀小宰
王受又
叀牛
吉

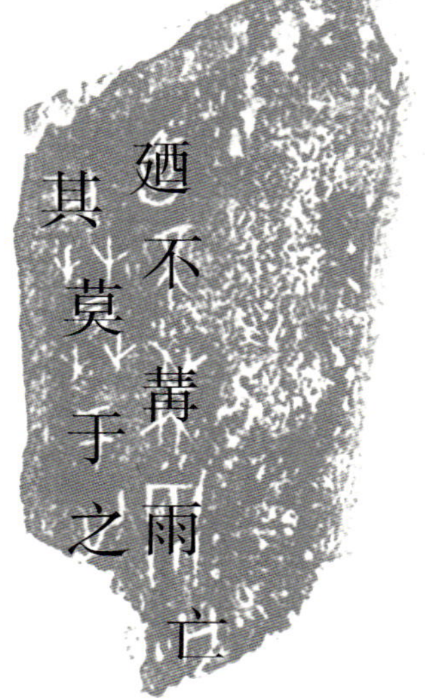

二九二　某日問其暮于之廼不遘雨事

本骨正面存辭一條。反面無字。

（一）其莫（暮）于之，廼不苒（遘）雨，亡☐

【備注】

組類：無名

材質：牛肩胛骨

尺寸：長五・一、寬二・一厘米

著録：《凡》一・二三・一（不全）、《續》四・二一・四（不全）、《磻耑》二三・一（不全）、《合》二九八〇四、《宮凡將》八二（不全）

來源：一九五二年馬衡捐贈，國家文物局調撥

院藏號：新一六〇六一七

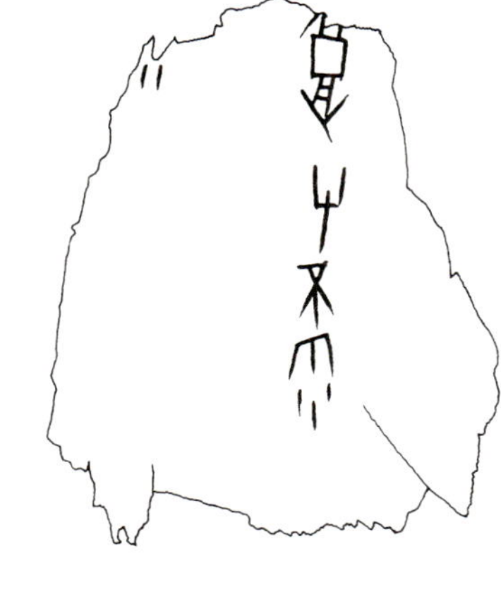

二九三　某日問郭兮不雨等事

本骨正面存辭二條。反面無字。

（一）☐[章(郭)]兮不雨。

（二）☐[雨]。

【備注】

組類：無名

材質：牛肩胛骨

尺寸：長五・四、寬四・二厘米

著録：《合》二九七九六

來源：一九五二年馬衡捐贈，國家文物局調撥

院藏號：新一六〇七八三

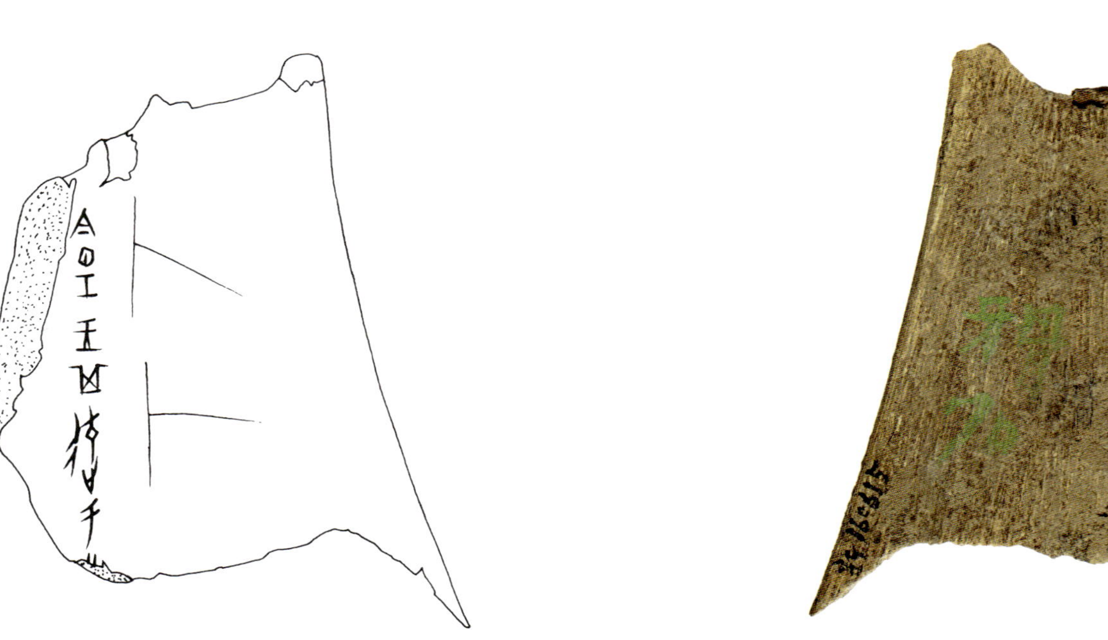

二九四　某日問今日壬王其⿺辶必于某事

本骨正面存辭一條。反面無字。

（一）今日壬王其⿺辶必于□。

【備注】

組類：無名

材質：牛肩胛骨

尺寸：長七・九、寬四・九厘米

著録：《合》二八七五六

來源：一九五二年馬衡捐贈，國家文物局調撥

院藏號：新一六〇六一五

今日王王其⿺辶必于□

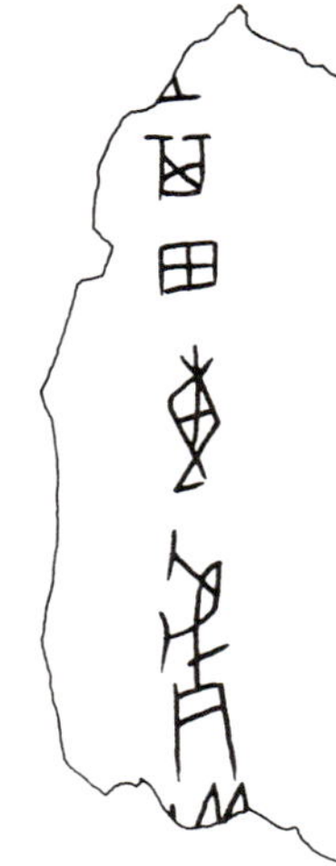

二九五　某日問王其田叀虞事

本骨正面存辭一條。反面無字。

（一）☐［王］其田，叀［虞］☐

【備注】

組類：無名

材質：牛肩胛骨

尺寸：長六・四、寬二・二厘米

著録：《凡》一・一九・三、《磻蜚》一九・三、《續》六・一〇・七、《合》三三五六六、《宮凡將》六八

來源：一九五二年馬衡捐贈，國家文物局調撥

院藏號：新一六〇八五二

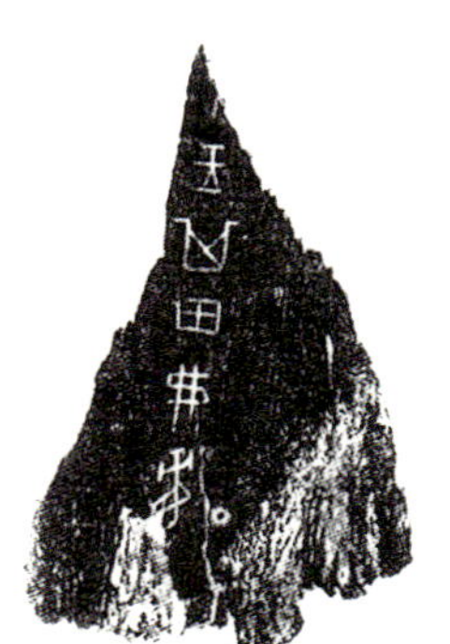

二九六　某日問王其田弗悔事

本骨正面存辭一條。反面無字。

（一）　☐☐王其田，弗[每（悔）]。〔一〕

【簡釋】

〔一〕本骨可綴《合》二八七一二，綴合後釋文可補爲「☐日辛王其田，弗[每（悔）]」。詳見劉影綴，《拼四》第八五一則。

【備注】

組類：無名

材質：牛肩胛骨

尺寸：長四・六、寬二・五厘米

著録：《合》二八五六二

來源：一九五二年馬衡捐贈，國家文物局調撥

院藏號：新一六〇七一八

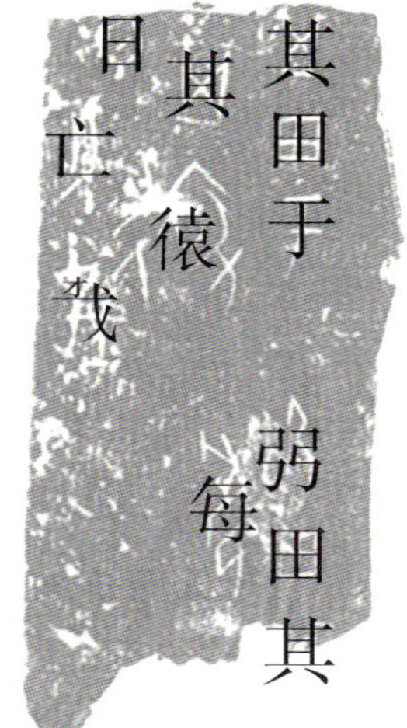

二九七　某日問勿田其悔與其田其遠亡災等事

本骨正面存辭二條。反面無字。

（一）弜（勿）田，［其］每（悔）。

（二）☐其田于☐其𢓊（遠）☐日，亡𢦏（災）。

【備注】

組類：無名

材質：牛肩胛骨

尺寸：長四・四、寬一・六厘米

著録：《合》二八七〇五

來源：一九五二年馬衡捐贈，國家文物局調撥

院藏號：新一六〇七六五

二九八　壬子卜貞王其田喪亡災等事

本骨正面存辭二條。反面無字。

（一）壬子卜，貞：王其田喪，亡𢦏（災）。

（二）☐［卯］卜☐［王］其☐☐，亡［一］𢦏（災）。

【簡釋】

［一］「亡」字缺刻短竪劃。

【備注】

組類：無名

材質：牛肩胛骨

尺寸：長八·九、寬四·四厘米

著録：《合》三三五五三

來源：一九五二年馬衡捐贈，國家文物局調撥

院藏號：新一六〇五七八

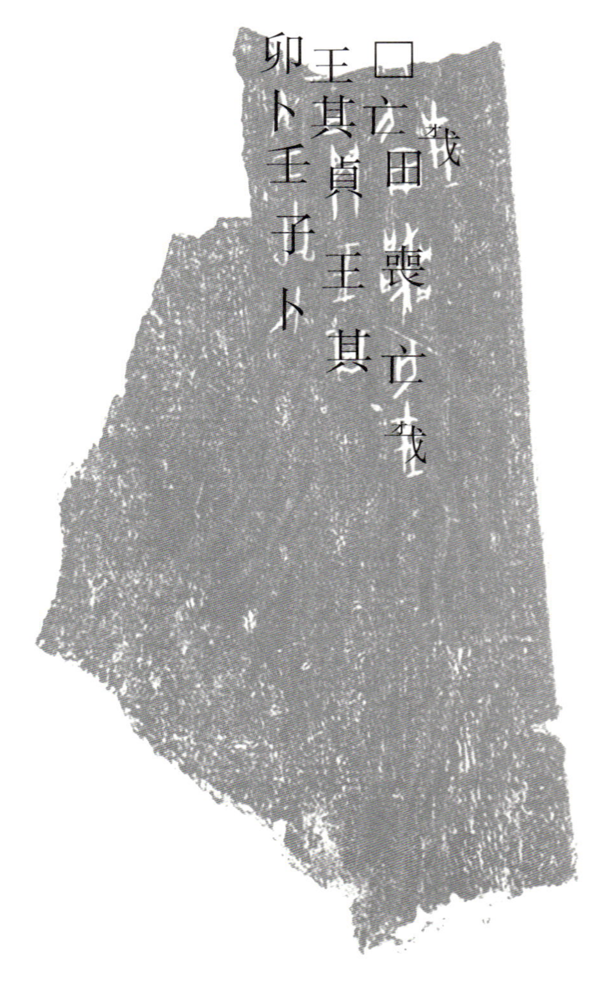
𢦏
□亡田喪亡𢦏
王其貞王其
卯卜壬子卜

二九九　庚辰問勿田其雨等事

本骨正面存辭二條。反面無字。

（一）庚辰☐

（二）弜(勿)田，其雨。

【備注】

組類：無名

材質：牛肩胛骨

尺寸：長八・二、寬二・一厘米

著録：《合》二八七一九

來源：一九五二年馬衡捐贈，國家文物局調撥

院藏號：新一六〇七七〇

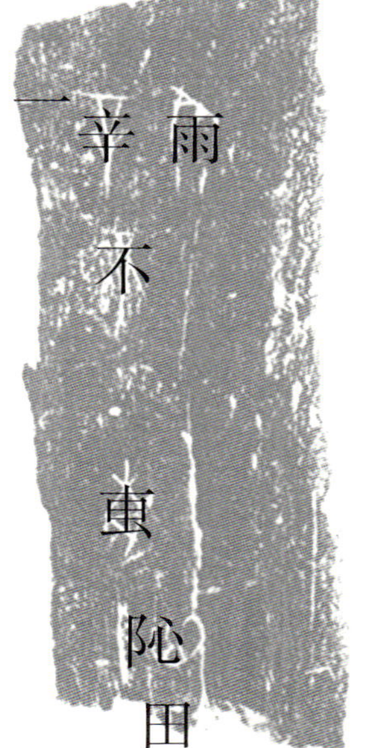

三〇〇　某日問叀阢田與辛不雨等事

本骨正面存辭二條。反面無字。

（一）叀阢[田]☐

（二）辛不雨。一

【備注】

組類：無名

材質：牛肩胛骨

尺寸：長五・六、寬二・〇厘米

著録：《凡》一・二三・二、《續》四・二二・九、《磻蚩》二三・二、《合》二九八八九、《宮凡將》八三

來源：一九五二年馬衡捐贈，國家文物局調撥

院藏號：新一六〇七六四

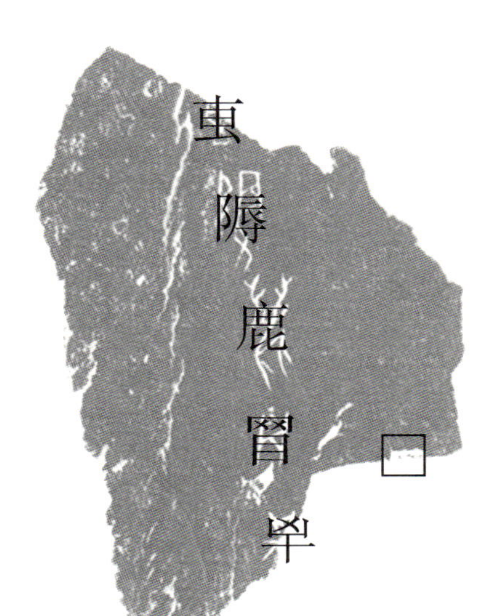

三〇一　某日問叀隯鹿罝擒事

本骨正面存辭一條。反面無字。

（一）［叀］隯鹿罝，［𠦬（擒）］☒☐☒

【備注】

組類：無名

材質：牛肩胛骨

尺寸：長五・七、寬三・三厘米

著録：《合》二八三五二

來源：一九五二年馬衡捐贈，國家文物局調撥

院藏號：新一六〇七九〇

三〇二一　某日問叀滴鰻事

本骨正面存辭一條。反面無字。

（一）［叀］滴鰻[一]，㠯（以）☐

【簡釋】

［一］「鰻」或釋爲「罩」字。

【備注】

組類：無名

材質：牛肩胛骨

尺寸：長一六・八、寬八・五厘米

著録：〔右部〕《合》二八四二六（不全）、《合》二八一八一＋《合》二八四三一；〔全〕《凡》一・二〇・二（不全）、《續》六・一〇・九（不全）、《繙蜚》二〇・二（不全）、《宫凡將》七一（不全）

來源：一九五二年馬衡捐贈，國家文物局調撥

院藏號：新一六〇五八八＋新一六〇八五一＋資一二八－六＋資一二八－七＋資一二八－四二

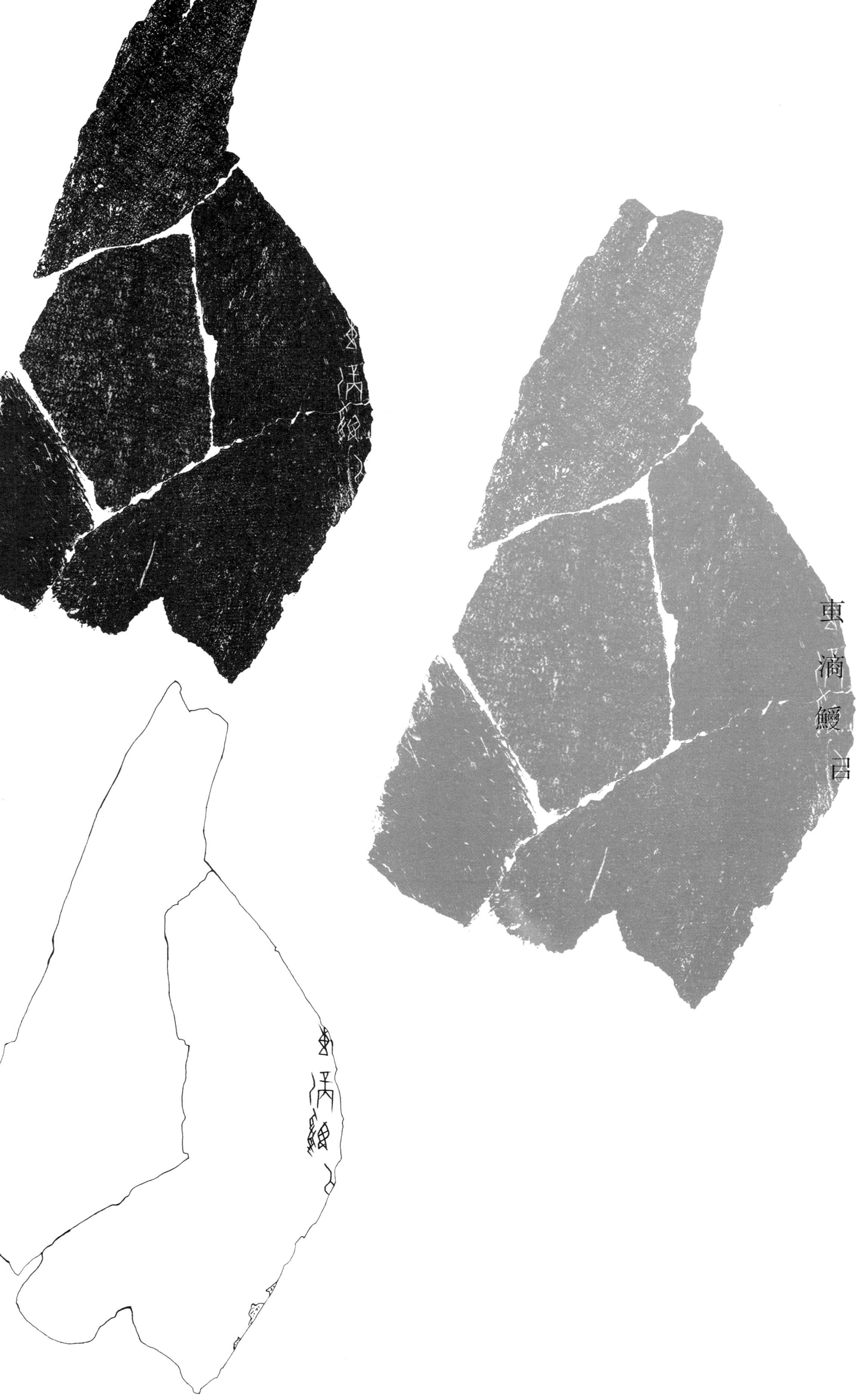
叀
滴
鰻
吕

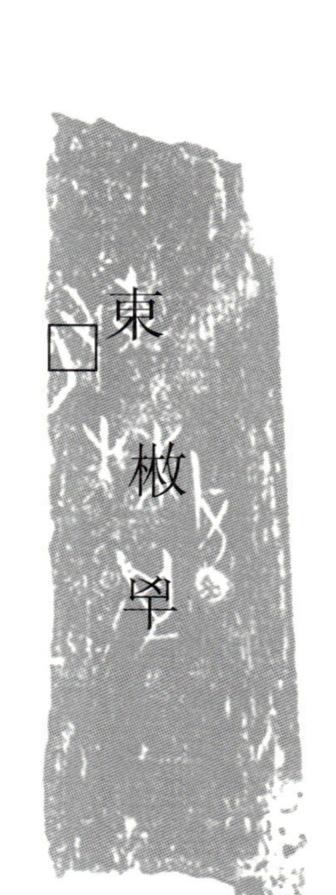

三〇三　某日問東散擒事

本骨正面存辭一條。反面無字。

（一）　東敉（散），毕（擒）□〼

【備注】

組類：無名

材質：牛肩胛骨

尺寸：長五・七、寬一・四厘米

著録：《合》二九三七〇

來源：一九五二年馬衡捐贈，國家文物局調撥

院藏號：新一六〇六二一

三〇四　其吉等字殘辭

本骨正面存辭二條。反面無字。

（一）吉

（二）☐其☐　吉

【備注】

組類：無名

材質：牛肩胛骨

尺寸：長六・〇、寬二・八厘米

著録：未見

來源：一九五二年馬衡捐贈，國家文物局調撥

院藏號：新一六〇六二六

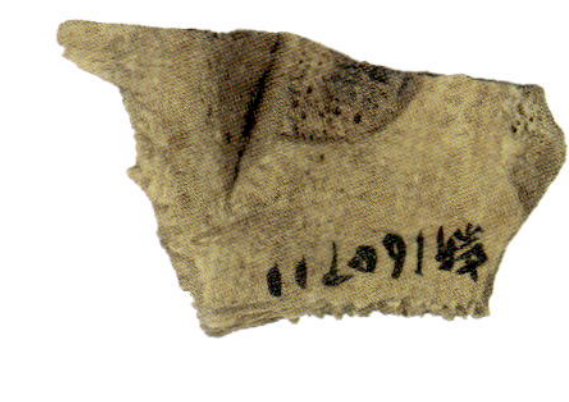

三〇五　四月某日貞王彡大乙事

本甲正面存辭一條。反面無字。

（一）　貞：王☐大乙[一]彡夕☐才（在）三（四）月。

【簡釋】

[一]「大乙」爲合文。

【備注】

組類：黄組

材質：龜背甲

尺寸：長三・四、寬一・九厘米

著録：《合》三五四九八

來源：一九五二年馬衡捐贈，國家文物局調撥

院藏號：新一六〇七一一

三〇六　某日貞四祖丁⿰示⿱孑爻事

本甲正面存辭一條。反面無字。

（一）貞：□〼三(四)且(祖)丁〔一〕「⿰示⿱孑爻」。〔二〕

【簡釋】

〔一〕「且丁」爲合文。

〔二〕「⿰示⿱孑爻」或比定作「裓」「祼」等字。本版可綴《合》三五七〇九，綴合後釋文可補爲「貞：王宊(儐)〼三(四)且(祖)丁⿰示⿱孑爻」。詳見李愛輝綴，《拼三》第七〇〇則。

【備注】

組類：黃組

材質：龜腹甲

尺寸：長二・〇、寬一・五厘米

著録：《合》三五七一六

來源：一九五二年馬衡捐贈，國家文物局調撥

院藏號：新一六〇八三三

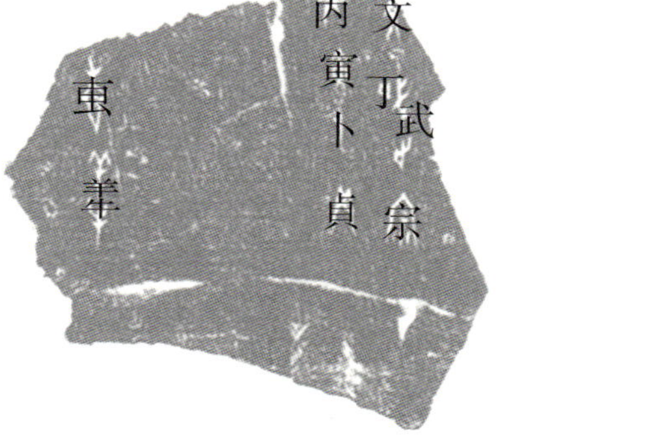

三〇七　丙寅卜貞文武丁宗與叀羊等事

本甲正面存辭二條。反面無字。

（一）丙寅卜，貞：［文］武丁〔一〕宗☐

（二）叀羊。

【簡釋】

〔一〕「武丁」爲合文。

【備注】

組類：黄組

材質：龜腹甲

尺寸：長三・二、寬三・一厘米

著録：《合》三六一四八

來源：一九五二年馬衡捐贈，國家文物局調撥

院藏號：新一六〇七五九

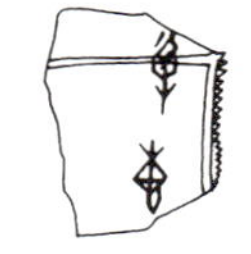

三〇八　某日問物等事

本甲正面存辭二條。反面無字。

（一）叀☐

（二）☐物。〔一〕

【簡釋】

〔一〕本甲字口填墨。

【備注】

組類：黃組

材質：龜腹甲

尺寸：長一・六、寬一・二厘米

著録：未見

來源：一九五二年馬衡捐贈，國家文物局調撥

院藏號：新一六〇八七七

三〇九　乙日問王其于𠅘事

本骨正面存辭一條。反面無字。

（一）☐［今］日乙［王其］☐☐𠅘［亡］☐

【備注】

組類：黄組

材質：牛肩胛骨

尺寸：長三・〇、寬一・六厘米

著録：未見

來源：一九五二年馬衡捐贈，國家文物局調撥

院藏號：新一六〇八二九

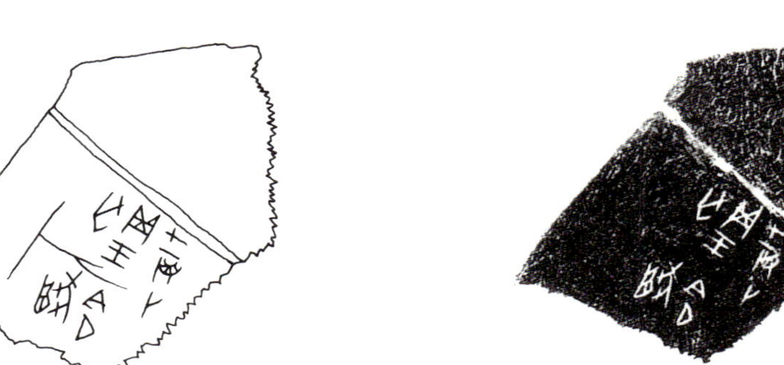

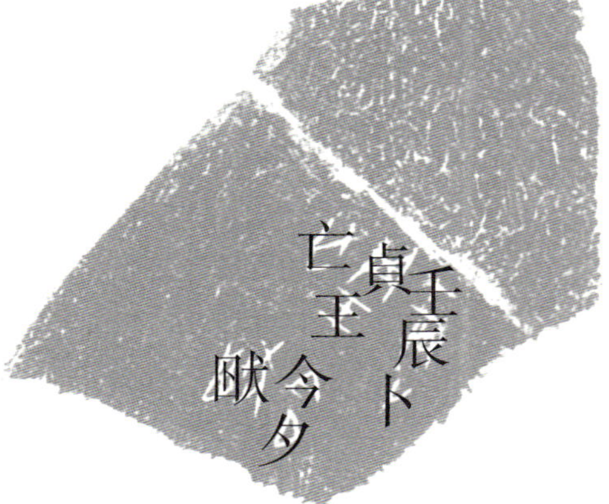

三一〇　壬辰卜貞王今夕亡畎事

本甲正面存辭一條。反面無字。

（一）壬辰卜，貞：王今夕亡畎〔一〕。

【簡釋】

〔一〕「畎」或比定作「禍」「咎」「憂」等字。

【備注】

組類：黄組

材質：龜腹甲

尺寸：長四・八、寬二・九厘米

著録：未見

來源：一九五二年馬衡捐贈，國家文物局調撥

院藏號：新一六〇六五三

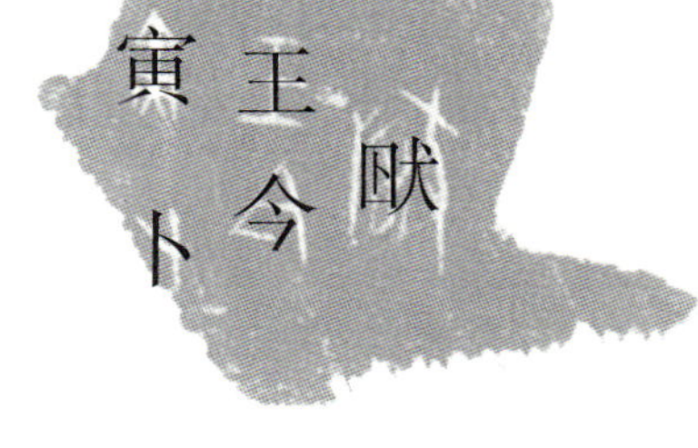

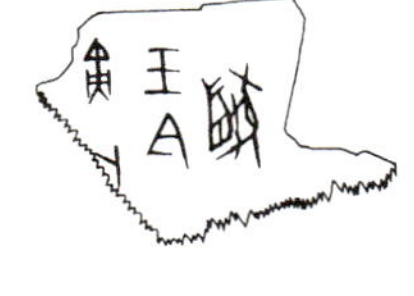

三一一　寅日卜王今畎事

本甲正面存辭一條。反面無字。

（一）　☐寅卜☐王今☐畎〔一〕。

【簡釋】

〔一〕「畎」或比定作「禍」「咎」「憂」等字。

【備注】

組類：黄組

材質：龜腹甲

尺寸：長二・四、寬一・七厘米

著録：未見

來源：一九五二年馬衡捐贈，國家文物局調撥

院藏號：新一六〇八六六

三一一二 己巳卜貞王𨒪于𦣝與辛未卜貞王田于𩃎往來亡災等事

本骨正面存辭五條。反面無字。

（一）戊辰☐于［𦣝］☐　一

（二）己巳卜，貞：王𨒪于𦣝，㞢（往）來亡𡿧（災）。　一

（三）辛未卜，貞：王田于𩃎，㞢（往）來亡𡿧（災）。兹隻（獲）狐十又一，鹿三（四），麑五。〔一〕

（四）☐［貞］：王𨒪于𦣝，㞢（往）來亡𡿧（災）。

（五）☐［貞］☐于𦣝☐來亡𡿧（災）。

【簡釋】

〔一〕本條下方沿「王」「來」「𨒪」字下部，有界劃綫刮削痕迹。

【備注】

組類：黄組

材質：牛肩胛骨

尺寸：長一一·五、寬一·六厘米

著録：《合》三七四一一

來源：一九五二年馬衡捐贈，國家文物局調撥

院藏號：新一六〇七六六

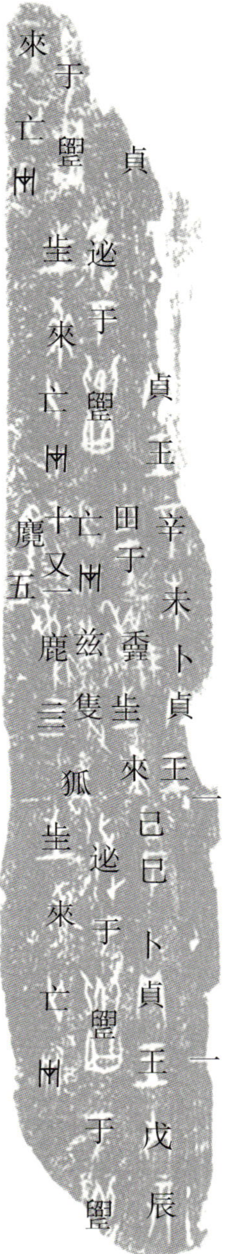
一
一
貞王辛未卜貞王己巳卜貞王戊辰
貞田于𩁹㞢來
逊于𥁕亡𡆥兹隻狐逊于𥁕于𥁕
于𥁕㞢來亡𡆥十又一鹿三㞢來亡𡆥
來亡𡆥鹿五

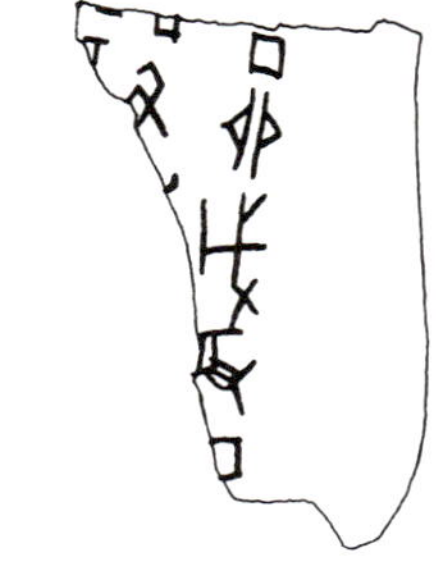
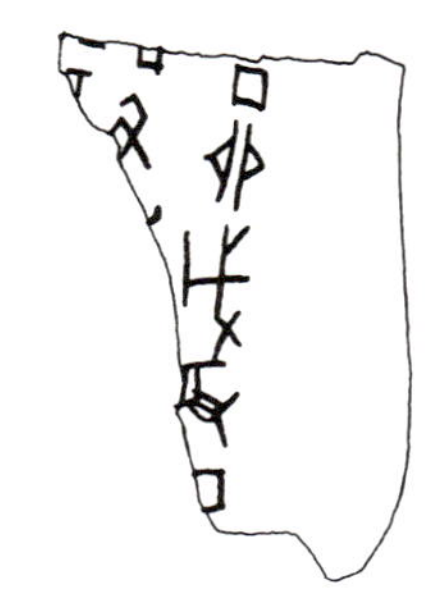
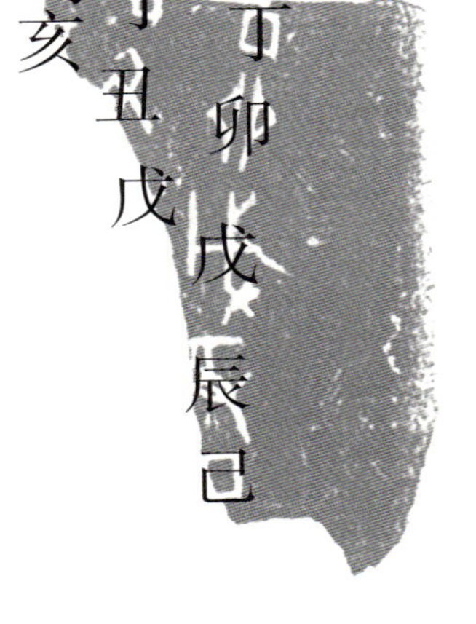

三一三　干支表殘辭

本骨正面存辭三條。反面無字。

（一）☐丁卯、戊辰、[己]☐

（二）☐[丁]丑、[戊]☐

（三）☐[丁亥]☐

【備注】

組類：黄組

材質：牛肩胛骨

尺寸：長三・八、寬一・九厘米

著録：未見

來源：一九五二年馬衡捐贈，國家文物局調撥

院藏號：新一六〇六三六

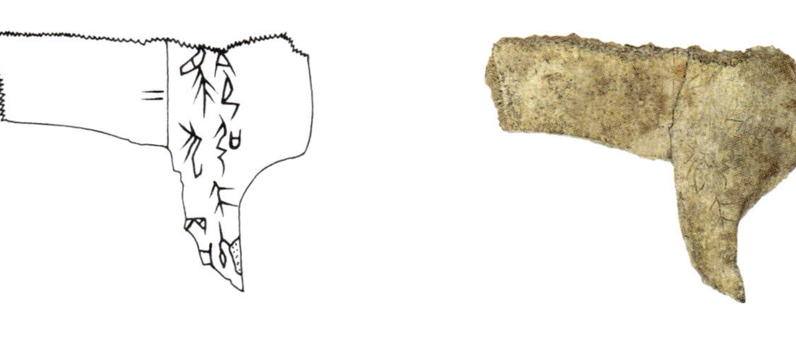

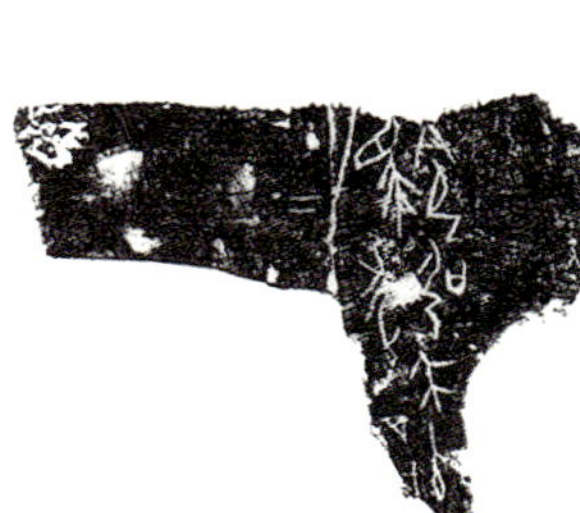

三二四　丙戌問以與某日問馬犬令弜求等事

本甲正面存辭二條。反面無字。

（一）丙［戌］☐［以］☐

（二）☐馬犬☐令弜求。　二

【備注】

組類：劣體

材質：龜腹甲

尺寸：長四・一、寬三・一厘米

著録：《合》二一八九五

來源：一九五二年馬衡捐贈，國家文物局調撥

院藏號：新一六〇六七二

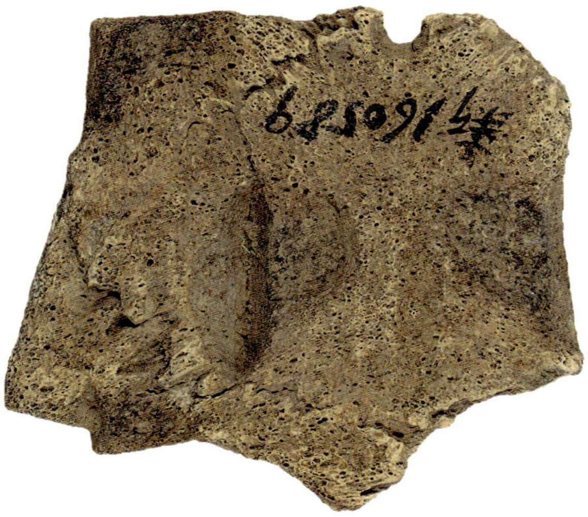

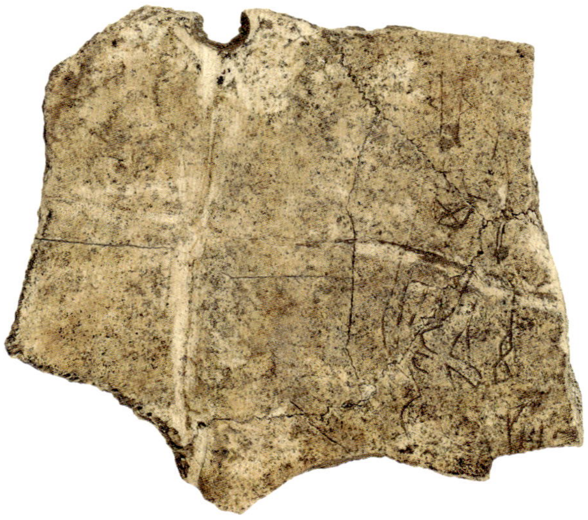

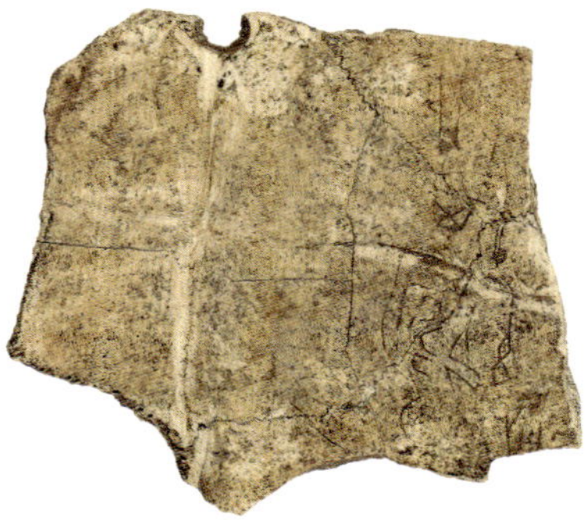

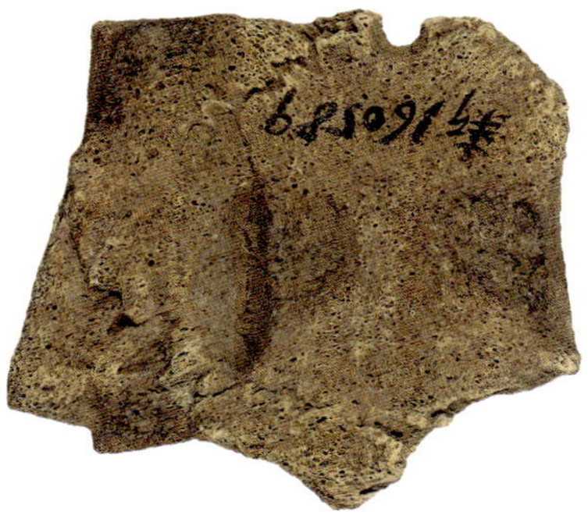

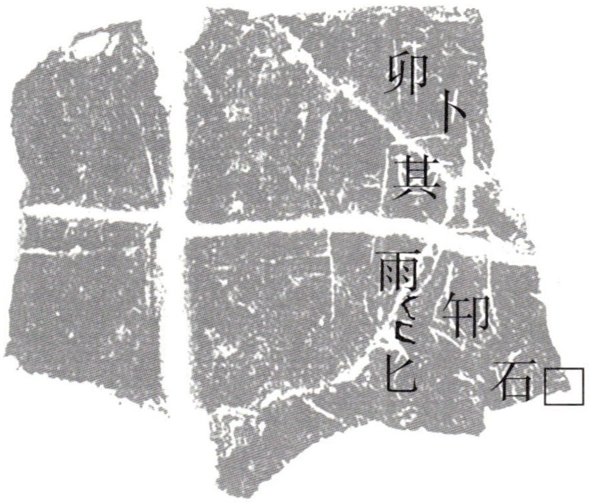

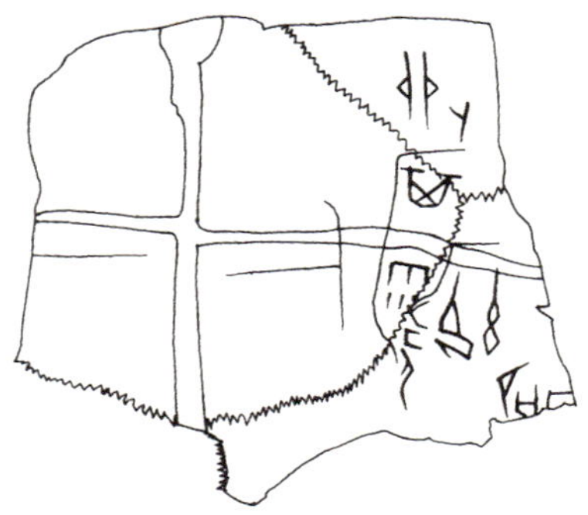

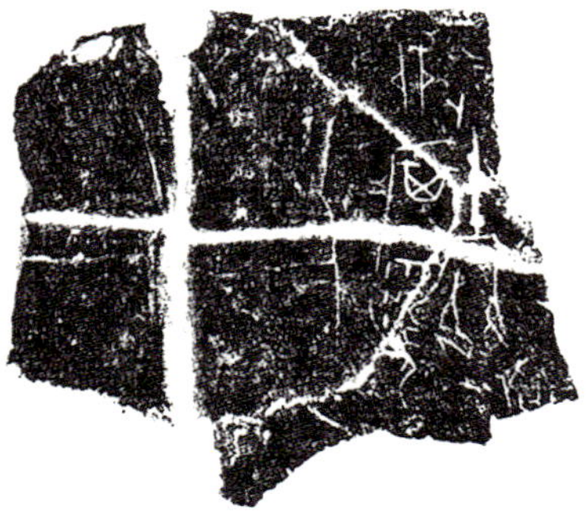

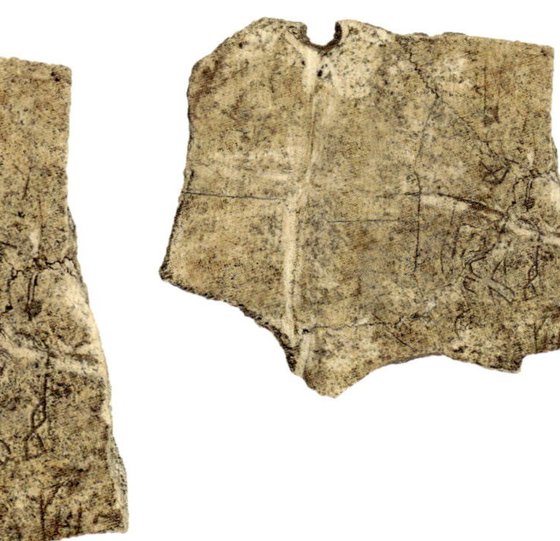

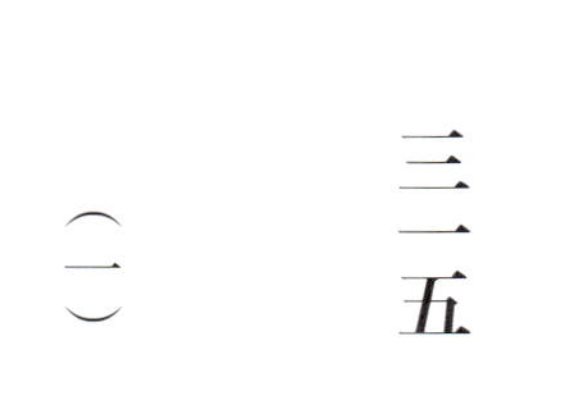

三一五　某日問其雨與禦妣某等事

本甲正面存辭三條，有界劃綫。反面無字。

（一）〼卯卜〼

（二）其雨。

（三）〼□〼卸（禦）〔一〕石〼ㄘ匕（妣）〼〔二〕

【簡釋】

〔一〕「卸」字左側有改刻痕迹。

〔二〕本甲千里路上方有鑽孔，上方右側截鋸。本甲可綴《合》二二四二四，綴合後即《合補》六八六五，釋文可補爲「〼余曰貞：我其卸石，其雨。／辛酉□〼卸石〼ㄘ匕（妣）〼」。詳見黄天樹綴，《拼集》第一五則、《綴彙》第一五九組。

【備注】

組類：午組

材質：龜腹甲

尺寸：長四・九、寬四・三厘米

著録：《合》二二一〇五、《合補》六八六五左半

來源：一九五二年馬衡捐贈，國家文物局調撥

院藏號：新一六〇五八九

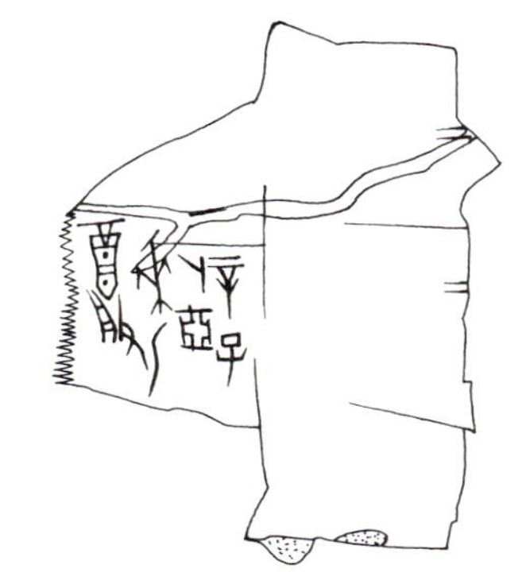

三一六　辛巳卜亞問來乙酉般事

本甲正面存辭三條。反面無字。

（一）辛巳卜，亞：來乙酉般。　一

（二）［二］

（三）［二］

【備注】

組類：亞類

材質：龜腹甲

尺寸：長四・七、寬三・八厘米

著録：《合》二二三〇七

來源：一九五二年馬衡捐贈，國家文物局調撥

院藏號：新一六〇六〇三

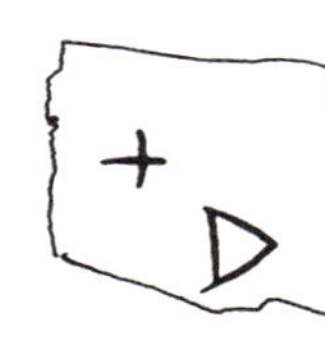

三一七　七等字殘辭

本甲正面存辭一條。反面無字。

（一）☐□☐七☐

【備注】

組類：未詳

材質：龜腹甲

尺寸：長一・八、寬一・六厘米

著録：未見

來源：一九五二年馬衡捐贈，國家文物局調撥

院藏號：新一六〇七二九

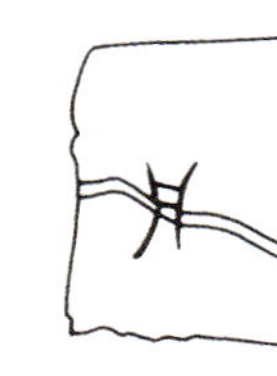
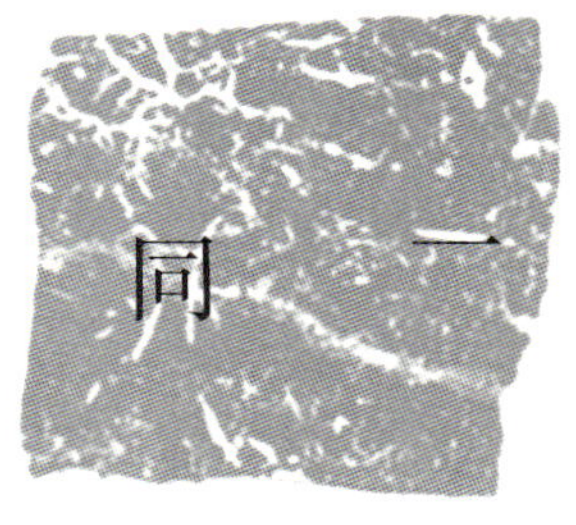

三一八　同字殘辭

本甲正面存辭一條。反面無字。

（一）　☐同☐　一[一]

【簡釋】

〔一〕本甲左側及上緣截鋸。

【備注】

組類：未詳

材質：龜腹甲

尺寸：長二・〇、寬一・七厘米

著録：未見

來源：一九五二年馬衡捐贈，國家文物局調撥

院藏號：新一六〇八三八

三一九　且字殘辭

本甲正面存辭一條。反面無字。

（一）☐且☐

【備注】

組類：未詳

材質：龜腹甲

尺寸：長二·三、寬一·二厘米

著録：未見

來源：一九五二年馬衡捐贈，國家文物局調撥

院藏號：資一二八－六九

三三一〇　字殘辭

本甲正面存辭一條。反面無字。

（一）☐☐

【備注】

組類：未詳

材質：龜腹甲

尺寸：長二・〇、寬一・二厘米

著録：未見

來源：一九五二年馬衡捐贈，國家文物局調撥

院藏號：新一六〇八九六

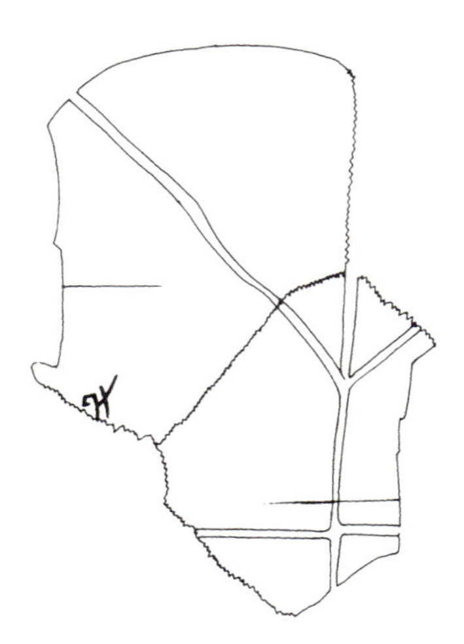

三三二　殘字龜腹甲

本甲正面存辭一條。反面無字。

（一）

〼□〼

【備注】

組類：未詳

材質：龜腹甲

尺寸：長五・九、寬四・二厘米

著録：未見

來源：一九五二年馬衡捐贈，國家文物局調撥

院藏號：新一六〇八〇一

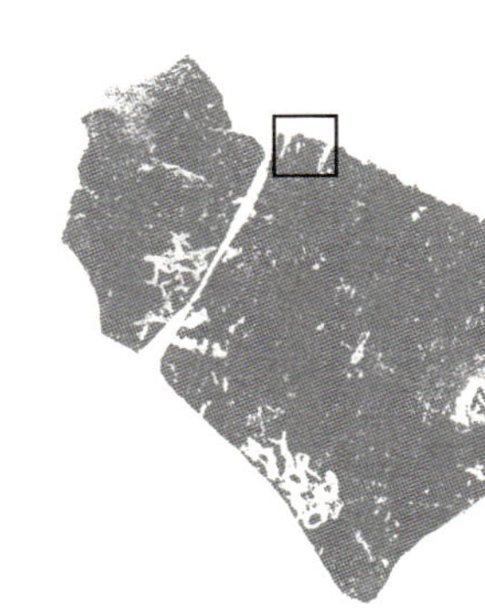

三三二　**殘字龜腹甲**

本甲正面存辭一條。反面無字。

（一）〼□〼

【備注】

組類：未詳

材質：龜腹甲

尺寸：長三・二、寬二・九厘米

著録：未見

來源：一九五二年馬衡捐贈，國家文物局調撥

院藏號：資一二八－七三＋資一二八－七四＋資一二八－七六

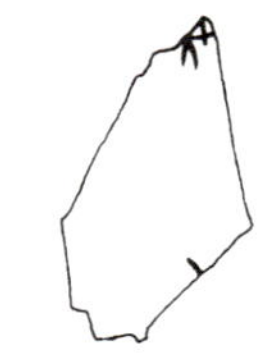
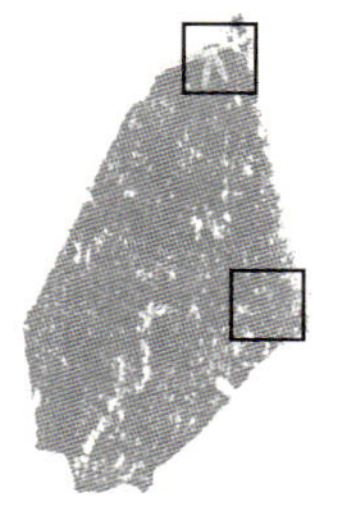

三三三　殘字龜腹甲

本甲正面存辭一條。反面無字，原邊有五道刻痕。

（一）〼□□〼

【備注】

組類：未詳

材質：龜腹甲

尺寸：長二・二、寬一・二厘米

著録：未見

來源：一九五二年馬衡捐贈，國家文物局調撥

院藏號：資一二八－七二

三二四　一字殘辭

本甲正面存辭一條。反面無字。

（一）一

【備注】

組類：未詳

材質：龜背甲

尺寸：長三・一、寬二・九厘米

著録：未見

來源：一九五二年馬衡捐贈，國家文物局調撥

院藏號：新一六〇七四二

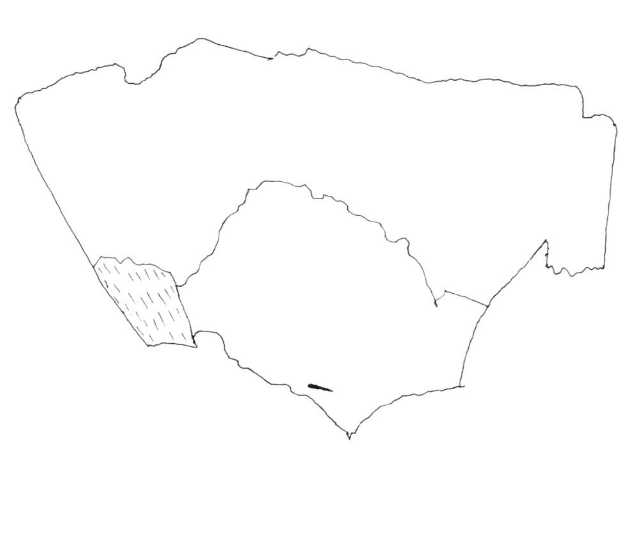

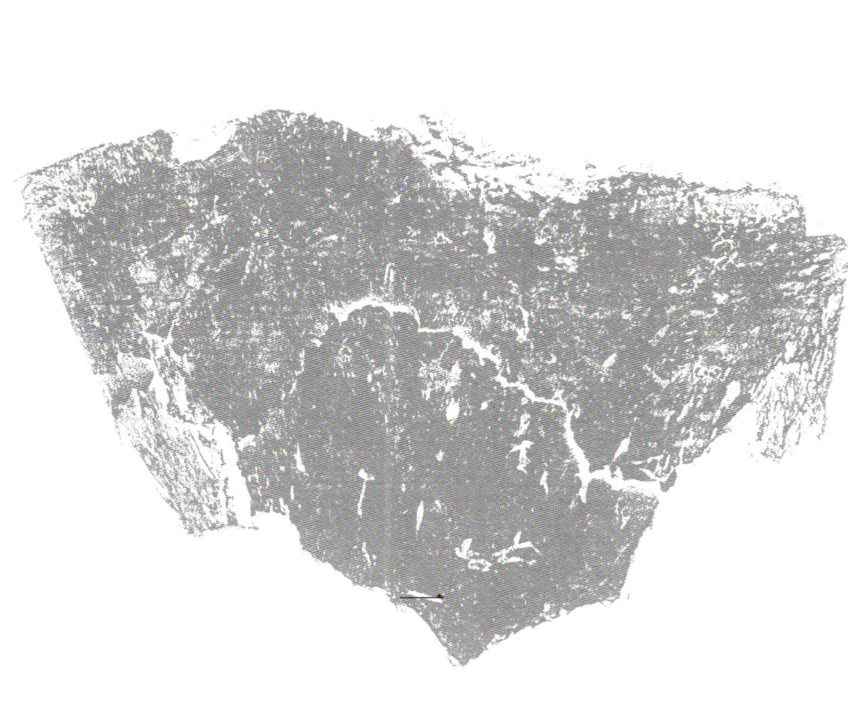

三二五　一字殘辭

本骨正面存辭一條。反面無字。

（一）　一

【備注】

組類：未詳

材質：牛肩胛骨

尺寸：長五・五、寬六・七厘米

著録：未見

來源：一九五二年馬衡捐贈，國家文物局調撥

院藏號：資一二八一三

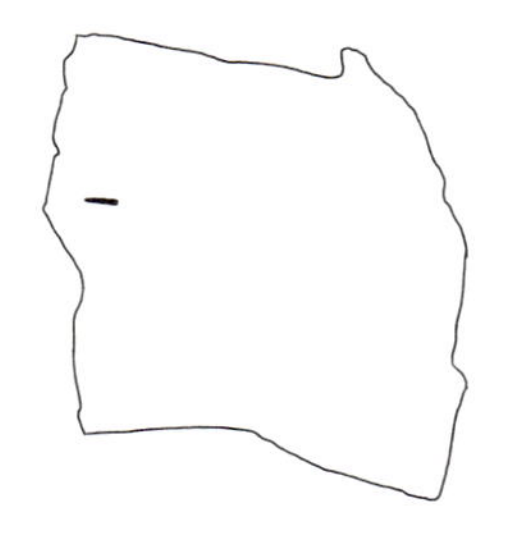
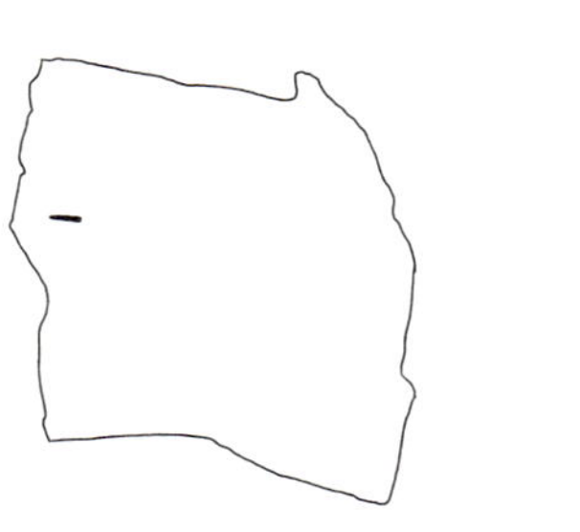

三二六　一字殘辭

本骨正面存辭一條。反面無字。

（一）　一

【備注】

組類：未詳

材質：牛肩胛骨

尺寸：長三・二、寬三・二厘米

著録：未見

來源：一九五二年馬衡捐贈，國家文物局調撥

院藏號：資一二八－八

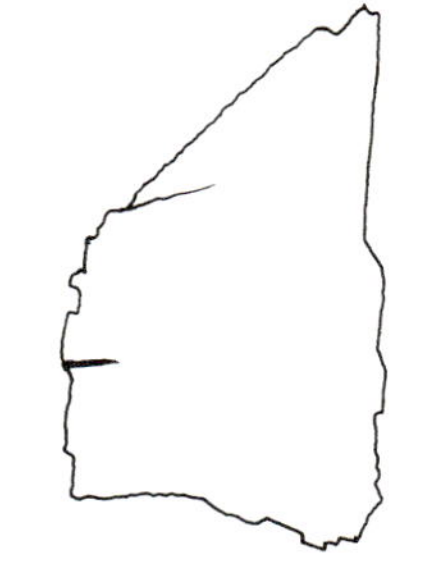

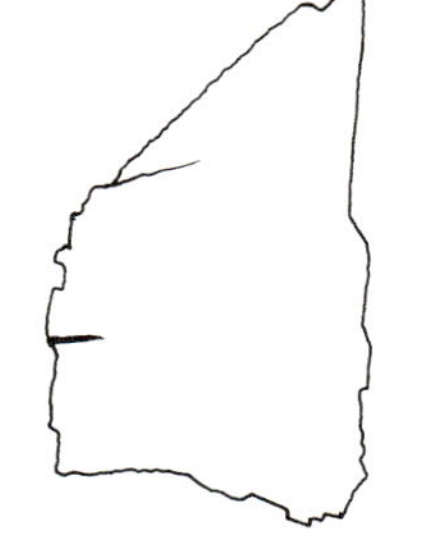

三一七　一字殘辭

本骨正面存辭一條，反面無字。

（一）　一

【備注】

組類：未詳

材質：牛肩胛骨

尺寸：長三・七、寬二・二厘米

著録：未見

來源：一九五二年馬衡捐贈，國家文物局調撥

院藏號：資一二八－二九

三二八　一字殘辭

本骨正面存辭一條。反面無字。

（一）　一

【備注】

組類：未詳

材質：牛肩胛骨

尺寸：長三・五、寬二・六厘米

著録：未見

來源：一九五二年馬衡捐贈，國家文物局調撥

院藏號：資一二八－三一

三三九　一字殘辭

本甲正面存辭一條。反面無字。

（一）一

【備注】

組類：未詳

材質：龜腹甲

尺寸：長一・七、寬一・五厘米

著録：未見

來源：一九五二年馬衡捐贈，國家文物局調撥

院藏號：資一二八－六六

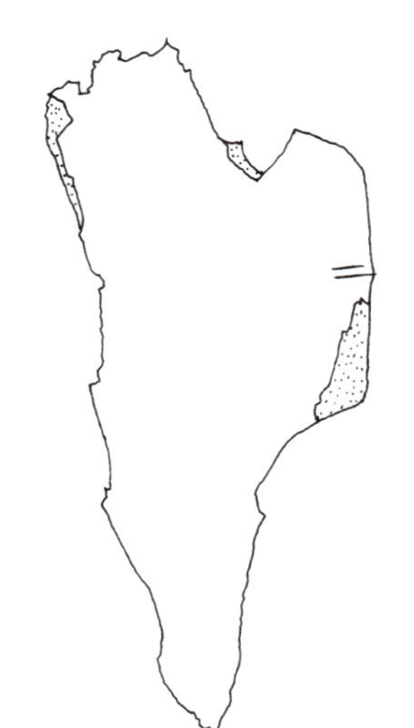

三三〇　二字殘辭

本骨正面存辭一條。反面無字。

（一）　二

【備注】

組類：未詳

材質：牛肩胛骨

尺寸：長六・八、寬二・六厘米

著録：未見

來源：一九五二年馬衡捐贈，國家文物局調撥

院藏號：資一二八－五四

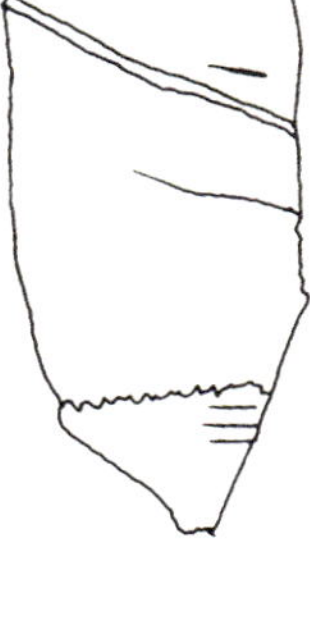

三三二一　一三等字殘辭

本甲正面存辭二條。反面無字。

（一）一

（二）三

【備注】

組類：未詳

材質：龜腹甲

尺寸：長四・一、寬一・九厘米

著録：未見

來源：一九五二年馬衡捐贈，國家文物局調撥

院藏號：新一六〇七三六

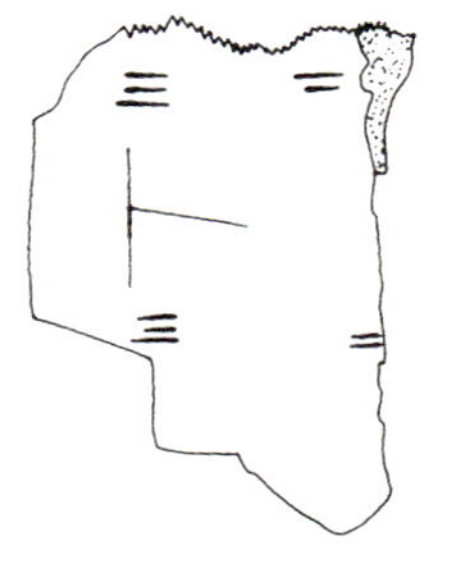

三三二一　二三等字殘辭

本甲正面存辭二條。反面無字。

（一）［二］　三

（二）　二　三〔一〕

【簡釋】

〔一〕反面黏連蚌殼。

【備注】

組類：未詳

材質：龜腹甲

尺寸：長三・六、寬二・六厘米

著録：未見

來源：一九五二年馬衡捐贈，國家文物局調撥

院藏號：新一六〇六〇四

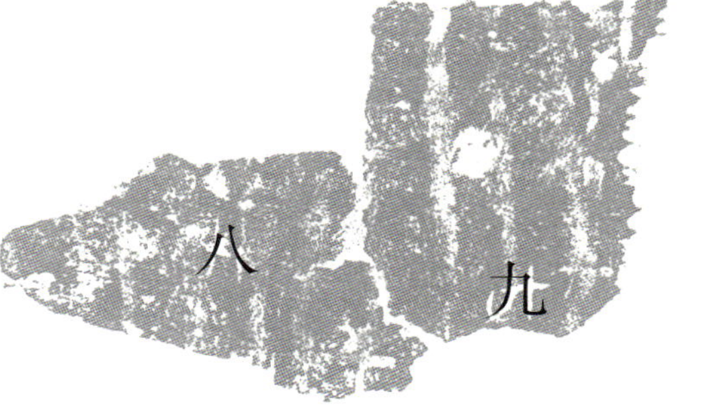

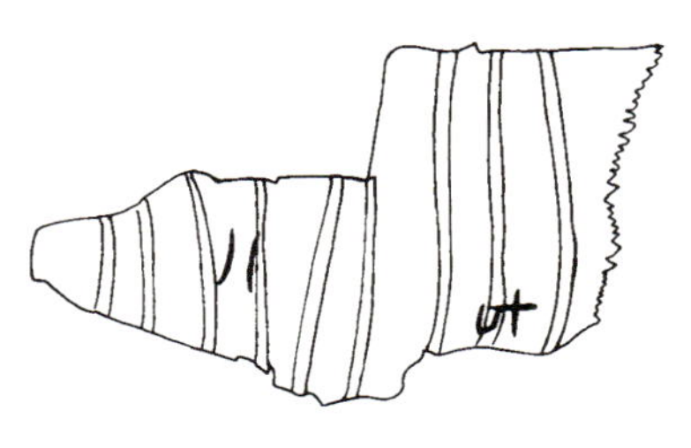

三三三　八九等字殘辭

本甲正面存辭一條。反面無字。

（一）　八　九

【備注】

組類：未詳

材質：龜背甲

尺寸：長四・四、寬二・九厘米

著録：未見

來源：一九五二年馬衡捐贈，國家文物局調撥

院藏號：資一二八－二五

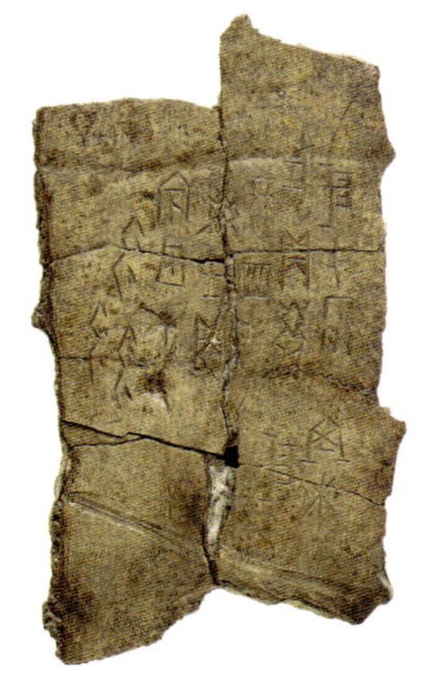

三三四　僞刻龜腹甲

本甲正面均爲僞刻。

【備注】

材質：龜腹甲

尺寸：長五・七、寬三・四厘米

著録：未見

來源：一九五二年馬衡捐贈，國家文物局調撥

院藏號：資一二八－五

三三二五　無字牛肩胛骨

本骨正反面均無字。

【備注】

材質：牛肩胛骨

尺寸：長四・一、寬四・一厘米

著録：未見

來源：一九五二年馬衡捐贈，國家文物局調撥

院藏號：新一六〇五五六

三三二六　無字牛肩胛骨

本骨正反面均無字。

【備注】

材質：牛肩胛骨

尺寸：長二・七、寬五・八厘米

來源：一九五二年馬衡捐贈，國家文物局調撥

院藏號：資一二八－一

三三二七　無字牛肩胛骨

本骨正反面均無字。

【備注】

材質：牛肩胛骨

尺寸：長五・九、寬三・〇厘米

來源：一九五二年馬衡捐贈，國家文物局調撥

院藏號：資一二八－二

三三八　無字牛肩胛骨

本骨正反面均無字。

【備注】

材質：牛肩胛骨

尺寸：長三·二、寬二·二厘米

來源：一九五二年馬衡捐贈，國家文物局調撥

院藏號：資一二八－一四

三三九　無字牛肩胛骨

本骨正反面均無字。

【備注】

材質：牛肩胛骨

尺寸：長六·〇、寬二·三厘米

來源：一九五二年馬衡捐贈，國家文物局調撥

院藏號：資一二八－一五

三四〇　無字牛肩胛骨

本骨正反面均無字。

【備注】

材質：牛肩胛骨

尺寸：長三·三、寬一·三厘米

來源：一九五二年馬衡捐贈，國家文物局調撥

院藏號：資一二八－一六

三四一　無字牛肩胛骨

本骨正反面均無字。

【備注】

材質：牛肩胛骨

尺寸：長二・九、寬四・三厘米

來源：一九五二年馬衡捐贈，國家文物局調撥

院藏號：資一二八－一七

三四二　無字牛肩胛骨

本骨正反面均無字。

【備注】

材質：牛肩胛骨

尺寸：長五・四、寬二・七厘米

來源：一九五二年馬衡捐贈，國家文物局調撥

院藏號：資一二八－一九

三四三　無字牛肩胛骨

本骨正反面均無字。

【備注】

材質：牛肩胛骨

尺寸：長三・九、寬一・八厘米

來源：一九五二年馬衡捐贈，國家文物局調撥

院藏號：資一二八－三三

三四四　無字牛肩胛骨

本骨正反面均無字。

【備注】

材質：牛肩胛骨

尺寸：長二・八、寬二・一厘米

來源：一九五二年馬衡捐贈，國家文物局調撥

院藏號：資一二八－三七

三四五　無字牛肩胛骨

本骨正反面均無字。

【備注】

材質：牛肩胛骨

尺寸：長二・八、寬一・七厘米

來源：一九五二年馬衡捐贈，國家文物局調撥

院藏號：資一二八－四一

三四六　無字牛肩胛骨

本骨正反面均無字。

【備注】

材質：牛肩胛骨

尺寸：長一・八、寬一・〇厘米

來源：一九五二年馬衡捐贈，國家文物局調撥

院藏號：資一二八－四三

三四七　無字牛肩胛骨

本骨正反面均無字。

【備注】

材質：牛肩胛骨

尺寸：長五・〇、寬二・五厘米

來源：一九五二年馬衡捐贈，國家文物局調撥

院藏號：資一二八－四四

三四八　無字牛肩胛骨

本骨正反面均無字。

【備注】

材質：牛肩胛骨

尺寸：長三・四、寬一・二厘米

來源：一九五二年馬衡捐贈，國家文物局調撥

院藏號：資一二八－四九

三四九　無字牛肩胛骨

本甲骨正反面均無字。

【備注】

材質：牛肩胛骨

尺寸：長一・九、寬〇・七厘米

來源：一九五二年馬衡捐贈，國家文物局調撥

院藏號：資一二八－五九

三五〇　無字牛肩胛骨

本骨正反面均無字。

【備注】

材質：牛肩胛骨

尺寸：長二·〇、寬〇·九厘米

來源：一九五二年馬衡捐贈，國家文物局調撥

院藏號：資一二八－六二

三五一　無字牛肩胛骨

本骨正反面均無字。

【備注】

材質：牛肩胛骨

尺寸：長一·五、寬一·〇厘米

來源：一九五二年馬衡捐贈，國家文物局調撥

院藏號：資一二八－七一

三五二　無字龜腹甲

本甲正反面均無字。

【備注】

材質：龜腹甲

尺寸：長四·二、寬三·五厘米

來源：一九五二年馬衡捐贈，國家文物局調撥

院藏號：資一二八－九

三五三　無字龜腹甲

本甲正反面均無字。

【備注】

材質：龜腹甲

尺寸：長二・三、寬三・〇厘米

來源：一九五二年馬衡捐贈，國家文物局調撥

院藏號：資一二八－二〇

三五四　無字龜腹甲

本甲正反面均無字。

【備注】

材質：龜腹甲

尺寸：長三・八、寬三・二厘米

來源：一九五二年馬衡捐贈，國家文物局調撥

院藏號：資一二八－二二＋資一二八－五一

三五五　無字龜腹甲

本甲正反面均無字。

【備注】

材質：龜腹甲

尺寸：長三・八、寬一・四厘米

來源：一九五二年馬衡捐贈，國家文物局調撥

院藏號：資一二八－一六

三五六　無字龜腹甲

本甲正反面均無字。

【備注】

材質：龜腹甲

尺寸：長二・二、寬一・八厘米

來源：一九五二年馬衡捐贈，國家文物局調撥

院藏號：資一二八－二八

三五七　無字龜腹甲

本甲正反面均無字。

【備注】

材質：龜腹甲

尺寸：長二・六、寬二・一厘米

來源：一九五二年馬衡捐贈，國家文物局調撥

院藏號：資一二八－三四

三五八　無字龜腹甲

本甲正反面均無字。

【備注】

材質：龜腹甲

尺寸：長一・七、寬一・五厘米

來源：一九五二年馬衡捐贈，國家文物局調撥

院藏號：資一二八－三五

三五九　無字龜腹甲

本甲正反面均無字。

【備注】

材質：龜腹甲

尺寸：長一・五、寬三・二厘米

來源：一九五二年馬衡捐贈，國家文物局調撥

院藏號：資一二八－三九

三六〇　無字龜腹甲

本甲正反面均無字。

【備注】

材質：龜腹甲

尺寸：長三・〇、寬一・九厘米

來源：一九五二年馬衡捐贈，國家文物局調撥

院藏號：資一二八－五三

三六一　無字龜腹甲

本甲正反面均無字。

【備注】

材質：龜腹甲

尺寸：長三・二、寬二・二厘米

來源：一九五二年馬衡捐贈，國家文物局調撥

院藏號：資一二八－五五

三六二　無字龜腹甲

本甲正反面均無字。

【備注】

材質：龜腹甲

尺寸：長一・七、寬〇・七厘米

來源：一九五二年馬衡捐贈，國家文物局調撥

院藏號：資一二八－六七

三六三　無字龜腹甲

本甲正反面均無字。

【備注】

材質：龜腹甲

尺寸：長二・五、寬一・四厘米

來源：一九五二年馬衡捐贈，國家文物局調撥

院藏號：資一二八－七五

三六四　無字龜腹甲

本甲正反面均無字。

【備注】

材質：龜腹甲

尺寸：長二・五、寬一・六厘米

來源：一九五二年馬衡捐贈，國家文物局調撥

院藏號：資一二八－七七

三六五　無字龜腹甲

本甲正反面均無字。

【備注】

材質：龜腹甲

尺寸：長一・九、寬一・二厘米

來源：一九五二年馬衡捐贈，國家文物局調撥

院藏號：資一二八－六五

三六六　無字龜背甲

本甲正反面均無字。

【備注】

材質：龜背甲

尺寸：長二・一、寬一・六厘米

來源：一九五二年馬衡捐贈，國家文物局調撥

院藏號：資一二八－三六

三六七　無字龜甲

本甲正反面均無字。

【備注】

材質：龜甲

尺寸：長三・〇、寬二・〇厘米

來源：一九五二年馬衡捐贈，國家文物局調撥

院藏號：資一二八－三八

三六八　無字龜甲

本甲正反面均無字。

【備注】

材質：龜甲

尺寸：長二・三、寬一・五厘米

來源：一九五二年馬衡捐贈，國家文物局調撥

院藏號：資一二八－四〇

三六九　無字龜甲

本甲正反面均無字。

【備注】

材質：龜甲

尺寸：長一・〇、寬一・四厘米

來源：一九五二年馬衡捐贈，國家文物局調撥

院藏號：資一二八－五六

三七〇　骨鏃

【備注】

材質：骨

尺寸：長三・三、寬一・二厘米

來源：一九五二年馬衡捐贈，國家文物局調撥

院藏號：資一二八－六四

索引表

表一　本書著録情况一覽表

本書編號	院藏號	《宮凡將》編號	《凡》原拓號	《合》《合補》編號	《鐵》《鐵新》編號	《續》編號	其他著録號
一	新一六〇六〇一			合一八四三			
二	新一六〇七五五			合一九八六七			
三	新一六〇六二八	宮凡將二八	凡一·八·四	合二二九〇		續一·二九·六	磻蜚八·五
四	新一六〇八八七						
五	新一六〇六〇〇+新一六〇六一四			合二〇〇二〇			
六	新一六〇六八二+新一六〇八八〇	宮凡將三八	凡一·一一·二	合二〇六七四		續一·二六·二	南師二·五九 磻蜚一一·二
七	新一六〇六七八			合二〇三六七			
八	新一六〇七三一						
九	新一六〇八五七	宮凡將七四	凡一·二一·一	合二〇一八〇 合補六八〇三甲 合補六八二一左半	鐵一二五·一 鐵新一一〇六	續六·一一·八（不全）	磻蜚二一·一
一〇	新一六〇五六三+新一六〇六二五+資一二八-一三+資一二八-一八	宮凡將一四	凡一·五·一	〔右下〕合二二四五〇		續六·九·七（不全）	磻蜚五·一
一一	新一六〇七九八	宮凡將一〇八	凡一·二九·四	合一〇九〇 合補二四一三乙	鐵二七二·一 鐵新四七〇	續六·一一·二	前六·二一·四（不全） 文拓八〇
一二	新一六〇七二七						
一三	新一六〇八七一						
一四	新一六〇六二七	宮凡將七九	凡一·二二·二	合一三四五〇		續六·一一·三	磻蜚二三·二
一五	新一六〇八〇〇						
一六	新一六〇五四四	宮凡將一〇九	凡一·三〇·一	合一六五二一 合四〇五七六	鐵一三一·二 鐵新八三五		南師二·一二七
一七	新一六〇七七四+資一二八-五七+資一二八-六〇	宮凡將九二	凡一·二五·三	合一一八九四（不全）		續四·二四·一（不全）	
一八	新一六〇六三三			合一〇七六五			
一九	新一六〇五五四	宮凡將三〇	凡一·九·二（不全）	合六七八九上半		續六·九·六（不全）	
二〇	新一六〇五六八	宮凡將五八（不全）	凡一·一七·一（不全）	合六六九二上部	鐵一五一·二上部 鐵新五三一上部	續三·三六·一（不全）	前一·四六·四上部（不全） 磻蜚一七·一 存補三·二七九·一

本書編號	院藏號	《宮凡將》編號	《凡》原拓號	《合》《合補》編號	《鐵》《鐵新》編號	《續》編號	其他著録號
二一	新一六〇五七〇	宮凡將五九	凡一・一七・二	合六六〇五		續六・一二・二(不全)	磻蚩一七・二
二二	新一六〇五九〇			合三〇九一	鐵一六四・一 鐵新八一三		
二三	新一六〇八六四	宮凡將一〇〇	凡一・二七・三	合七七五二	鐵九一・一 鐵新八八九	續六・一二・三	
二四	新一六〇六九二	宮凡將九九	凡一・二七・二	合七六八一		續五・三〇・五 續六・一一・五	
二五	新一六〇八〇五	宮凡將三二	凡一・九・四(不全)	合六九六八		續六・九・八(不全)	
二六	新一六〇七五二			合四一三八		續五・三〇・一四(不全)	
二七	新一六〇七〇六	宮凡將一〇七	凡一・二九・三	合四九四七			
二八	新一六〇六〇五			合八四二六			
二九	新一六〇七二四			合四九八六	鐵一一・三 鐵新一一二		
三〇	新一六〇七七五	宮凡將八〇	凡一・二三・三	合七二四三	鐵一八〇・一 鐵新九八一		磻蚩二三・三
三一	新一六〇八一四			合八九三九			
三二	新一六〇八六九			合一三五一〇			
三三	新一六〇五九四			合補三〇三五			
三四	新一六〇六五五			合二〇九五六			
三五	新一六〇五六二	宮凡將五	凡一・二・一	合一九八四一		續一・一七・二(不全)	磻蚩二・一
三六	新一六〇六四三+新一六〇六一八+資一二八-六三	宮凡將四〇	凡一・一二・一(不全)	合一三五二六		續六・九・五(不全)	磻蚩一二・一
三七	新一六〇七八七			合二〇六三			
三八	新一六〇八二〇+新一六〇八三二+新一六〇八四一+資一二八-六一	宮凡將四三	凡一・一二・四	合一九四三 合四〇四六四	鐵一一八・三 鐵新二一		南師二・六二 磻蚩一二・四
三九	新一六〇六四一	宮凡將五七(不全)	凡一・一六・四(不全)	合一六八一三		續四・四九・一(不全)	磻蚩一六・四(不全)
四〇	新一六〇五七三	宮凡將四四(不全)	凡一・一三・一(不全)	合七八四三		續三・一四・七(不全)	
四一	新一六〇六五七+新一六〇八二八+資一二八-三〇+資一二八-三二	宮凡將八五	凡一・二三・四	合一一九四六(不全)		續四・一三・四(不全)	磻蚩二三・四
四二	新一六〇六八四+新一六〇六九四			〔上半〕合一三六三 〔下半〕合六五七六			
四三	新一六〇五四一			合九六六六			

本書編號	院藏號	《宫凡將》編號	《凡》原拓號	《合》《合補》編號	《鐵》《鐵新》編號	《續》編號	其他著録號
四四	新一六〇八四九						
四五	新一六〇七〇四			合補三一八四			
四六	新一六〇七〇九						
四七	新一六〇七二一+資一二二八-五二						
四八	新一六〇五三九	宫凡將二九(不全)	凡一·九·一(不全)	合一三八四		續六·九·一(不全)	
四九	新一六〇五八七+新一六〇七九九			〔上半〕合一六三六〇			
五〇	新一六〇五六九	宫凡將四八	〔正〕凡一·一四·二(不全) 〔臼〕凡一·一四·一	〔正臼〕合一五三一四	〔正〕鐵二四八·三 〔正〕鐵新二二九	〔正〕續六·一一·四(不全) 〔臼〕續六·二四·九(不全)	〔正〕磻蜚一四·二 〔臼〕磻蜚一四·一
五一	新一六〇五七一	〔正〕宫凡將一一〇	〔正〕凡一·三〇·二	〔正臼〕合一二六四四		〔正〕續六·九·二	
五二	新一六〇六〇六			〔正反〕合八四一七			
五三	新一六〇七八二						
五四	新一六〇七一〇			合二〇一五			
五五	新一六〇八〇四	宫凡將二五	凡一·七·四	合一四五三八		續一·三五·四	磻蜚七·四
五六	新一六〇六〇八						
五七	新一六〇八六〇			合一四二二六			
五八	新一六〇七四五	〔正〕宫凡將七二	〔正〕凡一·二〇·三	〔正反〕合一五一五四		〔正〕續六·一〇·六	〔正〕磻蜚二〇·三
五九	新一六〇六三二			合四六四二			
六〇	新一六〇八三四						
六一	新一六〇八九四			合四二七			
六二	新一六〇六七三			合一九三六〇			
六三	新一六〇八一〇						
六四	新一六〇五五七+資一二二八-四六	宫凡將二七	凡一·八·三(不全)	合四二三三		續六·一〇·三(不全)	磻蜚八·三(不全)
六五	新一六〇六九五	〔正〕宫凡將一一	〔正〕凡一·三·三	〔正〕合一八三六		〔正〕續一·二二·三	〔正〕磻蜚三·三
六六	新一六〇八一七			合一五六〇			
六七	資一二二八-四七+資一二二八-五〇+資一二二八-六八						
六八	新一六〇八八六	宫凡將八	凡一·二·四			續一·一七·五	磻蜚二·四
六九	新一六〇五五二+資一二二八-一〇	宫凡將三七	凡一·一一·一(不全)	合八八八(不全)		續二·一七·一(不全)	磻蜚一一·一(不全)
七〇	新一六〇五五三+新一六〇六四〇	宫凡將四九	〔正〕凡一·一四·四(不全) 〔臼〕凡一·一四·三	〔正臼〕合一三四四(不全) 〔臼〕合四〇六八五			〔正〕磻蜚一四·四(不全) 〔臼〕南師二·二五 〔臼〕磻蜚一四·三

本書編號	院藏號	《宮凡將》編號	《凡》原拓號	《合》《合補》編號	《鐵》《鐵新》編號	《續》編號	其他著録號
七一	新一六〇八二六+新一六〇八三〇						
七二	新一六〇五六五						
七三	新一六〇五七二			合一四九九〇			
七四	新一六〇五九二+新一六〇七四六	〔右半〕宮凡將七五	〔右半〕凡一・二一・二	合一四七八四(不全)		〔右半〕續六・一〇・八(不全) 〔全〕續五・二六・七(不全)	〔右半〕通纂三五六 〔右半〕磻蜚二一・二
七五	新一六〇五九三	〔正〕宮凡將三五	〔正〕凡一・一〇・三	〔正〕合二五八五	〔正〕鐵一五〇・一 〔正〕鐵新四一	〔正〕續二・一六・七	〔正〕磻蜚一〇・三
七六	新一六〇六八五			合二七二二			
七七	新一六〇六一九						
七八	新一六〇八九三						
七九	新一六〇七五六	宮凡將二	凡一・一・二	合一四二三		續一・一〇・一	磻蜚一・二
八〇	新一六〇八九〇						
八一	新一六〇六五二	〔正〕宮凡將八七	〔正〕凡一・二四・二	合一一九二一		〔正〕續四・二一・七	
八二	新一六〇八八九						
八三	新一六〇六五八			合八一〇四			
八四	新一六〇五四〇	〔正〕宮凡將八六(不全)	〔正〕凡一・二四・一(不全)	合一二〇五五		〔正〕續四・二三・二(不全)	
八五	新一六〇八四三			合一二六五五			
八六	新一六〇七二三			〔正〕合一二七一八			
八七	新一六〇八九二						
八八	新一六〇七七六	〔正〕宮凡將九三	〔正〕凡一・二五・四	合一二七八八	〔正〕鐵三一・一 〔正〕鐵新五九九	〔正〕續四・二一・三	
八九	新一六〇七三九+新一六〇七四一			〔正〕合一三二六八		〔正〕續五・一九・九	
九〇	新一六〇七四八						
九一	新一六〇五四八	宮凡將一二(不全)	〔正〕凡一・四・二(不全) 〔臼〕凡一・四・一	〔正臼〕合一七六三三 〔正〕合一六四二五(不全)	〔正〕鐵二四五・一(不全) 〔正〕鐵新六三二一(不全)	〔臼〕續六・二七・一	〔正〕南師二・三二(不全) 〔正〕磻蜚四・二(不全) 〔臼〕磻蜚四・一
九二	新一六〇五六四	宮凡將五四(不全)	凡一・一六・一(不全)	合一六七九〇		續四・四七・二(不全)	佚二九(不全) 磻蜚一六・一(不全)
九三	新一六〇八三一+新一六〇六六二	宮凡將五五	凡一・一六・二	〔左部〕合補四九六八			磻蜚一六・二
九四	新一六〇六八七			合八八九一			

本書編號	院藏號	《宮凡將》編號	《凡》原拓號	《合》《合補》編號	《鐵》《鐵新》編號	《續》編號	其他著録號
九五	新一六〇六九〇+新一六〇七一三			〔上半〕合三五八八 〔下半〕合六九一二			
九六	新一六〇八七九+新一六〇八八三+新一六〇七四四						
九七	新一六〇六四二			合三九〇九			
九八	新一六〇六六五	宮凡將四七	凡一・一三・四	合五三〇九	鐵一七七・四 鐵新七四九	續六・一一・一(不全)	佚八二
九九	新一六〇八五〇			合一三六二三			
一〇〇	新一六〇六九七			合一三七二九			
一〇一	新一六〇五四三			〔正〕合三六九七			
一〇二	新一六〇八〇八			〔正〕合四〇一二			
一〇三	新一六〇五四六	宮凡將六三(不全)	凡一・一八・二(不全)	合六一一七		續三・六・五(不全)	磻蜚一八・二(不全)
一〇四	新一六〇五六七	宮凡將六二(不全)	凡一・一八・一(不全)	合八五二七		續三・六・八(不全)	磻蜚一八・一(不全)
一〇五	新一六〇八六三	宮凡將六五	凡一・一八・四	合六一五上半		續三・六・三(不全)	磻蜚一八・四
一〇六	新一六〇七四〇+新一六〇七八八	〔下部〕宮凡將六四	〔下部〕凡一・一八・三	〔上部〕合九〇〇七 〔下部〕合三九八六六 〔全〕合六三一三	鐵一一八・二 鐵新三四九		〔下部〕南師二・八六 〔下部〕磻蜚一八・三
一〇七	新一六〇七九六	宮凡將四六	凡一・一三・三	合八六八三		續一・七・六	南師二・九四
一〇八	新一六〇八三七						
一〇九	新一六〇五五八+新一六〇六五四+新一六〇六六一+資一二八-四五	宮凡將二六(不全)	〔正〕凡一・八・二(不全) 〔臼〕凡一・八・一	〔正〕合補一一一二(不全) 〔正臼〕合一七五八六(不全)		〔正〕續六・一二・六(不全) 〔臼〕續六・一〇・一〇(不全)	〔正〕磻蜚八・二(不全) 〔臼〕磻蜚八・一
一一〇	新一六〇六二四			合一九一九〇			
一一一	新一六〇六六〇+新一六〇八七四+新一六〇八八八			〔左下〕合六七四三			
一一二	新一六〇八二一						
一一三	新一六〇六六四+新一六〇八一三	宮凡將一	凡一・一・一	〔上部〕合補九四 〔全〕合六四六三	鐵一七五・二 鐵新四四一	續一・一〇・六	磻蜚一・一
一一四	新一六〇八〇六	宮凡將七七	凡一・二一・四	合三九八三九			南師二・一〇七 磻蜚二一・四
一一五	新一六〇六七五			合六〇四二			
一一六	新一六〇六九九			合六八〇七			
一一七	新一六〇七〇七	宮凡將九五(不全)	凡一・二六・二(不全)	合補二〇二八(不全)		續六・二六・一一(不全)	

本書編號	院藏號	《宮凡將》編號	《凡》原拓號	《合》《合補》編號	《鐵》《鐵新》編號	《續》編號	其他著録號
一一八	新一六〇八一六						
一一九	新一六〇八一八			合四六五九			
一二〇	新一六〇七三〇			合八七二			
一二一	新一六〇七八〇	宮凡將六七	凡一・一九・二	合三九八一九 合補五〇〇二			南師二・一一四 磻蜚一九・二
一二二	新一六〇七九一	宮凡將六六	凡一・一九・一	合五二三一			南師二・一一三 磻蜚一九・一
一二三	新一六〇五五一			合七二六二			
一二四	新一六〇五八六	宮凡將九八	凡一・二七・一	合一七一一九		續六・一〇・一	
一二五	新一六〇五五五			合八二四七			
一二六	新一六〇六〇九			合一一一八〇			
一二七	新一六〇六四九						
一二八	新一六〇八四八	〔正〕宮凡將六九	〔正〕凡一・一九・四	〔正反〕合一〇五五三		〔正〕續五・二九・一（不全）	〔正〕磻蜚一九・四
一二九	新一六〇六二九			合八九八〇			
一三〇	新一六〇五四九+新一六〇八九九	〔正〕宮凡將一五	凡一・五・二	〔正反〕合一七六六五		〔正〕續六・二二・一	〔正〕磻蜚五・二
一三一	資一二八-二四						
一三二	新一六〇六七六			合一三四二三			
一三三	新一六〇六三四	宮凡將二三	凡一・七・二	合一〇六三〇		續一・二九・五	磻蜚七・二
一三四	新一六〇六〇二			合一九二一五			
一三五	新一六〇七七八	〔正〕宮凡將七六	〔正〕凡一・二二・三	〔正〕合一〇三九九正		〔正〕續三・四三・四	〔正〕餘五・二 〔正〕通纂七二八 〔正〕佚二五 〔正〕磻蜚二一・三
一三六	新一六〇六一三			合一〇四四四			
一三七	新一六〇八九五+新一六〇八九七			合一〇二〇七			
一三八	新一六〇七五八			合二〇九五			
一三九	新一六〇八二三						
一四〇	新一六〇五九一						
一四一	新一六〇六七一+資一二八-五八						
一四二	新一六〇六五六			〔正〕合一九二六八			
一四三	新一六〇八五五						

本書編號	院藏號	《宮凡將》編號	《凡》原拓號	《合》《合補》編號	《鐵》《鐵新》編號	《續》編號	其他著録號
一四四	新一六〇五九八			合補五七八三			
一四五	新一六〇七〇三						
一四六	新一六〇六二〇			合一六九五四			
一四七	新一六〇七四三						
一四八	新一六〇七一二						
一四九	新一六〇六三九	宮凡將三六	凡一·一〇·四	合一七六二二		續六·九·三 續六·一六·三(不全)	雲間三九下·六 磻甾一〇·四
一五〇	新一六〇七一六			合八二八〇			
一五一	新一六〇七三四						
一五二	新一六〇八一二						
一五三	新一六〇八七五						
一五四	新一六〇七八四	(正)宮凡將四五	(正)凡一·一三·二				
一五五	新一六〇七九七						
一五六	新一六〇八五六			(正)合三八九一			
一五七	新一六〇八五四	(正)宮凡將一〇六	(正)凡一·二九·二	(正反)合一八四六三		(正)續六·二七·四	
一五八	新一六〇八一五						
一五九	新一六〇五八五						
一六〇	新一六〇五九六						
一六一	新一六〇七〇一						
一六二	新一六〇八九八						
一六三	新一六〇八五三			合一九七一六			
一六四	新一六〇八三五						
一六五	新一六〇八四二						
一六六	新一六〇八八一			合補六〇八五			
一六七	新一六〇八二七						
一六八	資一二八-二三						
一六九	新一六〇八八五						
一七〇	新一六〇八七八						
一七一	新一六〇六八一						
一七二	新一六〇八七六						

本書編號	院藏號	《宮凡將》編號	《凡》原拓號	《合》《合補》編號	《鐵》《鐵新》編號	《續》編號	其他著録號
一七三	新一六〇五四七	(正臼)宮凡將一三(不全)	(正)凡一·四·四(不全) (臼)凡一·四·三(不全)	(正臼)合二三五四		(正)續一·三九·五(不全) (臼)續六·九·四	(正)磻蜚四·四(不全) (臼)磻蜚四·三(不全)
一七四	新一六〇七六〇						
一七五	新一六〇六三〇						
一七六	新一六〇七九四	宮凡將三九	(正)凡一·一一·三 (反)凡一·一一·四	(反)合一一八九七 (正反)合一九五〇	(正)鐵一二·四 (正)鐵新八八一	(正)續一·四四·七 (反)續四·一五·七	(正)磻蜚一一·三 (反)磻蜚一一·四
一七七	新一六〇九〇〇			合七九五六			
一七八	新一六〇六六八						
一七九	新一六〇八六五+新一六〇八六七			合一九一四			
一八〇	新一六〇六七〇			合一一三四〇			
一八一	新一六〇八〇二	宮凡將一〇一	凡一·二七·四	合五六九〇	鐵三七·一 鐵新七三七	續四·三三·五(不全)	
一八二	新一六〇八六八						
一八三	新一六〇八四七	宮凡將九一	凡一·二五·二	合一二五〇四		續四·二四·六	
一八四	新一六〇六二三			合一二五八五			
一八五	新一六〇五七四	宮凡將九〇(不全)	凡一·二五·一(不全)	合一二七七一	鐵二四六·一 鐵新五九八	續四·一一·四(不全)	
一八六	新一六〇九〇一			合九八六〇			
一八七	新一六〇七九五	宮凡將七〇	凡一·二〇·一	合七八九八		續六·二四·五	磻蜚二〇·一
一八八	新一六〇八七〇						
一八九	新一六〇八三六						
一九〇	新一六〇七二六						
一九一	新一六〇七二五						
一九二	新一六〇六八三						
一九三	新一六〇六九六						
一九四	新一六〇七三二	宮凡將六一	凡一·一七·四	合一六七六八		續三·三五·一〇	磻蜚一七·四
一九五	新一六〇八〇三	宮凡將六〇	凡一·一七·三	合一五三七一		續二·九·八 續三·三六·三	餘一三·二 磻蜚一七·三
一九六	新一六〇八四五	宮凡將八八	凡一·二四·三	合一二五四八		續四·二一·一一	
一九七	新一六〇五八三						

本書編號	院藏號	《宮凡將》編號	《凡》原拓號	《合》《合補》編號	《鐵》《鐵新》編號	《續》編號	其他著録號
一九八	新一六〇六八〇+新一六〇六六六+資一二八-二一+資一二八-七〇	宮凡將一〇五	凡一・二九・一	〔上半〕合二五九〇九 〔右上〕合二五九七七 〔中部〕合二五九七六		〔上半〕續六・一二・五	
一九九	新一六〇五九九	宮凡將九(不全)	凡一・三・一(不全)	合二三〇二八		續一・二〇・三(不全)	磻甃三・一(不全)
二〇〇	新一六〇六一一			合二四五三九			
二〇一	新一六〇六六三			合二二七四〇			
二〇二	新一六〇七〇五			合二五〇四〇			
二〇三	新一六〇八七二+新一六〇八七三			〔上部〕合二六七八八			
二〇四	新一六〇六三五			合二四九〇三			
二〇五	新一六〇六七九			合二四八〇一			
二〇六	新一六〇六四四+新一六〇六九一	宮凡將五〇	凡一・一五・一	合二六六八九		續六・一〇・二	南師二・一八八 磻甃一五・一
二〇七	新一六〇六六七			合二六五六七			
二〇八	新一六〇八四六	宮凡將五三	凡一・一五・四	合四一二三一			南師二・一八七 磻甃一五・四
二〇九	新一六〇八三九						
二一〇	新一六〇五九五	宮凡將一七	凡一・五・四	合補七三六九			磻甃五・四
二一一	新一六〇八二四			合二三六二三			
二一二	新一六〇七二二+新一六〇八八二			〔上半〕合補四四八一 〔下半〕合二三六七九 〔全〕合二四八七八左部	〔全〕鐵七四・三左部 〔全〕鐵新四二八左部		〔全〕文拓一五二左部
二一三	新一六〇七四七						
二一四	新一六〇七〇〇			合二五三九六			
二一五	新一六〇七〇八			合二五四四一			
二一六	新一六〇八二五			合補七六三五			
二一七	新一六〇六七四			合補七六六三			
二一八	新一六〇七一五			合補七六五九			
二一九	新一六〇七一七			合二三三〇二			
二二〇	新一六〇七六二	宮凡將七(不全)	凡一・二・三(不全)	合四〇九六五(不全)			南師二・一七九(不全) 磻甃二・三(不全)
二二一	新一六〇七三三	宮凡將二一	凡一・六・四	合二五一一四		續二・二・八(不全)	磻甃六・四
二二二	新一六〇七八五	宮凡將一〇三(不全)	凡一・二八・二(不全)	合二三一五八		續二・三・一(不全)	

本書編號	院藏號	《宮凡將》編號	《凡》原拓號	《合》《合補》編號	《鐵》《鐵新》編號	《續》編號	其他著録號
二二三	新一六〇七七二			合二三四九〇			
二二四	新一六〇七〇二			合二五二六一			
二二五	新一六〇七三五+新一六〇七五一+新一六〇八九一	宮凡將一九	凡一・六・二	合二五三四三(不全)		續一・九・一(不全)	磻蜚六・二
二二六	新一六〇七三七			合二三三一二			
二二七	新一六〇七二八	宮凡將三	凡一・一・三	合二二七七九下半		續一・一〇・二	通纂一六一下半 磻蜚一・三
二二八	新一六〇七四九	宮凡將四	凡一・一・四	合二二八〇五		續一・一一・三	磻蜚一・四
二二九	新一六〇七五〇			合補七七〇七			
二三〇	新一六〇六三七+新一六〇八八四	宮凡將六	凡一・二・二	合二三一四六(不全)		續一・一三・四(不全)	通纂四三 南師二・一七五 磻蜚二・二
二三一	新一六〇六九三+資一二八-一二			〔左上部〕合二六〇〇四			
二三二	新一六〇六一〇			合二三四〇〇			
二三三	新一六〇六二二						
二三四	新一六〇七七七	宮凡將三四	凡一・一〇・二	合二五〇五八		續六・一一・七(不全)	磻蜚一〇・二
二三五	新一六〇五八四	宮凡將八一(不全)	凡一・二三・四(不全)	合二三五八九			磻蜚二三・四(不全)
二三六	新一六〇六〇七			合補八四八〇			
二三七	新一六〇七六一	宮凡將四二	凡一・一三・三	合二四〇〇九		續六・二七・九	磻蜚一三・三
二三八	新一六〇七七三	宮凡將四一	凡一・一二・二	合補八四六四			南師二・一九〇 磻蜚一二・二
二三九	新一六〇八六一						
二四〇	新一六〇六五九			合二六七一九			
二四一	新一六〇六八八			合補八一四二			
二四二	新一六〇八三二+新一六〇八四〇+新一六〇九〇二+新一六〇六九八+資一二八-一四+資一二八-四八	宮凡將一六	凡一・五・三	〔左中部〕合補八一〇三 〔左下部〕合補八〇八九 〔左部〕合二六三六六		〔左部〕續二・一四・五	南師二・一八一 磻蜚五・三
二四三	新一六〇五六六+新一六〇六三八+新一六〇六六九	宮凡將一〇二	凡一・二八・一	〔上部〕合補八二四八 〔右下〕合二六四五二 〔全〕合四一二五六			南師二・一八二
二四四	新一六〇五九七	宮凡將一一二	凡一・三〇・四	合二六三二八		續四・四九・三	
二四五	新一六〇七三八						

本書編號	院藏號	《宮凡將》編號	《凡》原拓號	《合》《合補》編號	《鐵》《鐵新》編號	《續》編號	其他著録號
二四六	新一六〇七一九						
二四七	新一六〇七五三	宮凡將一〇四(不全)	凡一・二八・三(不全)	合二六三三一 合補八〇四八下半		續四・四三・一〇(不全)	
二四八	新一六〇六五〇			合三一三四三			
二四九	新一六〇六五一			合二九七二二			
二五〇	新一六〇六四八			合三二八一七			
二五一	新一六〇六七七	宮凡將一八(全)	凡一・六・一(全)	合三四〇八四 合補一〇四四六甲		續一・三九・七	孴蜚六・一(全)
二五二	新一六〇八一一			合三四一三九			
二五三	新一六〇六四七	宮凡將一〇(不全)	凡一・三・二(不全)	合三四〇五三		續一・二二・二(不全)	孴蜚三・二(不全)
二五四	新一六〇八〇七+新一六〇八〇九	宮凡將八四(不全)	凡一・二三・三	合三四〇一五		續四・一四・四(不全)	孴蜚二三・三(不全)
二五五	新一六〇七八九			合三四七九三			
二五六	新一六〇五四二			合三二九九五			
二五七	新一六〇七五七			合三三〇六二			
二五八	新一六〇八五九	宮凡將七三	凡一・二〇・四	合三五一八二		續六・二七・三(不全)	孴蜚二〇・四
二五九	新一六〇五四五	宮凡將二二(不全)	凡一・七・一(不全)	合三三二二五		續一・三三・五	孴蜚七・一(不全)
二六〇	新一六〇七六七			合三四四〇九			
二六一	新一六〇七八六			合三三〇六五			
二六二	新一六〇七六八			合三四三二九			
二六三	新一六〇五六〇+資一二八-一二七	宮凡將九四(不全)	凡一・二六・一(不全)	合三三三七一		續四・一七・六(不全)	通纂四六〇(不全)
二六四	新一六〇八五八	〔左半〕宮凡將一一一 〔右半〕宮凡將九六	〔左半〕凡一・三〇・三 〔右半〕凡一・二六・三	〔右半〕合四一五三七 〔全〕合三三三一九七		〔左半〕續六・一二・七(不全)	〔右半〕南師二・一九六
二六五	新一六〇七七九						
二六六	新一六〇七一四			合三四四二六			
二六七	新一六〇六四五	宮凡將三一(不全)	凡一・九・三(不全)	合三二八一一			
二六八	新一六〇六八六			合三一一一二			
二六九	新一六〇七七一			合三二四八四			
二七〇	新一六〇五七五	宮凡將八九(不全)	凡一・二四・四(不全)	合三三二七三左下 合補一〇六三九左下		續四・二一・一〇(不全)	通纂二五九(不全)
二七一	新一六〇七六九			合三三九八〇			
二七二	新一六〇五六一	宮凡將五二(不全)	凡一・一五・三(不全)	合三四七八二(不全)		續四・三八・一〇(不全)	孴蜚一五・三(不全)

本書編號	院藏號	《宮凡將》編號	《凡》原拓號	《合》《合補》編號	《鐵》《鐵新》編號	《續》編號	其他著録號
二七三	新一六〇六一二	宮凡將五一	凡一・一五・二	合三四八一八(不全) 合三四八一九		續四・三九・八	磻蜚一五・二
二七四	新一六〇八一九						
二七五	新一六〇六三一			合三三一〇八			
二七六	新一六〇七五四			合三三〇四一			
二七七	新一六〇六一六			合三四七九五			
二七八	新一六〇八四四						
二七九	新一六〇五七六	宮凡將二〇(不全)	凡一・六・三(不全)	合三二四五二		續一・一七・四(不全)	通纂二四八(不全) 磻蜚六・三(不全)
二八〇	新一六〇五七七			合二七〇九七			
二八一	新一六〇七二〇			合三二六六八			
二八二	新一六〇五八〇+新一六〇七九二+ 新一六〇六八九+資一二八-一一	宮凡將五六(不全)	凡一・一六・三(不全)	合三五〇〇五(不全) 合三五〇〇八(不全)		續四・三八・五(不全)	磻蜚一六・三(不全)
二八三	新一六〇五八一			合二七二六六			
二八四	新一六〇七六三			合三三三二五			
二八五	新一六〇五八二	宮凡將二四(不全)	凡一・七・三(不全)	合三〇七二六		續六・一一・六(不全)	磻蜚七・三(不全)
二八六	新一六〇五五〇+新一六〇七九三	宮凡將七八(不全)	凡一・二二・一(不全)	合二八二六一(不全)		續六・一〇・五(不全)	磻蜚二二・一(不全)
二八七	新一六〇五七九	宮凡將九七(不全)	凡一・二六・四(不全)	合二八二四六		續二・二八・三(不全)	
二八八	新一六〇七八一			合三〇三三〇			
二八九	新一六〇六四六			合三〇一七四			
二九〇	新一六〇八六二						
二九一	新一六〇五五九	宮凡將三三(不全)	凡一・一〇・一(不全)	合二九六五四		續二・一六・八(不全)	磻蜚一〇・一(不全)
二九二	新一六〇六一七	宮凡將八二(不全)	凡一・二三・一(不全)	合二九八〇四		續四・二一・四(不全)	磻蜚二三・一(不全)
二九三	新一六〇七八三			合二九七九六			
二九四	新一六〇六一五			合二八七五六			
二九五	新一六〇八五二	宮凡將六八	凡一・一九・三	合三三五六六		續六・一〇・七	磻蜚一九・三
二九六	新一六〇七一八			合二八五六二			
二九七	新一六〇七六五			合二八七〇五			
二九八	新一六〇五七八			合三三五五三			
二九九	新一六〇七七〇			合二八七一九			

本書編號	院藏號	《宮凡將》編號	《凡》原拓號	《合》《合補》編號	《鐵》《鐵新》編號	《續》編號	其他著録號
三〇〇	新一六〇七六四	宮凡將八三	凡一・二三・二	合一九八八九		續四・二二・九	磻蜚二三・二
三〇一	新一六〇七九〇			合一八三五二			
三〇二	新一六〇五八八＋新一六〇八五一＋資一二一八-六＋資一二一八-七＋資一二一八-四二	宮凡將七一（不全）	凡一・二〇・二（不全）	（右部）合二八四二六（不全）（右部）合二八一八一＋合一八四三一		續六・一〇・九（不全）	磻蜚二〇・二（不全）
三〇三	新一六〇六二一			合一九三七〇			
三〇四	新一六〇六二六						
三〇五	新一六〇七一一			合二五四九八			
三〇六	新一六〇八三三			合二五七一六			
三〇七	新一六〇七五九			合二六一四八			
三〇八	新一六〇八七七						
三〇九	新一六〇八二九						
三一〇	新一六〇六五三						
三一一	新一六〇八六六						
三一二	新一六〇七六六			合二七四一一			
三一三	新一六〇六三六						
三一四	新一六〇六七二			合一一八九五			
三一五	新一六〇五八九			合二二一〇五 合補六八六五左半			
三一六	新一六〇六〇三			合一二三〇七			
三一七	新一六〇七二九						
三一八	新一六〇八三八						
三一九	資一二一八-六九						
三二〇	新一六〇八九六						
三二一	新一六〇八〇一						
三二二	資一二一八-七三＋資一二一八-七四＋資一二一八-七六						
三二三	資一二一八-七二						
三二四	新一六〇七四二						
三二五	資一二一八-三						
三二六	資一二一八-八						

本書編號	院藏號	《宮凡將》編號	《凡》原拓號	《合》《合補》編號	《鐵》《鐵新》編號	《續》編號	其他著録號
三二七	資一二八-二九						
三二八	資一二八-三一						
三二九	資一二八-六六						
三三〇	資一二八-五四						
三三一	新一六〇七三六						
三三二	新一六〇六〇四						
三三三	資一二八-二五						
三三四	資一二八-五						
三三五	新一六〇五五六						
三三六	資一二八-一						
三三七	資一二八-二						
三三八	資一二八-四						
三三九	資一二八-一五						
三四〇	資一二八-一六						
三四一	資一二八-一七						
三四二	資一二八-一九						
三四三	資一二八-三三						
三四四	資一二八-三七						
三四五	資一二八-四一						
三四六	資一二八-四三						
三四七	資一二八-四四						
三四八	資一二八-四九						
三四九	資一二八-五九						
三五〇	資一二八-六二						
三五一	資一二八-七一						
三五二	資一二八-九						
三五三	資一二八-二〇						
三五四	資一二八-二二+資一二八-五一						
三五五	資一二八-二六						
三五六	資一二八-二八						

本書編號	院藏號	《宮凡將》編號	《凡》原拓號	《合》《合補》編號	《鐵》《鐵新》編號	《續》編號	其他著録號
三五七	資一二八-三四						
三五八	資一二八-三五						
三五九	資一二八-三九						
三六〇	資一二八-五三						
三六一	資一二八-五五						
三六二	資一二八-六七						
三六三	資一二八-七五						
三六四	資一二八-七七						
三六五	資一二八-六五						
三六六	資一二八-三六						
三六七	資一二八-三八						
三六八	資一二八-四〇						
三六九	資一二八-五六						
三七〇	資一二八-六四						

表二　《合》《合補》與本書對照表

《合》《合補》編號	本書編號
合四二七	六一
合六一五上半	一〇五
合八七二	一二〇
合八八八(不全)	六九
合一〇九〇	一一
合一三四四(不全)	七〇
合一三六三	四二上半
合一四二三	七九
合一五六〇	六六
合一八三六	六五正
合一八四三	一
合一九一四	一七九
合一九四三	三八
合一九五〇	一七六正反
合二〇一五	五四
合二〇六三	三七
合二〇九五	一三八
合二二九〇	三
合二三五四	一七三
合二三八四	四八
合二五八五	七五正
合二七二二	七六
合三〇九一	二二
合三五八八	九五上半
合三六九七	一〇一正
合三八九一	一五六正
合三九〇九	九七

《合》《合補》編號	本書編號
合四〇二二	一〇二正
合四一三八	二六
合四二二三	六四
合四六四二	五九
合四六五九	一一九
合四九四七	二七
合四九八六	二九
合五二二一	一二二
合五三〇九	九八
合五六九〇	一八一
合六〇四二	一一五
合六一一七	一〇三
合六三一三	一〇六
合六四六三	一一三
合六五七六	四二下半
合六六〇五	二一
合六六九二上部	二〇
合六七四三	一一一左下
合六七八九上半	一九
合六八〇七	一一六
合六九一二	九五下半
合六九六八	二五
合七二四三	三〇
合七二六二	一二三
合七六八一	二四
合七七五二	二三
合七八四三	四〇

《合》《合補》編號	本書編號
合七八九八	一八七
合七九五六	一七七
合八一〇四	八三
合八二四七	一二五
合八二八〇	一五〇
合八四一七	五二
合八四二六	二八
合八五二七	一〇四
合八六八三	一〇七
合八八九一	九四
合八九三九	三一
合八九八〇	一二九
合九〇〇七	一〇六上部
合九六六六	四三
合九八六〇	一八六
合一〇二〇七	一三七
合一〇三九九正	一三五正
合一〇四四四	一三六
合一〇五五三	一二八
合一〇六三〇	一三三
合一〇七六五	一八
合一一一八〇	一二六
合一一三四〇	一八〇
合一一八九四(不全)	一七
合一一八九七	一七六反
合一一九二一	八一
合一一九四六(不全)	四一

《合》《合補》編號	本書編號
合一二〇五五	八四
合一二五〇四	一八三
合一二五四八	一九六
合一二五八五	一八四
合一二六四四	五一
合一二六五五	八五
合一二七一八	八六正
合一二七七一	一八五
合一二七八八	八八
合一三二六八	八九正
合一三四二三	一三二
合一三四五〇	一四
合一三五一〇	三二
合一三五二六	三六
合一三六二二	九九
合一三七二九	一〇〇
合一四二二六	五七
合一四五三八	五五
合一四七八四（不全）	七四
合一四九九〇	七三
合一五一五四	五八
合一五三一四	五〇
合一六三六〇	四九上半
合一六四二五（不全）	九一正
合一六五二一	一六
合一六七九〇	九二
合一六八一三	三九
合一六九五四	一四六
合一七一一九	一二四
合一七五八六（不全）	一〇九正臼

《合》《合補》編號	本書編號
合一七六二二	一四九
合一七六三三	九一
合一七六六五	一三〇
合一八四六三	一五七
合一九一九〇	一一〇
合一九二一五	一三四
合一九二六八	一四二正
合一九三六〇	六二
合一九七一六	一六三
合一九八四一	三五
合一九八六七	二
合二〇〇二〇	五
合二〇一八〇	九
合二〇三六七	七
合二〇六七四	六
合二〇九五六	三四
合二一八九五	三一四
合二二一〇五	三一五
合二二三〇七	三一六
合二二四五〇	一〇右下
合二二七四〇	二〇一
合二二七七九下半	二二七
合二二八〇五	二二八
合二三〇二八	一九九
合二三一四六（不全）	二三〇
合二三一五八	二二二
合二三二〇二	二一九
合二三三一二	二二六
合二三四〇〇	二三二
合二三四九〇	二二三

《合》《合補》編號	本書編號
合二三五八九	二三五
合二三六二三	二一一
合二三六七九	二一二下半
合二四〇〇九	二三七
合二四五三九	二〇〇
合二四八〇一	二〇五
合二四八七八左部	二一二
合二四九〇三	二〇四
合二五〇四〇	二〇二
合二五〇五八	二三四
合二五〇五八	二九一
合二五一一四	二二一
合二五二六一	二三四
合二五三四三（不全）	二三五
合二五三七一	一九五
合二五三九六	二一四
合二五四四一	二一五
合二五九〇九	一九八上半
合二五九七六	一九八中部
合二五九七七	一九八右上
合二六〇〇四	二三一左上部
合二六三二八	二四四
合二六三三一	二四七
合二六三六六	二四二左部
合二六四五二	二四三右下
合二六五六七	二〇七
合二六六八九	二〇六
合二六七一九	二四〇
合二六七六八	一九四
合二六七八八	二〇三上部

《合》《合補》編號	本書編號
合二七〇九七	二八〇
合二七二六六	二八三
合二八一八一+合二八四三二	三〇二右部
合二八二四六	二八七
合二八二六一(不全)	二八六
合二八三五二	三〇一
合二八四二六(不全)	三〇二右部
合二八五六二	二九六
合二八七〇五	二九七
合二八七一九	二九九
合二八七五六	二九四
合二九三七〇	三〇三
合二九六五四	二九一
合二九七二二	二四九
合二九七九六	二九三
合二九八〇四	二九二
合二九八八九	三〇〇
合三〇一七四	二八九
合三〇三三〇	二八八
合三〇七二六	二八五
合三一一一二	二六八
合三一三四三	二四八
合三二〇六五	二六一
合三二二二五	二五九
合三二三三五	二八四
合三二四五二	二七九
合三二四八四	二六九
合三二六六八	二八一
合三二八一一	二六七
合三二八一七	二五〇

《合》《合補》編號	本書編號
合三二九九五	二五六
合三三〇四一	二七六
合三三〇六二	二五七
合三三一〇八	二七五
合三三二七一	二六三
合三三二七三左下	二七〇
合三三二九七	二六四
合三三五五三	二九八
合三三五六六	二九五
合三三九八〇	二七一
合三四〇一五	二五四
合三四〇五三	二五三
合三四〇八四	二五一
合三四一三九	二五二
合三四三二九	二六二
合三四四〇九	二六〇
合三四四二六	二六六
合三四七八二(不全)	二七二
合三四七九三	二五五
合三四七九五	二七七
合三四八一八(不全)	二七三
合三四八一九	二七三
合三五〇〇五(不全)	二八二
合三五〇〇八(不全)	二八二
合三五一八二	二五八
合三五四九八	三〇五
合三五七一六	三〇六
合三六一四八	三〇七
合三七四一一	三一二
合三九八一九	一一二

《合》《合補》編號	本書編號
合三九八三九	一一四
合三九八六六	一〇六下部
合四〇四六四	三八
合四〇五七六	一六
合四〇六八五	七〇臼
合四〇九六五(不全)	二三〇
合四一二三一	二〇八
合四一二五六	二四三
合四一五三七	二六四右半
合補九四	一一三上部
合補一一一一(不全)	一〇九正
合補二〇二八(不全)	一一七
合補二四一三乙	一一
合補三〇三五	三三
合補三一八四	四五
合補四四八一	二一二上半
合補四九六八	九三左部
合補五〇〇二	一二一
合補五七八三	一四四
合補六〇八五	一六六
合補六八〇三甲	九
合補六八二一左半	九
合補六八六五左半	三一五
合補七三六九	二一〇
合補七六三五	二一六
合補七六五九	二一八
合補七六六三	二一七
合補七七〇七	二三九
合補八〇四八下半	二四七
合補八〇八九	二四二左下部

《合》《合補》編號	本書編號
合補八一〇三	二四二左中部
合補八一四二	二四一
合補八二四八	二四三上部
合補八四六四	二三八
合補八四八〇	二三六
合補一〇四四六甲	二五一
合補一〇六三九左下	二七〇

表三　《宫凡將》《凡》《磻蜚》與本書對照表

《宫凡將》編號	《凡》原拓號	《磻蜚》編號	本書編號
宫凡將一	凡一・一・一	磻蜚一・一	一一三
宫凡將二	凡一・一・二	磻蜚一・二	七九
宫凡將三	凡一・一・三	磻蜚一・三	二二七
宫凡將四	凡一・一・四	磻蜚一・四	二二八
宫凡將五	凡一・二・一	磻蜚二・一	三五
宫凡將六	凡一・二・二	磻蜚二・二	二三○
宫凡將七(不全)	凡一・二・三(不全)	磻蜚二・三(不全)	二二○
宫凡將八	凡一・二・四	磻蜚二・四	六八
宫凡將九(不全)	凡一・三・一(不全)	磻蜚三・一(不全)	一九九
宫凡將一○(不全)	凡一・三・二(不全)	磻蜚三・二(不全)	二五三
宫凡將一一	凡一・三・三	磻蜚三・三	六五正
宫凡將一二正(不全)	凡一・四・二(不全)	磻蜚四・二(不全)	九一正
宫凡將一二臼	凡一・四・一	磻蜚四・一	九一臼
宫凡將一三正(不全)	凡一・四・四(不全)	磻蜚四・四(不全)	一七三正
宫凡將一三臼	凡一・四・三(不全)	磻蜚四・三(不全)	一七三臼
宫凡將一四	凡一・五・一	磻蜚五・一	一○
宫凡將一五	凡一・五・二	磻蜚五・二	一三○正
宫凡將一六	凡一・五・三	磻蜚五・三	二四二
宫凡將一七	凡一・五・四	磻蜚五・四	二一○
宫凡將一八(全)	凡一・六・一(全)	磻蜚六・一(全)	二五一
宫凡將一九	凡一・六・二	磻蜚六・二	二二五
宫凡將二○(不全)	凡一・六・三(不全)	磻蜚六・三(不全)	二七九
宫凡將二一	凡一・六・四	磻蜚六・四	二二一
宫凡將二二(不全)	凡一・七・一(不全)	磻蜚七・一(不全)	二五九
宫凡將二三	凡一・七・二	磻蜚七・二	一三三
宫凡將二四(不全)	凡一・七・三(不全)	磻蜚七・三(不全)	二八五
宫凡將二五	凡一・七・四	磻蜚七・四	五五

《宫凡將》編號	《凡》原拓號	《磻蜚》編號	本書編號
宫凡將二六正(不全)	凡一・八・二(不全)	磻蜚八・二(不全)	一○九正
宫凡將二六臼	凡一・八・一	磻蜚八・一	一○九臼
宫凡將二七	凡一・八・三(不全)	磻蜚八・三(不全)	六四
宫凡將二八	凡一・八・四	磻蜚八・五	三
宫凡將二九(不全)	凡一・九・一(不全)		四八
宫凡將三○	凡一・九・二(不全)		一九
宫凡將三一(不全)	凡一・九・三(不全)		二六七
宫凡將三二	凡一・九・四(不全)		二五
宫凡將三三(不全)	凡一・一○・一(不全)	磻蜚一○・一(不全)	二九一
宫凡將三四	凡一・一○・二	磻蜚一○・二	二三四
宫凡將三五	凡一・一○・三	磻蜚一○・三	七五正
宫凡將三六	凡一・一○・四	磻蜚一○・四	一四九
宫凡將三七	凡一・一一・一(不全)	磻蜚一一・一(不全)	六九
宫凡將三八	凡一・一一・二	磻蜚一一・二	六
宫凡將三九正	凡一・一一・三	磻蜚一一・三	一七六正
宫凡將三九反	凡一・一一・四	磻蜚一一・四	一七六反
宫凡將四○	凡一・一二・一(不全)	磻蜚一二・一	三六
宫凡將四一	凡一・一二・二	磻蜚一二・二	二三八
宫凡將四二	凡一・一二・三	磻蜚一二・三	二三七
宫凡將四三	凡一・一二・四	磻蜚一二・四	三八
宫凡將四四(不全)	凡一・一三・一(不全)		四○
宫凡將四五正	凡一・一三・二正		一五四正
宫凡將四六	凡一・一三・三		一○七
宫凡將四七	凡一・一三・四		九八
宫凡將四八	凡一・一四・二(不全)	磻蜚一四・二	五○正
宫凡將四八	凡一・一四・一	磻蜚一四・一	五○臼
宫凡將四九正	凡一・一四・四(不全)	磻蜚一四・四(不全)	七○正

《宮凡將》編號	《凡》原拓號	《磻葍》編號	本書編號
宮凡將四九臼	凡一・一四・三	磻葍一四・三	七〇臼
宮凡將五〇	凡一・一五・一	磻葍一五・一	二〇六
宮凡將五一	凡一・一五・二	磻葍一五・二	二七三
宮凡將五二（不全）	凡一・一五・三（不全）	磻葍一五・三（不全）	二七二
宮凡將五三	凡一・一五・四	磻葍一五・四	二〇八
宮凡將五四（不全）	凡一・一六・一（不全）	磻葍一六・一（不全）	九二
宮凡將五五	凡一・一六・二	磻葍一六・二	九三
宮凡將五六（不全）	凡一・一六・三（不全）	磻葍一六・三（不全）	二八二
宮凡將五七（不全）	凡一・一六・四（不全）	磻葍一六・四（不全）	三九
宮凡將五八（不全）	凡一・一七・一（不全）	磻葍一七・一	二〇
宮凡將五九	凡一・一七・二	磻葍一七・二	二一
宮凡將六〇	凡一・一七・三	磻葍一七・三	一九五
宮凡將六一	凡一・一七・四	磻葍一七・四	一九四
宮凡將六二（不全）	凡一・一八・一（不全）	磻葍一八・一（不全）	一〇四
宮凡將六三（不全）	凡一・一八・二（不全）	磻葍一八・二（不全）	一〇三
宮凡將六四	凡一・一八・三	磻葍一八・三	一〇六下部
宮凡將六五	凡一・一八・四	磻葍一八・四	一〇五
宮凡將六六	凡一・一九・一	磻葍一九・一	一二三
宮凡將六七	凡一・一九・二	磻葍一九・二	一二一
宮凡將六八	凡一・一九・三	磻葍一九・三	二九五
宮凡將六九	凡一・一九・四	磻葍一九・四	一二八正
宮凡將七〇	凡一・二〇・一	磻葍二〇・一	一八七
宮凡將七一（不全）	凡一・二〇・二（不全）	磻葍二〇・二（不全）	三〇二
宮凡將七二	凡一・二〇・三	磻葍二〇・三	五八正
宮凡將七三	凡一・二〇・四	磻葍二〇・四	二五八
宮凡將七四	凡一・二一・一	磻葍二一・一	九
宮凡將七五	凡一・二一・二	磻葍二一・二	七四右半
宮凡將七六	凡一・二一・三	磻葍二一・三	一三五正
宮凡將七七	凡一・二一・四	磻葍二一・四	一一四
宮凡將七八（不全）	凡一・二二・一（不全）	磻葍二二・一（不全）	二八六
宮凡將七九	凡一・二二・二	磻葍二二・二	一四
宮凡將八〇	凡一・二二・三	磻葍二二・三	三〇
宮凡將八一（不全）	凡一・二二・四（不全）	磻葍二二・四（不全）	二三五
宮凡將八二（不全）	凡一・二三・一（不全）	磻葍二三・一（不全）	二九二
宮凡將八三	凡一・二三・二	磻葍二三・二	三〇〇
宮凡將八四（不全）	凡一・二三・三	磻葍二三・三（不全）	二五四
宮凡將八五	凡一・二三・四	磻葍二三・四	四一
宮凡將八六（不全）	凡一・二四・一（不全）		八四正
宮凡將八七	凡一・二四・二		八一正
宮凡將八八	凡一・二四・三		一九六
宮凡將八九（不全）	凡一・二四・四（不全）		二七〇
宮凡將九〇（不全）	凡一・二五・一（不全）		一八五
宮凡將九一	凡一・二五・二		一八三
宮凡將九二	凡一・二五・三		一七
宮凡將九三	凡一・二五・四		八八正
宮凡將九四（不全）	凡一・二六・一（不全）		二六三
宮凡將九五（不全）	凡一・二六・二（不全）		一一七
宮凡將九六	凡一・二六・三		二六四右半
宮凡將九七（不全）	凡一・二六・四（不全）		二八七
宮凡將九八	凡一・二七・一		二二四
宮凡將九九	凡一・二七・二		二四
宮凡將一〇〇	凡一・二七・三		二三
宮凡將一〇一	凡一・二七・四		一八一
宮凡將一〇二	凡一・二八・一		二四三
宮凡將一〇三（不全）	凡一・二八・二（不全）		二二二
宮凡將一〇四（不全）	凡一・二八・三（不全）		二四七
宮凡將一〇五	凡一・二九・一		一九八
宮凡將一〇六	凡一・二九・二		一五七正
宮凡將一〇七	凡一・二九・三		二七
宮凡將一〇八	凡一・二九・四		一一

《宮凡將》編號	《凡》原拓號	《磻蜚》編號	本書編號
宮凡將一〇九	凡一·三〇·一		一六
宮凡將一一〇	凡一·三〇·二		五一正
宮凡將一一一	凡一·三〇·三		二六四左半
宮凡將一一二	凡一·三〇·四		二四四

表四 《鐵》《鐵新》與本書對照表

《鐵》《鐵新》編號	本書編號
鐵一一・三	二九
鐵一二・四	一七六正
鐵三一・一	八八正
鐵三七・一	一八一
鐵七四・三左部	二一二
鐵九一・一	二三
鐵一一八・二	一〇六
鐵一一八・三	三八
鐵一二五・一	九
鐵一三一・二	一六
鐵一五〇・一	七五正
鐵一五一・二上部	二〇
鐵一六四・一	二二
鐵一七五・二	一一三
鐵一七七・四	九八
鐵一八〇・一	三〇
鐵二四五・一（不全）	九一正
鐵二四六・一	一八五
鐵二四八・三	五〇正
鐵二七二・一	一一
鐵新二二	三八
鐵新四一	七五正
鐵新一一二	二九
鐵新二三九	五〇正
鐵新三四九	一〇六
鐵新四二八左部	二一二
鐵新四四一	一一三
鐵新四七〇	一一
鐵新五三一上部	二〇
鐵新五九八	一八五
鐵新五九九	八八正
鐵新六三二（不全）	九一正
鐵新七三七	一八一
鐵新七四九	九八
鐵新八一三	二二
鐵新八三五	一六
鐵新八八一	一七六正
鐵新八八九	二三
鐵新九八一	三〇
鐵新一一〇六	九

表五 《續》與本書對照表

《續》編號	本書編號
續一・一〇・一	七九
續一・一〇・二	二二七
續一・一〇・六	一一三
續一・一一・三	二二八
續一・一三・四(不全)	二三〇
續一・一七・二(不全)	三五
續一・一七・四(不全)	二七九
續一・一七・五	六八
續一・二〇・三(不全)	一九九
續一・二三・二(不全)	二五三
續一・二三・三	六五正
續一・二九・五	一三三
續一・二九・六	三
續一・三二・五	二五九
續一・三五・四	五五
續一・三九・五(不全)	一七三正
續一・三九・七	二五一
續一・四四・七	一七六正
續二・二・八(不全)	二三一
續二・三・一(不全)	二三二
續二・七・六	一〇七
續二・九・一(不全)	二二五
續二・九・八	一九五
續二・一四・五	二四二左部
續二・一六・七	七五正
續二・一六・八(不全)	二九一
續二・一七・一(不全)	六九
續二・二六・二	六
續二・二八・三(不全)	二八七
續三・六・三(不全)	一〇五
續三・六・五(不全)	一〇三
續三・六・八(不全)	一〇四
續三・一四・七(不全)	四〇
續三・三五・一〇	一九四
續三・三六・一(不全)	二〇
續三・三六・三	一九五
續三・四三・四	一三五正
續四・一一・四(不全)	一八五
續四・一三・二(不全)	八四正
續四・一三・四(不全)	四一
續四・一四・四(不全)	二五四
續四・一五・七	一七六反
續四・一七・六(不全)	二六三
續四・二一・三	八八正
續四・二一・四(不全)	二九二
續四・二一・七	八一正
續四・二一・一〇(不全)	二七〇
續四・二一・一一	一九六
續四・二三・九	三〇〇
續四・二四・一(不全)	一七
續四・二四・六	一八三
續四・三三・五(不全)	一八一
續四・三八・五(不全)	二八二
續四・三八・一〇(不全)	二七二
續四・三九・八	二七三
續四・四三・一〇(不全)	二四七
續四・四七・二(不全)	九二
續四・四九・一(不全)	三九
續四・四九・三	二四四
續五・一九・九	八九正
續五・二六・七(不全)	七四
續五・二九・一(不全)	一二八正
續五・三〇・五	二四
續五・三〇・一四(不全)	二六
續六・九・一(不全)	四八
續六・九・二	五一正
續六・九・三	一四九
續六・九・四	一七三臼
續六・九・五(不全)	三六
續六・九・六(不全)	一九
續六・九・七(不全)	一〇
續六・九・八(不全)	二五
續六・一〇・一	一二四
續六・一〇・二	二〇六
續六・一〇・三(不全)	六四
續六・一〇・五(不全)	二八六
續六・一〇・六	五八正
續六・一〇・七	二九五
續六・一〇・八(不全)	七四右半
續六・一〇・九(不全)	三〇二
續六・一〇・一〇(不全)	一〇九臼

《續》編號	本書編號
續六・一一・一（不全）	九八
續六・一一・二	一一
續六・一一・三	一四
續六・一一・四（不全）	五〇正
續六・一一・五	二四
續六・一一・六（不全）	二八五
續六・一一・七（不全）	二三四
續六・一一・八（不全）	九
續六・一二・一	一三〇正
續六・一二・二（不全）	二一
續六・一二・三	二三
續六・一二・五	一九八上半
續六・一二・六（不全）	一〇九正
續六・一二・七（不全）	二六四左半
續六・一六・三（不全）	一四九
續六・二四・五	一八七
續六・二四・九（不全）	五〇臼
續六・二六・一一（不全）	一一七
續六・二七・一	九一臼
續六・二七・三（不全）	二五八
續六・二七・四	一五七正
續六・二七・九	二三七

表六　其他著録與本書對照表

其他著録號	本書編號
前一・四六・四上部（不全）	二〇
前六・二一・四（不全）	一一
餘五・二	一三五正
餘一三・二	一九五
通纂四三	二三〇
通纂一六一下半	二二七
通纂二四八（不全）	二七九
通纂二五九（不全）	二七〇
通纂三五六	七四右半
通纂四六〇（不全）	二六三
通纂七二八	一三五正
佚二五	一三五正
佚二九（不全）	九二
南師二・二五	七〇臼
南師二・三二（不全）	九一正
南師二・五九	六
南師二・六二	三八
南師二・八六	一〇六下部
南師二・九四	一〇七
南師二・一〇七	一一四
南師二・一一三	一二三
南師二・一一四	一二一
南師二・一二七	一六
南師二・一七五	二三〇
南師二・一七九（不全）	二二〇
南師二・一八一	二四二
南師二・一八二	二四三
南師二・一八七	二〇八
南師二・一八八	二〇六
南師二・一九〇	二三八
南師二・一九六	二六四右半
雲間三九下・六	一四九
存補三・二七九・一	二〇
文拓一五二左部	二一二
文拓八〇	一一

表七　院藏號與本書對照表

院藏號	本書編號
新一六〇五三九	四八
新一六〇五四〇	八四
新一六〇五四一	四三
新一六〇五四二	二五六
新一六〇五四三	一〇一
新一六〇五四四	一六
新一六〇五四五	二五九
新一六〇五四六	一〇三
新一六〇五四七	一七三
新一六〇五四八	九一
新一六〇五四九+新一六〇八九九	一三〇
新一六〇五五〇+新一六〇七九三	二八六
新一六〇五五一	一二三
新一六〇五五二+資一二八-一〇	六九
新一六〇五五三+新一六〇六四〇	七〇
新一六〇五五四	一九
新一六〇五五五	一二五
新一六〇五五六	三三五
新一六〇五五七+資一二八-四六	六四
新一六〇五五八+新一六〇六五四+新一六〇六六一+資一二八-四五	一〇九
新一六〇五五九	二九一
新一六〇五六〇+資一二八-一二七	二六三
新一六〇五六一	二七二
新一六〇五六二	三五
新一六〇五六三+新一六〇六二五+資一二八-一三+資一二八-一八	一〇
新一六〇五六四	九二
新一六〇五六五	七二

院藏號	本書編號
新一六〇五六六+新一六〇六三八+新一六〇六六九	二四三
新一六〇五六七	一〇四
新一六〇五六八	二〇
新一六〇五六九	五〇
新一六〇五七〇	二一
新一六〇五七一	五一
新一六〇五七二	七三
新一六〇五七三	四〇
新一六〇五七四	一八五
新一六〇五七五	二七〇
新一六〇五七六	二七九
新一六〇五七七	二八〇
新一六〇五七八	二九八
新一六〇五七九	二八七
新一六〇五八〇+新一六〇六八九+新一六〇七九二+資一二八-一一	二八二
新一六〇五八一	二八三
新一六〇五八二	二八五
新一六〇五八三	一九七
新一六〇五八四	二三五
新一六〇五八五	一五九
新一六〇五八六	二一四
新一六〇五八七+新一六〇七九九	四九
新一六〇五八八+新一六〇八五一+資一二八-六+資一二八-七+資一二八-四二	三〇二
新一六〇五八九	三一五

院藏號	本書編號
新一六〇五九〇	二二
新一六〇五九一	一四〇
新一六〇五九二+新一六〇七四六	七四
新一六〇五九三	七五
新一六〇五九四	三三
新一六〇五九五	二一〇
新一六〇五九六	一六〇
新一六〇五九七	二四四
新一六〇五九八	一四四
新一六〇五九九	一九九
新一六〇六〇〇+新一六〇六一四	五
新一六〇六〇一	一
新一六〇六〇二	一三四
新一六〇六〇三	三一六
新一六〇六〇四	三三二
新一六〇六〇五	二八
新一六〇六〇六	五二
新一六〇六〇七	二三六
新一六〇六〇八	五六
新一六〇六〇九	一二六
新一六〇六一〇	二三二
新一六〇六一一	二〇〇
新一六〇六一二	二七三
新一六〇六一三	一三六
新一六〇六一五	二九四
新一六〇六一六	二七七
新一六〇六一七	二九二

院藏號	本書編號
新一六〇六一八+新一六〇六四三+資一二八-六三	三六
新一六〇六一九	七七
新一六〇六二〇	一四六
新一六〇六二一	三〇三
新一六〇六二二	二三三
新一六〇六二三	一八四
新一六〇六二四	一一〇
新一六〇六二六	三〇四
新一六〇六二七	一四
新一六〇六二八	三
新一六〇六二九	一二九
新一六〇六三〇	一七五
新一六〇六三一	二七五
新一六〇六三二	五九
新一六〇六三三	一八
新一六〇六三四	一三三
新一六〇六三五	二〇四
新一六〇六三六	三一三
新一六〇六三七+新一六〇八八四	二三〇
新一六〇六三九	一四九
新一六〇六四一	三九
新一六〇六四二	九七
新一六〇六四四+新一六〇六九一	二〇六
新一六〇六四五	二六七
新一六〇六四六	二八九
新一六〇六四七	二五三
新一六〇六四八	二五〇
新一六〇六四九	一二七
新一六〇六五〇	二四八

院藏號	本書編號
新一六〇六五一	二四九
新一六〇六五二	八一
新一六〇六五三	三一〇
新一六〇六五五	三四
新一六〇六五六	一四二
新一六〇六五七+新一六〇八二八+資一二八-三〇+資一二八-三二	四一
新一六〇六五八	八三
新一六〇六五九	二四〇
新一六〇六六〇+新一六〇八七四+新一六〇八八八	一一一
新一六〇六六二+新一六〇八三一	九三
新一六〇六六三	二〇一
新一六〇六六四+新一六〇八一三	一一三
新一六〇六六五	九八
新一六〇六六六+新一六〇六八〇+資一二八-二一+資一二八-七〇	一九八
新一六〇六六七	二〇七
新一六〇六六八	一七八
新一六〇六七〇	一八〇
新一六〇六七一+資一二八-五八	一四一
新一六〇六七二	三一四
新一六〇六七三	六二
新一六〇六七四	二一七
新一六〇六七五	一一五
新一六〇六七六	一三二
新一六〇六七七	二五一
新一六〇六七八	七
新一六〇六七九	二〇五
新一六〇六八一	一七一
新一六〇六八二+新一六〇八八〇	六

院藏號	本書編號
新一六〇六八三	一九二
新一六〇六八四+新一六〇六九四	四二
新一六〇六八五	七六
新一六〇六八六	二六八
新一六〇六八七	九四
新一六〇六八八	二四一
新一六〇六九〇+新一六〇七一三	九五
新一六〇六九二	二四
新一六〇六九三+資一二八-一二	二三一
新一六〇六九五	六五
新一六〇六九六	一九三
新一六〇六九七	一〇〇
新一六〇六九八+新一六〇八三二+新一六〇八四〇+新一六〇九〇二+資一二八-一四+資一二八-四八	二四二
新一六〇六九九	一一六
新一六〇七〇〇	二一四
新一六〇七〇一	一六一
新一六〇七〇二	二二四
新一六〇七〇三	一四五
新一六〇七〇四	四五
新一六〇七〇五	二〇二
新一六〇七〇六	二七
新一六〇七〇七	一一七
新一六〇七〇八	二一五
新一六〇七〇九	四六
新一六〇七一〇	五四
新一六〇七一一	三〇五
新一六〇七一二	一四八
新一六〇七一四	二六六
新一六〇七一五	二一八

院藏號	本書編號
新一六〇七一六	一五〇
新一六〇七一七	二一九
新一六〇七一八	二九六
新一六〇七一九	二四六
新一六〇七二〇	二八一
新一六〇七二一+資一二八-五二	四七
新一六〇七二二+新一六〇八八二	二一二
新一六〇七二三	八六
新一六〇七二四	二九
新一六〇七二五	一九一
新一六〇七二六	一九〇
新一六〇七二七	一二
新一六〇七二八	二二七
新一六〇七二九	三一七
新一六〇七三〇	一二〇
新一六〇七三一	八
新一六〇七三二	一九四
新一六〇七三三	二二一
新一六〇七三四	一五一
新一六〇七三五+新一六〇七五一+新一六〇八九一	二二五
新一六〇七三六	三三一
新一六〇七三七	二二六
新一六〇七三八	二四五
新一六〇七三九+新一六〇七四一	八九
新一六〇七四〇+新一六〇七八八	一〇六
新一六〇七四二	三二四
新一六〇七四三	一四七
新一六〇七四四+新一六〇八七九+新一六〇八八三	九六
新一六〇七四五	五八

院藏號	本書編號
新一六〇七四七	二一三
新一六〇七四八	九〇
新一六〇七四九	二二八
新一六〇七五〇	二二九
新一六〇七五二	二六
新一六〇七五三	二四七
新一六〇七五四	二七六
新一六〇七五五	二
新一六〇七五六	七九
新一六〇七五七	二五七
新一六〇七五八	一三八
新一六〇七五九	三〇七
新一六〇七六〇	一七四
新一六〇七六一	二三七
新一六〇七六二	二二〇
新一六〇七六三	二八四
新一六〇七六四	三〇〇
新一六〇七六五	二九七
新一六〇七六六	三一二
新一六〇七六七	二六〇
新一六〇七六八	二六二
新一六〇七六九	二七一
新一六〇七七〇	二九九
新一六〇七七一	二六九
新一六〇七七二	二二三
新一六〇七七三	二三八
新一六〇七七四+資一二八-五七+資一二八-六〇	一七
新一六〇七七五	三〇
新一六〇七七六	八八

院藏號	本書編號
新一六〇七七七	二三四
新一六〇七七八	一三五
新一六〇七七九	二六五
新一六〇七八〇	二一一
新一六〇七八一	二八八
新一六〇七八二	五三
新一六〇七八三	二九三
新一六〇七八四	一五四
新一六〇七八五	二二二
新一六〇七八六	二六一
新一六〇七八七	三七
新一六〇七八九	二五五
新一六〇七九〇	三〇一
新一六〇七九一	二二二
新一六〇七九四	一七六
新一六〇七九五	一八七
新一六〇七九六	一〇七
新一六〇七九七	一五五
新一六〇七九八	一一
新一六〇八〇〇	一五
新一六〇八〇一	三二一
新一六〇八〇二	一八一
新一六〇八〇三	一九五
新一六〇八〇四	五五
新一六〇八〇五	二五
新一六〇八〇六	一一四
新一六〇八〇七+新一六〇八〇九	二五四
新一六〇八〇八	一〇二
新一六〇八一〇	六三
新一六〇八一一	二五二

院藏號	本書編號
新一六〇八一二	一五二
新一六〇八一四	三一
新一六〇八一五	一五八
新一六〇八一六	一一八
新一六〇八一七	六六
新一六〇八一八	一一九
新一六〇八一九	二七四
新一六〇八二〇+新一六〇八二二+新一六〇八四一+資一二八-六一	三八
新一六〇八二一	一一二
新一六〇八二三	一三九
新一六〇八二四	二一一
新一六〇八二五	二一六
新一六〇八二六+新一六〇八三〇	七一
新一六〇八二七	一六七
新一六〇八二九	三〇九
新一六〇八三三	三〇六
新一六〇八三四	六〇
新一六〇八三五	一六四
新一六〇八三六	一八九
新一六〇八三七	一〇八
新一六〇八三八	三一八
新一六〇八三九	二〇九
新一六〇八四二	一六五
新一六〇八四三	八五
新一六〇八四四	二七八
新一六〇八四五	一九六
新一六〇八四六	二〇八
新一六〇八四七	一八三
新一六〇八四八	一二八

院藏號	本書編號
新一六〇八四九	四四
新一六〇八五〇	九九
新一六〇八五二	二九五
新一六〇八五三	一六三
新一六〇八五四	一五七
新一六〇八五五	一四三
新一六〇八五六	一五六
新一六〇八五七	九
新一六〇八五八	二六四
新一六〇八五九	二五八
新一六〇八六〇	五七
新一六〇八六一	二三九
新一六〇八六二	二九〇
新一六〇八六三	一〇五
新一六〇八六四	二三
新一六〇八六五+新一六〇八六七	一七九
新一六〇八六六	三一一
新一六〇八六八	一八二
新一六〇八六九	三二
新一六〇八七〇	一八八
新一六〇八七一	一三
新一六〇八七二+新一六〇八七三	二〇三
新一六〇八七五	一五三
新一六〇八七六	一七二
新一六〇八七七	三〇八
新一六〇八七八	一七〇
新一六〇八八一	一六六
新一六〇八八五	一六九
新一六〇八八六	六八
新一六〇八八七	四

院藏號	本書編號
新一六〇八八九	八二
新一六〇八九〇	八〇
新一六〇八九二	八七
新一六〇八九三	七八
新一六〇八九四	六一
新一六〇八九五+新一六〇八九七	一三七
新一六〇八九六	三二〇
新一六〇八九八	一六二
新一六〇九〇〇	一七七
新一六〇九〇一	一八六
資一二八-一	三三六
資一二八-一五	三三九
資一二八-一六	三四〇
資一二八-一七	三四一
資一二八-一九	三四二
資一二八-二	三三七
資一二八-二〇	三五三
資一二八-二二+資一二八-五一	三五四
資一二八-二三	一六八
資一二八-二四	一三一
資一二八-二五	三三三
資一二八-二六	三五五
資一二八-二八	三五六
資一二八-三	三二五
資一二八-三一	三二八
資一二八-三三	三四三
資一二八-三四	三五七
資一二八-三五	三五八
資一二八-三六	三六六
資一二八-三七	三四四

院藏號	本書編號
資一二八-三八	三六七
資一二八-三九	三五九
資一二八-四	三三八
資一二八-四〇	三六八
資一二八-四一	三四五
資一二八-四三	三四六
資一二八-四四	三四七
資一二八-四七+資一二八-五〇+資一二八-六八	六七
資一二八-四九	三四八
資一二八-五	三三四
資一二八-五三	三六〇
資一二八-五四	三三〇
資一二八-五五	三六一
資一二八-五六	三六九
資一二八-五九	三四九
資一二八-六二	三五〇
資一二八-六四	三七〇
資一二八-六五	三六五
資一二八-六六	三二九
資一二八-六七	三六二
資一二八-六九	三一九
資一二八-七一	三五一
資一二八-七二	三三三
資一二八-七三+資一二八-七四+資一二八-七六	三二二
資一二八-七五	三六三
資一二八-七七	三六四
資一二八-八+資一二八-二九	三二七
資一二八-九	三五二

表八　本書甲骨綴合表

本書編號	綴合號	綴合者	備注	綴合出處
九	合二〇一八一(鐵一五・一)	嚴一萍	遥綴，綴後即合補六八〇三、合補六八二一	《綴新》第二八九則；《綴彙》第五五〇組
一一	合一〇九一		遥綴，綴後即合補二四一三	
一六	合一三〇四八	李愛輝		《甲骨拼合第四八一至四九〇則》第四八四則，先秦史研究室網站，二〇二〇年一月二日
一九	上博一七六四七・一九四(續五・二九・五、續六・二〇・六、雲間二六上・一)	曾毅公	綴後即合六七八九	《綴編》第一五〇則；《綴新》第四六一則
二〇	京人七四三	嚴一萍(復原)	綴後即合六六九二[鐵一五一・二、前一・四六・四(不全)、鐵新五三一]	《綴新》第二八〇則
四二		何會		《拼四》第九〇八則
五〇	合補一〇〇二	林宏明		《契合集》第七一例
六九	合一四五九(續存下一九四)	林宏明		《甲骨新綴第五六五例》，先秦史研究室網站，二〇一五年四月二十七日
九五		林宏明		《契合集》第七八例
一〇一	合一九二四六	李愛輝		《拼集》第二六五則
一〇五	上博一七六四七・九八(續三・八・六、續六・二三・一二、通纂四八〇、雲間一二下・三)	董作賓	綴後即合六一五	《綴新》第三三七則
一九四	合一二七四一(續存下一二六、旅藏一一〇)+掇三四六二[合二四七六二(鐵零八、續存下一二八不全)+合二六一五六(鐵零九+一四、續存下一四〇)]+安散八六(奥缶齋二九)	方稚松(復原)、劉影、蔣玉斌		《拼集》第一一〇則；《甲骨新綴第二〇四組》及文下評論，先秦史研究室網站，二〇一五年七月六日
二一二	合一二五七三(鐵零二三、續存下一二七)	李愛輝、李延彦(復原)	綴後即合二四八七八(鐵七四・三、鐵新四二八、文拓一五二)	《拼續》第四八四則，第五六五則
二一九+二二四		劉影		《賓組牛胛骨新綴四組》第一組
二三七	通別二一〇・二	郭沫若	綴後即合二二七七九(通纂一六一)	《通纂》第一六一則；《綴編》第二六則；《綴新》第五四八則
二三七	上博一七六四五・一五	蔡哲茂		《〈上海博物館藏甲骨文字〉新綴五則》第五則，先秦史研究室網站，二〇〇九年十月九日
二四七	合二六二八四(龜二・二七・九)		綴後即合補八〇四八	
二五一	合三四〇八二(上博二一五六九・七+上博二一五六九・九)	曾毅公	綴後即合補一〇四四六	《綴編》第五六則；《綴新》第四三六則

本書編號	綴合號	綴合者	備注	綴合出處
二六〇	合三二一九三			
二七〇	合三三二七三(宫藏馬二七〇+後上二一·三+後上二一·四)+合四一六六〇(英藏二四四三)	曾毅公、許進雄	綴後即合補一〇六三九	《綴編》第四七則;《綴新》第四四二則;《綴彙》第四組
二七七	合三五〇五五	秦建琴		《拼三》第八一四則
二九六	合二八七一二(安明一九八八)	劉影		《拼四》第八五一則
三〇六	合三五七〇九	李愛輝		《拼三》第七〇〇則
三一五	合二二四二四	黄天樹		《拼集》第一五則;《綴彙》第一五九組

表九　本書事類索引表

類別	本書編號
人物（王、貞人、貴族、職官等）	一、二、三、四、五、七、八、九、一一、一四、一五、一八、二二、二五、二六、二七、二九、三〇、三一、三六、三七、三八、三九、四〇、四二、四六、四八、四九、五〇、五二、五四、五九、六四、六五、六六、六七、六八、七〇、七三、七六、七七、七九、八一、八四、八八、九一、九二、九四、九五、九六、九七、九八、一〇〇、一〇一、一〇二、一〇四、一〇五、一〇六、一〇七、一〇九、一一五、一一七、一一九、一二一、一二三、一二四、一二五、一二八、一三二、一三三、一三四、一三五、一四〇、一四三、一四四、一四五、一四九、一五〇、一五二、一五三、一五四、一五五、一五六、一五七、一六四、一七三、一八一、一八二、一八四、一八五、一八七、一八九、一九二、一九三、一九五、一九七、一九八、一九九、二〇一、二〇二、二〇三、二〇四、二〇六、二〇七、二〇八、二一〇、二一一、二一四、二一六、二一七、二一八、二一九、二二〇、二二一、二二二、二二三、二二四、二二五、二二六、二二七、二二八、二二九、二三〇、二三一、二三三、二三四、二三五、二三六、二三七、二三八、二三九、二四二、二四三、二四四、二四七、二四八、二四九、二五〇、二五一、二五六、二五八、二五九、二六〇、二六四、二六六、二六七、二七五、二七六、二八三、二八五、二九一、二九四、二九五、二九六、二九八、三〇五、三〇九、三一〇、三一一、三一二、三一四、三一六
軍事（征伐、戰爭、軍隊）	一〇、一九、二〇、二一、二二、二三、二四、二五、二六、二七、二八、三四、一〇三、一〇四、一〇五、一〇六、一〇七、一〇九、一一〇、一一一、一一二、一一三、一一四、一一五、一一六、一一七、一一八、一一九、一二〇、一五七、一六三（或與占疾相關）、二五七、二六七、二七五
方域（地名、國族名、方位等）	一〇、一一、一九、二〇、二一、二四、二七、二八、三〇、三一、四〇、四二、四三、五二、八三、一〇三、一〇四、一〇五、一〇六、一〇七、一〇八、一一一、一一三、一一四、一一五、一一六、一一九、一二五、一二八、一三七、一四八、一五〇?、一七六、一八七、二五二、二五七、二六五、二六七、二七六、二八六、二八七、二九五、二九八、三〇〇、三〇一、三〇二、三〇三、三〇九、三一二
貢納與徵賦	一一、三一、四九、五〇、五一、五二、五八、七〇、一〇一、一〇二、一〇九、一一五、一二八、一二九、一三〇、一三一、一四九、一五〇、一五六、一七三、二五八、三一四
社會生產（農業、畜牧業、手工業、商業）	三二、四二、四三、九五、一八六、二五二、二六三、二八六、二八七
出行（巡行、田游、田獵）	一八、三〇、四〇、一二一、一二三、一二四、一二五、一二六、一二七、一三三、一三四、一三五、一三六、一三七、一四二、一四八、二五六（或與祭祀祝禱相關）、二七一、二七六、二九四、二九五、二九六、二九七、二九八、二九九、三〇〇、三〇一、三〇二、三〇三、三一二
天象與氣象（星象、卜雨、卜風等）	一四、一七、三四、四一、五一、八二、八三、八四、八五、八六、八七、八八、八九、九〇、九一、一三七、一六〇、一七六、一八三、一八四、一八五、一九四、一九六、二〇四、二〇五、二二一、二五二、二五四、二七〇、二七一、二八九、二九二、二九三、二九九、三〇〇、三一五
建築（城邑、宫室、宗廟、道路等）	三二、三六、四二、一九八、二五二、二五三、二七五、二八九
占疾問夢（疾病、生育、身體、夢幻等）	九七、九八、九九、一〇〇、一二四、一六三（或與軍事相關）、二一一
祭祀祝禱（犧牲、受祭者、祭法、祭儀、祭日等）	一、二、三、四、五、六、七、一一、一二、一三、二二、二九、三五、三六、三七、三八、四八、四九、五〇、五二、五三、五四、五五、五六、五七、五八、六〇、六一、六二、六三、六四、六五、六六、六七、六八、六九、七〇、七一、七三、七四、七五、七六、七七、七八、七九、八〇、八一、八二、九一、一〇七、一一三、一三二、一三三、一三八、一三九、一四〇、一四一、一四六、一四七、一五〇、一五八、一七三、一七六、一七七、一七八、一七九、一八〇、一八一、一八九、一九一、一九四、一九五、一九七、一九八、一九九、二〇〇、二〇一、二〇二、二〇三、二〇四、二一〇、二一四、二一五、二一六、二一七、二一八、二一九、二二〇、二二一、二二二、二二三、二二四、二二五、二二六、二二七、二二八、二二九、二三〇、二三一、二三二、二三三、二三四、二五一、二五二、二五六（或與出行相關）、二五九、二六〇、二六一、二六二、二六三、二六四、二六五、二六六、二六七、二六八、二六九、二七〇、二七九、二八〇、二八一、二八三、二八四、二八五、二八六、二八七、二八八、二八九、二九〇、二九一、三〇五、三〇六、三〇七、三〇八、三〇九、三一五
平民、奴隸與人牲	二一、四四、六〇、六一、二六一、二六五

類别	本書編號
卜旬卜夕	一六、三九、九二、九三、二〇六、二〇七、二〇八、二〇九、二四〇、二四一、二四二、二四三、二四四、二四五、二四六、二四七、二四八、二四九、二五〇、二五五、二七二、二七三、二七四、二七七、二八二、三一〇、三一一
文字習語（兆序辭、用辭、占辭、兆辭、干支、其他單字及殘字）	三三、四五、四七、七二、一五一、一五九、一六一、一六二、一六五、一六六、一六七、一六八、一六九、一七〇、一七一、一七二、一七四、一七五、一八八、一九〇、二一三、二七八、三〇四、三一三、三一七、三一八、三一九、三二〇、三二一、三二二、三二三、三二四、三二五、三二六、三二七、三二八、三二九、三三〇、三三一、三三二、三三三
習刻、僞刻、無字	二〇、六三、一三一、三三四、三三五、三三六、三三七、三三八、三三九、三四〇、三四一、三四二、三四三、三四四、三四五、三四六、三四七、三四八、三四九、三五〇、三五一、三五二、三五三、三五四、三五五、三五六、三五七、三五八、三五九、三六〇、三六一、三六二、三六三、三六四、三六五、三六六、三六七、三六八、三六九、三七〇
記事刻辭	四九、五〇、五一、五二、五八、七〇、一〇一、一〇二、一〇九、一一五、一二八、一三〇、一四九、一五〇、一七三、二五八

表十　本書人名、地名、官名索引表

類別		名稱	本書編號
人名	商王、商族	王	一二、三〇、三一、四〇、九八、一〇五、一〇六、一一七、一二一、一二二、一二五、一三二、一三三、一三五、一四三、一四四、一五三、一九二、一九五、一九七、二一一、二一四、二一六、二一七、二一八、二一九、二二〇、二二一、二二二、二二三、二二四、二二五、二二六、二二七、二二八、二二九、二三六、二三七、二三八、二三九、二五九、二六七、二七五、二八三、二八五、二九一、二九四、二九五、二九六、二九八、三〇五、三〇九、三一〇、三一一、三一二
		我	三六、四二、一一五、一二八、一三八、一四〇、一七六
		余	二九
	貞人	王	一、二、三、五、九、一一、一四、二五、二七、二八、二九、一五二、一八九
		扶	七
		[illegible]	四、七
		㱿	三六、三八、四〇、四二、七九、九五、九八、一〇四、一〇七、一二五、一三三、一三四、一五四、一八一
		穷	三七、五四、七六、七七、八四、九一、一〇一、一八四
		内	三九
		箙	九七
		争	八一、九二、一〇一、一〇六、一五五
		永	四九、六五、一五六
		韋	六四、一〇九、一二三、一七三
		古	四八、一二八、一八五、一〇九
		亘	五〇
		出	一九四、一九五、一九七、二〇一、二〇二、二〇三、二〇四、二〇七、二〇八、二一一、二一六、二二九
		大	一九八、二一〇
		祝	二〇六
		旅	二二〇、二二二、二三〇、二三一、二三四、二四四、二四七
		即	二二三、二四二

類別		名稱	本書編號
人名	貞人	矣	二三五
		行	二一四、二二八、二四三
		尹	二一九、二二一、二二四、二二六
		何	二四八
		卬	二四九
		歷	二五〇
		亞	三一六
	貴族	司	七
		[illegible]	九
		[illegible]	七三
		雀	二五、二六、一八二
		家	一八
		自般	六四
		利	七〇
		陕	九四
		[illegible]	一〇二
		㝛	一一五
		乘	一一七
		㚔/㚔	一一九、二六四
		阦	一〇九
		徵	一〇一
		斱	一二四
		穷	一五〇
		夫	一八七
		[illegible]	一五七
		臾	二五八
		[illegible]	二七六

類別		名稱	本書編號
人名	貴族	弜	三一四
		石	三一五
		般	三一六
		子辟	五
		子效	二二
		子央	一〇〇
		中子	六七
		伯[䍙]	一九三
		伯制	二六〇
		𠙵侯商/𠙵侯	二六七
		洸或/或	一〇八
		洸或	二七五
		犬𤼷	五九
		羌後	一四九
		任	二六〇
	婦女	[illegible]	九一
		婦羊	五〇
		婦姘	五八、七六
		婦息	一七三
		[婦]好	八八、九六
		婦某	七七
		司䍃	二六六
	史官	亘	七〇
		穷	九一
		永	一七三
		岳	五二、一〇二、一〇九
		争	一〇一
		牧	九五
		小𣪊	一四九
		𣪊	四九

類別		名稱	本書編號
國族名		[illegible]	二四
		[illegible]	二八
		芫□方	五二
		何	一九
		羌	二二
		干	二七
		元	三〇
		[illegible]	三一
		人	一一三
		朿人	一〇
		[illegible]	一〇
		[illegible]	一〇
		[illegible]	一一
		洸	一一四
		嚨	一一九
		盡	一四八
		𠙵	二六七
		方	一九、二〇、一一一、一一六、二五七
		舌/舌方	一〇三、一〇四、一〇五、一〇六
		基方	四二
		盧方	一七六
		多冒	一〇六
神主名	祖先	大甲	五二、七九、一一三、二二七、二六九
		大乙	二八〇、三〇五
		大戊	二三〇、二三七
		大庚	二二八
		祖乙	三五、六六、六八、二六七
		高祖乙	二七九
		祖丁	一、二一、六一、六五、一七八、一九九、二二三、二二〇、二六三、二八三

類別		名稱	本書編號
神主名	祖先	四祖丁	三〇六
		祖某	三七、三一八
		毓祖乙	二三〇
		毓某	二三二
		父丁	二一九、二五九、二八一
		父乙	三、一三三、二六七
		父庚	二八八
		父某	七八
		高妣己	一七三
		高妣示	四八
		大庚奭妣壬	二三六
		妣庚	二五一
		妣辛	二、二三二
		妣某	三一五
		母庚	五
		母某	二三、一五八、一九一
		兄甲	四
		兄庚	二三三
		兄某	五
		丁	三八、一七六、一七九、一九五
		文武丁	三〇七
		魯甲	二九〇
		南庚	五四
		某乙	一七七
		某己	三
		多祖	一三八
		五示	二五〇
		上甲	二八四
		成	七〇
		唐	一二、二〇一

類別		名稱	本書編號
神主名	祖先	夒	五八
		[illegible]	二七〇
		河	五五、五六、二六三、二八六
		岳	二六四
	即世貴族	娥	七四
	神名	帝史風	五七
		[illegible]	一五〇(或爲地名)
地名	建築	邑	三二
		兹邑	三六
		右邑彔	二八九
		城	四二
		山	四二
		⿱宀祼	一九八
		河新	二八六
		宗	二五二
		祖丁宗	二五三
		祖乙宗	二七五
	地域	[illegible]	四〇
		商	四三
		明	八三
		沚	一一五
		[illegible]	一一二
		[illegible]	一五〇(或爲神名)
		[illegible]	一五七
		[illegible]	一七六
		[illegible]	一七七
		㐭	一三七
		宋	一八七
		我田	一二八
		家	二六五

類別		名稱	本書編號
地名	地域	[illegible]	二六七
		虘	二九五
		喪	二九八
		䡅	三〇九
		盟	三一二
		隮	三〇一
		阞	二八七、三〇〇
		東散	三〇三
		南	二五二
		北	二五二
	山川	滴	三〇二(水名)
官名		保	二〇二
		侯	一五
		馬	二五六
		犬	八、五九
		史	四六
		亞	一八一
		貯	一一、一四五
		多[臣]	一〇五
		多某	一六四

引書簡稱及參考文獻

《鐵》　劉　鶚《鐵雲藏龜》，抱殘守闕齋石印本，一九〇三年。

《前》　羅振玉《殷虛書契前編》，珂羅版影印本，一九一三年。

《餘》　羅振玉《鐵雲藏龜之餘》，晉古叢編影印本，一九一五年。

《後》　羅振玉《殷虛書契後編》，珂羅版影印本，一九一六年。

《凡》　馬　衡《凡將齋藏甲骨文字》，北京大學圖書館藏拓本，一九一八年。

《通纂》　郭沫若《卜辭通纂》，（東京）東京文求堂書店石印本，一九三三年。

《通別二》　郭沫若《卜辭通纂·別録之二》，（東京）東京文求堂書店石印本，一九三三年。

《續》　羅振玉《殷虛書契續編》，集古遺文影印本，一九三三年。

《佚》　商承祚《殷契佚存》，金陵大學中國文化研究所叢刊甲種影印本，一九三三年。

《鐵零》　李旦丘《鐵雲藏龜零拾》，上海中法文化出版委員會，孔德圖書館叢書第二種，一九三九年。

《磻蜚》　吳熊《磻蜚所藏甲骨》，南開大學圖書館藏吳熊手拓辛巳年拓本，一九四一年。

《南師》　胡厚宣《戰後南北所見甲骨録》，上海來薰閣書店石印本，一九五一年。

《續存》　胡厚宣《甲骨續存》，群聯出版社，一九五五年。

《京人》　［日］貝塚茂樹《京都大學人文科學研究所藏甲骨文字》，（京都）京都大學人文科學研究所，一九六〇年。

《鐵新》　嚴一萍《鐵雲藏龜新編》，（臺北）藝文印書館，一九七五年。

《合》　郭沫若 主編《甲骨文合集》，中華書局，一九七八至一九八二年。

《東文研》　［日］松丸道雄《東京大學東洋文化研究所藏甲骨文字》，（東京）東京大學東洋文化研究所，一九八三年。

《英藏》　李學勤、齊文心、［美］艾蘭《英國所藏甲骨集》，中華書局，一九八五年。

《存補》　胡厚宣《甲骨續存補編》，天津古籍出版社，一九九六年。

《合補》　彭邦炯、謝濟、馬季凡《甲骨文合集補編》，語文出版社，一九九九年。

《上博》　濮茅左《上海博物館藏甲骨文字》，上海辭書出版社，二〇〇九年。

《雲間》　朱孔陽 原著，宋鎮豪、朱德天 編集《雲間朱孔陽藏戩壽堂殷虛文字舊拓》，綫裝書局，二〇〇九年。

《奥缶齋》　《中國民間私家藏品書系·奥缶齋》，文化藝術出版社，二〇一二年。

《旅藏》　中國社會科學院甲骨學殷商史研究中心、旅順博物館《旅順博物館藏甲骨》，上海古籍出版社，二〇一四年。

《文拓》　孫亞冰《中國社會科學院古代史研究所藏甲骨文文拓》，上海古籍出版社，二〇二〇年。

《宮藏馬》　故宮博物院《故宮博物院藏殷墟甲骨文·馬衡卷〔壹〕》，中華書局，二〇二二年。

《宮凡將》　故宮博物院《故宮博物院藏殷墟甲骨文·馬衡卷〔貳〕附編　凡將齋甲骨刻辭拓本》，中華書局，二〇二三年。

《合集來源表》 胡厚宣 主編《甲骨文合集材料來源表》，中國社會科學出版社，一九九九年。

《綴編》 曾毅公《甲骨綴合編》，修文堂，一九五〇年。

《綴新》 嚴一萍《甲骨綴合新編》，（臺北）藝文印書館，一九七五年。

《綴集》 蔡哲茂《甲骨綴合集》，（臺北）樂學書局，一九九九年。

《拼集》 黄天樹 主編《甲骨拼合集》，學苑出版社，二〇一〇年。

《綴彙》 蔡哲茂《甲骨綴合彙編》，（新北）花木蘭文化出版社，二〇一一年。

《契合集》 林宏明《契合集》，（臺北）萬卷樓圖書股份有限公司，二〇一三年。

《拼續》 黄天樹 主編《甲骨拼合續集》，學苑出版社，二〇一一年。

《拼三》 黄天樹 主編《甲骨拼合三集》，學苑出版社，二〇一三年。

《拼四》 黄天樹 主編《甲骨拼合四集》，學苑出版社，二〇一六年。

蔡哲茂《〈上海博物館藏甲骨文字〉新綴五則》，中國社會科學院歷史研究所先秦史研究室網站，http://www.xianqin.org/blog/archives/1686.html，二〇〇九年十月九日。

方稚松《殷墟甲骨文五種記事刻辭研究》，綫裝書局，二〇〇九年。

李愛輝《甲骨拼合第四八一至四九〇則》，中國社會科學院歷史研究所先秦史研究室網站，http://www.xianqin.org/blog/archives/12391.html，二〇二〇年一月二日。

李宗焜《甲骨文字編》，中華書局，二〇一二年。

林宏明《甲骨新綴第五六五例》，中國社會科學院歷史研究所先秦史研究室網站，http://www.xianqin.org/blog/archives/5149html，二〇一五年四月二十四日。

劉　影《賓組牛胛骨新綴四組》，《故宫博物院院刊》二〇一一年第一期。

劉　影、蔣玉斌《甲骨新綴第二〇四組》及文下評論，中國社會科學院歷史研究所先秦史研究室網站，http://www.xianqin.org/blog/archives/5350.html，二〇一五年七月六日。

香港中文大學中國文化研究所劉殿爵中國古籍研究中心，漢達文庫（甲骨文），http://www.chant.org/。